教育部人文社会科学重点研究基地
南开大学中国社会史研究中心资助
中央高校基本科研业务费专项资金资助
中国社会科学引文索引(CSSCI)来源集刊

中国社会历史评论

Chinese Social History Review

第二十二卷·二〇一九

常建华　主编

天津出版传媒集团

天津古籍出版社

图书在版编目(CIP)数据

中国社会历史评论. 第二十二卷,二〇一九 / 常建华主编. -- 天津：天津古籍出版社，2019.7
ISBN 978-7-5528-0831-5

Ⅰ.①中… Ⅱ.①常… Ⅲ.①史评—中国 Ⅳ.①K207

中国版本图书馆CIP数据核字(2019)第159419号

ZHONGGUO SHEHUI LISHI PINGLUN

中国社会历史评论

（第二十二卷）

常建华/主编

出版人/张玮

天津古籍出版社出版

（天津市西康路35号　邮编300051）

http://www.tjabc.net

北京建宏印刷有限公司印刷
全国新华书店发行
开本 787毫米×1092毫米 1/16　印张 18.5　字数 429千字
2019年8月第1版　2019年8月第1次印刷
ISBN 978-7-5528-0831-5　　定价：120.00元

编 辑 委 员 会
（以汉语拼音为序）

顾 问

冯尔康　刘泽华

委 员

常建华　杜家骥　江　沛　李金铮　李治安　刘　毅
王利华　王力平　王先明　许　檀　阎爱民　余新忠
张分田　张国刚　张荣明　张　思　朱凤瀚　朱彦民

编辑部

夏　炎　张传勇

主 编

常建华

目 录

【礼仪习俗与生活】

汉代墓地石刻与相关问题 …………………………………………… 刘尊志（ 1 ）

P.3644店铺徕客叫卖词与唐五代宋初敦煌日常饮食生活 …………… 周尚兵（ 16 ）

唐宋文人寺院读书的习尚演进 ……………………………………… 左福生（ 32 ）

元代《增修教苑清规》中所见的教寺制度与生活方式 ……………… 王大伟（ 47 ）

【图像与社会】

"旱魃"形象考辨 ……………………………………………………… 尹　承（ 61 ）

图像中的历史：民乐水陆画所见明清社会生活
　　——以"堕胎落孕""客死他乡"为中心 ………………………… 杨冰华（ 73 ）

【清代社会新探】

清代京畿协同治理模式初探
　　——以顺天府四路同知为例 …………………………………… 王洪兵（ 85 ）

兵民之间：清中期逃兵的生活众像 ………………………………… 郭瑞鹏（107）

税收、生计、动荡：清季杂税苛繁与民变频发
　　——兼论区域性抗争与整体性瓦解 …………………………… 王　燕（122）

【近代城市】

19世纪末20世纪初国际新闻报道与德国统治报告中的胶澳港市形象
　　………………………………………………………… 韩　威　马斗成（141）

代际的延续与断裂：近代天津典当业里的山西人 ……… 冯　剑　徐雁芬（152）

· 1 ·

【民国社会】

规训与愉悦:民国时期学校体育教学及学生生活的历史考察
　　——以天津为例(1927—1937) ……………………………………… 汤　锐(175)
京沪沪杭甬客车与长三角地区民众日常生活(1927—1937) …………… 谭　刚(195)
民国知识分子对西医的批判与反思
　　——从梁启超割肾事件谈起 …………………………………………… 王雨濛(205)

【学术探讨】

当代口述历史调查与社会性别研究中的几个问题 ………… 侯　杰　梁淑荣(222)
聆听来自民间的声音
　　——农民侯永禄所著日记、家书等出版的意义和价值 ……………… 张学见(231)
小议二十世纪泰山的百年史
　　——兼评《二十世纪的泰山图片展》……………………………………… 任继新(238)
"第二届南开中古社会史工作坊:中古中国的知识与社会"会议综述 ……… 张　弛(242)

【书评】

让儿童从幕后走向台前
　　——评王子今著《秦汉儿童的世界》……………………………………… 刘　佳(251)
中国慈善史研究的新进展
　　——王卫平《清代江南地区慈善事业系谱研究》评介 ………………… 黄鸿山(256)
杜家骥主编《清代社会基层关系研究》评介 …………………………… 李尔岑(259)
文化阅读与政治接受的"鸿沟"
　　——张仲民著《种瓜得豆——清末民初的阅读文化与接受政治》评介
　　 …………………………………………………………………… 邓倩倩　习培俊(267)
社会文化史视野下的医患关系史研究
　　——马金生著《发现医病纠纷:民国医讼凸显的社会文化史研究》评介
　　 …………………………………………………………………………… 赵士第(273)

编后语 ……………………………………………………………………………… (277)
英文摘要 …………………………………………………………………………… (278)

CONTENTS

【Ritual Customs and Life】

Stone Carvings in Graveyard of Han Dynasty and Related Issues ············ Liu Zunzhi(1)
The Shouts of Street Vendors Recorded in the P. 3644 Indicated the Dunhuang Inhabitant's Eating Lifestyle During the Late Tang and the Five Dynasties ········ Zhou Shangbing(16)
The Evolution of Studying Customs in Temple in Tang and Song Dynasties ··· Zuo Fusheng(32)
The System and Life Style of the Tiantai Temple in the *Zengxiujiaoyuanqinggui* of the Yuan Dynasty ·················· Wang Dawei(47)

【Image and Society】

A Research on the Image of "Han Ba" ·················· Yin Cheng(61)
Research on the Social Lives in Ming and Qing Dynasties Based on the Water-Land Retreat Paintings Collected in Minle Museum, Gansu Province ·················· Yang Binghua(73)

【New Exploration of Society in Qing Dynasty】

A Preliminary Study on the Cooperative Governance Model of the Capital City and its Environs in the Qing Dynasty—Take the SiLuTing of ShunTianFu as an example ·················· Wang Hongbing(85)
Between the Soldiers and the People: A Study of the Life History of the Deserters in the Mid-Qing Dynasty ·················· Guo Ruipeng(107)
Taxes, Livelihood, Upheaval: The Relationship Between Numerous Miscellaneous Taxes and Frequent Mass Revolts in the Late Qing Dynasty—Also on the Regional Struggles and Overall Disintegration ·················· Wang Yan(122)

【Modern Cities】

The Image of Jiao'ao in International News and German Ruling Reports from the Late 19th to the Early 20th Century ·················· Han Wei, Ma Dou cheng(141)
Intergenerational Continuity and Crack: Shanxi People in the Pawn Industry in Modern Tianjin ·················· Feng Jian, Xu Yanfen(152)

【Societies in the Republic of China Era】

Discipline and Pleasure: A Historical Survey of School Physical Education and Student Life in the Republic of China—Take Tianjin as an Example(1927 – 1937) ········· Tang Rui(175)

Nanking – Shanghai & Shanghai – Hangzhou – Ningpo Passenger Trains and Daily Lives in the Yangtze River Delta (1927 – 1937) ··· Tan Gang(195)

Criticisms on the Western Medicine from the Chinese Intellectuals in the Early Twentieth Century: Case Study on the Public Opinion Aroused by a Nephrectomy on Liang Chi-chao by the Peking Union Medical College Hospital ································ Wang Yumeng(205)

【Academic Researches】

Discussions on Oral History and Gender Studies ················ Hou Jie, Liang Shurong(222)

Listening to Voices from the Folk—The Study of Significance and Value of the Publication of the Diary and the Letter, etc. by the Peasant Hou Yonglu ················ Zhang Xuejian(231)

Comment on the Centenary History of Mount Taishan in the 20th Century—Also Commented on "Twentieth Century Taishan's Photo Exhibition" ································ Ren Jixin(238)

A Summary of "the 2nd Nankai Workshop on Social History of Medieval China: Knowledge and Society in Medieval China" ································ Zhang Chi(242)

【Book Reviews】

Making Chindren Come from behind the Scenes—Review of Children's World in Qin and Han Dynasties ································ Liu Jia(251)

New Progress in the Research of Chinese Charity History—Review on Wang Weiping's Research on the Pedigree of Charity in the South of the Yangtze River in the Qing Dynasty ································ Huang Hongshan(256)

The Book Review of "Research on the Social Grassroots Relationship in Qing Dynasty" Edited by Du Jiaji ································ Li Ercen(259)

The Gap between Reading Cultures and Politics of Reception—Interpretations: Reading Cultures and Reception Politics in Late Qing and Early Republican China, by Zhang Zhongmin ································ Deng Qianqian, Diao Peijun(267)

Discovering the Doctor-Patient Disputes: A Study of Cultural History on the Medical Litigation in the Republic of China ································ Zhao Shidi(273)

【礼仪习俗与生活】

汉代墓地石刻与相关问题

刘尊志

【摘　要】 汉代,墓地石刻得到使用并逐渐发展、推广和普及,至东汉时期,充分体现出数量大、种类丰富、分布地域广、相关墓葬多、墓主等级多样等特征。汉代墓地石刻主要包括阙、碑、人物与动物、柱等,石碑、柱、人、动物等皆为新内容,而石阙也是对土阙的改进和创新。墓地石刻的位置与配置多样,体现出墓地的规划和布局及与墓地祭祀的关系,也反映出满足死者灵魂需求、体现生者孝行等丧葬内容,表明墓地石刻已成为汉代墓葬的重要内容。而其对后世影响极大,对古代陵寝制度的发展有着重要作用。

【关键词】 汉代;墓地石刻;位置与配置;丧葬内容

汉代是墓地石刻发展的重要时期,相关墓葬多,石刻数量大、种类丰富,主要有阙、碑、人物与动物、柱等。这些石刻,少量叠压封土,更多是位于墓前某个位置,多与墓葬有一定距离,具体位置多样。关于汉代墓地石刻,学界已有较多研究,如杨宽先生的《中国古代陵寝制度史研究》,对一些汉墓前的石刻、相关石刻的起源和演变等进行了论述①。本文拟在已有研究的基础上,对汉代墓地石刻作浅显论述,不当之处,以求指正。

一　阙

阙为古代建筑庭院的重要配套设施,汉代之前,阙逐渐被一些高等级墓葬的陵园使用,墓阙因此成为古代阙的一种重要形式。汉代之前最具代表性为秦始皇帝陵的墓阙,为土阙②。西汉时期,很多高等级墓葬沿袭秦始皇帝陵对墓阙的使用,亦在陵园门等处修建土阙,规模较大,如汉阳陵陵园东门和南门发现的墓阙③,一些王侯墓葬如江西南昌海昏侯刘贺墓园,北门及东门均有阙,阙台夯筑,对称分布④。史书中对王侯墓葬用阙亦有记载,如霍光墓、董贤墓等。关于列侯等级以下人员墓外建阙,《盐铁论·散不足》载:"今富者积土成

---

① 杨宽:《中国古代陵寝制度史研究》,上海:上海人民出版社,2003年,第79—85、136—147页。
② 秦始皇陵博物院:《西安市秦始皇帝陵》,《考古》2014年第7期。
③ 陕西省考古研究院:《汉阳陵帝陵陵园南门遗址发掘简报》,《考古与文物》2011年第5期;郭青:《汉阳陵东阙门遗址发掘取得重要收获》,《陕西日报》,2011年12月16日,第1版。
④ 江西省文物考古研究所、南昌市博物馆、南昌市新建区博物馆:《南昌市西汉海昏侯墓》,《考古》2016年第7期。

山,列树成林,台榭连阁,集观增楼。中者祠堂屏阁,垣阙罘罳。"①大致来看,西汉墓地基本为土阙,东汉时期,一些高等级墓葬仍用土阙,一些则开始使用石阙。东汉中期及以后,石阙在较多墓地中推广和普及,数量增多,使用地域较广,类型也十分丰富,使用者具有一定的政治地位或经济实力,基本为双阙,较多有画像和刻铭,时代特征突出。汉代石质墓阙主要分布于汉王朝重点统治的中东部区域及逐渐开发的西南川渝地区,淮河以南(南阳及其周边地区除外)尤其是长江以南地区极少有发现,这与社会政治、经济的发展及其相应丧葬习俗或制度的推广、影响可能有关。

东汉王侯墓地使用石阙见于文献。《水经注·汶水》载:"漆沟水侧有东平宪王苍冢,碑阙存焉。"②《后汉书·侯览传》载:"豫作寿冢,石椁双阙,高庑百尺。"③就中小型墓葬来讲,相关实物表明东汉早期已有使用,如四川梓潼李业阙,为建武时期,独石雕刻而成,呈下大上小的方柱形,阙身正中阴刻隶书"汉侍御史李公之阙"④。东汉其他时期的墓阙,《水经注》的记载较多,主要有荆州刺史李刚墓、平阳侯相蔡昭墓、弘农太守张伯雅墓、太尉曹嵩墓、司徒黄尚墓、安邑长尹俭墓等⑤,墓主身份多数相对稍高。

留存于墓地及考古发现的中小型墓葬或所属墓地的石阙有一定数量,另外还有一些散存的阙构件。留存的石阙如四川雅安的高颐阙⑥及山东嘉祥武氏墓地双阙(图1)等⑦;考古发现的石阙有山东莒南县东兰墩出土汉阙⑧与重庆忠县乌杨阙⑨等。还有一些墓地仅发现构件,天津武清鲜于璜墓附近曾有汉阙顶石等遗物出土⑩,江苏徐州青山泉白集汉墓西500米发现一块汉代墓阙的顶盖石⑪。散存石阙所属墓地不详,如徐州贾汪北部出土石阙⑫。徐州汉画像石艺术馆征集一些汉代石墓阙,其中2件有穿,四面有画像,中部偏上有1圆形穿⑬;圜首碑阙1件,阙首有"永宁元年"(120年)等9行、每行12字刻铭;方形碑阙4块,为两对阙的阙身石;石阙构件3块,1块或为子母阙中子阙的阙身,另2块可能为单阙的底层部分⑭。

已知的部分石质墓阙与对应墓葬或墓地的隶属关系基本明确,二者之间存在一定距离。武清鲜于璜墓与发现的阙顶石有一定距离。山东平邑县八埠岭上有9个圆形封土堆,

---

① 王利器校注:《盐铁论校注》(定本),北京:中华书局,1992年,第353页。
② (清)王先谦校:《合校水经注》,北京:中华书局,2009年,第375页。
③ (南朝·宋)范晔撰,(唐)李贤等注:《后汉书·宦者传》,北京:中华书局,1965年,第2523页。
④ 陈明达:《汉代的石阙》,《文物》1961年第12期。
⑤ (清)王先谦校:《合校水经注》,第141、332、333、351、425、457页。
⑥ 耿继斌:《高颐阙》,《文物》1981年第10期。
⑦ 蒋英炬、吴文琪:《汉代武氏墓群石刻研究》,济南:山东美术出版社,1995年,第7—16页。
⑧ 刘心健、张鸣雪:《山东莒南发现汉代石阙》,《文物参考资料》1965年第5期。
⑨ 重庆市文物考古研究所、忠县文物管理所:《忠县花灯坟墓群乌杨阙发掘简报》,重庆市文物局、重庆市移民局编:《重庆库区报告集(2002卷)》,北京:科学出版社,2010年,第1059—1077页。
⑩ 天津市文物管理处考古队:《武清东汉鲜于璜墓》,《考古学报》1982年第3期。
⑪ 武利华:《徐州汉画像石通论》,北京:文化艺术出版社,2017年,第50—51页。
⑫ 杨孝军:《江苏徐州出土的汉代陵墓石雕》,《四川文物》2009年第1期。
⑬ 杨孝军、郝利荣:《徐州新发现的汉画像石》,《文物》2007年第2期。
⑭ 武利华:《徐州汉画像石通论》,第47—50页。

南侧为功曹阙，东侧为皇圣卿阙①。莒南县东兰墩出土汉阙北200余米有3座大冢，为家族墓地。嘉祥武氏双阙对着祠堂，东南方向一定距离处有东汉墓葬。忠县乌杨阙南100米处为枞树包汉代墓地。四川雅安高颐阙到坟丘的距离约163米；芦山樊敏阙与墓葬有一定距离②；昭觉县好谷乡经调查发现阙顶3件，均覆斗形，雕刻有仿木斗拱及瓦垄和瓦当等，皆残，是附近某处墓葬前的石刻残件③。通过对四川渠县汉阙进行的考古调查勘探来看，冯焕阙（图2）、赵家村西无铭阙、赵家村东无铭阙、王家坪无铭阙、沈府君阙、蒲家湾无铭阙等，基本都有对应的墓葬，距离50、100、156米，甚至230、270米不等④。

墓阙的形制与形式多样。莒南东兰墩石阙为梯形阙身，方形双檐顶。武氏祠双阙为仿砖木建筑的子母阙，以雕琢成型的石块垒砌，由基座、阙身、栌斗和阙顶4部分组成，双阙间地面铺长条石，为门槛，中部有阃，以止车骑。河南正阳汉代石阙为子母阙，青条石筑砌，单檐⑤。乌杨阙为子母阙，由台基、阙身、楼部、顶盖四部分构成，盖为重檐庑殿顶，有学者对之进行了再研究，指出其年代可能为东汉中期偏晚阶段⑥。冯焕阙为双阙，仿木结构建筑，有枋子、窗格和斗拱等，阙身正面有刻铭。绵阳杨氏阙为子母阙，仿木结构，条石和板石堆砌而成，由台基、阙身、楼部及顶等组成⑦。西昌县发现的两阙均单阙，东阙由基座、阙身、顶3部分组成⑧。芦山石箱村无名阙为有扶壁式双阙，石羊上无名阙为四阿式顶，正背出五根筒瓦线，有斗拱⑨。徐州贾汪北部地区出土的石阙上部呈六边形者，顶部则为梯形，而该地征集的墓阙还有穿碑阙、圜首碑阙、方形碑阙等。

石阙上除刻绘纹饰，有很多还有刻字，如上文所述徐州地区征集的"永宁元年"墓阙。墓阙文字涉及内容较多，《汉代婚丧礼俗考》一书指出：阙上勒题额，或标官氏，或标官职姓字，或记官氏名字，或单举姓字，或详记历官，或附记造阙年月，或勒铭词者，或记墓主行事，或记先代名字历官，或记作阙者姓名等等⑩。

墓阙附近还有相关遗存，体现出相互关系及墓阙的作用等。主要有以下内容。

（一）石兽。以辟邪、天禄、狮子常见。嘉祥武氏祠双阙前有石狮1对，阙的铭文中有"孙宗作师子，直四万"。四川高颐阙前有石辟邪1对。芦山石羊上无名阙旁有天禄辟邪1对，石箱村无名阙前原有2石兽，现存1具。

（二）石柱。北京市西郊出土双阙前有二神道石柱，与双阙并立⑪。

（三）活动场地。渠县沈府君阙发现的活动面位于两阙前侧，面积约50平方米，并有活

---

① 刘敦桢：《山东平邑县汉阙》，《文物参考资料》1954年第5期。
② 陶鸣宽、曹恒钧：《芦山县的东汉石刻》，《文物参考资料》1957年第10期；李军：《芦山的东汉石刻》，《四川文物》1994年第6期。
③ 凉山彝族自治州博物馆、昭觉县文管所：《四川凉山州昭觉县好谷乡发现的东汉石表》，《四川文物》2007年第5期。
④ 四川省文物考古研究院、渠县文物管理所：《四川渠县汉阙考古调查勘探简报》，《四川文物》2014年第4期。
⑤ 王润杰：《正阳县汉代石阙调查》，《文物》1962年第1期。
⑥ 罗二虎：《重庆忠县汉代乌杨阙再研究》，《考古》2016年第8期。
⑦ 重庆市文化局、重庆市博物馆编著：《四川汉代石阙》，北京：文物出版社，1992年，第53页。
⑧ 黄承宗：《四川西昌城郊出土石阙》，《文物》1979年第5期。
⑨ 李军：《芦山的东汉石刻》，《四川文物》1994年第6期。
⑩ 杨树达撰，王子今导读：《汉代婚丧礼俗考》，上海：上海古籍出版社，2000年，第114—117页。
⑪ 北京市文物工作队：《北京西郊发现汉代石阙清理简报》，《文物》1964年第11期。

动面连接神道的迹象,表明当时在双阙前有一个经常活动的区域,或许是举行祭拜或相关等活动时形成。

(四)树木。河南郑州、禹县等地出土的画像砖中,或双阙中间有一株桃形大树,或双阙外侧各有一株树冠为桃形的小树,表现的可能是墓地大门双阙①。

可以说,墓阙位于墓地的外缘,是墓地的大门、神道的起点,是外界通向墓地内的入口,即通过神道可至祠堂和墓冢。山东平邑皇圣卿西阙即有"南武阳平邑皇圣卿冢之大门"等文字,表明墓阙可起到墓地大门的作用。四川雅安高颐墓两阙相距13.6米,门较宽阔。同时,墓阙还兼顾象征和昭示墓主身份地位的作用,因多数有画像,结合其中的西王母、神兽等画像内容来看,阙又被赋予了升仙、辟邪等功能。

二 碑

碑主要起到昭示世人、纪念死者等作用。碑文记载与墓主有关的信息,可让外人对墓主有所了解,也能知晓立碑修冢人的孝行,如蔡邕在《郡掾吏张玄祠堂碑》中言:"乃于是立祠堂,假碑勒铭,式明令德,以示乎后。"②

汉代是墓碑的形成和初步发展期,西汉河平三年(公元前26年)的麃孝禹碑是目前已知时代较早的墓碑,形制简单,圆首长方形,顶端阴刻房檐形装饰,无座,左右界格上方各刻一鹤形鸟,鸟下方各刻隶书铭文一行③(图3),形制及文字内容已基本具备碑的形式和内容④。东汉时期,墓碑使用日趋普遍。根据传世拓本与实物、调查征集及发掘等资料,汉代墓碑部分无座,部分有座,长方形座居多,亦有长方覆斗状或龟趺座;碑身为扁长方形,碑阳与碑阴多有刻字;圭首和圆首居多,极少数方首,圭首两面多有动物纹饰,圆首有的刻动物纹,有的有晕纹;碑额常见,多竖长方形,刻字。河南现存东汉墓碑中,李初孟碑、韩仁铭碑、赵菿碑和袁安碑中部有穿,前二者为圭首,赵菿碑为圆首,有晕,另张景碑首部有穿,尹宙碑身顶部有穿⑤。这时的墓碑还保留一些实用碑的特征,如碑首下或碑身有圆形穿等,但自身特征日渐突出。

关于汉代墓碑,文献有较多记载,《汉代婚丧礼俗考》一书有辑录。书中认为汉代墓地立碑的目的主要是表行,同时还指出:有女性死后立碑者,男性则较普遍,儿童或年幼者死后有立碑者,成人则较普遍,一般庶民有立碑者,贵者则较普遍;有死者于生时豫自命之者,有子孙立之者,有女立之者,有弟子立之者,有门生立之者,有同岁立之者,有友人立之者,有国人立之者,有地方官长立之者,有故吏民立之者,有宗族故旧立之者,有故吏门生立之者,有乡人姻族合立之者,有故吏之子立之者,有子孙之门人立之者等等⑥。

---

① 信立祥:《汉代画像石综合研究》,北京:文物出版社,2000年,第99页。
② (清)严可均辑:《全后汉文》,北京:商务印书馆,1999年,第789页。
③ 临沂市博物馆编:《临沂汉画像石》,济南:山东美术出版社,2002年,第127页。
④ 徐森玉:《西汉石刻文字初探》,《文物》1964年第5期。
⑤ 河南省文化局文物工作队:《河南现存的汉碑》,《文物》1964年第5期。
⑥ 杨树达撰,王子今导读:《汉代婚丧礼俗考》,第124—129页。

因立于墓外，相当部分墓碑被损毁、位移和佚失。汉潼亭弘农杨氏墓茔 4 碑，唐时犹存于茔上，至宋仍有，现已不见①。武氏墓群碑刻中的武梁碑、武开明碑仅在相关著录中有记，武斑碑、武荣碑及无字碑已位移②；雅安高颐碑是由他处迁移至两阙之间的，芦山樊敏碑和"杨君之铭"碑首的具体位置也已变化。内蒙古包头有 2 座东汉晚期墓葬出土有墓碑，其中南郊观音庙 M1 墓门处有石门框残段和石碑残块，碑为砂岩质，已残，阴阳两面刻字；召湾 M91 出土碑为青石制成，文字竖刻，隶书③。二墓出土石碑均应墓地遗物，因遭盗扰破坏，位置移动。还有些墓碑不在墓外，具有特殊性。河南偃师出土的肥致碑发现于墓葬的南侧室，与该墓为多人合葬墓，肥致葬在南侧室可能有关④；四川郫县犀浦的一座东汉墓中，后壁墙外横立放着一块石碑，可能作为护壁⑤。

墓葬外碑的具体位置及与相关设施配置关系也多数不详。鲜于璜碑（图 4）出土于在墓外（正南）的前面约 6 米处，附近还有以花纹方砖铺砌的享堂（祠堂）之类祭祀建筑物⑥，关于祠堂、墓碑的前后位置，简报中未作说明。据目前考古资料，东汉中小型墓葬前规模不大的祠堂一般靠近或紧邻封土，该墓祠堂亦如此，参考墓碑与墓葬的距离，墓碑应位于祠堂前较近距离。《水经注》关于东汉墓葬及其墓碑的记载较多。有的与鲜于璜墓、碑和祠堂的位置及配置相似。汉安邑长尹俭墓，西有石庙，庙前有两石阙，阙东有碑，阙南有二狮子相对，可知墓葬在东，墓西为石庙（祠堂），祠堂西（前）为碑，碑西为阙，阙旁侧有石狮。弘农太守张伯雅墓前有石庙，列植二碑，碑侧树二石人，另有数石柱及石兽，亦大致反映出墓前为祠堂，祠堂前为墓碑，碑前有其他石刻的位置和配置。笔者认为，上述内容可能是东汉中小型墓葬中常见的墓碑位置与配置。有的则为其他形式。平阳侯相蔡昭冢石阙前为二碑。曹嵩冢北有碑，碑北有庙堂，庙北有二石阙双峙，可知墓、碑、祠堂、阙由南向北排列，墓碑位于墓葬与祠堂之间，即在祠堂后。另外，也不排除墓碑立于祠堂旁侧的可能。还有一些墓葬无祠堂，碑很可能立于墓冢前较近距离，或紧邻封土。

碑与墓地祭祀当有一定关系。其形状与立于祠堂旁的位置，与丧葬礼俗中的立重、做主等有相近之处，祭祀时，可作为死者灵魂依附的载体。汉代墓碑多属于中小型墓葬，墓主以官吏、地主居多，帝陵似乎没有，王侯墓葬也极少见，这可能与皇帝、王侯的身份较高，死后不需要以碑表行有关，而在陵区或墓区内，有较墓碑更好的载体，为便于祭祀和保护，多置放于祭祀设施中，后因朽毁而不见。

---

① 王仲殊：《汉潼亭弘农杨氏冢茔考略》，《考古》1963 年第 1 期。
② 蒋英炬、吴文琪：《汉代武氏墓群石刻研究》，第 17—22 页。
③ 内蒙古考古研究所魏坚编著：《内蒙古中南部汉代墓葬》，北京：中国大百科全书出版社，1998 年，第 285—289、253—265 页。
④ 河南偃师县文物管理委员会：《偃师县南蔡庄乡汉肥致墓发掘简报》，《文物》1992 年第 9 期。
⑤ 谢雁翔：《四川郫县犀浦出土的东汉残碑》，《文物》1974 年 4 期。
⑥ 天津市文物管理处、武清县文化馆：《武清县发现东汉鲜于璜墓碑》，《文物》1974 年第 8 期；天津市文物管理处考古队：《武清东汉鲜于璜墓》，《考古学报》1982 年第 3 期。

三　石人与石动物

石人与石动物均有相当数量。西汉时的一些列侯墓葬外已有,但墓葬数量少,并未普及。如陪葬茂陵的霍去病墓,有石人、石马等大型石雕十余件,封土上还置有大量巨石①,博望侯张骞墓前为两尊大型石翼兽②。墓前立石人、石动物的东汉墓数量相对较多,文献与考古资料皆可体现,体现出相应的发展。有学者指出,东汉时期墓前设立石人石兽,是仿效宫苑城阙仪仗类石雕所制,而墓地建筑体系开始仿效宫苑建筑,在墓地开设神道,设立门阙并列置石人、石兽,确立了东汉时期墓前石兽的基本制度③。由此可见石人、石动物在汉代墓地石刻中的地位和作用。

(一)石人

文献记载不多,且与石兽并存。《风俗通·怪神》载:"汝南汝阳彭氏墓,路头立一石人,在石兽后。"④《水经注》关于张伯雅墓的记载也提到碑侧树两石人,另有石兽等。

考古发现墓前石人所属墓葬除少量西汉列侯墓葬外,多为中小型汉墓,而且时代以东汉晚期居多。多为单体像,立姿居多,以整石雕出轮廓,局部再细凿,技法相对简单。个别一件,多数成对,对称分列置于神道两侧或相关设施附近,形体稍有不同,有的还有男女之分。均为低等级人员形象,如门卒等,部分有刻字,有的较特殊,具有特别的寓意。河北石家庄小安舍村出土2件,男女各1,呈裸体跪式,女像刻字,为附近东汉墓前遗物⑤。山东邹城城东匡庄出土1件,男性,相距250米有东汉晚期画像石墓⑥;曲阜南乡出土2件,皆男性,拱手,腹前有刻字(图5),原置于东汉末乐安太守蔍君墓前⑦;台儿庄桥上村东汉晚期墓附近出土2件,男性,墓主为下层官吏⑧。

石人与石兽、碑、祭祀设施及石柱等相配置,位置并不统一,或在石兽后,或在石兽旁侧,亦有位于祭祀设施两侧者,这与墓葬等级及其墓地的具体规划等可能有关。

(二)石动物

分布地域广,对应墓葬多,种类丰富。西汉墓地石动物相对较少,雕刻技术简练,风格古拙朴实。部分属列侯墓葬,如霍去病墓、张骞墓;部分不能完全确定是否与墓葬有关,如

---

① 陕西省考古研究院、咸阳市文物考古研究所、茂陵博物馆:《汉武帝茂陵考古调查、勘探简报》,《考古与文物》2011年第2期。该墓封土上所置巨石亦属墓地石刻,较少见,下文不作专门论述,特说明。
② 卜琳、白海峰、田旭东、梁文婷:《张骞墓考古记述》,《考古与文物》2013年第2期。
③ 秦臻:《汉代陵墓石兽研究》,北京:文物出版社,2016年,第122、137页。
④ 王利器校注:《风俗通义校注》,北京:中华书局,2010年,第406页。
⑤ 河北省石家庄市文保所:《石家庄发现汉代石雕裸体人像》,《文物》1988年第5期。
⑥ 王思礼:《山东邹县城东匡庄的古代石人》,《文物参考资料》1956年第10期。
⑦ 吕常凌主编:《山东文物精萃》,山东美术出版社,1996年,图174;李翠文、孔勇摄影:《孔庙之汉石人亭》,《走向世界》2014年第49期。
⑧ 枣庄市文物管理站李锦山:《枣庄市近年发现的一批古代石人》,《文物》1983年第5期;山东省文物考古研究所、枣庄市文物管理办公室、台儿庄区文物管理站:《山东枣庄市桥上东汉画像石墓》,《考古》2004年第6期。

山西安邑杜村①、陕西咸阳石桥引王村②出土的石虎、甘肃天水城南石马坪发现一对石马③等。东汉墓地的石动物数量较多，部分雕刻粗犷，部分则细致，有的刻动物名称、制作者等文字，个别还有纪年，所属墓葬多为具有一定等级的中小型墓葬，文献记载的墓主多为具有相应等级的官吏，而考古资料体现的墓主则是具有相应身份地位或经济实力的人员，部分还相对稍低一些。

文献资料关于东汉墓地石动物记载较多，如上文所引汝阳彭氏墓。《水经注》的相关记载丰富。汉中常侍长乐太仆吉成侯州苞（辅）冢，城开四门，门有两石兽，一兽甚高壮，制作甚工，左膞上刻作辟邪字④；张伯雅墓，二石阙夹对石兽，另有诸石兽，而石庙前又排列诸兽；尹俭墓，阙南有二狮子相对；汉太尉乔玄墓，冢东有庙，庙南列二柱，柱东有二石羊，羊北有二石虎，庙前东北，有石驼，驼西有二石马，皆高大⑤；曹嵩墓，夹碑东西列对石马，；襄乡某君，隧前有狮子天鹿（禄）⑥；袁旧墓外有石羊、石虎⑦；汉长水校尉蔡瑁冢前刻石为大鹿，状甚大，头高九尺，制作甚工⑧；汉桂阳太守赵越墓，墓外石牛石虎俱碎⑨。

目前所见东汉墓地石动物，部分为征集，虽有的经考古发掘或调查，但较多与对应墓葬的关系并不明确。河南洛阳地区的涧西孙旗屯、伊川彭婆东高屯、偃师、孟津等地出土有石辟邪、石象、石兽等⑩，偃师桓帝宣陵陪葬冢发现有双翼神羊⑪（图6），这些石动物所属墓葬的墓主可能为贵族、官吏或豪强地主，部分墓葬应是帝陵陪葬墓，虽不能证明帝陵使用石像生，但可说明帝陵陵区中一些墓葬外使用了石雕动物。江苏仪征古井中心村出土石虎、石羊各1，其他信息不详⑫。《徐州汉画像石通论》一书对徐州征集的汉代墓地石雕动物进行了梳理，主要有铜山县张集梁堂村出土的2件有翼石兽（图7）、徐州博物馆2004年征集的1件石虎、邳州占城出土的3件石羊（图8），书中还提到山东滕州博物馆收藏的1件"龙雀"刻铭有翼石神兽⑬；《江苏徐州出土的汉代陵墓石雕》一文介绍有邳州车夫山出土的1件圆雕石牛等⑭。有些石兽与东汉墓葬或墓地相关设施的位置关系相对明确。山东临沭东盘乡后利城村西出土石羊1对，附近有相应规模的东汉晚期墓葬⑮；嘉祥县东汉晚期武氏墓地墓阙前两侧有石狮2件（图9）；曲阜孔林东汉晚期博陵太守孔彪墓东南，或另一墓葬南部出

---

① 山西省博物馆：《安邑县杜村出土的西汉石虎》，《文物》1961年第12期。
② 田野：《你看毕塬下的石兽是什么时代的》，《文物参考资料》1957年第5期。
③ 王子云：《中国雕塑艺术史》，北京：人民美术出版社，1988年，第41页。
④ （清）王先谦校：《合校水经注》，第458页。
⑤ （清）王先谦校：《合校水经注》，第362页。
⑥ （清）王先谦校：《合校水经注》，第355页。
⑦ （清）王先谦校：《合校水经注》，第349页。
⑧ （清）王先谦校：《合校水经注》，第423—424页。
⑨ （清）王先谦校：《合校水经注》，第147页。
⑩ 苏健：《洛阳新获石辟邪的造型艺术与汉代石辟邪的分期》，《中原文物》1995年第2期。
⑪ 王竹林、赵振华：《东汉南兆域皇陵初步研究》，北京大学中国考古学研究中心、北京大学震旦古代文明研究中心：《古代文明》（第4卷），北京：文物出版社，2005年，第183—206页。
⑫ 仪征市博物馆编：《仪征出土文物集萃》，北京：文物出版社，2008年，图版87。
⑬ 武利华：《徐州汉画像石通论》，第37—43页。
⑭ 杨孝军：《江苏徐州出土的汉代陵墓石雕》，《四川文物》2009年第1期。
⑮ 王亮：《山东临沭县出土汉代石羊》，《考古》1986年第1期。

土石兽2件①；泗水鲍王村出土双翼石辟邪3、石兽1件，附近500米有规模较大的东汉末年墓葬②。江苏邳州占城陆井斗篷山有一规模较大的东汉晚期墓葬，墓前神道旁出土双翼石辟邪1（图10）、石羊1件③。安徽临泉县腰庄东汉晚期砖室墓，规模大，陪葬品丰富，墓东约1公里出土带翼石天禄1件④（图11）。陕西城固柳林铺镇李固庙村东汉晚期大司农、太尉李固墓所在墓地附近出土石兽1件⑤。河南平顶山宋寨村东汉晚期墓前有石辟邪1件⑥；南阳尚庄东汉晚期汝南太守宗资墓前出土石天禄、辟邪1对，刻有名称⑦；孟津油坊街村西出土石辟邪1件，西北约1000米有墓葬⑧。四川地区亦发现较多，《芦山的汉代石刻》一文对芦山的一些东汉晚期墓地石动物进行了介绍，姜城的蜀郡都尉杨统墓，碑旁有雄雌石狮1对，石箱村一墓的阙前有石狮2件，存1，石羊上一墓的阙旁石有天禄、辟邪1对，石马坝巴郡太守、司徒樊敏墓前有石雌雄神兽各1、石雌性狮1，碑附近有石龟1，碑后有石兽胚1件；雅安姚桥益州太守高颐墓阙前两侧有石雌雄辟邪1对，阙北163米为墓；昭觉好谷发现石羊1，与墓阙有一定距离，附近有相应规模墓葬。

可以看出，东汉墓地对石雕动物的使用率较之西汉大大提高。动物形象多，有现实中的大型野生动物，如虎、狮、象等；有家畜，被赋予了吉祥、辟邪等含义，如马、羊、牛等，部分经加工又具备了一些神兽的特征，另据《水经注》记载，乔玄墓外有石驼；有想象中的神兽，如天禄、辟邪、麒麟及相关动物，辟邪、天禄、麒麟及狮、象、驼、龟等都属新增种类。一般成对出现，有的墓地稍多，个别达5件。多是神兽与神兽搭配，天禄、辟邪的组合占有一定比例；石羊较常见，石马、虎等虽有发现，数量不多；狮多成对出现，而从文献资料看，虎、羊也有搭配，如乔玄墓、袁旧墓等，个别为牛、虎组合，如赵越墓。从考古资料看，石羊、虎、狮等多单独成对，极少与其他石动物配置或搭配者，这与文献记载不同，可能与后期破坏有关。邳州占城斗篷山东汉墓，封土堆前有东西走向神道，石辟邪位于封土堆前，神道旁还有石羊，说明有的墓葬前有石辟邪与石羊等的组合，但较少见。另外，部分石雕动物也与石人、石柱等成组配置，形成墓地石刻的组合。

石雕动物的位置较多样。徐州铜山张集镇吕梁发现一块建武四年（28年）刻石，记有"治石棺及石羊设于石室前"，说明石羊置于墓前⑨。文献资料反映的位置，有立于墓前者，其他信息不详；有的位于墓园门处或石阙旁，而祠堂前较多，或在石柱附近，或在墓碑旁侧等。考古资料体现的位置，有墓阙前两侧或阙旁、墓外紧邻封土或有一定距离、墓前神道旁、碑旁侧等等。可以看出，相关位置有较大相似，亦反映出东汉墓地石雕动物位置的多样性。

石雕动物上的刻字，除体现名称、制作者、纪年等之外，还体现出其他内容。临沂石羊

---

① 孔次青：《山东曲阜孔林发现汉代石兽》，《考古》1964年第4期。
② 王思礼：《山东泗水县鲍王村发现汉晋石兽》，《考古通讯》1958年第8期。
③ 武利华：《徐州汉画像石通论》，第38页。
④ 冯耀堂：《临泉出土东汉石雕天禄》，《中国文物报》，1988年4月29日，第2版。
⑤ 王子云：《中国雕塑艺术史》，第68页。
⑥ 河南省文物局编：《中国文物地图集·河南分册》，北京：中国地图出版社，1991年，第70页。
⑦ 孙照金：《南阳汉代石雕天禄、辟邪的艺术特色》，《中原文物》2005年第4期。
⑧ 苏健：《洛阳新获石辟邪的造型艺术与汉代石辟邪的分期》，《中原文物》1995年第2期。
⑨ 武利华：《徐州汉画像石通论》，第42页。

镇出土的一对石羊上刻有"孝子徐氏""永和五年……西郭记子丁次渔孙仲乔所作羊"等文字①，既表明与墓葬有关，也折射出生者显示孝行等内容。

四 石柱

石柱，主体形状为高大柱形，下多有柱础，顶端有台或额，立石兽或刻字，东汉墓地多有使用。

关于石柱，李贤注《后汉书》所载中山简王刘焉墓"开神道"时称："墓前开神道，建石柱以为标，谓之神道。"②河北定县北庄东汉M1很可能为刘焉墓葬，墓外未见石柱等遗存物③。考虑到李贤为唐代人，很可能是在参考唐代一些高等级墓葬的基础上，对神道进行的解释和注明，刘焉墓有无神道石柱还难定论。洛阳汉魏洛阳故城西东汉墓，墓园中的大型殿基F1西、北二侧出土35块神道石柱残块，原物应为圆柱体，风格颇似南朝陵墓神道柱④。该墓南向，墓前神道当为南北向，虽存在折向祭祀设施的可能，但靠近墓葬处不见石柱，而这些石柱出土于祭祀设施紧邻的西、北二侧，推测是祭祀设施通往墓葬道路旁侧的立石，且靠近祭祀设施，并不一定是神道旁立石。

《水经注》中记载的较多东汉中小型墓葬前或祭祀设施前的神道旁侧立有石柱，并与其他石刻搭配形成组合，如赵越墓、张伯雅墓、尹俭墓、乔玄墓等。也可能有砖砌的柱，如襄乡某君墓，隧前除石狮子天鹿（禄）外，还累砖作百达柱八所。实物不多，山东历城出土有"汉琅琊相刘君墓表"，为一段雕镂花纹铭刻的石柱⑤；河南叶县三皇冢出土一对立于圆形底座之上的石辟邪，底座下有圆孔，可扣合设有榫头的石柱，很可能是东汉豪族墓前石表顶端的神兽⑥；北京西郊出土2件复原后相对完整的神道石柱，下为长方形柱础，石柱下粗上细，直棱纹，上部有一周垂幔纹，再上为短柱，两侧各雕1虎，拱托竖长方形柱额，额面刻字三行，为"汉故幽州书佐秦君之神道"（图12）。

"汉故幽州书佐秦君之神道"两石柱位于双阙前较近距离，与墓阙共同起到标志和昭示的作用，很可能就是神道起点的标识。《水经注》相关记载中的石柱位置与搭配并不统一，赵越墓北有碑，碑北有石柱、石牛、石虎；乔玄墓东有庙，庙附近有碑，但庙南列二石柱，略显特殊，但柱东有较多石雕动物，并与庙前东北的石雕动物等形成对称布局；张伯雅墓前有石庙，列植二碑，碑侧树二石人，另有数石柱及石兽，从记载顺序看，石人靠近碑与祭祀设施，再稍远为数石柱及石兽。可以看出，除作为神道起点的标识物外，多数石柱位于墓葬或祭祀设施或墓碑前，而石柱前多为石雕动物。

---

① 中国美术全集编辑委员会：《中国美术全集·雕塑编2·秦汉雕塑》，北京：人民美术出版社，1985年，图版68。
② （南朝·宋）范晔撰，（唐）李贤等注：《后汉书·光武十王传》，北京：中华书局，1965年，第1450页。
③ 河北省文化局文物工作队：《河北定县北庄汉墓发掘报告》，《考古学报》1964年第2期。
④ 中国社会科学院考古研究所洛阳汉魏城队：《汉魏洛阳城西东汉墓园遗址》，《考古学报》1993年第3期。
⑤ 陈明达：《汉代的石阙》，《文物》1961年第12期。
⑥ 杨爱玲：《河南叶县发现的东汉石兽——兼谈汉晋的陵墓华表》，《中原文物》1981年第2期。

五　相关问题

汉代墓地石刻在发展过程中,作用或功能不断加强,体现出与丧葬的密切关系。《封氏闻见记》即载:"秦汉以来帝王陵前有石麒麟、石辟邪、石马之属,人臣墓前有石羊、石虎、石人、石柱之属,皆所以表饰坟垄如生前之象仪耳。"[1]

西汉中期,少数墓葬外有石刻,主要为石动物,另有少量石人和大型块石,墓主与匈奴或西域有关,体现出特殊的历史背景和墓地石刻的来源与影响。西汉中晚期,墓地石刻并未得到太多发展,但其中的重要内容——石质墓碑在西汉晚期出现。东汉时期,使用石刻的墓葬及石刻种类、数量均增多,墓主以官吏或地主为主体,无论京畿附近还是其他地区皆可体现。这一方面是对现实的模仿,体现出事死如事生的丧葬内容;另一方面应是受西汉墓地石刻发展的影响,并与墓主的身份地位及丧葬需求等有较大关系。随着地方势力的发展,地方官吏和地主的丧葬需求也随之增加和提升。石刻能够起到墓地标志物的作用,进而可显示墓主的身份地位,同时又与祭祀设施相配合,满足了祭祀需求,而墓地石刻中,石动物多具有驱走邪秽、祓除不祥、求得吉祥、实现升仙等思想上的功用,石人均为低等级人员形象,如门卒等,体现出生前的拥有,这些因素均促进了墓地石刻的发展与普及。将石阙、碑、人物、动物、柱与祭祀设施等按照一定规则和需求配置于墓外,既可体现墓地的规划布局,达到配合祭祀并保证祭祀时的庄严,也可满足死者灵魂的需求,反映出事死如事生的丧葬内容,同时亦能充分显示出生者的孝行,实现其社会需求。

墓地石刻的发展及推广普及与墓葬形制的转变定型,即横穴室墓在东汉时期取代竖穴椁墓也可能有关。横穴室墓的形制、结构已全面第宅化,墓道多为斜坡状,亦有平坡。整体来看,墓室、墓道与墓地石刻、祭祀设施等大致可视为一个横面,即处于近似的同一界面。考虑到墓地石刻、祭祀设施多位于墓前,以神道为轴线分布排列,因此可视为墓道在墓外的延伸,并能够将墓葬内外有机结合,充分体现出事死如事生、事亡如事存的丧葬理念,亦反映出相应的丧葬需求及其展示欲望。另外,石人、石动物等也可能是汉代用俑陪葬的外现,其丧葬需求及其内容亦如上文所言,不再多叙。

综上所述,墓地石刻在汉代获得了较大发展,数量大、种类丰富、分布地域较广、相关墓葬多、墓主等级多样。墓地石刻创新性突出,碑、柱及石人、石动物等皆为新出现内容,而石阙也是对土阙的改进和创新。每一类型的石刻又有自身特点,如产生时间、发展过程、位置与配置、形制与内容、功能与作用等。墓地石刻逐渐成为墓葬的重要内容之一,体现出较多与汉代丧葬相关的内容,对汉代墓葬的发展演进及其特征的形成等有着重要的促进作用。汉代,尤其是东汉墓地石刻的发展和普及,对后世影响极大,《宋书·礼志》载:"汉以后,天下送死奢靡,多作石室、石兽、碑铭等物。"[2]至南北朝时期,神道配置大型石刻的做法已被

---

[1] 赵贞信校注:《封氏闻见记校注》,北京:中华书局,2005年,第58页。
[2] (南朝·梁)沈约:《宋书》,北京:中华书局,1974年,第407页。

上层人员接受并推广,从此成为古代陵寝制度不可或缺的主要内容之一。

作者简介:刘尊志,南开大学中国社会史研究中心教授。

用图说明

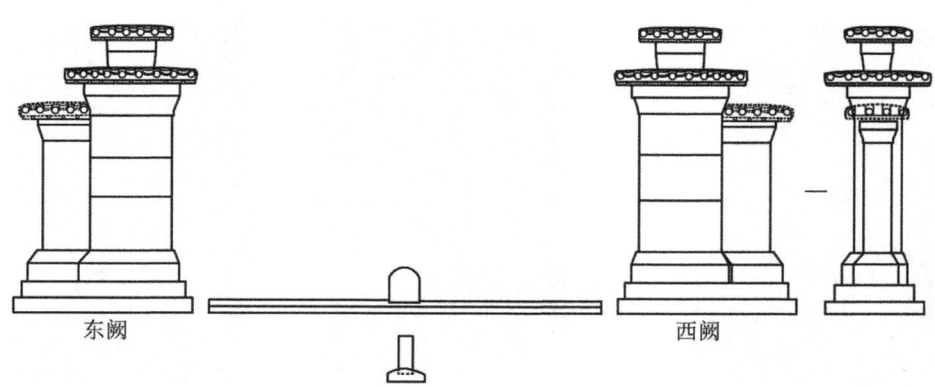

图1 山东嘉祥武氏祠双阙

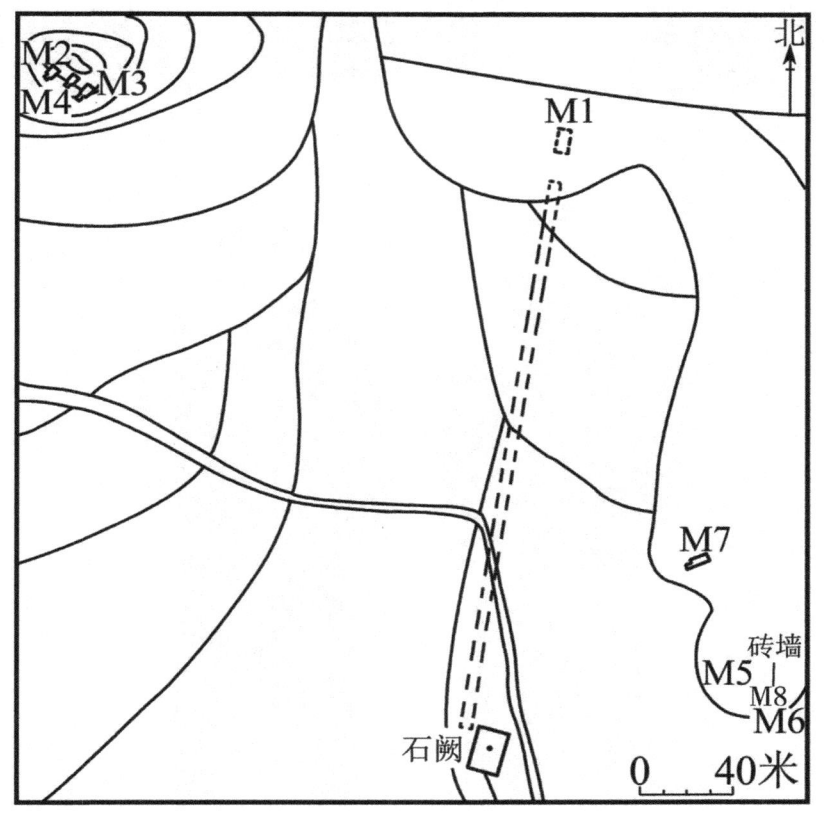

图2 四川渠县冯焕阙与对应墓葬(M1)位置图

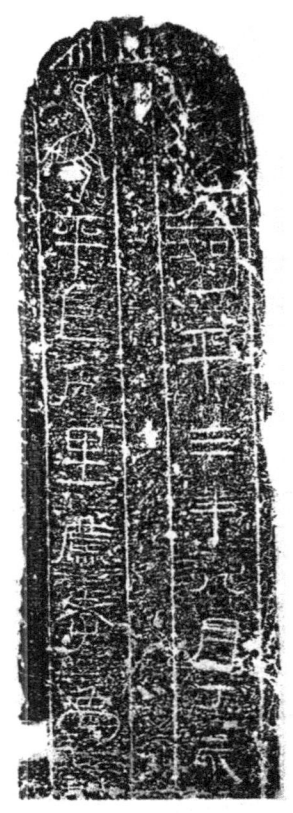

图3 西汉河平三年麃孝禹碑

图4 天津武清出土的鲜于璜碑

图5 山东曲阜南乡汉乐安太守麃君墓前石人

图 6 河南偃师大口乡宁村出土双翼石羊

图 7 江苏徐州铜山县张集梁堂村出土有翼石兽

图 8 江苏邳州占城出土石羊

图 9　山东嘉祥武氏祠墓阙前两侧石狮

图 10　江苏邳州占城陆井白山村西南斗篷山出土石辟邪

图 11　安徽临泉县腰庄出土带翼神兽

图 12　北京西郊出土神道石柱

P.3644店铺徕客叫卖词与唐五代宋初敦煌日常饮食生活

周尚兵

【摘　要】P.3644店铺徕客叫卖词从商品供给侧彰显了中古时期敦煌地区所用调料的细节。结合S.6208"干味部"等所载调料,就得到了敦煌地区日常饮食生活较为完整的厨中调料清单。这些调料或用于调味、或用于提色、或用于增香、或用于浆粥饮,进而复原出敦煌地区调理饮食色、香、味的基本面貌,进而反映出唐五代日常饮食生活中的一些基本理念:一是通过调料的使用,追求食物的"色、香、味、形",以提高饮食生活的舒适度;二是在调料的选择上,调料多具有"长年""养颜"的作用,寄托着古人通过饮食"长寿"的理想;三是调料的合理使用,可以给食物杀虫、去毒,保持身体的康健。

【关键词】P.3644 S.6208;敦煌饮食;长年养颜;杀虫去毒

P.3644后唐时期敦煌店铺"徕客叫卖词"中的三十件物品,李正宇先生将其分为"药材""食物及果品""调味品""衣物"四类。① 刘再聪又将其中的"白矾皂矾,紫草苏芳"四种商品再次析出,将其视作敦煌地区染紫用的"染料",探讨了晚唐以来敦煌地区普遍穿用紫色服装,进而突破隋唐时期紫服穿用制度的问题。② 苏芳即苏芳木,又称苏木,游丽云探讨了苏木在敦煌用作染料和仕女妆容材料的话题。③ 大多数论者则是径据李正宇先生的录文直接立论,或据以论述唐五代敦煌的药店南药、北药品种齐全④;或据以论述商业广告文学⑤;或据以讨论唐宋时期敦煌贸易繁荣情状⑥;或据以说明敦煌地区的水果和调味品种

---

* 基金项目:本文系国家社科基金项目(14BZS076);并由山东师范大学博士科研基金资助。

① 李正宇:《叫卖市声之祖——敦煌遗书中的店铺叫卖口号》,《寻根》1997年第4期。李正宇《叫卖文学之祖——敦煌遗书两首店铺叫卖口号》,《丝绸之路》2012年第16期。

② 刘再聪、赵玉平:《唐宋敦煌染料与紫服制度的被突破——以P.3644为中心》,《南京师范大学学报》2010年第5期。

③ 游丽云:《唐代仕女妆容文化探微》,台北:稻乡出版社,2015年,第240—243页。

④ 赵琪等:《以敦煌医学文献考察唐代敦煌的医学教育和医疗状况》,《中医药学报》2017年第8期。赵琪等:《以敦煌遗书考证道地药材的形成和发展》,《中医药导报》2017年第3期。

⑤ 王文宝:《中国民俗研究史》,哈尔滨:黑龙江人民出版社,2003年,第22页。崔银河、崔燕:《中国文化与广告》,北京:中国传媒大学出版社,2012年,第63页。颜廷亮、张彦珍:《西陲文学遗珍》,兰州:甘肃人民出版社,2000年,第16页。艾绍强:《绝版中国:永远的敦煌》,北京:中国工人出版社,2008年,第176页。朱凤玉:《敦煌文献中的广告文学》,载郑炳林、郑阿财主编:《港台敦煌学文库》第14册,兰州:甘肃人民出版社,2014年,第271—291页。

⑥ 李鑫:《唐五代宋初的敦煌城市》,南京师范大学硕士学位论文,2008年,第19页。杨秀清:《华戎交汇的都市:敦煌与丝绸之路》,兰州:甘肃人民出版社,2000年,第50—51页。李正宇、李树辉:《丝绸之路与敦煌》,载忠元、纪永元主编:《敦煌阳关玉门关论文选萃》,兰州:甘肃人民出版社,第73页。谭蝉雪:《敦煌民俗——丝路明珠传风情》,兰州:甘肃教育出版社,2006年,第20页。

类①等等。

就现有研究来看,除了上述苏方、紫草等四种物品在敦煌如何使用得到初步研究外,叫卖词中的其他物品,尤其是调味品等饮食类物品在敦煌地区如何使用,近于空白,"徕客叫卖词"商品供给侧背后潜随的敦煌百姓饮食及其生活理念就没有得到应有的彰显。

自古至今,中药铺经营都是一种专业性质极强的行业。中药铺在收药、售药、坐堂问诊、代客煎药之外,极少还有兼业经营的,以药铺而兼业服装、食品经营就更属罕见。即如今日,饮食调料店里售卖的中药类调味香料多达四五十余种,而今人却绝不会将其视为药铺。所以,敦煌使用"徕客叫卖词"叫卖服装、调料等类产品的店铺不可视为药铺,只能是日用杂货铺。

自初唐时期孙思邈撰《千金食治》,提出有病当先"以食治之,食疗不愈,后乃命药"②的疗病策略之后,食疗方法深入人心,一部分药材就具有了"食、医"两用的用途。而随着这部分药材"食"用途的日渐广泛,它们就逐渐演变成人们日常饮食生活中的调味料,《千金食治》首列的"槟榔"即其显例。敦煌日用杂货铺里用来徕客的"药材"类商品,固然有其药材的医疗作用,然而它在日用杂货铺里出现的本来面目,对于百姓而言,主要是用作日常生活中的调味料。

可以说,"徕客叫卖词"较充分地显露了敦煌地区百姓衣、食生活的供给侧细节,由此揭示出唐五代宋初敦煌人的日常饮食生活状况以及相关的生活理念。

一 关于P.3644徕客叫卖词的释录问题

自李正宇先生首先释录P.3644中的"店铺徕客叫卖词"以来,学界均是据其录文展开后续研究。复检P.3644图版,发现李正宇先生的释录璧有微瑕,遂此重新校录如下:

> 某乙铺上且有:橘皮胡桃瓢,栀子高良姜,陆(六)路诃黎勒,大腹及槟榔。亦有荜萝荜拨,芫荑大黄,油麻椒祢(蒜),阿昔(锡)藕弗(覆),香甜干枣,醋齿石榴。绢帽子,罗幞头。白矾皂矾,紫草苏芳。秒糖吃时牙齿美,饧糖咬时舌头甜。市上买取新袄子,街头易得紫绫衫。阔口裤,斩(崭)新鞋,大跨腰带拾叁事。

陆路诃梨勒,李正宇先生释作"陆路通"和"诃梨勒"两种物事,或有疏误。按:中古时期六、陆二字同音。《康熙字典》总结说:"陆,《唐韵》《广韵》《集韵》《类篇》《韵会》并'力竹切',音六。"③故"陆路诃梨勒"读同"六路诃梨勒",因音同,唐五代时医家就将"六路诃梨勒"写作"陆路诃梨勒"。六路,又作六棱,六路诃梨勒是诃梨勒中品质最佳者,多于或少

---

① 马燕云:《唐五代宋初敦煌社会消费问题研究》,西北师范大学硕士学位论文,2007年,第20—21页。
② (唐)孙思邈撰,吴受琚注释:《千金食治》,北京:中国商业出版社,1985年,第13页。
③ (清)陈廷敬等撰、汉语大辞典编纂处整理:《康熙字典》标点整理本,上海:汉语大辞典出版社,2005年,第1343页。

于六路,称为"杂路勒"。《南方草木状》云:"诃梨勒,树似木梡,花白,子形如橄榄,六路,皮肉相著,可作饮,变白髭发令黑。出九真。"①唐《海药本草》云:"方家使陆路诃梨勒,即六棱是也。"②北宋《本草图经》云诃梨勒在七八月"实熟时采,六路者佳"。《岭南异物志》云:广州法性寺佛殿前,有四五十株,子极小,而味不涩,皆是六路。"③诃梨勒味本酸、涩,而其味不涩的六路诃梨勒在药用、染发之外,还被广泛用作日常生活的食材,用于泡酒、作饮、煲粥,详见下文。

"阿昔(锡)藕弗(覆),香甜干枣",张涌泉先生释录作"阿苗藕弗香,甜干枣"④。李正宇先生释录为"河(荷)藕弗(佛)香,甜干枣"。写本中的"昔"字,李正宇先生将此字视为衍文,"略而弗录"⑤。按:"昔"字不应视为衍文,当录校作"阿昔(锡)"。"昔"为"锡"或"緆"的音借字。阿锡,乃先秦以来著名的细布,司马相如《子虚赋》云:"于是郑女曼姬,被阿锡,揄纻缟。"⑥藕弗,当校录作"藕覆","弗"为"覆"的音借字。藕覆,乃膝裤、袜裤的别称。"阿锡藕覆",反映了敦煌地区生活中"衣"的一些细节,拟另文讨论,此不衍伸。

"饧糖咬时舌头甜"的"咬",李正宇先生校作"嚼"。按,不校亦可。饧糖即麦芽糖,又别称"绞绞糖",是因为麦芽糖在稀释作调料外,日常食用最常见的方法是用两根筷子不断地互相绞绕,待胶固于筷子上成为半凝固体后,用舌头舔食或咬食,故此有"饧糖咬时舌头甜"的说法。

大腹及槟榔,即大腹槟榔的壳与果实。唐代只有槟榔入药,到五代时,大腹皮又单独入药⑦,才需要分别指称槟榔的壳与果实,于是有"大腹及槟榔",其实是一件物事。则店铺"徕客叫卖词"总计有三十件物品。

二 中古时期敦煌地区的调料清单

P.3644叫卖词中除服装以外的21件物品:橘皮、胡桃、栀子、高良姜、诃黎勒、槟榔、苕萝、荜拨、芜荑、大黄、油麻、椒、蒜、干枣、石榴、白矾、皂矾、紫草、苏芳、砂糖、饧糖等,在日常生活中都有作调料的用途,厨中或用于调味、或用于提色、或用于增香、或制作浆粥饮,一直沿用至今。只有白矾稍有例外,白矾即明矾,其主要化学成分为硫酸铝钾或者硫酸铝铵,其中的铝元素在人体内不能吸收和排出,会在人体内形成铝富积,进而影响人体对铁、钙等成分的吸收,导致骨质疏松、贫血,甚至于影响神经细胞的发育而导致痴呆,因此国家明令限制白矾的使用量和应用领域,并推荐相应的无铝产品来替代明矾,尤其面食生产领域。

高启安、蔡秀敏据敦煌寺院入破历等文书考察了中古时期敦煌地区使用的盐、醋、酱与

---

① (晋)嵇含:《南方草木状》,文渊阁四库全书第589册,台北:商务印书馆,1986年,第7页。
② (唐)李珣撰,尚志钧辑校:《海药本草(辑校本)》,北京:人民卫生出版社,1997年,第63页。
③ (宋)苏颂撰,尚志钧辑校:《本草图经》,合肥:安徽科学技术出版社,1994年,第416页。
④ 张涌泉主编:《敦煌经部文献合集》第八册,中华书局,2008年,第4285页。
⑤ 李正宇先生2018年7月23日的交流邮件。
⑥ (汉)司马迁撰:《史记》卷一百一十七,北京:中华书局,1959年,第3011页。
⑦ 尚志钧辑释:《日华子本草(辑释本)》,合肥:安徽科学技术出版社,2005年,第134页。

酱清、浆水、花椒、生姜、豆豉、草豉、阿魏、胡椒、毕拨、桂皮、胡桐泪等调料①。朱凤玉列举了《俗务要名林》"饮食部"中的几种调料：酱、酢、盐、豉、油、糖、饧②。余欣等人讨论了《俗务要名林》《杂集时要用字》中的毕芨、胡芹子、马芹子等调味料③。

茱萸自先秦以来就是古人厨中必用的辣味调料，又别称"菽""樧"。东汉张衡《南都赋》论"厨膳"之事云："苏菽紫姜，拂彻膻腥。"西晋周处《风土记》云："三香椒樧姜。"④S.6208"姜笋部"提到了"紫姜"，即鲜生姜。敦煌写本《开蒙要训》中的"葱蒜韭薤，茱萸椒姜"，正是厨中著名的辛辣三香。

S.6208《杂集时要用字》"干味部"提到了石髓、鹿腊等干货调味品："砂磄（糖）、石蜜、胡椒、毕拨、胡榙子、马芹子、橘皮、石髓、乳腐、条脯、干酪、鹿腊、獐腊。"

敦煌产红曲，唐《初学记》引东汉王粲《七释》云："瓜州红曲，参糅相半，软滑膏润，入口流散。"⑤如果徐坚所引不误，则敦煌自汉末以来就已使用红曲，并非唐人的始创。红曲是一种天然红色素，"既可酿酒，又可充食用色素。"⑥

将上述物料按其使用性质分类，就得到了中古敦煌地区日常饮食生活较为完整的厨中调料清单：

1. 酱腌菜保鲜保脆：石髓。
2. 酱腌菜提色媒染：白矾、皂矾。
3. 食品增色：栀子、石榴、紫草、苏芳木、红曲、酱清、饧糖。
4. 菜品提鲜增香：槟榔、茱萸、胡椒、椒、毕拨、桂皮、胡榙子、马芹子、生姜、橘皮、莳萝、高良姜、葱、胡荽、阿魏、草豉。
5. 食物调味：油、油麻、盐、酱、醋、浆水、豆豉、乳腐、条脯、干酪、鹿腊、獐腊、石蜜、砂糖、饧糖、芜荑、大黄、葱、蒜、韭、薤。
6. 保健浆粥饮品：高良姜、诃黎勒、胡桃瓤、干枣。
7. 面食品改良：胡桐泪、白矾。

上述的分类或有不恰当之处，但突出它们最常见的日常生活用途业已足够。根据这份调料清单，它们在菜品、食品中的搭配使用，构建出中古时期敦煌百姓丰富多彩的饮食生活。

三　中古敦煌日常生活饮食中的色彩

日常生活中食品的色彩，来源于食物原料的本色以及烹调制作时的增色与调色。唐人

---

① 高启安：《唐五代敦煌饮食文化研究》，北京：民族出版社，2004年，第48—51页；蔡秀敏：《唐代敦煌饮食文化研究》，台湾中正大学中国文学系硕士学位论文，2003年。
② 朱凤玉：《从敦煌写本看唐代民间的饮食生活》，郑炳林、郑阿财主编：《港台敦煌学文库》第14册，第105页。
③ 余欣：《敦煌的博物学世界》，兰州：甘肃教育出版社，2013年，第342—346、364页。
④ （宋）李昉等撰：《太平御览》卷九百五十八，北京：中华书局，1960年，第4253页。
⑤ （唐）徐坚等撰：《初学记》卷二十六，北京：中华书局1962年，第637页。
⑥ 王子辉：《隋唐五代烹饪史纲》，西安：陕西科学技术出版社，1991年，第46页。

已非常讲究食品的色、香、味、形,如崔安潜"镇西川三年,唯多蔬食。宴诸司,以面及鞠萘之属染作颜色,用象豚肩、羊臑、脍炙之属,皆逼真也。"①

(一)敦煌红豉的红色

中古敦煌百姓重视食品的调色。高启安先生已指出 S.4685 中的"红豉"是豆豉②。无论原料用黄豆还是黑豆,经发酵、晒制后,都只能制作出黑色的豆豉。要成为红豉,就必须有红色增色工艺。

中古厨中增红的方法大致有三种。一种是用叫卖词中的"白矾皂矾,紫草苏芳"来增红。葛洪"治作赤盐法"云:"用寒盐一斤,又作寒水石一斤,又作寒羽涅一斤,又作白矾一斤,合内铁器中,以炭火火之,皆消而色赤,乃出之可用也。"③《四时纂要》中的"红雪",由苏方木与朱砂共同染成④。宋人给豆子增红的工艺:"先将盐霜梅一个安在锅底下,淘净大粒青豆、盖梅。又将豆中作一窝,下盐在内。用苏木煎水,入白矾些少,沿锅四边浇下,平豆为度。用火烧干,豆熟,盐又不泛而红。"⑤苏芳木在其中的作用就是给豆子染红,孙世增先生解释说:"苏木,豆科木本植物,其心材质脆,投入热水中,水呈桃红色,加醋,变黄色,再加碱,又变为红色。这里作染色剂用。"⑥用苏木作染色剂,必须借助明矾、皂矾等媒染剂,色素才能比较稳定地附着在被染物体上。S.4685 中的"红豉",或许就是采用了上述的增色工艺。现今民间喜事所用的红蛋,即用苏木加开水烫染成桃红色。

敦煌的红豉也有可能采用瓜州闻名于世的红曲来增红,而且唐五代也确实用红曲来给食物增色。如"孟蜀尚食掌食典一百卷,有'赐绯羊'。其法:以红曲煮肉,紧卷石镇,深入酒骨淹透,切如纸薄,乃进。注云:酒骨,糟也。"⑦红曲加入肉制品中,能增加其色、香、味,尤其颜色红亮诱人。S.6208"饮食部"中列有"肉绣肠"和"灌肠"两种产品,二者间的区别,应该就是"肉绣肠"在灌制过程中加了红曲增色,类似今日之红肠。

敦煌的红豉也可能是将油豉增红而成。油豉的做法,"豉三合,油一升,酢五升,姜、橘皮、葱、胡芹、盐,合和,蒸。蒸熟,更以油五升,就气上洒之。讫,即合甑覆泻瓮中。"⑧将油豉所用的油用紫草作增红处理,就得到了红油豆豉。今天的红油,由辣椒、紫草、油三种原料煎熬而成,古代厨中有类似的红油。《礼记》论调和饮食之宜云:"脂用葱,膏用薤,三牲用藙。"⑨郑玄注"藙"为"煎茱萸也",唐人孔颖达疏云:"今蜀郡作之,九月九日取茱萸,折其枝,连其实,广长四五寸,一升实,可和十升膏,名之藙"⑩。茱萸香味浓郁,味道辛辣,"藙"就是油煎茱萸而成的香辣油,用以给各类食品尤其是肉类增色、增味,相当于今日之油泼辣子。藙中若再加入紫草增强红色,其色、味就与今日的香辣红油无甚差别。敦煌红

---

① (宋)孙光宪:《北梦琐言》卷三,北京:中华书局 2002 年,第 57 页。
② 高启安:《唐五代敦煌饮食文化研究》,第 50 页。
③ 王明:《抱朴子内篇校释增订本》卷一十六,北京:中华书局,1985 年,第 289—290 页。
④ (唐)韩鄂撰,缪启愉校释:《四时纂要校释》,北京:农业出版社,1981 年,第 250 页。
⑤ (宋)浦江吴氏撰,孙世增、唐良注释:《吴氏中馈录》,北京:中国商业出版社,1987 年,第 27 页。
⑥ (宋)浦江吴氏撰,孙世增、唐良注释:《吴氏中馈录》,第 27 页。
⑦ (宋)陶谷撰,李益民等注释:《清异录(饮食部分)》,北京:中国商业出版社,1985 年,第 31—32 页。
⑧ (北魏)贾思勰撰,缪启愉校释:《齐民要术校释》第二版,北京:中国农业出版社,1998 年,第 652 页。
⑨ (清)阮元校刻:《十三经注疏》,中华书局,1980 年,第 1466 页。
⑩ (清)阮元校刻:《十三经注疏》,第 1467 页。

豉如果采用紫草煎藙来染红,其口感、色味有如今日的香辣油豆豉。

使用上述红色增色工艺,分别得到红色的盐干豆豉、汁水豆豉、红油豆豉三种产品,这就要看敦煌百姓各自的喜好来采用相应的工艺了。从供给侧而言,三种增红工艺所使用的各种材料都能很方便地从店铺里买到。

(二)酱腌菜的黄、赤色

S.6208"姜笋部"中提到了"酱瓜",高启安讨论过敦煌的"菹"菜,酱瓜、菹菜即今天的酱腌菜系列。自古至今,酱腌菜的口感都追求"爽脆",这就要在腌制过程中恰当地使用保脆剂,"碳酸钙、氯化钙、硫酸钙、硫酸铝钾"是酱腌菜中最常用的保脆剂,"使用量是菜重的0.05%就可以达到保脆效果"①,这是今日酱腌菜制作中不可或缺的"浸灰工艺"。石髓,即石钟乳,其主要成分是碳酸钙,与石灰的成分相同,而"石髓"被中古敦煌人列入"干味部"用以调味,其唯一的应用领域就是给酱菜、腌菜保鲜保脆,使酱腌菜品爽脆可口。

敦煌原产道地石膏,孙思邈论药出州土:"沙州:石膏。"②沙州开元贡有"野马皮、石膏、綦子石、牸羊角"③。石膏的主要成分是硫酸钙,日常生活中用作豆腐的成型剂,也是作酱腌菜的常用保脆剂。但石膏并未列入味部,不能断定石膏在敦煌是否也被当作保脆剂使用。

白矾作为抗氧化剂使用,对瓜蔬的保色效果比较显著,五代宋初僧人赞宁(919—1001年)云:"菱煮过,以矾汤焯之,红绿如生。"④在酱腌菜时,既要保色又要保脆,石髓(碳酸钙)和白矾(硫酸铝钾)往往会配伍使用,如作蒜黄瓜、冬瓜、茄子:"秋间小黄瓜一斤,石灰、白矾汤焯过,控干。盐半两,腌一宿。又盐半两,剥大蒜瓣三两,捣为泥,与瓜拌匀,倾入腌下水中,熬好酒、醋浸着,凉处顿放。冬瓜、茄子同法。"⑤虽然没有材料说明敦煌会将石髓与白矾同用,但"矾汤"在酱腌菜品制作中能保色保脆,在赞宁生活的五代宋初应该已成为生活常识,才会被赞宁总结并记入《物类相感志》中。况且石髓加入敦煌日常生活之干味部,冬藏菜的"浸灰工艺"成为孩童生活的常识,已然颠覆了我们对古人食品添加剂应用上的认识。

王艳明讨论了吐鲁番地区生产的蔬菜有葱、蒜、韭、芥、蔓菁、荠、萝卜、胡瓜(黄瓜)、兰香、苣、白菜等多种⑥。高启安讨论了敦煌的萝卜、生菜、豇豆、荠菜、蔓菁、葱、韭菜、葫芦、苜蓿等蔬菜⑦。再结合写本《俗务要名林》与《杂集时要用字》等文献,从供给侧上看,敦煌酱瓜的原料来自于本地所产的各种瓜,而适合腌制的冬藏菜蔬则有豇豆、萝卜、蔓菁、菘菜(白菜)、蒜、薤、芥、黄瓜等。腌菜原料或许还有甘蓝,其时也称为蓝菜。孙思邈云蓝菜"久食大益肾,填髓脑,利五脏,调六腑。胡居士云:'河东、陇西羌胡多种食之,汉地鲜有。'其叶

---

① 苏青海、苏纯营:《酱腌菜的脆性变化及保脆措施》,《四川食品工业科技》1995年第3期。
② (唐)孙思邈:《千金翼方》卷一,北京:人民卫生出版社,1955年,第6页。
③ (唐)李吉甫撰,贺次君点校:《元和郡县图志》卷四十,北京:中华书局,2005年,第1026页。
④ 引见《物类相感志》,北京:中华书局,1985年,第21页。按:释赞宁撰《物类相感志》十卷,现存一卷本为十卷本之节略改编本,十八卷本为十卷本之扩编本。详参宋军朋:《〈物类相感志〉与〈格物粗谈〉内容之比较研究》,华东师范大学硕士学位论文,2004年;赵美杰:《赞宁〈物类相感志〉研究》,华东师范大学硕士学位论文,2008年。
⑤ (宋)浦江吴氏撰,孙世增、唐良注释:《吴氏中馈录》,北京:中国商业出版社,1987年,第15页。
⑥ 王艳明:《从出土文书看中古时期吐鲁番地区的蔬菜种植》,《敦煌研究》2002年第2期。
⑦ 高启安:《唐五代敦煌饮食文化研究》,第34—38页。

长大厚,煮食甘美,经冬不死,春亦有英。其花黄,生角结籽。"①唐《本草拾遗》云蓝菜"煮作菹,经宿渍色黄"②。

酱腌菜讲究色泽鲜亮,从而增加菜品的可接受性。"比丘尼梵正,庖制精巧,用鲊、鲈脍、脯、盐酱瓜蔬,黄赤杂色,斗成景物。若坐及二十人,则人装一景,合成辋川图小样"③。盐酱瓜蔬,即酱腌菜。要使酱腌菜黄、赤颜色鲜亮,可通过酱色、瓜蔬原色和加料染色来达到。从敦煌当时的供给侧来看,使用石榴、栀子、红曲、酱清、饧糖等都可以给酱腌菜增色。通常而言,豇豆、萝卜、蔓菁、蓝菜等酱菜会用石榴皮、栀子作增黄处理,而菘菜、薤等会用红曲作增红处理,酱瓜会用酱清、饧糖作酱赤色处理。

石榴有酸、甜两种。叫卖词中的醋齿石榴,即酸石榴,既是水果,又是药材,还是厨中调味品。西北地区作羊肉胡羹,"葱头一斤,胡荽一两,安石榴汁数合,口调其味"④。人们在食用鲜石榴时,剥皮会将手指甲染黄,散落在衣服上的石榴皮汁液会染成黄色斑点,这样的生活常识使人们认识到石榴皮可以染黄,其所染黄色即是著名的秋香色,民间又戏称为咸菜色。若再加上明矾等媒染剂,秋香黄的颜色会更加亮丽,固色效果也更好。要给酱腌菜增黄,在敦煌,人们会自然而然地想到醋齿石榴皮带来的秋香黄,"该色素适宜做饮料及食品的着色剂。"⑤。百姓家中冬季腌菜染黄所需的少量石榴皮,可以从杂货店铺买鲜石榴或者从药铺买干石榴皮,据 P.3596 等文献,"石榴、石榴皮、石榴花、石榴子、石榴根"在敦煌均入于药方⑥。

栀子染黄自汉以来就已成为大众生活常识。太史公曰:"若千亩卮、茜,千畦姜、韭,此其人皆与千户侯等。"⑦注云:"卮,鲜支。"鲜支即西汉时栀子之别称。栀子"果实入中药或作调味品",富"含黄酮类栀子素、果胶、鞣质、藏红花酸、藏红花素、栀子甙、熊果酸等成分"⑧,是一种营养性着色剂,也是养生常品。除了给酱腌菜等食品着色外,栀子作为调料的最主要用途还是制作卤汤。黄卤与红卤都要用到栀子,只是在用量上有所差别。黄、红卤汤用以煮制豆类、肉类食品,尤其是三牲下货及蹄爪,S.2472《辛巳年十月三日州司仓公□斛斗交过凭》"羊肠壹副,破面三升。"S.6208 中提到敦煌的食材有"头蹄、肝肚"。古代西北地区冬季缺少新鲜蔬菜,以栀子为调料,能有效补充维生素 B 和 A,于冬季日常生活中尤为必需品,故日用杂货铺徕客物品中有栀子。

白菜等腌菜时加红曲,食用时再以麻油煎茱萸调拌,颜色红鲜诱人,香辣脆爽,其口感绝不亚于今日之辣白菜。薤,又称藠头,是唐代著名的越冬蔬菜,"在唐朝人的食物中,薤菜始终占据显耀的位置。"⑨藠头本身洁白,用红曲增红后,茱萸辣油拌食,成为香辣藠头。时

---

① (唐)孙思邈撰,吴受琚注释:《千金食治》,第 57 页。
② (唐)陈藏器撰,尚志钧辑释:《〈本草拾遗〉辑释》,合肥:安徽科学技术出版社,2003 年,第 296 页。
③ (宋)陶谷撰,李益民等注释:《清异录(饮食部分)》,1987 年,第 4—5 页。
④ (北魏)贾思勰撰,缪启愉校释:《齐民要术校释》第二版,第 584 页。
⑤ 阿布来提·阿布都热西提:《甜石榴皮和酸石榴皮中天然黄色素的提取及其稳定性比较分析》,《食品科学》2009 年第 15 期。
⑥ 牟海霞:《唐五代敦煌药材资源——以敦煌汉文医药文献为中心探究》,西北师范大学硕士学位论文,2015 年。
⑦ (汉)司马迁:《史记》卷一百二十九,第 3272 页。
⑧ (元)忽思慧撰,李春方译注:《饮膳正要》,北京:中国商业出版社,1988 年,第 463 页。
⑨ 王赛时:《唐代饮食》,济南:齐鲁书社,2003 年,第 40 页。

至今日,藠头腌制品仍不出白、红两种吃法。白的酸甜,红的香辣。

四 中古敦煌日常生活饮食的香与味

朱凤玉据《俗务要名林》说明了敦煌烹调食物产生的味道有"酸、咸、辛、辣、苦、甘、甜、淡"等数种①。"甜、淡"是指烹调中的不加盐状态,在北方称"甜",在南方称"淡"②。这种不加盐或少加盐烹调所呈现出来的味道,即食物本身的味道,古称本味,今称原味。由此知中古时期敦煌人在"酸、甘、咸、辛、苦"五味调和之外,还讲究食物本身的味道。而追求食物的本味,一直是古今烹饪中的重要目标之一,"凡食物不能废咸,但少加使淡,淡则物之真味、真性俱得"③。隋唐时期已相当注重食品的增香。隋代谢讽《食经》中有"十二香点腥"④,即制作肉羹时加入了十二香增香调味,但具体是哪十二香,史籍已失载。唐代韦巨源著名的"烧尾宴"食单中有"赐绯含香粽子(蜜淋)""天花饆饠(九练香)""丁子香淋脍(脍别)"⑤等。赐绯含香粽子是经过增红、加香处理的粽子,食用时再浇淋蜜汁。天花饆饠的馅料用天花蕈和精练过的九练香调制。丁子香淋脍的做法,先脍别,即用调料腌拌好鱼肉脍片,再浇淋丁香油食用。

中古敦煌的食谱虽已不存,但从《俗务要名林》、《杂集时要用字》等文献中的烹调方法和食物原料,还是可以窥知一些敦煌食品的香与味。

(一)槟榔、大腹皮作香辛调味料

日常生活中人们嚼食槟榔,"饮啖设为口实"⑥。作为食治的材料,孙思邈首列槟榔,以其"消谷逐水,除淡澼,杀三虫,去伏尸,治寸白"⑦。在煮制、烹调肉类时,加入槟榔作香辛料,可以使各种调料的味道均匀渗透到肉类深层肌里,不仅食物入味充分,而且在食物冷却后仍然能保留浓郁如初的香味,还可以起到杀虫防腐的功用,食物保持新鲜不变质的时间更长。在大块煮肉还很流行的唐代,槟榔作为调料——其去腥、回香、入味、杀虫保鲜的好处显而易见。晚唐的段成式在谈论酒食美味时,就记录了用槟榔煮肉的方法,"乳煮羊胯利法:槟榔詹阔一寸,长一寸半,胡饭皮。"⑧

如今槟榔、大腹主要用作入味剂,制作各种卤菜,尤其是卤鸭,武汉周黑鸭即其代表产品,百姓日常生活中主要是制作酱香槟榔鸭。

(二)橘皮与敦煌的条脯、鹿腊、獐腊及腊汁味

P.3284《新集吉凶书仪》云敦煌聘礼曰:"次猪羊,次须面,次野味,次果子,次苏(酥)油

---

① 朱凤玉:《从敦煌写本看唐代民间的饮食生活》,郑炳林、郑阿财主编:《港台敦煌学文库》第14册,第105页。
② 参见(北魏)贾思勰撰,缪启愉校释:《齐民要术校释》第二版,1998年,第582页。
③ (清)曹庭栋撰,王振国整理:《老老恒言》,北京:人民卫生出版社,2006年,第9页。
④ (宋)陶谷撰,李益民等注释:《清异录(饮食部分)》,第14页。
⑤ (宋)陶谷撰,李益民等注释:《清异录(饮食部分)》,第9、10页。
⑥ (北魏)贾思勰撰,缪启愉校释:《齐民要术校释》第二版,第738页。
⑦ (唐)孙思邈撰,吴受琚注释:《千金食治》,第20页。
⑧ (唐)段成式撰:《酉阳杂俎》卷七,北京:中华书局,1981年,第71页。

盐,次酱醋,次椒姜葱蒜。"抄自于中原《吉凶书仪》的 P.3442、S.6537 等写卷并没有上引内容,高启安因此判定是"抄写者根据敦煌当地婚俗中送礼的实际情况所加"①。这份聘礼单显示出敦煌地区在汉地传统聘礼物色之外,增加了敦煌的地域特色,"或者是当地的土产,如酥油;或者是本地所阙之物,如生姜;或者是本地日常生活中之必需品,如酱醋和椒姜葱蒜,河西地区的饮食,每顿不离酸、辣之味。"②聘礼中的野味,与婚姻奠雁之礼有关,在"无雁时,野雉、野鹜等可代之"③。敦煌有传统的猎场,据 P.2005《沙州都督府图经》,沙州东南峡谷水曲之处,"多野马、牦[牛]""囗狼虫豹,窟穴其[中]"。敦煌市场上的各种野味,由网鹰人、猎户等提供④,敦研 001 号文书有猎户向官方纳"黄羊儿"的记录,敦煌的土贡中有"野马皮"。直到近代,敦煌的"野马、野猪、野羊、野鸡、豹、虎、熊、狼、兔"等野味仍然存在⑤。

黄羊、鹿、牦牛、獐子、野猪、熊等形体较大的野味,多是"腊而食之",于是就有了 S.6208 干味部中的条脯、鹿腊、獐腊。野味膻腥味大,多以香辛料腌制,方才腊味醇美,进而形成腊汁味系列食品。其时通行的脯腊之法,当属贾思勰记载的五味脯腊。其原料用牛、羊、獐、鹿、野猪、家猪的精肉,其具体方法是:先用牛羊骨制作骨汁高汤,"掠去浮沫",入豆豉使汤"色足味调",再加盐、葱白、花椒、生姜、橘皮等五味于汤中,将肉浸入汤中腌制,"味彻乃出"⑥,于北风处阴干收藏。

作五味脯腊时,不加盐,同时将肉料批为薄片,阴干后"脆如凌雪",贾思勰称其为"甜脆脯"⑦,韩鄂则称为"淡脯"⑧。制作脆脯时若另加红曲增红,食用时再用"煠"法过油轻炸,就得到了唐代著名的"赤明香":"赤明香,世传仇士良家脯名也。轻薄、甘香、殷红、浮脆,后世莫及。"⑨其中橘皮乃是五味脯腊中"甘香"的关键。橘皮,又称陈皮、红皮、贵老等,虽是苦味调料之冠,却只能充当调味的配角,"单一的陈皮味是不能构成菜肴口味的",只有和花椒、草果、生姜等结合在一起,"才能产生一种带有独特风格特色的菜肴味型。"⑩

贾思勰的五味脯腊既已"味彻",唐人又在"味彻"之后,再"以葱、椒、盐汤中猛火煮之,令熟后,挂着阴干。经暑不败。远行即致妙"⑪。再次充分入味的肉脯经腊月的风薰积淀下岁月的味道,煮熟后,香味浓郁醇厚,除直接食用外,还切成肉粒或磨成粉末,和其汤汁,成为饼、菜、饭、麨诸种食物制作中的调味品⑫,今则称为腊汁味。腊汁味系列食品在唐代颇受欢迎,成为日常生活食物储备的代名词,此唐人所谓"脯腊膎胰以供滋膳,参术芝桂以防

---

① 高启安:《唐五代敦煌饮食文化研究》,第 156 页。
② 谭蝉雪:《敦煌民俗——丝路明珠传风情》,第 195 页。
③ 谭蝉雪:《敦煌民俗——丝路明珠传风情》,第 195 页。
④ 参见高启安:《唐五代敦煌饮食文化研究》,第 47 页。
⑤ 苏履吉、曾诚撰:道光《敦煌县志》,台北:成文出版社有限公司,1970 年,第 372—373 页。
⑥ (北魏)贾思勰撰,缪启愉校释:《齐民要术校释》第二版,第 579、582 页。
⑦ (北魏)贾思勰撰,缪启愉校释:《齐民要术校释》第二版,第 579 页。
⑧ (唐)韩鄂撰,缪启愉校释:《四时纂要校释》,第 245 页。
⑨ (宋)陶谷撰,李益民等注释:《清异录(饮食部分)》,第 3 页。
⑩ 李俊杰、郭小雯编著:《百味香料调美味配单方》,长沙:湖南科学技术出版社,2005 年,第 263 页。
⑪ (唐)韩鄂撰,缪启愉校释:《四时纂要校释》,第 245 页。
⑫ 参王赛时:《唐代饮食》,第 71—72 页。

疴疾"①者。王梵志笔下的穷汉,即使再赤贫,也还是有"鹿脯三四条,石盐五六颗"②来待客的。"秦烹惟羊羹,陇馔有熊腊"③,包括敦煌在内的西北脯腊味传名天下。

(三)敦煌的瓜瓠与焦式烹调

据《俗务要名林》,敦煌的烹调技法有"焦"法。朱凤玉释云:"类似今天燥煮的一种烹饪法。"④缪启愉释云:"焦,用少量的水缓火油焖。"⑤

按:焦式烹调法即今日干锅菜式烹调法。其原材料中必须有肥肉,方能在缓火加热中均匀出油而达到油焖菜的效果,所以贾思勰说焦法"偏宜猪肉,肥羊肉亦佳"。其具体的做法是:用豉、盐、姜、椒等组配好调料,肉切块,葱掰开,于铜铛中布一层肉就布一层葱,葱上撒调料,再如法布第二层、第三层,下少水焦之,此为肉焦。若将葱换作瓜瓠、菌蕈之类,即成素焦。"焦瓜瓠、菌,虽有肉、素两法,然此物多充素食,故附素条中。"⑥高启安讨论过中古敦煌的瓜瓠与发菜、菌菇等食材⑦,敦煌又有上好的河西肥羊,正是焦式烹调中最适用的原料。

"葛花消酒毒,荚蒂发羹香"⑧,焦式烹调中加入茱萸、胡椒等香辛调料,百味馨香,这才是古人真正的香辣干锅菜式。

(四)大黄的菜用与调味

河西是大黄的道地产地之一,《新修本草》云大黄"调中化食,安和五脏","生河西山谷及陇西。二月、八月采根",以其根茎纹理如理石而被称为"河西锦纹"。敦煌野生药材中有土大黄⑨,又称"羊蹄大黄""牛舌大黄","九月采根,破之亦有锦文。日干之,亦呼为土大黄。"⑩P.3644叫卖词中的大黄不知是哪一种大黄。

大黄根茎在唐代家庭日常生活中的用途是作屠苏酒、备急丸和茵陈丸。唐人于元日"进屠苏酒""又上椒酒、五辛盘于家长以献寿"⑪。宋人庞元英云:"唐岁时节物,元日则有屠苏酒、五辛盘和咬牙饧。"⑫据S.6531,敦煌"岁日赏屠苏酒、五辛盘、假花果、胶牙饧"⑬,与中原稍有差异。屠苏酒的配方有多种,但都离不了大黄,韩鄂记录了唐五代最常见的屠苏酒配方:"大黄、蜀椒、桔梗、桂心、防风各半两,白术、虎杖各一两,乌头半分。右八味,剉,以绛囊贮,岁除日薄晚,挂井中,令至泥。正旦出之,和囊浸于酒中,从少起至大,逐人各饮

---

① (后晋)刘昫等撰:《旧唐书》卷一〇二,北京:中华书局,1975年,第3177页。
② (唐)王梵志著,项楚校注:《王梵志诗校注》,上海:上海古籍出版社,1991年,第431页。
③ (清)王文诰辑注,孔凡礼点校:《苏轼诗集》,北京:中华书局1982年,第120页。
④ 朱凤玉:《敦煌通俗字书所呈现之唐五代社会文化研究刍议——以敦煌写本〈俗务要名林·饮食部〉为例》,载《敦煌吐鲁番研究》第十四辑,上海:上海古籍出版社,2014年,第508页。
⑤ (北魏)贾思勰撰,缪启愉校释:《齐民要术校释》第二版,第656页。
⑥ (北魏)贾思勰撰,缪启愉校释:《齐民要术校释》第二版,第655页。
⑦ 参见高启安:《唐五代敦煌饮食文化研究》,第35、41页。
⑧ (清)彭定求等编:《全唐诗》卷三十七,北京:中华书局,1960年,第485页。
⑨ 《敦煌市志》编纂委员会编:《敦煌市志》,北京:新华出版社,1994年,第707页。
⑩ (宋)苏颂撰,尚志钧辑校:《本草图经》,第244页。
⑪ (唐)韩鄂撰,缪启愉校释:《四时纂要校释》,第11页。
⑫ (宋)庞元英:《文昌杂录》,北京:中华书局1985年,第21页。
⑬ 录文据周一良、赵和平:《唐五代书仪研究》,北京:中国社会科学出版社,1995年,第157页。

少许,则一家无病。"①备急丸和茵陈丸也都要用到大黄,这两种丸药是唐五代时居家旅行的常备药,大多家中自制,韩鄂记录了这两种丸药的配方和制作方法②。敦煌亦流传有这两种丸药的配方③。

河西锦纹大黄还可以蔬用,"其茎味酸,堪生啖。"④土大黄以其叶形,又称羊蹄,而中药中称"羊蹄"者凡两种,一种是《诗经》所云的"蓄","又一种极相似而味酸,呼为酸模。"⑤唐《本草拾遗》云:"酸模,叶似羊蹄,是山大黄,亦名当药。"⑥山大黄,即土大黄的又一别称,"羊蹄根"正是蓼科酸模属的土大黄,"可作菜食。"⑦据 S.3836V《杂集时要用字》,这种可作菜食的羊蹄,是学童日常生活的基本常识。

大黄的叶极酸,而其叶柄杆茎却如同富士苹果一样具有自然的酸甜,所以生啖、蔬用的部位其实是叶柄茎。叶柄茎带来的自然酸甜常常用开水煮出,滤其汁作调味剂使用,制作泡菜、调馅、烹菜,更用以"溲"面,制作糕点、脆饼等各种馃食。

敦煌的糕糜,用黄米或小米发酵蒸制⑧,蒸熟后切成菱形、方形或三角,其切面状如蜂窝,透着酥软。这种糕糜的调味,只有原味、酸甜、枣汁三种。其中的酸甜味,现代厨中就来自于大黄的杆茎。

(五) 敦煌的乳腐、乾酪调味及其酪浆、浆水面

S.6208 中的"乳腐",并非豆制品的"腐乳",其原料是牛乳,加热,以醋为成型剂,用压豆腐的方法挤去水分,故称"乳腐"⑨,今民间称之为"奶豆腐"。与贾思勰所记的酸甜味的"熟酪"⑩方法相比,大同小异。熟酪是用上次的甜酪发酵,如同用老面发面,时间长而难于控制发酵的程度,而乳腐则立等可成,"乳腐"可视作"熟酪"的速成版本。熟酪干制后称为"干酪",乳腐干制后称为"乳饼"。

鲜乳腐散发着清新的奶香与淡淡的酸甜味,用以腌拌食物,别具风味。唐人作山药粉,即以乳腐调拌。《方山厨录》云:"去皮,于筹篱中磨涎,投百沸汤中,当成一块。取出,批为炙脔,杂乳腐为罨炙。素食尤珍。入膻用亦得。"⑪油炸的山药粉块以外,用乳腐拌食其他可以生啖的大黄叶柄、生菜、瓜果等,就得到了与今日果蔬沙拉极其相似的系列美食,此所谓"素食尤珍"者。

乳饼可入药和日常食用。日常食用的方法是作乳饼面:"乳饼一个,切作豆子样""用面拌煮熟。空腹食之。"⑫唐人则是作浆水面:乳饼"细切如豆,面拌,醋浆水煮二十余沸。"⑬

---

① (唐)韩鄂撰,缪启愉校释:《四时纂要校释》,第262—263页。
② (唐)韩鄂撰,缪启愉校释:《四时纂要校释》,第252—253页。
③ 参见丛春雨:《敦煌中医药精粹发微》,北京:中医古籍出版社,2000年,第196、202页。
④ (唐)苏敬等撰,尚志钧辑校:《新修本草(辑复本第二版)》,合肥:安徽科学技术出版社,2004年,第141页。
⑤ (唐)苏敬等撰,尚志钧辑校:《新修本草(辑复本第二版)》,第159页。
⑥ (唐)陈藏器撰,尚志钧辑释:《〈本草拾遗〉辑释》,第366页。
⑦ 尚志钧辑释:《日华子本草(辑释本)》,2005年,第100页。
⑧ 高启安:《唐五代敦煌饮食文化研究》,第160页。
⑨ (唐)韩鄂撰,缪启愉校释:《四时纂要校释》,第61页。
⑩ (北魏)贾思勰撰,缪启愉校释:《齐民要术校释》第二版,第432—433、435—436页。
⑪ (唐)韩鄂撰,缪启愉校释:《四时纂要校释》,第55页。
⑫ (元)忽思慧撰,李春方译注:《饮膳正要》,第185—186页。
⑬ (唐)孟诜撰,张鼎增补,尚志钧辑校:《食疗本草》,合肥:安徽科学技术出版社,2003年,第104页。

S.6208中提到的"酪浆",用干酪或乳饼制成。干酪与乳饼,其实只是干燥方法上略有差异,味道上无差别,都可以入臛用,主要作浆、粥的调味剂:"作粥、作浆时,细削,著水中,煮沸,便有酪味。"①酪味,即今日的奶香味。如上法作出酪浆之后,入冬瓜等菜同煮,即得到著名的"奶香冬瓜汤",更通俗的叫法是"奶汤冬瓜"。敦煌出产冬瓜。

（六）栀子、槟榔、红曲、高良姜、毕拨、茱萸、阿魏、胡椒、花椒、桂皮、胡楂子、马芹子、生姜、橘皮、莳萝、豆豉与煮肉

《俗务要名林》的烹调技法有"煮"法,是"将食物放入水或汤的锅里加热烹熟的一种烹饪方法"②。高启安已指出S.3278等提到的"熟肉"是"煮肉"③。煮肉无非是指不加佐料的白水煮和加了佐料的汤水煮。野马皮是敦煌的贡品,野马肉是敦煌著名的野味食品。唐《食医心镜》中的野马肉吃法,既用汤水煮,又推崇白水煮:"细切,于豉汁中煮,著五味、葱白调和,作腌腊食之。作羹粥及白煮吃,妙。"④

"白煮吃"之所以称妙,乃在于食物本身的味道。前文已述中古时期敦煌人讲究食物本身的味道,而肉类食物最本色的味道,莫过于不加任何调料的白水煮,贾思勰称之为"白肉"⑤。白肉煮好后,切成脍片做凉盘,再配以蒜齑、椒盐等多种调味汁食用;又或切成片、丁、末、窝块,另加佐料、配菜入锅烹炒或煮作羹臛,如唐人的"白煮猪肉","煮令熟,细切,作脍,和酱、醋食之。或作羹粥,炒,任性食之"⑥。是为唐人日常生活中的回锅肉系列。

加佐料的汤水煮。上所列出的栀子、槟榔、红曲、高良姜、毕拨、茱萸、阿魏、胡椒、花椒、桂皮、胡楂子、马芹子、生姜、橘皮、莳萝、豆豉等佐料可以单味或多味组合加入到汤水中,再与肉同煮,既不失食物本味,又可以去腥增香、解腻增鲜,这种煮法发展成今日红烧、卤煮两大菜品系列,只不过中古时期的叫法有多种,如贾思勰称为脏、腤、煎、消、菹绿等。其实只是对料物进行煎、炒、炸、滑油、焯烫、水浸、腌腊等预处理方法上的区别。在对料物预处理之后,"无非是用盐豉葱姜等与肉类同煮"⑦。对料物的预处理,《食医心镜》中称"治如食法",在其后的加料煮中,强调于"豉汁中煮",举凡狐肉、野马肉、驴肉、熊肉、猪肚、羊肺、水牛肉、猪肉莫不如此⑧。强调于"豉汁中煮",在味道之外,就是给肉品作酱色处理,煮出的肉品红亮诱人。

汤水煮的肉料有大有小,小块的肉料煮到收汁就成了红烧肉,如贾思勰所记的"绿肉",其做法是:将猪、鸡、鸭等肉料切成小方块,先白煮,换水后下盐、豉汁煮,再入葱、姜、橘、胡芹、小蒜等调味煮,收汁起锅时加醋。缪启愉先生认为这道菜其实该叫"醋溜红烧肉"⑨。小块肉加料汤煮,成为红烧菜;大块肉加入多味佐料后煮熟煮透,就成了卤煮肉。

---

① （北魏）贾思勰撰,缪启愉校释:《齐民要术校释》第二版,第433页。
② 朱凤玉:《敦煌通俗字书所呈现之唐五代社会文化研究刍议——以敦煌写本〈俗务要名林·饮食部〉为例》,载《敦煌吐鲁番研究》第十四辑,第507页。
③ 高启安:《唐五代敦煌饮食文化研究》,第167页。
④ （唐）昝殷撰,尚志钧辑校:《食医心镜（重辑本）》,合肥:安徽科学技术出版社,2003年,第226页。
⑤ （北魏）贾思勰撰,缪启愉校释:《齐民要术校释》第二版,第606、609页。
⑥ （唐）昝殷撰,尚志钧辑校:《食医心镜（重辑本）》,第227页。
⑦ （北魏）贾思勰撰,缪启愉校释:《齐民要术校释》第二版,第608页。
⑧ （唐）昝殷撰,尚志钧辑校:《食医心镜（重辑本）》,第225、226、228、230、245、247、249页。
⑨ （北魏）贾思勰撰,缪启愉校释:《齐民要术校释》第二版,第610、613页。

(七)高良姜、诃黎勒、胡桃瓤、干枣与敦煌的保健浆粥饮

水之外,唐代日常生活饮料分为酒、浆、茶三大系列,各具功能。陆羽曰:"至若救渴,饮之以浆;蠲忧忿,饮之以酒;荡昏寐,饮之以茶。"①作饮的"浆",自先秦以来就是"米汁酿过略有酸味的浆汁"②,中古时期敦煌人用以佐餐、作饮的"浆水""米浆"正是这种酸浆汁③。浆水是百姓日常生活饮品,唐人谓"贫居之易辨"④。此处"辨"作"治"解。

浆水发展到了唐代,已有了果浆、蔬浆及乳浆等品种,又有发酵与不发酵的区分,制作中还会加入合适的药材以增强浆水的食补保健功效,杜若浆、三勒浆在唐代行用较广。

P.2282 所载的"高良姜三味饮",其实是治疗"湿霍"的药汤⑤,并不是日常生活中的保健浆水。用高良姜制作的保健浆水,唐人称"杜若浆",王绩《食后》诗云:"始暴松皮脯,新添杜若浆。"⑥沈括考证云:"杜若即今之高良姜,后人不识,又别出高良姜条,如赤箭再出天麻条、天名精再出地菘条、灯笼草再出苦耽条,如此之类极多。"⑦高良姜还是作药粥的主料,用高良姜六分,"以水二升煎高良姜,取一升半,去滓,投米煮粥食之。"⑧

唐人广泛应用诃梨勒。作为果药,其入药、泡酒,陈明、僧海霞、李应存等人据敦煌文献述之已明⑨。诃梨勒可直接嚼食,"若能每日嚼一颗咽汁,亦终身无病。"⑩在吐鲁番市场上,诃梨勒每颗价格"上直钱贰文五分、次贰文、下一文五分",敦煌不可能与邻近的吐鲁番有上百倍的价差,故 P.2689 所述的"诃梨勒价六斗八升"并不是一颗的价格,而"应该是 126 颗诃梨勒的价格"⑪,即敦煌市场上诃梨勒每颗均价亦是 2 文,"日嚼一颗"也是可能的。在不算高的价格下,诃梨勒在日常生活中多是作浆、作饮、煮粥。作浆,须发酵,"候发定,即止。但密封。此月一日合,满三十日即成。味至甘美,饮之醉人,消食、下气。须是八月合即成,非此月不佳矣。"⑫作饮,"诃梨勒一枚,打碎为末""以水一升,煎三两沸,后下诃梨勒,更煎三五沸,候如曲尘色,著少盐,服。"⑬《南部新书》云:"用新诃子五颗、甘草一寸,并拍破,即汲树下水煎之,色若新茶,味如绿乳,服之消食疏气,诸汤难以比也。"⑭

叫卖词中的胡桃瓤,即今核桃仁,"食之令人肥健,润肌,黑须发",但在唐宋时期的认知中,胡桃却又是不可多食之物。孙思邈云胡桃"不可多食,动痰饮,令人恶心,吐水、吐

---

① 吴觉农主编:《茶经述评》第二版,北京:中国农业出版社,2005 年,第 164 页。
② 苏诺:《古代保健"茶汤"的医学史研究》,中国中医科学院博士学位论文,2009 年,第 32 页。
③ 高启安:《唐五代敦煌饮食文化研究》,第 148—149 页。
④ (唐)谷神子撰:《博异志》,北京:中华书局,1980 年,第 41 页。
⑤ 丛春雨:《敦煌中医药精萃发微》,第 220 页。
⑥ (清)彭定求等编:《全唐诗》卷三十七,第 485 页。
⑦ (宋)沈括撰,胡道静校注:《新校正梦溪笔谈》,北京:中华书局,1957 年,第 333 页。
⑧ (唐)昝殷撰,尚志钧辑校:《食医心镜(重辑本)》,第 243 页。
⑨ 陈明:《印度梵文医典〈医理精华〉研究》,北京:商务印书馆,2014 年,第 55—61、122—123、193—195 页。僧海霞:《唐宋时期"药中王"诃梨勒医方探析—基于敦煌医药文献考察》,《敦煌研究》2016 年第 2 期。李应存:《浅谈敦煌医学卷子中的诃梨勒组方》,《中医学通报》2005 年第 3 期。
⑩ (唐)义净撰,王邦维校注:《南海寄归内法传校注》,北京:中华书局 1995 年,第 160 页。
⑪ 王进玉:《敦煌学和科技史》,兰州:甘肃教育出版社,2011 年,第 344 页。
⑫ (唐)韩鄂撰,缪启愉校释:《四时纂要校释》,第 195 页。
⑬ (唐)昝殷撰,尚志钧辑校:《食医心镜(重辑本)》,第 238 页。
⑭ (唐)钱易撰,黄寿成点校:《南部新书》庚,北京:中华书局,2002 年,第 107—108 页。

食"①。宋《图经本草》云:"性热,不可多食。"②《开宝本草》曰:"多食动风、脱人眉。同酒食,多令咯血。"③直到《本草纲目》中,李时珍才纠正其非。但唐人在"不可多食"的认知下,对胡桃的日用量不大,且周期极长,《食疗本草》云:"凡服胡桃,不得并食。初日服一颗,每五日加一颗,至二十颗止,周而复始。"④唐《海上集验方》的胡桃粥,用量也不大,"去皮研膏,水搅滤汁,米熟后加入,多煮生油气"⑤。"胡桃煮肉肉不臭"⑥,自五代以后,厨中用胡桃去除肉类的腥味,尤其与羊肉同煮时效果极佳,"先将羊肉放在锅内,用胡桃二三个,带壳煮三四滚。去胡桃,再放三四个,竟煮熟,然后开锅,毫无膻气。"⑦作羊肉粥,"杏仁同煮则易糜,胡桃同煮则不臊。"⑧

枣,补中益气,孙思邈云:"久服轻身,长年,不饥。神仙。"⑨但大枣不宜生食,"生者食之过多,令人腹胀。蒸、煮食之,补肠胃,肥中益气。"⑩大枣蒸、煮食以外的日常用法,贾思勰已总结为枣脯、干枣、枣油以及酸枣魦四种,其中的酸枣魦,其实就是今日的干枣粉,与其他材料配合,做糕点和做浆水,"以方寸匕,投一碗水中,酸甜味足,即为好浆。"⑪亦可"煮枣取汁"⑫溲面、作糕。用枣之法大抵如斯,至今如此,敦煌亦莫能例外。

(八)胡桐泪、白矾与面食品改良

贾思勰云做各种饼食,当用"饼酵"——即用酸浆或粥中加酒等方法来发酵面团,"面当令起""面起可作"⑬。高启安讨论敦煌的饼食时说:"蒸饼技术的关键是发面,需要酵母"⑭。中古时期并没有今天所用的微生物酵母,贾思勰的饼酵方法又稍显麻烦,故民间大都是留一小块老面以备下次再发面。然而老面中的酵母菌含量极少,起面时间长,夏天一般要四、五个小时以上,冬天甚至要一到两天,更为麻烦的是,稍不留意,面团就会发酸。而且在需要大量用面的时候,用老面发面的方法无能为力,古人用加碱剂或白矾的方法来快速起面并改良面团品质。

敦煌文书中的梧桐饼,就是以胡桐泪为改良剂制作出的食品。胡桐泪是一种天然碱剂,"能软一切物"⑮,用其和面,"有中和酸及酥化面的作用,故做出来的饼味道相当好,而且起面的速度快"⑯,至今仍有用者。

---

① (唐)孙思邈撰,吴受琚注释:《千金食治》,第32页。
② (宋)苏颂撰,尚志钧辑复:《本草图经》,第560页。
③ (明)李时珍撰,刘衡如等校注:《本草纲目》新校注本第三版,华夏出版社,2008年,第1210页。
④ (明)李时珍撰,刘衡如等校注:《本草纲目》新校注本第三版,第1211页。
⑤ (清)曹庭栋撰、王振国整理:《老老恒言》,第81页。
⑥ (宋)赞宁撰:《物类相感志》,第1页。
⑦ (宋)苏轼:《格物粗谈》卷下,北京:中华书局,1985年,第22页。
⑧ (清)曹庭栋撰、王振国整理:《老老恒言》,第96页。
⑨ (唐)孙思邈撰,吴受琚注释:《千金食治》,第21—22页。
⑩ (唐)孟诜撰,张鼎增补,尚志钧辑校:《食疗本草》,第66页。
⑪ (北魏)贾思勰撰,缪启愉校释:《齐民要术校释》第二版,第264页。
⑫ (北魏)贾思勰撰,缪启愉校释:《齐民要术校释》第二版,第634页。
⑬ (北魏)贾思勰撰,缪启愉校释:《齐民要术校释》第二版,第632—633页。
⑭ 高启安:《唐五代敦煌饮食文化研究》,第107页。
⑮ (五代)李珣撰,尚志钧辑释:《海药本草》辑校本,北京:人民卫生出版社,1997年,第12页。
⑯ 高启安:《唐五代敦煌饮食文化研究》,第124页。

净土寺在七月十五日"麸伍斗,卖(买)白樊(矾)用"(P.2032V)、在十月十四日"油贰升,买矾用"(S.6452)①。敦煌僧人极其重视七月十五的盂兰盆节和十月十五的下元节,这两个节日中寺庙需要制作大量的面食,谭蝉雪指出:"在下元节以丰盛的供品献佛,超过了七月十五日盂兰盆节二硕三斗造佛盆面,可见寺院对下元节还是相当重视的。"②高启安则统计说:佛盆节"各寺院所用的面油数量不相同,而像净土寺这样的寺院则一次需要三石到四石五斗面,有些更多,达到了四十多石。"③一硕即一石,一次性要发三、四百斤甚至上千斤面,用老面及贾思勰的发面方法不仅费工费时,也不可能及时完成节日中庞大的造食工作,只能使用改良剂来快速发面,白矾正具有这种作用。白矾是发面用的"泡打粉"的主要成分,用其发面立等可用,且制作出来的面食又白又暄,净土寺恰在要大量发面的中元、下元节有买矾的记录,绝非偶然。

五 敦煌调料性味功能所显示的唐人日常生活理念

直到元人忽思慧撰《饮膳正要》,始有专章讨论厨中调料的性味功能,此前皆散见于时人笔记及本草著作中,中古敦煌所用调料的性味功能目前只见于本草。

调料的功能首先是"滋食味",以制作出美味的食品。如胡椒"调食用之,味甚辛美,而芳香不及蜀椒"④;莳萝"消食,温胃,善滋食味,多食无损,即不可阿魏同合,夺其味也"⑤;葱"和美众味,若药剂必用甘草也"⑥;芜荑"作酱食之,甚香美。其功尤胜于榆人,惟陈久者更良"⑦;大蒜"俗人作齑以啖肉脍……此物煮为羹臛极美,熏气亦微。下气,消谷,除风,破冷,足为馔中之俊"⑧;荜茇"味辛烈于蒳酱"⑨,"胡人将来此,调食用之"⑩,善"滋食味"⑪。

P.3810号中有"神仙粥",寄托着敦煌人"神仙长年"的梦想。P.3644中列举的厨房用料也大都兼有"轻身长年""好颜色"的美容保健功能,如高良姜"下气,益声,好颜色"⑫;橘皮"久服去臭,下气通神,轻身长年"⑬;栀子"主五内邪气,胃中热气,面赤酒疱齇鼻,白癞、

---

① 录文参唐耕耦、陆宏基编:《敦煌社会经济文献真迹释录》第3辑,全国图书馆缩微复制中心,1990年,第481、222页。
② 谭蝉雪:《敦煌民俗——丝路明珠传风情》,第116页。
③ 高启安:《唐五代敦煌饮食文化研究》,第384页。
④ (唐)苏敬等撰,尚志钧辑校:《新修本草(辑复本第二版)》,第205页。
⑤ (唐)李珣撰,尚志钧辑校:《海药本草(辑校本)》,第30页。
⑥ (宋)陶谷撰,李益民等注释:《清异录(饮食部分)》,第39页。
⑦ (唐)孟诜撰,张鼎增补,尚志钧辑校:《食疗本草》,第74页。
⑧ (唐)苏敬等撰,尚志钧辑校:《新修本草(辑复本第二版)》,第275页。
⑨ (唐)苏敬等撰,尚志钧辑校:《新修本草(辑复本第二版)》,第138页。
⑩ (唐)李珣撰,尚志钧辑校:《海药本草(辑校本)》,第357、93页。
⑪ (唐)李珣撰,尚志钧辑校:《海药本草(辑校本)》,第24页。
⑫ (唐)陈藏器撰,尚志钧辑释:《〈本草拾遗〉辑释》,第353页。
⑬ (唐)苏敬等撰,尚志钧辑校:《新修本草(辑复本第二版)》,第184页。

赤癞,疮疡,疗目热赤痛"①;胡麻"久服轻身不老,明耳目,耐饥渴,延年"②;花椒"久服之头不白,轻声增年。开腠理,通血脉,坚齿发,调关节,耐寒暑"③;大枣"久服轻身长季,不饥神仙"④。烧尾宴食单中有"长生粥",虽不明其用料,但唐人"长年"的饮食理念已显露无遗。

唐人认为鱼、肉、蔬菜、谷米等食物或多或少具有毒性或者寄生虫。鱼、肉有细菌寄生虫,比如线虫,古人称为"寸白"⑤;黍"性寒,有少毒。不堪久服,昏五脏,令人好睡"⑥;小麦"作面有热毒,多是陈裛之色"⑦。既然食材中含有毒性,则以各种方法去解毒。如面毒,古人以为"原汤化原食",直到宋代还是如此,"世人食面已,往往继进面汤,云能解面毒"⑧。而最常用的解面毒方法是在面料中加入胡桐泪,因胡桐泪"杀火毒及面毒"⑨。

唐五代人认为合理使用调料,可以起到去虫、杀毒、解毒的功效。如胡椒"杀一切鱼、肉、鳖、蕈毒"⑩;大枣"和百药毒,通九窍"⑪;莳萝"杀鱼、肉毒。补水藏,及壮筋骨,治肾气"⑫;高良姜"解酒毒,消宿食"⑬;大蒜"除风邪,杀毒气"⑭;小蒜"温中,除邪痹毒气"⑮;芜荑"散皮肤骨节中淫淫行毒,去三虫,化食,去寸白"⑯;阿魏"主杀诸小虫"⑰;"御一切蕈、菜毒"⑱;葱根"杀一切鱼、肉毒";大黄"杀一切虫。……杀胡夷鱼、鲑鱼、檀胡鱼毒"⑲;酒"杀一切蔬菜毒"、酱"杀一切蔬菜、蕈毒"、醋"杀一切鱼、肉、菜毒"⑳;油麻"杀一切虫"㉑。

以上对P.3644、S.6208等文献所载录的调料及其使用的讨论,复原了中古敦煌人民如何修治食物的色、香、味,进而反映出唐五代人们日常生活中的一些基本理念:一是通过各种调料的使用,追求食物的"色、香、味",以提高饮食生活的舒适度;二是在调料的选择上,调料多具有"长年""养颜"的作用,寄托着古人通过饮食"长寿"的理想;三是调料的合理使用可以杀虫、去毒,保持身体的康健。

作者简介: 周尚兵,山东师范大学历史文化学院副教授。

---

① (唐)苏敬等撰,尚志钧辑校:《新修本草(辑复本第二版)》,第188页。
② (唐)苏敬等撰,尚志钧辑校:《新修本草(辑复本第二版)》,第277页。
③ (唐)苏敬等撰,尚志钧辑校:《新修本草(辑复本第二版)》,第197页。
④ (唐)苏敬等撰,尚志钧辑校:《新修本草(辑复本第二版)》,第254页。
⑤ (唐)孙思邈撰,吴受琚注释:《千金食治》,第20页。
⑥ (唐)孟诜撰,张鼎增补,尚志钧辑校:《食疗本草》,第11页。
⑦ (唐)孟诜撰,张鼎增补,尚志钧辑校:《食疗本草》,第8页。
⑧ (宋)方勺撰,许沛藻、杨立扬点校:《泊宅编》卷八,北京:中华书局,1983年,第46页。
⑨ 尚志钧辑释:《日华子本草(辑释本)》,第27页。
⑩ 尚志钧辑释:《日华子本草(辑释本)》,第145页。
⑪ (唐)孟诜撰,张鼎增补,尚志钧辑校:《食疗本草》,第66页。
⑫ 尚志钧辑释:《日华子本草(辑释本)》,第85页。
⑬ 尚志钧辑释:《日华子本草(辑释本)》,第76页。
⑭ (唐)苏敬等撰,尚志钧辑校:《新修本草(辑复本第二版)》,第275页。
⑮ (唐)苏敬等撰,尚志钧辑校:《新修本草(辑复本第二版)》,第275页。
⑯ (唐)苏敬等撰,尚志钧辑校:《新修本草(辑复本第二版)》,第191页。
⑰ (唐)苏敬等撰,尚志钧辑校:《新修本草(辑复本第二版)》,第139页。
⑱ 尚志钧辑释:《日华子本草(辑释本)》,第81页。
⑲ 尚志钧辑释:《日华子本草(辑释本)》,第100页。
⑳ 尚志钧辑释:《日华子本草(辑释本)》,第3页。
㉑ (唐)孟诜撰,张鼎增补,尚志钧辑校:《食疗本草》,第2、3页。

唐宋文人寺院读书的习尚演进

左福生

【摘　要】 唐宋文人读书于山林寺院的习尚持久不衰,习读者多以应举试为目的,其中攻进士科者占其多数。相较而言,宋人寄寺读书目的有应举和非应举之别,其人员构成已由单一转向多元。从寺院经济发展的角度比较,唐代前后期寺院经济状况差异明显,晚唐及五代寺院经济衰弱,寺院容留士子一般不以慈善相待,士子选在寺院邻近自建茅舍、自理食膳的多,少数则租赁僧舍或以劳务换取寄寺资格。两宋寺院田产、经济向好,士子寄寺习业条件得到改善,寺院对习业者常行慈善支助。鉴于寺院经济条件的差异,晚唐、五代的寺僧对寄寺者常流露厌苦之绪,甚而有伤害士子行为,导致二者关系不善,士子中举为官后难免借机嘲讽寺僧,甚者施以报复;宋代寺僧与士子关系普遍和谐融洽,士子中第为官则对寺僧多怀感恩回报,与晚唐、五代的情况显然大异其趣。

【关键词】 寺院;习业;士子;僧人;科举

唐人为科举而习业的问题受到学界的关注较多,严耕望先生于 20 世纪 80 年代所撰《唐人习业山林寺院之风尚》一文,对唐一代文人士子求学之风貌已做生动展示。由此,还引发学界进一步探求唐人寄读寺院问题的兴趣和思考,相关问题已得到较为全面深入的发掘。然正如严耕望先生所说,"历史的演进是不断的,前后有连贯性的,朝代更换了,也只是统治者的更换,人类社会的一切仍是上下联贯,并无突然的差异"①。这一论断无疑预示着此后两宋文人的习业状况及此风尚在唐宋历史中的演变等问题研究空间,故本文特将文人寺院读书现象置于唐五代及两宋的历史进程中加以整体考察和论述。

一　诗赋取士对寺院读书习尚的主导作用

文人选择寺院读书主要源于科举选拔人才的制度,尤其与攻取科名的社会需求关联紧密。唐宋科举制有较大的延续性,而以诗赋取士的进士科又是二者最为接近的方面②,其选人取向直接影响着士子的学习内容及求学方式,"诗文习业,所赖于师承者少,所赖于环境

---

① 严耕望:《治史三书·治史经验谈》,上海:上海人民出版社,2011 年,第 12 页。
② 《唐六典·尚书吏部》载:"其进士,帖一小经及《老子》;试杂文两首;策时务五条。文须洞识文律,策须义理惬当者为通。"(李林甫等编,陈仲夫点校:《唐六典》卷 2《尚书吏部》,北京:中华书局,1992 年,第 45 页)此说明,唐代进士考试还要试帖经和时务策,杂文主要指诗赋,是进士试中的一科。

之陶养者则其大,且群居不必多人,故深山邃谷最宜习业。"①严耕望先生所作判断是否符合历史事实呢?

唐代科举取士主要为明经和进士两途,求明经者专精于儒家经学,务进士者则主攻诗赋。不过,唐初此两种出身在政治上地位皆不甚显著。自武后夺权,文士仕进之路大开,进士科第逐渐占据优势。此趋势发展到唐中叶后,政治上之势力几为出身进士科第之人所独占,明经出身转为时人讽议的口实,"三十老明经,五十少进士"正是两科悬殊轻重之体现。

北宋建国以来,科举内容经历几次调整和演变,大体为贴经、诗赋、经义、策论等诸科,但诗赋在整个宋代科举应试科目中都扮演了举足轻重的角色。

> 祖宗以来,但用词赋取士,神宗重经术,遂废之。元祐兼用两科,绍圣初又废。建炎二年(1128),王唐公(绹)为礼部侍郎,建言复以词赋取士,自绍兴二年(1132),科场始复。②

祝尚书先生在总结宋代科举所试科目发展过程时也指出:

> 要之,宋初沿唐、五代之旧,试之以诗赋。熙宁时改为经义而罢诗赋。历元祐诗赋、经义兼收之制,再到绍圣罢诗赋而用经义的反复,于南宋初才敲定为诗赋、经义两科分立,得到近乎'双赢'的结果。③

王安石反对诗赋而倡经义,并力主推行,但其在试院题诗中仍透露:"少年操笔坐中庭,子墨文章颇自轻。圣世选才终用赋,白头来此试诸生。"④可见诗赋在取士考试中之持久性。

唐五代及两宋科举中诗赋之关键性大致如上,总体来说,进士科普遍为文人所看好,并以之为进取方向。反映在习业寺院的风尚上则体现出专攻进士者为绝对主体,以下唐、宋人事例大体可证此倾向。

唐赵璘《书戒珠寺》称自己"长庆中始冠,将为进士生,寓此肄业"。(《全唐文》卷七九一)

《太平广记》卷三七三"杨祯"条云:"进士杨祯家于渭桥,以居处繁杂,颇妨肄业。乃诣昭应县,长借石瓮寺文殊院居……"

《旧唐书》卷一七九《柳璨传》云:"璨少孤贫,好学,僻居林泉,昼则采樵,夜则燃木叶以照书。……光化中登进士第。"

---

① 严耕望:《严耕望史学论文选集》,北京:中华书局,2006年,第266页。
② (宋)李心传:《建炎以来朝野杂记》甲集卷一三《四科》,北京:中华书局,2000年,第261页。
③ 祝尚书:《宋代科举与文学考论》,郑州:大象出版社,2006年,第190页。
④ (宋)王安石:《试院五绝句》其一,《王荆公诗笺注》卷四四,上海:上海古籍出版社,2010年,第1162页。

以上肄业者，文献中都明确指出所业为进士科。此外，借寺院习业而见诸史料的例子还有不少，如：黄滔《莆山灵岩寺碑铭》记陈蔚、黄楷、欧阳碣等居灵岩寺读书十年；吕温《送薛大信归临晋序》云："大信与予最旧，始以孝悌余力，皆学于广陵之灵岩寺，云卷其身，讨论数岁。"（《全唐文》卷六二八）；《唐才子传·李端传》云："（端）少时居庐山，依皎然读书……"李翱《题惠山寺诗序》云："大和五年四月予自江东将西归浐阳，路出锡邑，因肄业于惠山寺。"（《全唐文》卷七二四）；《太平广记》卷四二二"韦思恭"条云："元和六年，京兆韦思恭与董生、王生三人结友于嵩山岳寺肄业。"颜真卿《汎爱寺重修记》云："予未仕时，读书讲学恒在福山，邑之寺有类福山者，无有无予迹者。"（《全唐文》卷三三七）颜真卿所读寺院还不止一处，颇为典型。

唐诗中也屡屡涉及相关信息。如：李嘉祐《送王正字山寺读书》云："山阶闲听法，竹径独看书。"（《全唐诗》卷二〇六）；盛唐诗人阎防曾在终南丰德寺读书，刘慎虚《寄阎防》诗题下自注云："防时在终南丰德寺读书。"（《全唐诗》卷二四五）；于鹄《题宇文褧山寺读书院》云："读书林下寺，不出动经年……年少今头白，删诗到几篇。"（《全唐诗》卷三一〇）；裴垍曾读书灵山寺，元稹《感梦》诗云："自言有奇中，裴相（垍）未相时。读书灵山寺，住处接园篱。"（《全唐诗》卷三九一）

经进一步考证获知，以上习业寺院者其后所走的多数是进士之途。如：颜真卿，《旧唐书》卷一二八载："真卿少勤学业，有词藻，尤工书。开元中，举进士登甲科。"裴垍，《新唐书》卷一六九载："裴垍，字弘中，绛州闻喜人，擢进士第，以贤良方正对策第一。"这些事例不仅反映了唐人读书寺院的普遍性，而且印证了严耕望先生所作结论的合理性，即山林寺院最适合习诗文者寄足。

五代时期到寺院读书者依然不绝，举进士者仍居多数。如：

> 镕被害，次子昭海为湖南纲官李震置茶褚中，"既至湖南，乃令依南岳寺僧习业，岁给其费。"（《旧五代史》卷五四《王镕传》）

> "杨徽之，字仲猷，建州浦城人。……尝肄业于浔阳庐山，时李氏据有江表，乃潜服至汴洛，以文投窦仪，王朴深赏遇之。周显德中，举进士，刘温叟知贡部，中甲科。"（《宋史》卷二九六《杨徽之传》）

宋代寄身寺院读书以攻取进士科者比比皆是，如邵伯温《邵氏闻见录》云："韩参政亿，李参政若谷，王丞相随未第时，同于嵩山法王寺读书。"①《宋史》对以上韩、李、王三人通过进士及第而入仕途都有记载，具体如：

《宋史》卷三一五《韩亿传》云："韩亿，字宗魏，其先真定灵寿人……举进士。"
《宋史》卷二九一《李若谷传》云："李若谷，字子渊，徐州丰人。少孤，游学依姻家赵况于洛下，遂葬父母缑氏，举进士，补长社县尉。"

---

① （宋）邵伯温撰，李剑雄、刘德权点校：《邵氏闻见录》卷八，北京：中华书局，1983年，第78页。

《宋史》卷三一一《王随传》云："王随,字子正,河南人,登进士甲科。"

其他读书寺院而终得举进士者亦大有其人,如:

> 余少时同伯氏从学于里人郑毅夫,假馆京师景德寺之白土院。皇祐壬辰,是岁秋赋,郑与予兄弟皆举国学进士。①
> 曾大父讳宗元,字会之。自幼颖悟绝人,读书于虎丘寺,昼夜不绝。举进士,为乡里首选。②
> 黄灏,字商伯,南康都昌人。幼敏悟强记,肄业荆山僧舍三年,入太学,擢进士第。③

史载:"文同,字与可,梓州梓童人。……初举进士,稍迁太常博士集贤校理,知陵州。"④文同有诗反映其早年在古寺中寄读的经历,其《重过旧学山寺》云:"当年读书处,古寺拥群峰。"林逋《寄吴肃秀才》诗云:"肄业寄僧房,暑天湖上凉。"这位吴秀才后来也中了进士;魏野有诗云:"贳酒村穿红树过,读书寺入翠岚游。"

唐宋以来,举进士者为山林寺院读书的主体,攻它科者寄山寺习业则相对更少,如《太平广记》卷四一七"赵生"条云:

> 天宝中,有赵生者……兄弟数人俱以明经入仕,独生性鲁钝……由是年壮尚不得为郡贡……生益惭且怒……弃其家遁去,隐晋阳山,葺茅为舍。生有书百余编,笈而至山中,昼习夜息……后岁余,以明经及第。

赵生习业山林终"以明经及第",此为一典型例子。不过,有些史料虽未明指所习科目,但我们可通过其日常修课进而推知,比如:

> 先友郭照为京东宪日,尝为先生言:"其曾大父中令公赞,初为布衣时,肄业京师皇建院。一日方与僧对弈,外传南衙大王至。以太宗龙潜日尝判开封府,故有"南衙"之称。忘收棋局,太宗从容问所与棋者,僧以郭对。太宗命召至。郭不敢隐,即前拜谒。太宗见郭进趋详雅,襟度朴远,属意再三。因询其行卷,适有诗轴在案间,即取以跪呈。首篇有《观草书》诗云:"高低草木芽争发,多少龙蛇眼未开。"太宗大加称赏,盖有合圣意者。即载以后乘,归府第,命章圣出拜之。不阅月而太宗登极,遂以随龙恩命官。尔后眷遇益隆,不数年,位登公辅。盖与孟襄阳、贾长江不侔矣。"⑤

---

① (宋)王得臣:《麈史》卷中,朱易安等编,《全宋笔记》第一编,郑州:大象出版社,2003年,第34页。
② (宋)龚明之撰,孙菊圆点校:《吴中纪闻》卷二"曾大父"条,上海:上海古籍出版社,1986年,第30页。
③ (元)脱脱等撰:《宋史》卷四三〇《黄灏传》,北京:中华书局,1985年,第12791页。
④ (元)脱脱等撰:《宋史》卷四四三《文同传》,第12986页。
⑤ (宋)何薳撰,张明华点校:《春渚纪闻》卷七《熙陵奖拔郭赞》,北京:中华书局,1983年,第107页。

郭贽于京师皇建院肄业期间有幸遇太宗驾临,其诗得太宗"大加称赏",此偶然机遇使其仕途通达,未经科场而得青云直上。文中所涉诗轴乃唐人举进士者行卷的常用道具,举子盛行考前向当路者投卷以增素望,此风宋初尚存遗风,表明郭贽所攻者多为进士科。

值得一提的是,也有一些文士寄寺读书并非以举业为目的,他们长期清静自守,内心无名利的躁动,如唐人王绍宗"家贫,常佣力写佛经以自给……寓居(扬州)寺中,以清净自守,垂三十年"①。宋人闵交如长期寄食僧舍,以治经为事,无意应举,情形与举子异趣。

> 欧阳公云:"《九僧诗集》已亡。元丰元年秋,余游万安山玉泉寺,于进士闵交如舍得之……交如好治经,所为奇僻,自谓得圣人微旨,先儒所不能到。贫无妻儿,不应举,常寄食僧舍,僧亦不厌苦之。"②

相对来说,长期寄寺治经研文而不以科第功名为目的者,宋代趋多,如:

> 县(余不县)北行数里,有山焉,曰石壁。壁之旁有寺焉,曰兹相。旧传东莱吕先生与南涧韩公读书于此,公之余来款,雪衲烟樵,听说百年事。……盖吕,韩婿也,来陪翁。屡榻禅庐,儒编梵卷,浩论极研,至今寒光逸赏,犹照人也。③

韩、吕翁婿二人长期以兹相寺为静境,"儒编梵卷,浩论极研",所为与应举毫无相干。可见,宋代寺院所提供给文人读书的功能性质已悄然渐变。另如:

> 张无垢谪横浦,寓城西宝界寺。其寝室有短窗,每日昧爽,辄执书立窗下,就明而读,如是者十四年。洎北归,窗下石上双跌之迹隐然,至今犹存。前辈为学勤苦如此。④

张无垢居宝界寺读书达十四年之久,所为也明显不是科举的驱动。张为官遭贬而托身寺院,其读书目的更多是为忘怀世累、解脱身心,显然与士子为登第而读是有明显区别的。

宋代寺院还为仕途失意者提供心灵庇护,吸引他们寄身其间,借读书以消解内心的苦闷忧愤。如南宋学者洪舜俞罢官后长期读书保福寺,史载:"宝庆元年,吾友洪舜俞自考功郎言事罢归于潜,读书天目山下宝福僧寺。"⑤

从以上所举各现象来看,唐宋文人寄寺读书的目的存在一定差异,为科举而择寺习业是二者之常态,其中为攻取进士者又占其多数。而有些文人寄足寺院仅为精研学问,或借读书以排解失意和苦闷,此类现象则到宋代开始普遍。从这一侧面体现了寺院对于文人在某种程度上已具有精神家园的性质,同时,也反映出宋代社会的好学风气盛于以往,读书行

---

① (五代)刘昫等撰:《旧唐书》卷一八九,北京:中华书局,1975年,第4964页。
② (宋)司马光:《温公诗话》,何文焕辑《历代诗话》,北京:中华书局,2004年,第280页。
③ (宋)谢梦生:《东莱读书堂记》,《全宋文》(第335册),上海:上海辞书出版社;合肥:安徽教育出版社,2006年,第204页。
④ (宋)罗大经撰,王瑞来校注:《鹤林玉露》甲编卷一,北京:中华书局,1983年,第15页。
⑤ (宋)魏了翁:《洪氏天目山房记》,《鹤山集》卷四九,台北:影印文渊阁四库全书,第1172册,第553页。

为已溢出了科举的功利一途,寺院读书成员构成出现由单一到多元的转化。

二 唐宋科举取士的规模及政治荣衰对寺院读书之风的影响

从唐宋科举每次录取人数的角度来考查唐宋文人寄寺现象也能发现其同异。相较而言,唐代文人入仕之径不限于科举一途,科举制对文人的进退影响不及宋代。故从每年科考入取人数比较,唐代取士人数远少于宋代。据张希清先生所著《北宋贡举登科人数考》统计:"北宋开科69次,取士总数61000人,平均每年360人,相比唐代每次仅录取二三十人的情况远超其上。"①

入取人数之悬殊,势必影响到唐宋时期寄寺读书者登第之多寡难易,寄寺时间之长短,习业之成败等诸多方面。透过以下事例可略见其异。

黄滔《莆山灵岩寺碑铭》描述了晚唐时期习业寺院者蹭蹬科场的窘况:

> 初,侍御史济南林公藻与其季水部员外郎蕴,贞元中谷兹而业文,欧阳四门舍泉山而诣焉。……大中中,颍川陈蔚、江夏黄楷、长沙欧阳碣兼愚,慕三贤之懿躅,葺斋于东峰十年。咸通、乾符之际,豪贵塞龙门之路,平人艺士十攻九败。故颍川之以家冤也,与二三子率不西迈而遇,奋然凡二十四年,于举场幸泰甲第。②

相较而言,唐人寺院读书而中第者概率相对更小,尤其进入晚唐社会,科举难以顺畅实行,动荡的加剧,重素望的习气,以及权贵当道诸因素,常常把苦学者挡在仕进之门外。黄滔诸人所处"咸通乾符之际","豪贵塞龙门之路"的现实成为寒士进取的极大阻碍,"平人艺士十攻九败"是此时科举失利之常态。黄滔等经历二十四年的苦战,才"于举场幸泰甲第"。此外,齐抗之在越中剡岭、玉笋诸山,皆达三十年。可见,唐人寄寺读书走的并非终南捷径,晚唐、五代时期,景况更其不堪,至于终身栖读山林不得登第者,亦不鲜见。如:

> 易……徙莱阳掖县。……少读书于长白山,又徙王屋及嵩山,苦学自励,食无盐酪者五岁……数年,入洛,举进士,不中。③

故晚唐诗人许棠在《长安书情》诗中感叹道:"僻寺居将遍,权门到绝因。"他在幽僻的寺院寄居"将遍",足见寄寺之多、时间之久,而结果却是仕路断绝,上进无途。

相比晚唐五代以来科举环境之恶劣、入仕艰难的窘境,宋代文人读书入仕的情形大有改观,史籍所载之寄寺读书者,其结局一般都比较圆满,鲜有如唐人的曲折困顿,如:

---

① 袁行霈主编:《国学研究》第二卷,北京:北京大学出版社,1994年,第411页。
② (清)董诰等编:《全唐文》卷八二五,太原:山西教育出版社,2002年,第5121页。
③ (清)陆游撰,李建国校点:《南唐书》卷一三《张易传》,杭州:杭州出版社,2004年,第5568页。

大参元厚之公成童时,侍钱塘府君于荆南,每从学于龙安僧舍。后三十年,公以龙图、贰卿帅于府。昔之老僧犹有在者,引旌钺,访旧斋,而门径窗扉及泉池钓游之迹,历历如昨。公感之,因构一巨堂,榜曰"碧落"。手写诗于堂,诗有"九重侍从三明主,四纪乾坤一老臣",及"过庐都失眼前人"之句。虽向老,而男子雄赡之气殊未衰歇。未几,果以翰林召归为学士,俄而有参熙宁天子之政,其真所谓"乾坤一老臣"。①

　　洛阳龙门有吕穆公读书龛,云文穆昔尝栖偃于此,初有友二人,一人则温尚书种舒,一人忘其名,而三人誓不得状元不仕,及唱第,文穆状元,温已不意,然犹中甲科,遂释褐,其一人径拂衣归隐。后文穆作相,太宗问:"昔谁为友?"文穆即以归隐者对,遽以著作左郎召之,不起。②

　　通奉大夫吴公,自幼孤立,介特不群,家之有无,一切置之不问。尚厌城市喧哗之烦,不能一意于学,即风穴山白云寺之后,凿石为庵以居。屏绝人事,沉酣六经,诸子百氏之书。以日继夕,孜孜不倦。庵室隘陋,仅能容膝,日惟反关,若逃空谷。其僧徒虽久处于寺者,或不获识公之面。既阅岁年,艺业精贯,隐然名世之大儒也。一出应试,即登上第。③

　　总体来说,唐五代寺院读书者因受制于当时取士规模诸因素之影响,习业寺院虽然已蔚成风气,但失败的概率及进途之曲折都甚于两宋。尤其在晚唐五代时期,寺院读书之风还饱受政治、经济气候恶化所带来的冲击,成事之难更为显而易见。而宋代随佛教政策的稳定,及重文制度的实施,科举取士的规模大大盛于以往,士子选择寺院读书得到了山林及体制上的双重保障,其成业的概率故也远超唐五代的状况。

三　唐宋寺院经济差异与寺院容纳士子的做法

　　唐宋文人寄读寺院大凡出于以下几种动因:一、寺院环境幽静,不受外界喧嚣所扰;二、寺院能提供免费饭食和栖身之所,贫寒士子尤为依赖;三、有些寺院藏书丰富,可满足寒士乏书之困;另外,有些寺僧学养高深,对学子可尽辅导之功。不过除享受寺院幽静一点无差异外,其他方面在唐宋寄寺文人身上表现得并不均衡。就提供食宿这一点来说,唐代寺院前后期做法变化较大,与宋代寺院普遍施行慈善之法颇有反差。

　　唐前期寺院经济状况良好,寺院主要是靠国家供养,朝廷对"国家大寺,如长安西明、慈恩等寺,除口分地外,别有敕赐田庄,所有供给,并是国家供养。"④此外,那些势家望族会不时地给寺院捐财施地,寺院经济来源十分稳定,有些资财相当丰足。"此时的寺院虽已出现

---

① (宋)释文莹撰,郑世刚点校:《湘山野录》卷上,北京:中华书局,1984年,第18页。
② (宋)吴处厚撰,李裕民点校:《青箱杂记》卷一,北京:中华书局,1985年,第2页。
③ (宋)令狐相如:《吴公读书庵记》,《全宋文》(第156册),上海:上海辞书出版社,合肥:安徽教育出版社,2006年,第155页。
④ (唐)道世:《法苑珠林》卷六二《祭祠篇·献佛部》,《大正藏》第五十三册,第749页。

水碾经营等商业行为,但对寺院经济来源的构成影响甚微,因此并不十分活跃。这一时期寺院停客大致还是慈善性的,加之此时俗人寄寺现象不多,寺院本着普惠众生的福田观念,给文人提供食宿、免费接待,这是可以想见的事情。"①

日僧圆仁对留唐所见有记:"唐文宗开成五年四月廿三日早朝,吃粥。向西北行廿五里,到黄山八会寺断中。吃黍饭。时人称之为上房普通院。长有饭粥,不论僧俗,来集便宿,有饭即与,无饭不与。不妨僧俗赴宿,故曰普通院。"②唐文宗开成年间已为中唐时期,圆仁所经寺院对过往僧俗尚以慈善相接,虽说是"长有饭粥",但已出现"无饭不与"的情况,说明寺院经济形势相比初盛唐已呈下滑之势。

安史之乱后,唐代社会盛极而衰,有寄寓寺院之求的人数明显增多,史载:"天宝后,诗人多为忧苦流寓之思,及寄兴于江湖僧寺。"③寺院承受的经济负担有所增大。行人居寺避难又为一困,晚唐之乱时更是如此,如王驾《次韵和卢先辈避难寺居看牡丹》:"乱后寄僧居,看花恨有余。"加之寺院田产被剥夺或侵占,收入锐减,经济每况愈下。寺院容留士子的财力气量变得日渐局促而狭隘,寄食寺院大多已不是免费的午餐,转为有条件的供给。

所谓有条件供给是指士子寄寺不再享受白吃住的优惠,而是须有所付出或交换,比如为寺院提供拾柴担水、抄写经文等具体劳作,甚至出现向寺院租赁或支付寄读费等现象,以此换取容留资格。如《唐摭言》卷七"起自苦寒"条载:徐商尝于"中条山万固寺泉入院读书","随僧洗钵";王建《秋夜对雨寄石瓮寺二秀才》诗云:"夜山秋雨滴空廊,灯照堂前树叶光。对坐读书终卷后,自披衣被扫僧房。"这些情况表明,唐代文人在寺院中除了埋首苦读外还须承担诸如洗钵、扫房等劳务,否则就有可能招致排斥乃至驱逐。比如以下士子的遭遇可见一斑:

> 王播少孤贫,尝客扬州惠昭寺木兰院,随斋餐,诸僧厌怠,播至已饭矣。后二纪,播自重位出镇是邦,因访旧游,向之题已皆碧纱幕其上。播继以二绝句曰:"二十年前此院游,木兰花发院新修。而今再到经行处,树老无花僧白头。""上堂已了各西东,惭愧阇黎饭后钟,二十来尘扑面,如今始得碧纱笼。"④

> 段相文昌,少寓金陵,甚贫萎。每听曾口寺斋钟动,诣寺求食,寺僧厌之,乃斋后扣钟,冀其来不逮食。⑤

此饭后钟的经历既受人同情,也为后人所讥议,几成文人落魄不堪的典型,显见寺院经济状况已发生急剧变化。

这些寄食者无疑成了寺院的额外负担,故招来僧人的厌怠和排斥。由于他们有一腔进身功名的热望,为博取命运转机,他们长期忍受折辱,个别士子所遭困辱几同难民乞丐,其

---

① 王栋梁:《唐代文人寄居寺院习尚补说》,《北京大学学报》(哲学社会科学版),2009年第2期。
② [日]释圆仁著,白化文等校注:《入唐求法巡礼行记校注》卷二,石家庄:花山文艺出版社,1992年,第264页。
③ (宋)宋祁、欧阳修撰:《新唐书》卷三五,北京:中华书局,1975年,第921页。
④ (五代)王定保:《唐摭言》卷七,上海:上海古籍出版社,1978年,第73页。
⑤ (宋)王谠撰,周勋初校证:《唐语林校证》卷六,北京:中华书局,1987年,第574页。

悲惨之境令人同情。有些士子虽得寺方容留,但生活极为清苦,如《唐摭言》卷七"起自苦寒"条云:"韦令公昭度,少贫窭,常依左街僧录净光大师,随僧斋粥。"又如《鉴诫录》卷八"衣锦归"条云:"罗使君向本庐州人……常投福泉寺僧房寄足。每旦随僧一食,学业而已。"他们或"斋粥",或"一食",吃的寒碜,且食不果腹。当然,这不能完全责怪寺僧刻薄寡恩,寺院经济的窘迫乃问题之根。佛家以慈善为本,若条件许可,寺院岂会为区区饭食而伤害贫弱。即在晚唐时期,仍不乏一些热心扶持寒苦者的大贤高德,如唐昭宗乾宁时的永安院高僧如义,其领导众僧,大力兴学,方便学者。除了"缔建精舍"外,他还"以《诗》《礼》而接儒俗,以衣食而求孤恂","来者安之,终者葬之。期间羁旅书生,咸成事业。"①

不过,像永安禅院如义所为者,在中晚唐实不多见。因为寺院经济的萎缩困顿,寺院容留做法不得不转向有偿的商业模式,这也是唐五代时期寄寺读书时有税居、赁房、给费现象存在的大致原因。唐宪宗元和年间,各州举子赴京应试,已有"税居"寺院的风习。如:元和初,牛僧孺举进士进京,谒见韩愈、皇甫湜,"牛僧孺因谋所居,二公沈然良久,乃曰:'可于客户税一庙院。'僧孺如所教。"②"税"即"租赁",说明向寺院租房已成时人可接受的一种方式。晚唐诗人亦吟及此事,如李洞《废寺闲居寄怀一二罢举知己》诗云:

> 病居废庙冷吟烟,无力争飞类病蝉。槐省老郎蒙主弃,月陂孤客望谁怜。税居兼得调猿石,租地仍分浴鹤泉。处世堪惊又堪愧,一坡山色不论钱。(《全唐诗》卷七二三)

前引《旧五代史》之《王镕传》记道:镕被害,次子昭海为湖南纲官李震置茶褚中,"既至湖南,乃令依南岳寺僧习业,岁给其费。"也说到费用问题。

这些模式于当时寺院已普遍实行,这为寺院脱离国家供养所不得不采取的做法,是寺院谋求生存发展而自发的选择。当然,这些做法势必影响到那些贫寒的读书人,因此造成如王播、段文昌、周朴等为一餐饭而曲折受辱的境况。

类似唐人租僧房读书的现象,宋代也偶有存在。叶适《中大大直敷文阁两浙运副赵公墓志铭》有道:"(赵善悉)赁僧房,业举子,夜诵依佛灯。或日昃未爨,履袜穿垢。"③可见宋代寺院为学子提供习业之所也并非全是无偿和慈善的,但这种情况在史料记录中并不多见。

严耕望先生在考察了唐人习业寺院的众多史实的基础上说:"寒士出身既惟有勤习诗赋以取进士科第,而贫无特营山居之资,势必借寓寺院静境以为习业之所。"④这一论断颇切中晚唐社会实际,借寓寺院者确属"贫无特营山居之资"者,那些稍有资费者,他们大可不必为一口饭食而受寺院厌嫌之苦。那么他们又是如何利用寺院的优良环境的呢?以寺院为邻,在其周围自营斋、馆、堂、舍是唐人构建书斋的常见做法,这样他们既可充分享受寺

---

① (唐)陆元浩:《仙居洞永安禅院记》,董诰等《全唐文》卷八六九,第5364页。
② (宋)李昉等编:《太平广记》卷一八〇《牛僧孺传》,北京:中华书局,1961年,第1342页。
③ (宋)叶适:《水心集》卷二一,台北:影印文渊阁四库全书,第1164册,第390页。
④ 严耕望:《严耕望史学论文选集》,第267页。

院山林的清幽之境,如刘慎虚《寄阎防(防时在终南丰德寺读书)》所道:"深林度空夜,烟月资清真。"又可避开因过度依赖寺院而遭受僧人的困辱和厌倦。唐五代文人依傍寺院而自营居所的现象十分普遍,如:

《唐才子传》卷二载:"(阎防)河中人,开元二十二年李琚榜及第……于终南山丰德寺结茆茨读书"。钱易《南部新书·丙》云:"王龟,起之子……太和初,从起之蒲,于中条葺书堂以居之。"《太平广记》卷六五"姚氏三子"条云:"唐御史姚生罢官,居于蒲之左邑,有子一人,外甥二人……姚惜其不学……遂于条山之阳结茅以居之,冀绝外事,得专艺学。林壑重深,嚣尘不到。"李徵古《庐江宴集记》云:"明年予倚金印峰营小堂以自居。"①《唐摭言》卷八"梦"条载:"钟辐,虔州南康人也,始建山斋为习业之所,因手植一松于庭际……"高适《灵岩寺》诗云:"草堂栖在灵山谷。勤苦读书向灯烛。"阎防诗《百丈谷新理茅茨读书》,等等。这些文献中屡次出现茅茨、山斋、草堂、小堂、书堂等居所,正是当时文人们安处读书岁月的自营空间。另有一些士子就石洞而居,如《唐才子传》卷五"李涉"条云:"涉,洛阳人,渤之仲兄也。……卜隐匡庐香炉峰下石洞间,尝养一白鹿,甚训狎,因名所居白鹿洞,与弟渤、崔膺昆季茅舍相接。"有些学子在草庐中修得精业后才寻机会住进寺院,如《唐才子传》卷三《道人灵一传》云:"灵一,剡中人,童子出家……隐麻源第三谷中,结茆读书。后百业精进,居若耶溪云门寺,从学者四方而至。"

这些现象反映出当时寺院接纳习业者的有限性和排斥性,致使多数士子只得自营茆茨、山斋,在名山古刹周边形成"茅舍相接"的独特景象。

社会的治乱、经济的强弱对寺院的盛衰形成直接影响,从而波及读书人的生存状态。唐五代寺院读书情况大体如上所述,那么,宋人寄读寺院状况的又将如何呢?文献记载显示,宋代士子傍寺院自营草堂、茅舍的潮流已渐次消退,除少数凿龛为室之外,多数是就僧房而居,如前引元厚之借住龙安僧舍。即便是凿龛为室,也多为僧人出力营建,如:

> 吕文穆公父龟图与其母不相能,并文穆逐出之,羁旅于外,衣食殆不给。龙门山利涉院禅师识其为贵人,延致寺中,为凿山岩为龛居之。文穆处其间九年乃出,从秋试,一举为廷试第一。是时会太宗初与韩王议,欲广致天下士以兴文治而志在幽燕,试《训练将士赋》。文穆辞既雄丽,唱名复见容貌伟然。帝曰:"吾得人矣。"自是七年为参知政事,十二年而相。其后诸子即合龛为祠堂,名曰肄业,富韩公为作记云。②

吕文穆公即北宋名相吕蒙正,其幼年因父母失和导致被弃,所幸得到寺院的收养,在寺僧的教导下苦习举业,后及第而渐至仕宦腾达。主僧对一被弃孤儿厚待如此,除禅师能"识其为贵人"这主观倾向外,与当时社会崇文重教之风气及寺院宽裕富足的经济条件不无相关。

宋代寺院经济相比唐五代寺院的状况有很大改善。首先就寺院的基本物质条件——田产来说,宋政府虽然禁止寺院自行买卖田地,但凡所赐额之寺一般都会赐给相应山林田

---

① (清)董诰等编:《全唐文》卷八七二,第5379页。
② (宋)叶梦得:《避暑录话》卷三,《全宋笔记》第二编,郑州:大象出版社,2006年,第312页。

产。"至来岁冬,敕拨田三十余顷,岁可收米二千一百余斛,柴山桑簺等地二千八百亩有畸,可足烟爨之用。"①某些大寺拥有所赐田亩甚至过万,如杭州径山寺,"大慧,名妙喜。……后桧死,孝宗果放还,复居径山。……高宗既御北内,得以游幸山间,以妙喜故,赐吴郡田万亩。"②另外,寺院还普遍接受檀信之捐捨,有些大官富商出手相当大方。如:"绍熙元年五月四日,直秘阁张镃言:乞以临安府艮山门里所居屋舍为十方禅寺,仍捨镇江府本家庄田六千三百余亩供赡僧徒,礼部太常寺拟庆寿慈云禅寺为额。从之。"③皇帝有时对个别寺院还破例许其买田置地,增大其供养规模,如陆游《明州阿育王山买田记》道:"佛照禅师德光,以大宗师自灵隐归老是山,慨然曰:'僧寺毋辄与民质产,令也。今特许勿用令,高皇帝恩厚矣,岂可弗承?……'乃尽以所赐及大臣、长者、居士修供之物买田。岁入谷五千石。"④如此,导致佛教炽盛地区寺院获得田产极为可观,以致当时福建路出现:"其下四郡(福州、泉州、漳州、兴化军),良田大山多在佛寺,故俗以奉佛为美,而佛之庐几甲于天下。"⑤

田产的富足也大大改善了寺院利世行善的能力及对待往来食客的态度。如"囊山常住极盛,岁收谷逾万石,往来就食,不以多寡,虽官僚、吏士,亦一粥一餐。"⑥正因如此,每逢灾荒之时,官方的救助处置预案中总是把寺院列为首选,"民丐于道者,以分隶诸僧寺,助给春爨。"⑦

寺院除享受官方赐山林田产之外还自觉发展多种经济,如从事制茶、榨油、制砚、制墨、冶铁、冶银、制铅粉、纺织、刺绣、饮食、印刷、造纸等手工业。"江西瑞州府黄檗茶,号绝品,士大夫颇以相饷,所产甚微,寺僧、园户竟取他山茶,冒其名以眩好事者。黄鲁直家正在双井,其自言如此。"⑧寺僧行商的现象也很常见,朱熹曾道:"本州新报恩寺原有住持僧……同接受货卖,每处必数百缗,其中皆是婺州富僧。"⑨甚而发明建"长生库"放高利贷的做法。

寺院的富裕对其建筑规模也大有推进。如庆历间修建鹅湖院佛殿,所投经费无数:"今是殿之费,十万不已,必百万也;百万不已,必千万也;或累累而千万之不可知也。"⑩当时寺院多广大富丽者。"慈云长老云:'今之佛宫,凌云之阁,万木之殿,回廊四合,台榭相连,万瓦鳞鳞,轩牖金碧,虽世之王公大人之居,不能敌此也。'"⑪

寺院栋宇之广大对其容客能力则有了质的改善。如《宋诗纪事》中《题襄阳光孝寺壁》

---

① (宋)曹勋:《崇先显孝禅院记》,《全宋文》(第191册),上海:上海辞书出版社,合肥:安徽教育出版社,2006年,第82页。
② (宋)叶绍翁撰,沈锡麟、冯惠民点校:《四朝闻见录》甲集,北京:中华书局,1989年,第34页。
③ (清)徐松:《宋会要辑稿》道释二之"十方寺",北京:中华书局,1957年,第7896页。
④ (宋)陆游:《明州阿育王山买田记》,《全宋文》(第223册),2006年,第105页。
⑤ (宋)韩元吉:《建安白云崇梵禅寺罗汉堂记》,《南涧甲乙稿》卷十五,台北:影印文渊阁四库全书,第1165册,第217页。
⑥ (宋)洪迈:《夷坚支癸》卷七《九座山杉兰》,北京:中华书局,2006年,第1277页。
⑦ (元)脱脱等撰,《宋史》卷二九一《李若谷传》,北京:中华书局,1985年,第9739页。
⑧ (宋)朱彧:《萍州可谈》卷二《瑞州府黄檗茶》,北京:中华书局,2007年,第146页。
⑨ (宋)朱熹:《按唐仲友第三状》,朱杰人、严佐之、刘永翔主编:《朱子全书》第20册,上海:上海古籍出版社,2002年,第836页。
⑩ (宋)曾巩:《鹅湖院佛殿记》,《曾巩集》卷十七,北京:中华书局,1984年,第287页。
⑪ (宋)刘斧撰辑:《青琐高议》卷二《慈云记》,上海:上海古籍出版社,1983年,第24页。

诗注云:"《贵耳集》:辛卯岁,北来人数百辈,暂寓于襄阳光孝寺,有一人题诗于壁云云。"①一寺竟可容客"数百",足见其规模非往日可比。寺院强大的济助功能也促使士大夫出行或外任时常常择寺而投宿和寄足。如:"衢州超化寺,在郡城北隅,左右麦苨池数百亩,地势幽闳,士大夫多寓居。"②

  相比宋代寺院的开放程度,唐代的做法就显得苛严而谨慎,甚至一度还出台了不准寄居寺观的禁令。如中唐代宗、德宗时期,朝廷担心寄寺者滋生事端,分别于宝应元年八月、贞元五年三月各下诏:"如闻州县公私,多借寺观居止,因兹亵渎,切宜禁断,务令清肃"③"自今州府寺观,不得俗客居住"④这些禁令对那些依赖寺院施助的士子影响尤巨,颇有断绝进路之忧。

四　唐宋寺院对寄读者态度及二者亲疏离合之异

  宋代寺院经济的改善,既有利于事举业者的依附和寄读,进而使得寺僧与学子的关系趋于和谐融洽。如前文所引郭贽"肄业京师皇建院",平日常"与僧对弈",可反映二者关系亲密融洽,僧人俨然为士子寂寞读书生活中的良伴益友。南宋陈公辅曾寄临安于潜县广慈院习业,临别作诗云:"来时膏雨迷新野,去日熏风吹旧林。寄语主人休惜别,白云南北本无心。"⑤从语气中可分明感受士子与寺僧间的深笃温情。有些寺僧对士子颇为关爱,常主动为之服勤效力。如邵伯温《邵氏闻见录》卷十九载:

> 富(弼)公未第时,家于水北上阳门外(洛阳),读书于水南天宫寺三学院。院有行者名宗颢,尝给事公左右。及公作相,颢已为僧,用公奏赐紫方袍,号宝月大师。公致政,筑大第于至德坊,与天宫寺相迩。公以病谢客,宗颢来或不得前,则直入道堂,见公曰:'相公颇忆院中读书否?'公每为之笑,时节送遗甚厚。"

有些寺院习业者多,学子所用纸墨量大,寺僧能想学子之所想,尽量为他们备办学业之所需。如东掖山白莲寺僧有如下做法:

> 其倚山临路乃白莲寺宇也,饮黍未熟,举子亦得而游息焉。其主庄僧颇好事,设为书肆,凡举业之所用,学者之所宜有者,皆签揭而度列之,或就取而观,无拒色,亦不为二价。⑥

---

① (清)厉鹗编:《宋诗纪事》卷九十六,上海:上海古籍出版社,1981年,第2295页。
② (宋)洪迈:《夷坚乙志》第十八卷,北京:中华书局,2006年,第338页。
③ (宋)宋敏求:《唐大诏令集》之宝应元年八月《条贯僧尼敕》,上海:学林出版社,1992年,第541页。
④ (宋)王钦诺等编著:《册府元龟》卷五四《帝王部·尚黄老》,台北:影印文渊阁四库全书。
⑤ 《肄业广慈院临别留一绝》,《全宋诗》第24册,第16168页。
⑥ (宋)舒岳祥:《重建台州东掖山白莲寺记》,《全宋文》(第353册),第29页。

此举虽有商业的性质,但僧人对读书人却较为大度,未见斤斤计较、铢两必争之端。寺僧不仅在物质上尽量为那些贫寒士子提供便利,还会在精神上给予一些勉励,如:

> 熙宁间,宗颢尚无恙,伯温尝就其院读书,宗颢每以富公为举子事相勉,曰:"公夜枕圆枕,庶睡不能久,欲有所思。冬以冰雪,夏以冷水沃面,其勤苦如此。"①

有些主僧还尽己所能地为士子干谒当路者牵线搭桥,以助其举业顺利和成功,如:

> 张尚书镇蜀时,承旨彭公乘始冠,欲持所业为贽,求文鉴大师者为之容。鉴曰:"请君遇旌麾游寺日,具襕幞与文候之。老僧先为持文奉呈,果称爱,始可出拜。盖八座之性靡测。"一日果来,鉴以彭文呈之。公默览殆遍,无一语褒贬,都掷于地。彭公大沮。后将赴阙,临岐托鉴召彭至,语之曰:"向示盛编,心极爱叹,不欲形于言者,子方少年,若老夫以一语奖借,必凌忽自惰,故掷地以奉激。他日子之官亦不减老夫,而益清近。"留铁缗抄二百道为缣缃之助,勉之。后果尽然。②

此类善意的关切与扶助有如和煦之春光,给进取者以莫大的支持和抚慰。相比宋代寺僧的善行,唐代寺僧对寄寺者则时有厌苦之绪,不仅在饭食上斤斤计较,如王播、段文昌所遭饭后钟之辱,有时还在身体和精神上对寄食者施以伤害,典型者如武宗朝宰相李绅早年寄寺遭遇足可反映。

> 李初贫,游无锡惠山寺,累以佛经为文稿,被主藏僧殴打,故终身憾焉。后之剡川天宫精舍……有老僧……知此客非常,延归本院,经数年而辞别赴举。将行,赠以衣钵之资,因谕之曰:"郎君必贵矣,然勿以僧之尤过,贻于祸难。"及领会稽,僧有犯者,事无巨细,皆至极刑。③

李绅因误用佛经为文稿而遭到主僧的无情殴打,这一身心伤害使之铭心刻骨,尽管他后来得剡川天宫精舍老僧的收容,且受其叮嘱勿对僧人"贻于祸难"。但是,早年寺僧留下的心灵创伤终令其难以释怀,在为官会稽时他还是不失时机地给僧人以过激的报复。李绅所为固然有心胸狭隘之嫌,不过也暴露了当时寄寺文人与寺僧关系不善乃至交恶的一面。我们再来看看宋代发生的相类事件。

> 滕元发少居乡里寺中修业,一日,烹寺犬食之,僧笑曰:"能作《滕先生偷狗赋》,即不申理。"其破题云:"僧惟不净,狗也宜偷。饼饵引来,犹掉续貂之尾;索绹牵去,难以

---

① (宋)邵伯温撰,李剑雄、刘德权点校:《邵氏闻见录》卷一九,第213页。
② (宋)释文莹撰,郑世刚点校:《湘山野录》卷下,北京:中华书局,1984年,第46页。
③ (唐)范摅:《云溪友议》卷上"江都事"条,上海:古典文学出版社,1958年,第11页。

顾兔之头。"又云:"既欲思于实腹,遂乃设于空喉。"即日传播诸郡。①

滕元发"烹寺犬食之"之过不轻于李绅"以佛经为文稿",然寺僧却是笑以开罪,并借机喻其作赋,促成"传播诸郡"的圆满效果,令人不得不叹服寺僧的宽容与机智。

宋代寺院僧人与寄读文人的关系普遍融洽,寺僧于学子寒困之时济以扶助,有如雪中送炭,学子一旦脱离贫寒,尤其是仕途坦顺后常会心怀感念和回报。如早年寄读寺院的富弼,因得到行者宗颢的相助而及第,至其登显宦后则不忘感戴报答,如《道山清话》云:

> 邵康节与富韩公在洛,每日晴必同行至僧舍。韩公每过佛寺神祠,必躬身致敬。康节笑曰:"无乃为佞乎?"韩公亦笑,自是不为也。②

邵康节或许不知富弼有受惠僧寺的经历,富弼"躬身致敬"想必有发于感恩的心理。不仅如此,他还为关照过自己的僧人宗颢以实际回报,"用公奏赐紫方袍,号宝月大师"。且"时节送遗甚厚"。宗颢与富弼的恩报因果关系,乃宋代僧俗友善之榜样。另如周必大年少时与其兄曾读书赣州寿量寺,其有诗题云:《予年十四五,侍子中兄读书赣州寿量寺。久之,寺为寇燔。其后,子中出守,一新之。今小儿纶又将佐郡,他日当访旧游,因主僧慈济写真题赞》,题中"子中出守,一新之"句也透露士子入仕后对曾经寄读之寺不忘旧情,以修缮一新来表达回报的实际行动。这些做法足以反映宋代寺院与寄读者关系的友好默契,进而形成良性互动,大不同于唐代受寺僧折辱的那些士子,动辄对僧人以诗讥讽,或施以过火的报复。从这些关系中我们可以得出这样的互动结论:寺院经济条件决定了寺僧对待士子的态度,其态度的好坏又反过来影响士子对寺院的亲疏表现。

宋代寺僧对士子的普遍亲善还促进士子对寺院的深层认同,使之不吝把书籍捐留寺院,富其收藏,对寺院读书条件的改善是大有裨益的。如:

> 李尚书公择少读书于庐山五老峰白石庵之僧舍,书几万卷。公择既去,思以遗后之学者,不欲独有其书,乃藏于僧舍。其后山中之人思之,目其居云李氏藏书山房,而子瞻为之记。③

据说李常中进士后,游宦四方,为官时,每得异书,则陆续送至该寺宝藏,一生所藏达九千余卷,为到此读书的士子丰富优越资源。南宋学者洪舜俞,他罢官后长期寄身于天目山宝福寺读书,后来洪氏亦学李常将大量书籍藏于保福寺。史载:"舜俞合新故书得万有三千卷,藏之闻复阁下,如李氏庐山故事。"藏书数目相当可观。李、洪对寺院的感情由此可见其深。

山林寺院是古代不少士子通往科场、仕途所走过的一段特殊旅程,在中国的教育史和

---

① (宋)赵令畤:《侯鲭录》卷七,《全宋笔记》第二编,第255页。
② (宋)佚名:《道山清话》,《宋元笔记小说大观》,上海:上海古籍出版社,2007年,第2926页。
③ (宋)王辟之撰,吕友仁点校:《渑水燕谈录》卷九,北京:中华书局,1981年,第116页。

文化史上彰显出特别的意义。本文将此现象置于唐宋的漫长时期做历时性考查，在探究路径上既为避开学界已切入并取得既有成果的相应做法，又可沿着历史的走向探知问题的纵向和演变，特别是在对比中能更加深切细微地显示前后之差异，以及不同的政治、经济诸因素对一种文化现象所构成的深层影响。

作者简介：左福生，《重庆师范大学学报》（社会科学版）副编审。

元代《增修教苑清规》中所见的教寺制度与生活方式

王大伟

【摘 要】《增修教苑清规》是宋元时期教寺编制的唯一一部清规,对了解此时教寺的内部制度和僧众生活模式,有非常高的文献价值。这部清规虽大量参考了《敕修百丈清规》的内容,但也能看出编订者努力维持教寺特色的用心。这部清规所记载的忏法、教寺的学习与考试方式等内容,都有别于其他类型寺院,也成为维持天台宗自我认同的重要方式之一。虽然教寺通过编订制度文献的做法,努力彰显出教寺的特色,并与禅寺做出区分,但实际上,教寺的制度模式却已几乎禅宗化。

【关键词】《增修教苑清规》;教寺制度;生活方式;身份认同

元代出现的《增修教苑清规》是宋元时期教寺中唯一的一部清规,其在反映当时教寺的管理模式和生活方式方面,有重要的史料价值。《增修教苑清规》收于《卍新纂续藏》第57册,编成于至正七年(1347)左右。这部清规虽是在禅宗清规的基础上编制而成,但在某些方面,依然有着明显的教寺特色。元代的教寺已比较少,且集中在杭州地区,"元代天台佛教的活动区域小而集中。其中,天台的祖庭国清寺已易教为禅,四明延庆道场也失去了昔日的辉煌,惟有杭州一地维系着天台的教学(其中又以上下两天竺寺为重点)"[①]。这部清规就是在杭州地区编制而成的,而且其底本就是从上天竺寺流传出来。目前对这部清规的研究还比较少[②],但这部清规却是讨论宋元时期教寺管理模式和生活方式必然会涉及的文献,研究这部清规对讨论宋元时期天台教寺的发展,必然有一定的价值。

---

* 本文为2017年国家社科基金重大招标项目"汉传佛教僧众社会生活史"(17ZDA233)与2015年国家社科基金西部项目"汉传佛教自我管理制度研究"(15XZJ007)之阶段性成果。

① 潘桂明、吴忠伟著:《中国天台宗通史》,南京:凤凰出版社,2008年,第637页。

② 国内学者的研究中,如心皓法师在《天台教制史》(厦门:厦门大学出版社,2007年)一书中,对这部清规有一定程度的梳理,她另有一篇文章《天台宗的讲学制度》(《法音》2006年第8期),也是围绕《增修教苑清规》展开的研究。熊江宁的《"天竺粲然靡不备"——〈教苑清规〉探源》(《浙江树人大学学报》2013年第5期),主要对这部清规的相关背景进行了考察。日本学者铃木宜邦的《教苑清规について》(《印度学佛教学研究》第24卷1号,1975年),也是对这部文献的介绍,同时用《敕修百丈清规》与之相对比。

一 对《增修教苑清规》背景的考察

至正七年,黄溍①在为这部清规所撰的序中称:"天台《教苑清规》旧尝刻写上天竺山之白云堂,后毁弗存,今圆觉云外法师自庆,惧久将废坠,乃取故所藏本,重加诠次,正其舛误,补其阙轶,而参考乎禅律之异同,为后学复刻焉。"②可见,这部清规所宗的底本曾刻写在上天竺寺白云堂。白云堂是上天竺寺的一处重要建筑,其沿革也比较清晰,"白云堂,在大悲后殿山麓,坐白云峰,故名。创始未详,至辩才法师复为兴建。高宗临幸,进素馔白云堂。孝宗赐僧录若讷'白云堂印',以豁禅教律三宗……自后历元至明,鼎革相寻,堂亦垂圮。嘉靖间,住持圆俊重建,副使李景翠重书堂额。万历初毁。乙卯,住持圆径募织造司礼监刘成倡施复兴,广五楹,规模如旧。"③《淳祐临安志》中记其:"上天竺山后,最高处谓之白云峰,于是寺僧建堂其下,谓之白云堂。"④白云堂在上天竺寺的建筑中,其地位恐怕是比较高的。黄溍称刻写清规的石碑曾被毁,同时在其为上天竺寺所撰的《观音殿记》中提到:"至元之三年(1337年),寺毁于灾。"⑤此碑可能就是在这次灾害中被毁的。

按照黄溍等人的叙述,《教苑清规》正是自庆根据白云堂的碑文整理出来的,但自庆本人的相关信息却非常少。目前可知的是,自庆曾做过圆觉教寺的住持,"大圆觉天台教寺,在九里松,自唐开山,为修证了义法师塔院,宋南渡后重建。高宗书天申万寿圆觉寺额以赐,复亲幸,书《圆觉经》及制二诗赐之。寺旧有归云堂、三昧正受阁,元于(至)正毁,重建。"⑥黄溍曾为自庆作过《云外庆公画像赞》:"堂堂独立,无与为对。描画虚空,徒劳藻缋。一云所雨,何内何外。勿于其间,自为隔碍。宝相俨然,灵山一会。"⑦这说明两人的确有过交往,也可能关系比较好。从其他文献的记载来看,《教苑清规》的编撰,也非其一人之功,元明之际的名僧竺隐就曾参与撰写,如《续佛祖统纪》卷二中记有:"宗竺隐,存翁其别号也……与大璞、大彻辈研穷考核,其业益精。圆觉云外庆公延师表章其众,时增修《教苑清规》,师秉笔多所更定。"⑧姚广孝在《故僧录司左善世存翁大法师塔铭》中也提到:"存翁大法师讳弘道,字竺隐,号存翁……圆觉云外庆公延师居座端,表率多众,时重修《教苑清规》,命师秉笔,师乃斟酌古今时宜,芟繁补缺,无不中节,老师硕宿咸称羡焉。"⑨弘道在明

---

① 黄溍(1277—1357)为元代著名文人,字晋卿,一字文潜,浙江义乌人。他与上天竺僧人的交流也比较广泛,在其《金华黄先生文集》中,收有多篇他为僧人撰写的序、记、塔铭等。
② (元)自庆编述:《增修教苑清规》卷一,《卍新纂续藏》第57册,东京:国书刊行会,1975—1989年,第298页中。
③ (元)管庭芬等编:《天竺山志》卷二,杭州:杭州出版社,2007年,第30页。
④ (宋)施谔撰:《淳祐临安志》卷八,收于《南宋临安两志》,杭州:杭州人民出版社,1983年,第149页。
⑤ (明)释广宾撰:《杭州上天竺讲寺志》卷九,杭州:杭州出版社,2007年,第150页。黄溍的这个碑文被多部文献收录,如《金华黄先生文集》卷十一,(万历)《杭州府志》卷九十九等。
⑥ (明)陈让修、夏时正纂:《(成化)杭州府志》卷五十,天一阁藏本。
⑦ (元)黄溍撰:《金华黄先生文集》卷七,见《续修四库全书》第1323册,上海:上海古籍出版社,2002年,第166页。
⑧ 佚名:《续佛祖统纪》,《卍新纂续藏》第75册,第750页上。
⑨ 周永年编:《吴都法乘》卷六,见蓝吉富主编:《大藏经补编》第34册,台北:华宇出版社,1985年,第228页中—第231页上。

初僧界的地位极高,据姚广孝所记:"(洪武十五年,1382年)有诏开设僧道衙门,师领杭郡都纲,明年起师为僧录司左善世。敕命有曰:'朕昨敕见任僧官于万百千中求佛同心者,汝为众所推,而至出万百千之上,是为希有,特命为僧之第一掌教。"①可见《教苑清规》的编订,并非自庆一人之功,元末明初的高僧弘道也曾出力不少。

在《增修教苑清规》中,另还有天竺灵山教寺比丘大安所撰的序及灵石山登善庵主张雨的序,其中灵山教寺就是杭州下天竺寺,大安比丘未详何人。另一位序文的作者张雨是元代著名文人,也是一名道士②。这两篇序文当属于"增彩"性质的文字。

通过这些考察能看出,《教苑清规》是编订于天台教法还有一定基础的杭州地区,编纂这部清规的僧人,也是在当时有一定影响力的教寺僧众,而且并非仅自庆一人之力编成,他甚至可能只是此次编制清规活动的组织者。

二 《增修教苑清规》中所见的教寺特色

《增修教苑清规》分上下两卷,其基本的体例编排与同时期的禅寺清规没有太大差别,如其内容分祝赞门、祈禳门、报本门、住持门、两序门、摄众门、安居门、诫劝门、真归门、法器门等十门,《敕修百丈清规》的体例,分祝厘章、报恩章、报本章、尊祖章、住持章、两序章、大众章、节腊章、法器章、附著等十部分。从这些分类来看,几乎都在禅寺清规的范畴之内。其中《增修教苑清规》的"祈禳门"所对应的就是《敕修百丈清规》的"报恩章";"报本门"对应的是"报本章、尊祖章"两章;"摄众门、真归门"对应的是的"大众章";"安居门"对应的"节腊章"等。从两者的体例来看,《增修教苑清规》应是以《敕修百丈清规》为模板,根据天台教寺的实际情况,适当调整了相关篇章的次序编订而成。

(一)祝赞活动中所见的"善月"

《增修教苑清规》"祝赞门"中制定的祝赞活动,几乎与《敕修百丈清规》祝厘章中的内容相同,如《增修教苑清规》的内容为:圣节、每日祝赞、景命四斋日祝赞、藏殿祝赞、千秋节、善月;《敕修百丈清规》的祝赞制度为:圣节、景命四斋日祝赞、旦望藏殿祝赞、每日祝赞、千秋节、善月。可见,两者之间仅仅是某些内容在排序上的差别。比较值得注意的是,在这两部清规中,都有"善月"祝赞的活动,但在其他清规中,却又都未见到③。善月祝赞可能并非每个寺院都遵行的行事制度,于《敕修百丈清规》来说,由于其具有官修清规的地位,故其在祝赞仪式方面的安排会尤其用心,而《增修教苑清规》有可能是依据《敕修百丈清规》编制而来,故也保留了对善月祝赞的制度。另外,由于天台宗本就对忏法仪轨类的修

---

① 周永年编:《吴都法乘》卷六,见蓝吉富主编:《大藏经补编》第34册,第228页中—第231页上。
② 如肖燕翼在《张雨生卒年考——兼谈三件元人作品的辨伪》中称:"张雨,元代著名道士,初名泽之,字伯雨,号贞居,又号句曲外史,钱塘人。工诗书,与当时的诗人、书画家、僧道等人多所交往,为一时名士。"(《故宫博物院刊》1998年第1期,第9页)关于张雨的研究,还可参考丁雪艳《张雨年谱》(广西师范大学2005年硕士学位论文)、白艳波《元代道士诗人张雨研究综述》(《齐齐哈尔大学学报》2017年第11期)、王亚伟《元代道士张雨研究述论——兼谈对元代道教研究的一些启示》(《徐州工程学院学报》2017年第5期)等。
③ 如同在元代出现的《律苑事规》和《禅林备用清规》、《幻住庵清规》等,都没有对善月祝赞的要求。

持活动尤其重视,这也可能是天台教寺保留善月祝赞的另一层原因。

所谓"善月",指的是正月、五月、九月这三个月,据一些文献记载,在这三个月,刚好是帝释天或毗沙门天巡游南赡部洲之时,如《敕修百丈清规》卷一对此的解释为:"(善月)始山(于)隋开皇三年(583)诏天下:'正五九并六斋日,各寺建祈祷道场,不得杀生命。'取藏经中有毗沙门天王,每岁巡按四大部洲,正五九月治南赡部洲,故禁屠宰。而唐之藩镇每上任,必犒士卒不下数万人,须大烹宰。故以正五九不上官,为禁杀也,而俗以为忌者非。"①《增修教苑清规》卷一中对此的解释为:"《提尔(谓)经》云:诸天帝释、太子使者、阎罗鬼神,俱用正五九月旦日案行王民等,为善恶者四时交代,岁终三覆,以校与四王,一月六奏,使无枉错,覆校众生罪福,作善降祥,不善降殃。自随开皇三年诏天下,正五九月及六斋日,不得杀生命。唐武德二年(619)诏天下,正五九月十斋日,不得行刑屠钓。逮今圣朝遵行尤笃,各寺凡届斯期,毋或怠也。世人以此三月忌上任者,避行刑故耳。"②这两部清规对"善月"的解释其实很类似,都提到因有天神一类巡视人间善恶而迫使民间在这三个月行斋戒之事。所谓"善月",也被称为"三长斋月""三斋月""三长月",如《释氏要览》卷三:"三长月,《不空罥索经》云:'诸佛神通之月'《智论》云:'天帝释以大宝镜,从正月照南剡部洲,二月照西洲,至五九月,皆照南洲,察人善恶故,南洲人多于此月,素食修善。'故经云:'年三长斋也。'又一说,北方毗沙门天王,巡察四洲善恶,正月至南洲,亦如镜照至五九月,皆察南洲故。"③可见,起码宋代时对善月的描述已成形。

实际上,"正五九"这三个月的斋戒传统,应源于戒律,如《梵网经》卷二:"于六斋日、年三长斋月,作杀生、劫盗、破斋犯戒者,犯轻垢罪。"④唐代时出现的《梵网经菩萨戒本述记》对此有更"中国化"的解释:"年长斋月者,此有三种:一正月、二五九。谓是正月诸众生类生现之初,五月即是兴盛之中,九月即是诸众生类欲藏之初,故此三月名长斋月。又《优婆塞戒经》解云:'为亡者修福,即有三时,春二月夏五月秋九月。'若依此经,二月为初,五月为中,九月为后。今会此文,三长月者,从正月后半至二月前半以为初月,五月后半至六月前半以为中月,九月后半至十月前半为后,斋月如是,经文各据一义,故不相违。"⑤从中可见,戒律文献所言的"三长月"实际是出于"护生"的目的。《提谓经》也以阴阳五行之说与佛教戒杀护生的观念相比附:

> 又《提谓经》云:"提谓长者白佛言:世尊,岁三斋皆有所因。何以正用正月、五月、九月?六日斋用月八日、十四日、十五日、二十三日、二十九日、三十日?佛言:'正月者,少阳用事,万神代位,阴阳交精,万物萌生,道气养之。故使太子正月一日持斋,寂然行道,以助和气长养万物,故使竟十五日。五月者,太阳用事,万物代位,草木萌类,生毕百物。怀妊未成,成者未寿,皆依道气。故持五月一日斋,竟十五日,以助道气,成

---

① (元)德辉编,《大正藏》第48册,东京:大藏经刊行会,1924—1935年,第1114页下。
② (元)自庆编述,《卍新纂续藏》第57册,第302页下。
③ (宋)道诚集,《大正藏》第54册,第304页下。
④ (后秦)鸠摩罗什译,《大正藏》第24册,第1007页中。
⑤ (唐)胜庄撰,《梵网经菩萨戒本述记》卷二,《卍新纂续藏》第38册,第430页上中。

长万物。九月者,少阴用事,乾坤改位,万物毕终,衰落无牢,众生蛰藏,神气归本,因道自宁。故持九月一日斋,竟十五日。春者,万物生;夏者,万物长;秋者,万物收;冬者,万物藏。依道生没,天地有大禁。故使弟子乐善者避禁持斋,救神故尔。'"①

这种以阴阳之说与佛教戒杀思想相汇通的方式,正说明三长斋在当时社会的流行,也正是在这些经律文献的作用下,正五九三月持斋戒杀的观念,在隋唐时期上升到国家政令层面,如《历代三宝纪》卷十二:"开皇三年降勅旨云:好生恶杀,王政之本;佛道垂教,善业可凭。禀气含灵,唯命为重,宜劝励天下同心救护。其京城及诸州官立寺之所,每年正月五月九月,恒起八日至十五日当寺行道。其行道之日,远近民庶,凡是有生之类,悉不得杀。"②唐高祖武德二年(619)正月《禁正月五月九月屠宰诏》中说:"释典微妙,净业始于慈悲;道教冲虚,至德去其残杀。四时之禁,无伐麛卵,三驱之化,不取前禽。盖欲敦崇仁惠,蕃衍庶物,立政经邦,咸率兹道。朕祗膺灵命,抚遂群生,言念亭育,无忘鉴寐,殷帝去网,庶踵前修。齐王舍牛,实符本志。自今以后,每年正月五月九月,凡关屠宰杀戮网捕畋猎,并宜禁止。"③"至德二年(757)十二月二十九日,勅三长斋月并十斋日,并宜断屠钓,永为常式。"④起码到宋代,民间对"善月"的认识却发生了变化:"宋之上官者多忌正五九月,或谓宋朝火德,火生于寅,旺于午,墓于戌,此三个月谓之灾月,官员例减禄料,无羊,故谓无羊之月。众皆避之,阴阳家云:武德诏此三月不行死刑,禁屠杀。"⑤这个传统在元代《东南纪闻》中得到印证:"宋朝于此三月,官中请俸亦不支羊肉钱,近年之禁刑屠,亦其遗制也。"⑥

所以,正五九三个月在佛教传统中,完全是出于护生戒杀的目的,而且其很早就进入了国家的视野,那么元代延续这个传统也属正常。《敕修百丈清规》作为官修的清规,更关注寺院能为国家做什么样的祝赞活动,在这样的背景下,将善月列入祝祷之列也属其分内之事。《增修教苑清规》几乎继承了《敕修百丈清规》制定的规则,而且还称:"逮今圣朝遵行尤笃,各寺凡届斯期毋或怠。"⑦不过从这两部清规的文本中看,善月祝赞具有轮值的特点,"每月建祈福道场,先一日堂司行者覆住持、两班,并挂善月牌于殿前,具经单并置簿差僧,每日鸣大钟登殿看经祝赞,至放锺下殿,终月列经目,具疏满散。"⑧可见,教寺中善月的祝赞活动是以轮值的方式进行的,而且主要的仪式方式是"看经",每月的仪式结束后有个满散回向的仪式。

(二)《增修教苑清规》中的"接官"仪式与政治认同

《增修教苑清规》祈禳门中有一个非常有趣的细节,那就是在诸多祈禳仪式中,突兀地列出了"接官"方面的具体要求。"官员入山祈祝或先报至,即令堂司行者覆住持、两班,挂

---

① (唐)道世撰,周叔迦、苏晋仁校注:《法苑珠林》卷八十八,北京:中华书局,2003年,第2536—2537页。
② (隋)费长房撰,《大正藏》第49册,第108页上。
③ (宋)宋敏求编:《唐大诏令集》卷一百十三,北京:商务印书馆,1959年,第586页。
④ (宋)王溥编:《唐会要》卷四十一,北京:中华书局,1955年,第733页。
⑤ (宋)祝穆编:《古今事文类聚》前集卷十二,文渊阁《四库全书》本。
⑥ 文渊阁《四库全书》本。
⑦ (元)自庆编述:《增修教苑清规》卷上,《卍新续藏》第57册,第302页下。
⑧ (元)自庆编述:《增修教苑清规》卷上,《卍新续藏》第57册,第302页下。

接官牌,令人远探,候将及山门,鸣钟,住持执提炉领众门迎,至殿拈香设拜。知事当预问官御情旨,转达住持、头首知会,慎不可忽。举咒称号回向(或住持或头首不拘)毕,请归方丈或法堂,设位献茶,衹待如仪。或游览陪从,话语勿谈世事,或法门山门急务,当量便申禀,不可造次,有伤大体。去时鸣钟,大众门送(若迎送大官,鸣楼钟,次则鸣僧堂前钟)。"①之所以在祈禳活动中插入对"接官"的仪式要求,与这些活动有官方性质有直接关系。《增修教苑清规》所列的祈祷活动包括"祈晴、祈雨、祈雪、救日、救月、遣蝗、谢晴、谢雨",这些活动几乎都在国家需要的祭祀范畴内。同时,元政府对僧人的功能定位有明显的功利性,如《元典章》中有这样的记载:"至元三十一年五月十六日,中书省钦奉圣旨节该:'和尚、也里可温、先生每,不拣什么差发休教着,告天祝祷者。'"②"近年以来,清规废弛,香灯灭绝。今后须要晨参暮礼,二次念经。凡遇四斋日,住持领众焚香,祝延圣寿,看念经文,不得怠惰。"③元代朝廷的目的是希望僧众的修持主要为皇家祝圣祈祷,这可能也直接影响到寺中清规的制定和行事方式,那么在这些由官方实际主导的仪式中,僧人对"接官"尤其看重,也就可理解了。笔者甚至怀疑,《增修教苑清规》中的"祈禳门",带有一定做给官方看的意图。

《增修教苑清规》的接官仪式与《禅林备用清规》所定的标准颇像:"官员相访,山门挂牌报众,探候迎接。将及门,鸣楼钟,众接入大殿拈香,方丈献茶汤了,送归客位。请点心罢,陪从游览,库司备汤果衹待。叙话中多谈出尘之语,山门稍有急切之事,方便善巧,言之别诣恳及。若留宿,须上堂致谢。若即别,鸣堂前钟,集大众送出门。"④但在《禅林备用清规》中,并未明言住持是否需要亲自出门迎接,而教寺却是住持亲迎。对于住持的接官之法,北宋《禅苑清规》写道:"详接官之法(监司守令,方动众迎接),知事在二门外,首座已下在三门内,从外为上。送官之法,首座大众从内为上,并须齐整不得参差。如接送官员,住持人在法堂上。"⑤从北宋清规的记载来看,这个时期寺院对待官员的态度还是比较"克制"的,住持更是仅在法堂上表示接送之礼。从这三部清规文献的记载可看出,元代寺院所面对的政治形势可谓更"严峻"一些,僧人更需要获得政治上的认同,也更需要主动地加入国家的政治网络中,以获得政治的扶持和庇护而得到自身生存与发展的资源。

(三)《增修教苑清规》中的天台诸祖祭祀与宗派的认同感

《增修教苑清规》"报本门"中列出了九项需要举行祭祀的仪式,分别为如来降生、如来成道、如来涅槃、国忌、智者大师忌、诸祖忌、开山历代祖忌、嗣法师忌、檀越忌,其中有四项属于天台寺院的内部祭祀,可见教寺对天台本宗祭祀的重视程度。在《敕修百丈清规》中,对诸祖的祭祀有"达摩忌、百丈忌、开山历代祖忌、嗣法师忌"。教寺与禅寺对诸祖的祭祀方面,有着几乎相同的安排。在教寺中,规模最大的祭祀是对智顗的"天台大师忌",据《增修教苑清规·月分须知》,其日期为十一月二十四日,程序为:

---

① (元)自庆编述:《增修教苑清规》卷上,《卍新续藏》第57册,第303页上。
② 陈高华等点校:《元典章》卷三十三礼部六《僧道休差发例》,北京、天津:中华书局、天津古籍出版社,2011年,第1127页。
③ 陈高华等点校:《元典章》卷三十三礼部六《僧道教门清规》,第1129页。
④ (元)弋咸编:《禅林备用清规》卷五,《卍新续藏》第63册,第640页上。
⑤ (宋)宗赜撰:《禅苑清规》卷二,《卍新纂续藏》第63册,第529页上中。

> 将届忌辰,住持专诚命库司备供养之仪。维那预先和会人借书画器皿,分项掌管,复和会唱礼人员三夜习仪。方丈初夜,库司次夜,堂司后夜,务尽孝思,毋或饕餮也。宿夜日,参头差行者于法堂敷陈玩具,严饰祭筵炉瓶香几,一一如仪……当晚堂司行者覆方丈两班,打起鸣僧堂前钟集众,候住持至,各去帽。头首举南无旋陀罗尼菩萨,右旋。行香一匝,各归蒲团位展具三拜,默运香华。散华毕,依忏主礼文专诚修礼。候奉请时,住持起上汤茶(正日上汤、食、赚、茶,侍者一一恭进)。奉请后,仍请山家诸祖、山门始祖等,及嗣法师请毕,赞叹。宿夜正日,维那读疏(或知客读疏,式见后),前后堂首座缴疏,宿夜唱诵前六段,顶礼,正日唱诵后六段,顶礼。仍顶礼列祖毕,忏五悔讫,设三拜。头首举安乐行,行道经毕,举佛号毕,众云(愿灭三障诸烦恼云云),堂司行者唱云(知客请方丈和尚两班大众就此献汤),汤毕(维那备汤果,或请大众,或但请唱礼人,随山门例不同),次行堂,参头领众诣筵讽经。正日辰时,常住点心,堂司行者打起唱礼讽经与宿夜同,至午时大众起堂斋,维那请唱礼提调等人就寮斋。斋粥毕,堂司行者就僧堂覆住持、两班,鸣僧堂前钟,诣供筵讽经毕,行者讽经(候礼时,首座居中,左右各三人,互相同声奉请,有声音者一人唱序)。①

针对智者大师的祭祀要持续三天,而且从住持到一般僧众,都需要参加,也是教寺中最重要的祭祀仪式之一。这套仪式与《敕修百丈清规》中规模最大的达摩忌有一定的相似性:

> 先期堂司率众财营供养,请制疏佥疏(佛涅槃同),隔宿如法铺设法堂,座上挂真。中间严设祭筵、炉瓶、香几,上间设禅椅、拂子、橄架、法衣(设床榻者非也),下间设椅子、经案、炉瓶、香烛、经卷。堂司行者报众,挂讽经牌,当晚讽经并覆来日半斋,各具威仪,散忌讽经。参前鸣僧堂钟,集众候住持至,鸣鼓献特为汤。住持上香三拜,不收坐具,上汤退身三拜,再进前问讯揖汤,复位二拜收坐具……毕,鸣僧堂钟三下众散,或请就坐药石。昏钟鸣,再鸣僧堂钟集众,住持上香,维那举楞严咒毕……次参头领众行者排列,喝参礼拜讽经,人仆排列参拜。次日早住持上香礼拜,上汤上粥,座下侧坐陪食,粥罢住持上香上茶,维那举大悲咒毕,回向……半斋,鸣僧堂钟集众,向祖排立。住持上香三拜。不收坐具。进炉前,上汤上食,请客侍者供递,候烧香侍者就祖位侧捧置几上。退就位三拜,仍进前烧香下赚毕,三拜收坐具,鸣鼓讲特为茶(如汤礼)毕,住持拈香有法语。行者鸣钹,维那出班,揖住持上香,侍者捧香合,次东堂西堂两序出班上香,大众同展三拜……宣疏,住持跪炉,次举楞严咒毕……次行者讽经。②

说两者相似,但又有很大的不同,教寺除了各类供养之外,还有忏法仪式,而禅寺则基本以讽经,上香,上茶,上食等为主,且教寺的仪式过程似乎有三天,而禅寺则两天就已结束。可见,从仪式的繁复程度来说,教寺明显比禅寺更复杂。教寺中针对智颢忌的仪式,还

---

① (元)自庆编述:《增修教苑清规》卷一,《卍新纂续藏》第57册,第305页上中。
② (元)德辉编:《敕修百丈清规》卷二,《大正藏》第48册,第1117页下—1118页上。

将天台九祖、山家诸祖、山门始祖、嗣法师等作为陪祀,有明显的儒家祭礼的味道,这也是与禅门达摩忌有很大区别的地方。从这部清规的措辞来说,尤其强调"住持专诚命库司备供养之仪",与《敕修百丈清规》中由堂司按每年日程进行安排相比,显得更重视这个祭祀。可以说,教寺凸显本宗特色和建构本宗学人身份认同感的意图是非常明显的。

(四)《增修教苑清规》中记载的忏法与寺院生活

忏法可视为天台宗最核心的修持方式之一了,有学者根据对大悲忏的研究,认为宋代时:"除台宗内部仍有少数人在继续关注教理的疏解外,整个时代对天台宗的关注,上至皇室官员下至平民百姓,围绕忏法展开的修行实践成了天台内部、朝野内外共同关注的核心。"①在这部清规中,也体现出教寺重视忏法的特点。每年的大型忏法,有正月的金光明忏、四月二十日修大悲忏、七月盂兰盆会的小弥陀忏和大弥陀忏,十一月冬至修金光明忏。其中金光明忏为智颢所创,是天台宗最重要的忏法之一,大悲忏为知礼所创,大小弥陀忏为慈云遵式所创。天台宗的忏法很繁复,如金光明忏的程序为"严治净室、清净三业、香花供养、召请、述意、称名供养、礼敬三宝、旋绕自归、唱诵经典"②等,大悲忏的程序为"严道场、净三业、结界、修供养、请三宝诸天、赞叹申诚、作礼、发愿持咒、忏悔、修观行"等③。由于有忏法的加入,使得教寺在某些月份的仪式上,比禅寺更多一些。如元代《幻住庵清规》所记的正月仪式活动为:"初一日岁旦,五更鸣钟板众集,大悲咒祝圣罢,大众称贺与四节同。是日营斋,半斋时讽楞严普回向。"④其与教寺的正月活动相比,明显简略许多,如《增修教苑清规》卷二:"岁朝,各寺祈祷或修光明忏七昼夜,或三昼夜,或但供天三日,各随寺规。又行堂寮前,新岁元宵讽经,行堂维那白灯回向,寮前知客白灯回向。初五日,法智尊者忌辰,但四明延庆依子皋升法师礼文,如天台祖忌修设,今诸方当念中兴教观之功,亦宜修敬,若欲从简,亦须依山门历代住持忌辰。"⑤

按照宋元时期禅寺的规矩,在四月十五日安居结制之前,在十三日要举行一次楞严会,而教寺中安居期间的楞严会是在举行大悲忏之日进行的,"于启忏日,至斋时堂司行者候鸣下堂钟毕,即鸣殿钟集众,依次立定,头首举安乐行……是日参后启楞严会,亦预于前一日,堂司行者覆启忏时,就覆建楞严会并挂牌报众。"⑥楞严会的作用是为安居众僧除魔障⑦,教寺中当也是如此。教寺是从四月二十日起修大悲忏,那么其举办楞严会的日期应也在这日。

每年的盂兰盆节,是寺中最重要的活动之一,整个盂兰盆会要持续半个月,"(七月)初一日启兰盆会,要期半月,晨朝修小弥陀忏,粥罢修大弥陀忏。斋罢,诵兰盆经,至晚诵弥陀经系念,预率众财修设斛食,至望日满散,十六日解制。"⑧无论是大弥陀忏还是小弥陀忏,

---

① 秦瑜:《从知礼"结忏焚身"事件始末看大悲忏的制定与流行》,《宗教学研究》2014 年第 1 期,第 101 页。
② 林鸣宇:《〈金光明经〉信仰及其忏法之流传》,《佛学研究》2004 年,第 172 页。
③ 参见心皓法师:《天台教制史》,第 279 页。
④ (元)明本着:《幻住庵清规》,《卍新续藏》第 63 册,第 572 页上。
⑤ (元)自庆编述:《增修教苑清规》卷下,《卍新纂续藏》第 57 册,第 343 页上中。
⑥ (元)自庆编述:《增修教苑清规》卷下,《卍新纂续藏》第 57 册,第 330 页中下。
⑦ 可参考慈怡编:《佛光大辞典》第六册,北京:北京图书馆出版社,2004 年,第 5493 页。
⑧ (元)自庆编述:《增修教苑清规》卷下,《卍新纂续藏》第 57 册,第 343 页中。

似乎都有超度的目的,如在仪式之中的发愿文"愿所生父母或今存在,或已终亡,随某所居,逐彼生处,惟愿阿弥陀佛、观世音菩萨、大势至菩萨光明照烛,愿力摄持,三障消除,五根成立。发菩提愿,修净土因。存者得满报龄,终归宝刹,亡者即指诸趣,便托莲胎。"①相同的祈愿文在宋代的《盂兰盆经疏孝衡钞》中也存在,比较值得注意的是,在这个文献中,祈愿文是用在居士该如何修盂兰盆会:"出家之士,清规具载。在俗高贤,当依此式。正月必须入于塔寺中,大会修设。凡孝顺男女,欲报生身父母,必预七月初一日为始,每日晨朝,然(燃)香奉供,务在精专。修小弥陀忏,或礼三十五佛,代为存亡父母忏罪,至速往无量光佛刹。"②可见在宋元时期的盂兰盆会中,一些忏法很可能已被僧俗两界采用,两者之间的不同在于,教寺中的盂兰盆会忏法,有更大意义的普遍性,是为最大范围的众生所办的,而俗家居士的行忏法,则只局限在自家的范畴。从上文的记载来看,似乎这半个月期间,每天都要举行大小弥陀忏,可见教寺对这个节日的关注程度。

冬至要举行金光明忏,"冬至或修光明忏,或供天。"③宋元时期的冬至是一个大的节日,"宋人最重冬至,冬至在民间生活中的地位甚至超过了年节"④,冬至与年节一样,都具有新旧交替的时间节点意义。金光明忏也是"人王"比较喜欢的忏法之一,那么在这一天举办金光明忏,可能也是考虑到冬至在时间节点上的特殊价值⑤。但冬至与年节的金光明忏相比,要短很多,"岁朝,各寺祈祷或修光明忏七昼夜,或三昼夜,或但供天三日。"⑥从材料中能看出,若是这两个日子不行金光明忏,那也需要"供天",供天的仪式实际也是从"金光明忏"中演化而来,"诸天信仰典出隋智者大师依北凉昙无谶《金光明经》译本所制的《金光明忏法》。"⑦所以,笔者猜测在教寺的相关仪式活动中,如果举行忏法和供天仪式都可以,那么此时的供天仪式可能为金光明忏法的简化方式。

上面梳理的忏法,都是教寺根据不同节日安排的,有非常强的实用性和针对性,如盂兰盆会的大小弥陀忏,是为了接引和超度,冬至与年节的金光明忏或供天等仪式则具有一定的祝圣护国的目的。教寺中的这类仪式活动,在宋元时期禅教律等寺院的管理方式几乎趋同的背景下,成为教寺区分禅寺或律寺的最重要的仪式之一。

(五)《增修教苑清规》中所见教寺僧众的学习与考试

从《增修教苑清规》的文本来看,教寺很看重对经典的学习和传承。清规中记载的涉及寺中僧众学习的制度,包括住持开讲、都讲头首开讲、维那点读、三科习读、锁试等,这些内容都被归到"安居门"中,说明这些活动应在僧众坐夏期间举行。

住持开讲选在"举忏之日","举忏之日,住持启讲,凡讲说训徒乃住持当然之事,研几索隐,为学者当须究心。起讲之先一日,侍者禀住持,以约标书云:来日方丈开讲某文至某

---

① (元)自庆编述:《增修教苑清规》卷下,《卍新纂续藏》第57册,第336页上。
② (宋)遇荣钞:《盂兰盆经疏孝衡钞》,《卍新纂续藏》第21册,第518页下。
③ (元)自庆编述:《增修教苑清规》卷下,《卍新纂续藏》第57册,第343页下。
④ 萧放:《冬至大如年——冬至节俗的传统意义》,《文史知识》2001年第12期,第89页。
⑤ 如吕子芳在《智顗忏法研究》"国主金光明忏,显示出经文中人王的作用。目的是人民安乐,佛法常住,成就菩提道场。这是金光明忏法的多层次性体现。"(复旦大学博士学位论文,2014年,第122页。)
⑥ (元)自庆编述:《增修教苑清规》卷下,《卍新纂续藏》第57册,第343页上。
⑦ 谢飞:《论诸天信仰及其护国义涵》,《五台山研究》2017年第4期,第44页。

卷某科。"①教寺的开讲是具体的讲某一部经典,而且在开讲前就要确定所讲的内容。在仪式方面,也颇有些复杂:

堂司行者贴开讲牌,上挂僧堂前,至日早粥再请毕,堂司行者覆住持开讲,待下堂钟绝后少顷,打静钟三下。侍者分付行者并椅卓头排设讲位,堂司行者覆住持,两班鸣廊板及僧堂前钟毕,令鸣楼钟一十八下,鸣鼓,住持出厅坐,鼓转第二通,大众诵《法华·嘱累品》,鼓转第三通,住持乘轿,若法堂去方丈远,可令直日人先至法堂立,待住持至法堂前下轿,鸣引二下,众提坐具起立,接住持,住持归中烧香。若初起讲,应设三拜,收具问讯,从东入问讯,登座烧香问讯,跌坐,两班同进前插香作礼,次耆旧,次江湖,次堂众,一一如之(班首预率钱市香烛,次年但袖香合炷香,亦不必作礼,若新归者仍用行之。)若有他山住持、西堂首座、道旧参讲者,若设拜,侍者须预进前止之。参毕,侍者揖请至对法座左右位坐,讲讫,叙谢,结下座。若名德参讲,住持即就炉前触拜还礼,若座下人及次者,则不必答礼也。凡他方参讲者,即令请客行者就诣方丈点心。②

在如此讲究的礼仪制度下,住持的开讲成为一套仪式,整个程序都是围绕着住持展开的。住持开讲的时候,几乎全寺僧众都要参加,包括住持的平辈或朋友,在这个仪式活动中,住持所讲的内容似乎已不那么重要,僧众在启忏前听闻住持的讲说,也颇有家长训导子孙的味道。不过从后面文献的记载来看,住持的开讲可能会持续几天,如住持开讲三五日后,就会令首座请都讲、头首等为大众开讲,"住持开讲三五日后,先令侍者至前堂寮禀云:'方丈和尚拜屈首座讲,领众就法堂拜请都讲开讲。'次诣都讲寮禀云:'和尚拜请都讲和尚为众开讲。'(若次头首则无此礼)当日住持讲毕,白云云:'烦首座领众请都讲开讲。(请次头首同)'白讫,即令听叫(叫)行者送香至首座前,首座伺住持下座出,即就领众法堂炉前左立,请都讲右立,首座插香问讯云:'即日恭惟都讲大法师尊候起居多福,兹奉方丈慈命,拜请为众讲演,伏望尊慈云云。'都讲答云:'自揣疏谬,何以尪当下情云云。'请后过二三日,预委令行者敷设法座等。"③从这个记载来推测,安居期间住持开讲的次数不会太少,起码会持续七天的样子,然后是都讲及头首的开讲。他们的讲法,也需要一个迎请的仪式,"至日粥罢,下堂后,鸣钟四下,方丈预令行者请讲人点心,就留方丈寝堂分坐。堂司行者次第覆打起鸣廊板,鸣僧堂前钟及大钟,鸣鼓至三通,住持、讲人俱乘舆至法堂。"④住持或都讲在首次讲法时,是"乘轿"或"乘舆"来到法堂,以示尊重。在宋元时期的寺院中,住持或尊宿等往往有自己仆从,如专门为住持抬轿的称为"轿番"。"轿番者,荷舆仆人也。忠曰:轿,肩舆也(见器物门轿处)。番,《正字通》云:番符山切,音翻。《广韵》更递也。汉纪贤良直宿更番(止此)。今轿番者,更递抬舆者。"⑤不过住持在开讲时乘轿似乎并未见于其他清

---

① (元)自庆编述:《增修教苑清规》卷下,《卍新纂续藏》第57册,第330页中。
② (元)自庆编述:《增修教苑清规》卷下,《卍新纂续藏》第57册,第330页。
③ (元)自庆编述:《增修教苑清规》卷下,《卍新纂续藏》第57册,第334页上中。
④ (元)自庆编述:《增修教苑清规》卷下,《卍新纂续藏》第57册,第334页中。
⑤ [日]无著道忠撰:《禅林象器笺》卷七,见蓝吉富主编:《大藏经补编》第19册,第278页中。

规,如在《律苑事规》的记载中,开讲在仪式上的要求,明显要简化很多。

> 遇开讲日,堂司行者于僧堂早粥再讲了,覆住持开讲云:"今日和尚打讲。"却于下堂钟绝后略歇,打静钟三下(首座开讲在斋后,打静钟同上),继于法堂(东西)柱挂开讲牌,维那合堂司行者整斋讲筵,至半斋前覆方丈打起,如方丈有他缘,打放讲钟二下(或迎送或普讲或送亡则放讲)。如开讲,先巡廊打小板,次打僧堂前钟,众集法堂烧香,炉前随意设拜,不拘次第。堂钟绝,打法鼓,先擂三通,上磉转通之时,直日人鸣引二下,维那举《七佛略教经》至"应当学",再鸣引二下,直日起,赍坐具至(东西)廊法堂头,候开讲人来。鸣引二下,问讯,众人闻引鸣,皆提具起立疏疏,鸣引至法堂炉前西首立,讲人烧香三拜,未拜前直日鸣引二下,归位,讲人揖众,众皆应揖拜,起,收具问讯,从(东西)首升座,座上烧香鸣引二下,讲人与众齐揖,放具而坐。讲人鸣尺三下,举稽首礼诸佛(云云),至"庄严种智乞圣冥加"毕,开讲人举南无本师释迦牟尼佛(南山、大智各三声),各尺一下,开卷讲说,延促随意,讲了掩卷,讲人鸣尺一下云:"上来说听功德,祝献护法诸天,报答四恩三有,伽蓝真宰,护教安僧,法界众生,同圆种智,十方三世(云云佛菩萨号中名尺一下)众起立,讲人下座至炉前,直日鸣引二下,讲人与众,不同问讯而散(住持行东道,首座行西道)。①

律寺的开讲仪式与教寺相比,其实简略很多,且并无教寺中如住持等乘轿或舆去讲的特殊优待。从两类寺院的开讲情况来看,开讲者都不限于方丈,首座、都讲、头首等都可能是开讲之人,但无论谁开讲,他们都需遵循一定的仪式进行。除了开讲外,还有"维那点读","为学之要先读四书,四书旨趣深广,难穷本宗,维那亦非聊尔,是宜劝请亦同前礼(知客领众,座前致请)。随于一书撮其英,发其奥,缉以成章。为学者敷演,名曰点读,一应出处与开讲同。"②这里所提的"四书",指的是《法界次第初品》、《天台四教仪》、《菩萨戒义疏》、《童蒙止观》③。从材料的描述来看,"点读"属于为大众敷演解释经论的学习方式。在有的文献中,记载了因身份不同,所能演说的经典也有差别,如《佛祖统纪》卷十六:"法师本空,四明奉化人,自号虚堂……淳熙初,皇子魏王牧四明,尊其道制疏请主资教。夏中,首座将开《妙玄》,师止之曰:'自有讲席以来,诸老立法,谓首座之职,未出世者止讲小部,若已出世,已讲小部者,方可开发大部,事存谦逊,此旧章也。若维那,则点读《四教仪》类集耳。以次而进,无自逞也。"④这段文献说明在当时天台寺院内部,对开讲点读经典的身份要求似乎有着潜在的规定,不过在这部清规中未见此类的记载。

这部清规记载了针对僧众的考试制度——锁试。"古来讲罢之后行锁试法,勘辨人才,策其未进,如烹金炉,矿(铅)水不存,如治玉斧,砆砆尽去。"⑤但也提到在元代的教寺中,这

---

① (元)省悟编,嗣良参订:《律苑事规》卷十,《卍新纂续藏》第60册,第138页上中。
② (元)自庆编述:《增修教苑清规》卷下,《卍新纂续藏》第57册,第334页中。
③ 丁福保《佛学大辞典》中对此有解释,心皓法师在《天台宗的讲学制度》一文中也有讨论(《法音》2006年第8期,第12页)。
④ (宋)志磐撰,《大正藏》第49册,第232页上中。
⑤ (元)自庆编述:《增修教苑清规》卷下,《卍新纂续藏》第57册,第335页上。

套堪辨人才的方式,实际已未见施行了①,不过作为一个比较难得看到且有趣的考试方式,还是有梳理一下的价值。

锁试也就是"锁厅试",是宋代针对现任官员进行的考试,"锁厅试,有时亦称为'锁应''锁试',肇始于北宋,指已经入仕为官者所参加的科举考试。"②清代袁枚在《随园随笔》中也提到:"宋现任官应进士试曰锁厅,言锁其官厅而往应试也。虽中,止迁官而不与科第,不中则停现任。"③教寺清规中所言的"锁试"明显是比附宋代科举的"锁试"之法,参与考试者都是受过一定程度天台宗门教育的僧人,将他们与有职官员相类比,似乎也是指这些僧人已具备了一定的资历。锁试的目的与科举也有类似,即通过这种方式选拔人才,如在考试结束后:"住持次日看卷批判,取其优劣,若说义纯正深于理致者,则当称赏之,拟擢职事;或言词疏谬答不称问者,当以诫勖;若他白者,示以弹诃。"④可见,锁试具有考察僧人学识和选拔僧人的意图,其具体程序如下:

> 开设绛帏于中,设大师像,敷陈供仪……令堂司行者排锁试牌,请见职头首全班,见职都寺一人,又请名德西堂首座二人,东序尊宿耆旧二人,来日就某处证明锁试。至日粥罢,堂司行者报预科人员各认图位入位,不许怀带消文私叶,委监寺一人巡警,闲人毋得擅入喧杂。挂静牌,众集已,各人烧香候住持至,领众对像排立,住持进前烧香同礼九拜,称"南无旋陀罗尼菩萨"礼毕,各依位坐。侍者当中问讯烧香,令茶头行者行茶讫,侍者进纸笔,请住持出题目,或就讲次文中难辞,或就诸部祖文疑难处试问二章。其词务在语简意显,侍者抄写于二章中,难辞文义深远者送覆讲人,开科者次之,预科之人仍各备笔墨纸砚,当思部味教观,援引诸文,一一伸答,须在理当,不尚词长。卷子式如后。若欲净手,俱在近便一处,不许托缘归斋,问请益师,如文出他人,量宜罚之。方丈分付库司半斋备点心并午饭,皆就筵斋,客司点茶,斯在浴前。各要封号斋名双讳,纳卷子朝大师像问讯,住持前问讯而退。侍者写卷子数目若干道,携至方丈交与衣钵侍者收受。⑤

从"锁试"之称呼来说,应在宋代的教寺中出现过此类现象⑥,不过恐怕流传的时间并不长,起码元代已经未见遵行。这套考试方式为我们提供了非常有趣且独特的教寺制度,

---

① 《增修教苑清规》卷下提到:"锁试之法废久不行,今姑存之,俟有作兴者。"(《卍新纂续藏》第57册,第335页下)
② 张玲:《宋代锁厅试论略》,《郑州大学学报》2017年第2期,第124页。关于"锁试"的研究还可参考王汉灵之《宋代'锁厅试'研究》(浙江大学硕士学位论文,2008年)。
③ (清)袁枚撰:《随园随笔》卷十,见王英志主编:《袁枚全集》第五册,南京:江苏古籍出版社,1993年,第162页。
④ (元)自庆编述:《增修教苑清规》卷下,《卍新纂续藏》第57册,第335页中。
⑤ (元)自庆编述:《增修教苑清规》卷下,《卍新纂续藏》第57册,第335页中。
⑥ 心皓法师根据《教苑清规》的记载,认为是四明知礼以来的考核方式(《天台宗的讲学制度》,《法音》2006年第8期,第14页)。但这套模式是否从四明知礼开始,还有待考察,不过四明知礼的确有《绛帏问答三十章》、《开帏试问四十二章》存世。从"绛帏"这个细节来看,应该类似于《增修教苑清规》中锁试这种制度,如《四明尊者教录》卷三:"天禧改元(1017年),春二月四日,延庆座主出山家教义凡三十条,褰绛帏问诸子,其词惟要,其旨甚微。俾无或者兴布教之功,令不敏者奋强学之志。门人(仁岳)率尔而对,斐然成章。"((宋)宗晓编,《大正藏》第46册,第877页下—第878页上。)不过从这里的描述来看,问答的方式似乎还是比较轻松的。

这是在律寺和禅寺的清规中都未见到的,是教寺独有的宗派认同的一种方式。但需要注意的是,"锁试"这个名称的由来可能仅存于《增修教苑清规》中,因为笔者未在其他佛教文献中看到相同的名目,那么也可推测,这部清规记载的"锁试"很可能是编订者自己设置的名称。据《佛祖统纪》卷五十三:"延庆法智,策试生徒名《开帏四十二章》,至今为法。"①"法智"为宋真宗赐四明知礼的号,所以估计知礼所行的这套考试模式,起码在南宋志磐生活的时代依然还有遵行。以开科取士的方式选取寺院住持,在宋代并非没有,如海月大师慧辩就曾如此:"师既莅职(都僧正),凡管内寺院虚席者,涓日会诸刹,及座下英俊。开问义科场,饷名考校,十问五中为中选,不及三者为降等,然后随院等差(楚宜反,不齐也)以次补名。由是诸山仰之咸以为则。"②可见,慧辩所制定的考试方式,也是以考试的方式确定僧人的学识等级,从而依此委派选任到相关寺院。所谓"饷名考校",这是与《增修教苑清规》中"封号斋名双讳"的做法相同,也就是评议人无法看到作答者的身份,从这个程序来看,清规中记载的锁试制度,是源于宋代以来的慧辩所创的考评之法。

通过以上考察可看出,《增修教苑清规》所谈的"锁试",其源流来自宋代以来天台宗人所制定的堪辨学人的考试方式。但其流传的时代,可能也仅限于宋代,清规的制定者认识到宋代天台宗存在以类似科举的方式考评僧人的模式,故姑且将这种考试的名称定为"锁试"。这个考试的目的也很明确,就是根据僧人的学识对其进行选拔,有的僧人可因此进入管理者的行列。但从禅、律、教三类寺院清规文献来看,教寺中的这类考试方式,具有独特性,也是教寺清规有别于其他宗门清规的地方。

三 余论

《增修教苑清规》是宋元时期唯一的一部教寺清规,在宋元时期,禅宗清规先后出现了七部,律寺和教寺清规各有一部。从笔者个人的感受来说,律寺和教寺清规的出现,都受到了禅寺清规大量出现的刺激。如《律苑事规》中记载:"百丈大智禅师,采取律制以为禅林清规,举世盛行,而吾家律学者及不及焉。然南山灵芝二祖撰钞疏记,文积有年矣,至宋咸淳间前明庆寂堂思律师奏准入藏,徧行天下,实有大功于吾宗也。惜乎行事仪式,曾未著述。每承前住大明庆虎岩宗主,累书谆谆,嘱令徧集,近至武林散般若关法会,新住明庆昇湖宗师,大耆旧子永文、郁智观,又请弄笔,其志甚专,是皆律苑龙象也。于是再披钞疏及咨询律海,垢造并参禅林轨式编成《律苑事规》,并备用要语计十万余字。"③《增修教苑清规》的制作也是依照《敕修百丈清规》进行的,这在上文已经有过论述。所以,在当时禅寺制度已经非常完善的背景下,教寺要维持自己的特色和不落后于时代,就必然需要编制一套制度文献出来,这是构建教寺身份认同的核心方式之一。

通过对这部清规的讨论,可以发现清规编订者在努力地将有别于禅寺的教寺制度增补

---

① (宋)志磐撰,《大正藏》第49册,第466页中。
② (宋)志磐撰,《佛祖统纪》卷四十五,《大正藏》第49册,第415页上。
③ (元)省悟编述,嗣良参订:《律苑事规》卷一,《卍新纂续藏》第60册,第92页中下。

进去,他们在重构本宗身份认同方面,虽然可预见这项工作的成效不会太大,但依然不遗余力,这也反映出当时的教僧在禅门几乎完全"一统天下"背景下的焦虑。他们编订清规的需求,恐怕不是寺院在生存方面的考虑,更是为了维持宗门特色或风格的目的。宋元时期的教寺,非常期待获得身份上的自我认同和重新获得社会的认同,他们也希望与禅寺做出区分,但又不得不借鉴禅寺的制度,这种无力又无奈的身份认同方式,其结果却是将本宗愈发的禅宗化。以今天的角度来看,《增修教苑清规》未超出禅门清规的范畴,但却因其"教苑"二字为其增彩不少,它成为今天了解宋元时期教寺制度和僧人生活方式的重要文献,也代表了教寺僧众维持本宗特色的努力。

作者简介:王大伟,四川大学道教与宗教文化研究所副研究员。

【图像与社会】

"旱魃"形象考辨

尹　承

【摘　要】 在古人对旱灾的认识中,"旱魃"是最主要的致旱鬼神,且被赋予了各种不同的形象。早期记载中,《诗经》的"旱魃"被认为是一种鬼怪,成为后来的主流认识。在此基础上,"旱魃"形象不断丰富歧出。而它又与"旱魃"形象的另一个来源——《山海经》"女妭"的天神形象,迥然有别。至汉魏以降,畸形儿状鬼怪又成为"旱魃",这其实与"魃"的形似字——魃的相混有关。而目前可见的古人所绘旱魃图像,仅能上追至明清人的《山海经》图。

【关键词】《毛诗》；旱鬼；畸形儿；汉画像；《山海经》

旱灾是自古以来人们经常要面对的灾害,在中国古人的观念中,鬼神致旱是常见的认识,由是而产生了各种崇祀、祈禳行为。人们相信,"旱魃"是致旱鬼神之一,遂有了逐魃、打旱魃等风俗。并且,随着时间的推移,"旱魃"还被赋予了各种不同的形象。而这些形象的出现与形成,则各有不同的背景,其机制则反映了古代民众的信仰问题。正因如此,旱魃及其形象,才得到神话、民俗及社会史领域研究者的普遍关注。关于旱魃的研究,王子今曾探讨明清时代打旱魃的习俗来源,将其作为发掘坟墓的原始巫术性动机[①]；胡新生将焚烧各种旱魃纳入古人求雨巫术中进行探讨,并认为汉代以后有关旱魃的传说在先秦"女魃"神话的基础上不断演变和发展[②]。陈业新对汉代与旱魃相关的禳除习俗做了探讨,并引入汉画像石进行论述,他的叙述同样以《山海经》的"黄帝女魃"为旱魃的唯一来源[③]。张传勇则从旱魃形象的演变、"打旱魃"习俗事象、"打旱魃"的社会危害以及官方的禁治等方面,对明清时代的"旱魃"问题作了较为细致研究[④]。新近有孙国江《中国古代"旱魃"形象的起源与嬗变》,该文在史料及认识上多承袭既有研究,亦多谬说[⑤]。日本学者出石誠彥有《上代支那の旱魃と請雨——その說話と事實と》,又阪谷昭弘有《〈山海經〉黃帝女魃の形象に

---

① 王子今:《中国盗墓史》,北京:中国广播电视出版社,2000年,第282—287页。按:该书对旱魃本身的形象及其在历史上的演进并未涉及。
② 胡新生:《中国古代巫术》,济南:山东人民出版社,2005年,第260—261页。
③ 陈业新:《灾害与两汉社会》,上海:上海人民出版社,2004年,第337—342页。
④ 张传勇:《旱魃为虐:明清北方地区的"打旱魃"习俗》,"民间文献与华北社会史"学术研讨会论文(南开大学,2008年12月)。此文承张先生2009年10月赐示,谨致谢忱。该文又见《中国社会经济史研究》2009年第4期。
⑤ 孙国江:《中国古代"旱魃"形象的起源与嬗变》,《民俗研究》2014年第6期。

ついて》》。①

既有研究存在的问题是,对早期有关"旱魃"的寥寥数则史料,做无限制的解说,如将其与古人各种应对旱灾的手段,做缺乏根据的类比与牵合;其尤甚者是把数幅汉晋时期的图像定为"旱魃",进而进行脱离文本的"超级解释"②,如结合古人祈雨巫术等说。因此,针对这些问题,本文将对"旱魃"早期形象的演变,尝试做一初步的正本清源工作。③

一 旱魃形象来源辨

《诗·云汉》"旱魃为虐,如惔如焚",今本《毛传》云:"魃,旱神也。"④而东汉许慎《说文解字》引所据《毛传》则作"旱鬼"⑤。后世经说多忽略此一字之异,至清人胡承珙与陈奂,方提出这个问题:"似《传》本作'旱鬼',《说文》'魃,旱鬼也',即用《毛传》。"⑥他们的根据是三国时代韦昭著《毛诗问》:

《传》曰:"魃,天旱鬼也",《笺》曰:"旱气生魃",天有常神,人死为鬼,不审"旱气生魃"奈何?答曰:魃,鬼,人形,眼在顶上。天生此物,则将旱;天欲为灾,何所不生?而云有常神耶?⑦

按:此《毛诗问》系韦昭问、薛综答。问者不解旱魃之所生,认为天神有固定的数目,而鬼又系人死后所化成,而旱魃则不知是天神,抑或人死所化。

又,敦煌出土的一件唐抄本某南北朝时期佚名所作《毛诗音》(P.3383)引薛综云:

魃,鬼,人形,眼在头上。⑧

按:此薛综为三国时吴人,有集三卷,佚;又曾注张衡的《二京赋》⑨;《毛诗音》所引这句话也就是薛综对《毛传》"旱魃"的解释。从许氏《说文》到三国时的两个《毛传》传本,皆训

---

① (日)出石诚彦:《支那神話傳說の研究》,東京:中央公論社,1943年,第445—489页。阪谷氏文载《學林》第13号,未见。
② 参李淞:《走回图像——从两个汉代实例看读图的误区》,《南京艺术学院学报(美术与设计版)》2010年第5期。
③ 由于宋元以后"旱魃"形象大致确定,前揭张传勇等论文也有较多的涉及,因此本文将就宋元之前的"旱魃"形象进行讨论。
④ (唐)孔颖达:《毛诗正义》卷一八二,北京:中华书局,影印阮元校刻《十三经注疏》本,1980年,第562页。
⑤ (东汉)许慎:《说文解字》,北京:中华书局,1963年,第188页。
⑥ (清)胡承珙:《毛诗后笺》卷二五,《皇清经解续编》本,第33页;(清)陈奂:《诗毛氏传疏》卷二五,清道光刻本,第26页。
⑦ (唐)欧阳询:《艺文类聚》卷一〇〇,上海:上海古籍出版社,1982年,第1721页。
⑧ 张涌泉主编:《敦煌经部文献合集·小学类群书音义之属》,北京:中华书局,2008年,第4564页。关于该书的成书及抄写时代,见该书第4559页解题;又可参许建平:《敦煌经籍叙录》,北京:中华书局,2006年,第194—197页。
⑨ (唐)魏征等:《隋书》卷三五《经籍志》,北京:中华书局,1973年,第1060、1083页。《六臣注文选》中保留了薛注《二京赋》的某些片段。

旱魃为旱鬼。此"鬼"乃是鬼魅之物①,因而即便不能确定《毛传》本即作"旱鬼",至少也可知汉魏时期的学者多认为"旱魃"乃是鬼怪。

有关早期"旱魃"的另一则材料,出自《山海经·大荒北经》:

> 有人衣青衣,名曰黄帝女魃。蚩尤作兵伐黄帝,黄帝乃令应龙攻之冀州之野。应龙畜水,蚩尤请风伯雨师,纵大风雨。黄帝乃下天女曰魃,雨止,遂杀蚩尤。魃不得复上,所居不雨。叔均言之帝,后置之赤水之北。叔均乃为田祖。魃时亡之,所欲逐之者,令曰:"神北行!"先除水道,决通沟渎。②

按:《说文》训"妭"为美妇,那么女魃便是面貌姣好的青衣女天神。这与《诗经》中的鬼怪旱魃并不相类,有鬼怪与天神之殊③。就《山海经》的性质来说,研究者多倾向于认为其成书于战国,但内容则反映更早时期人们的时空认识;并怀疑此书是与中原不同(至少是与周岐之地不同)的地域文化的记载④。而具体到其中女魃形象的来源、时代与地域等,恐无确切材料加以说明。

不过,《山海经》"女魃"形象在记载中为从天而降的神祇,这恰与南方致旱鬼神"旱母"的属性有相通之处。上海博物馆藏简书《柬大王泊旱》云:

> ……鼓而涉之,此何?"大宰进答:"此所谓之'旱母'。帝将命之修诸侯之君之不能词(治)者,而刑之以旱。⑤

这是楚简王(? —前408)与其太宰的问对,而简书内容本身被认为是战国时代(前5世纪末至前4世纪初)楚地的原生态文献⑥。此"旱母"当是楚人固有的信仰,《艺文类聚》引《神异经》即言旱母是南方之人⑦。南朝梁南浦侯萧推到各地为官,"所临必赤地大旱,吴人号'旱母'焉"⑧,足见六朝时代南方仍有旱母的信仰。这个"旱母"显然是天帝的部属,能够监管人间的政治休咎,对不能为治的君主予以惩戒,这与女魃天神的属性颇为相似。

综括有关"旱魃"早期记载的上述讨论,笔者试做一揣测:后世文献中"旱魃"形象的来

---

① [日]出石誠彦:《上代支那の旱魃と請雨——その説話と事實と》,氏著:前揭书,第453页。按:出石氏书中将《说文》、《神异经》等文献的记载联系起来,认为它们皆为同一思想的体现。他特别注意了"旱魃"作为"鬼"的(evil spirit 或 demon)存在情况。
② 袁珂:《山海经校注·海经新释》,上海:上海古籍出版社,1980年,第430页。
③ 关于《山海经》"女魃"的天神形象,丁山也曾经特别提到,见氏著:《中国古代宗教与神话考》,上海:龙门联合书局,1961年,第296、400页。
④ 参看刘宗迪:《失落的天书:〈山海经〉与古代华夏世界观》,北京:商务印书馆,2006年,第367—430页;李剑国:《唐前志怪小说史》,北京:人民文学出版社,2011年,第112—128页。
⑤ 马承源主编:《上海博物馆藏战国楚竹书》(四),上海:上海古籍出版社,2004年,第204—205页。
⑥ 陈伟:《〈昭王毁室〉等三篇竹书的国别与体裁》,丁四新主编:《楚地简帛思想研究》(3),武汉:湖北教育出版社,2007年,第204页;[日]工藤元男:《楚文化圈所见卜筮祭祷习俗》,武汉大学简帛研究中心主编:《简帛》第一辑,上海:上海古籍出版社,2006年,第146页。
⑦ (唐)欧阳询:《艺文类聚》卷一〇〇,第1723页。
⑧ (唐)李延寿:《南史》卷五二《梁宗室传》下,北京:中华书局,1975年,第1290页。

源,应非一元,《诗经》有周人的"旱魃"在先,《山海经》之"女妭"在后。《诗经》流传更广,早期并无具体形象的记载,至汉代被记载为有具体形貌的鬼怪,这是中古以前旱魃的主流形象。① 而《山海经》之"女妭",为女性,属天神,有具体形象,并进入神话故事,远比《诗经》"旱魃"内容为丰富,但除了能够致旱,二者并无相同之处。② 并且这一形象后来长期不曾被提及。至中古时期,源自《山海经》的那个青衣女妭的形象,才逐渐向《诗经》的"旱魃"靠拢过来。这体现于中古已降的字书中,如隋曹宪《文字指归》云:"女妭秃无发,所居之处天不雨也。"③辽僧行均《龙龛手镜》云:"妭,鬼妇,所居之处,天不雨也。"④这与《山海经》中的青衣女妭的形象已有很大不同。

早期的致旱鬼神,南方信仰中还有"旱母",它与"旱魃"并不同源,也没有具体形象见于记载。至汉代以后,"旱母"也成了"旱魃"的一种别名。

二 "旱魃"的"小儿鬼"形象⑤

中古时期,旱魃形象中又多了一种"小儿鬼"的样子。
唐修《毛诗正义》将旱魃的形象正式确定。该书引《神异经》云:

> 南方有人,长二三尺,袒身而目在顶上,走行如风,名曰魃。所见之国大旱,赤地千里。一名旱母。遇者得之,投溷中即死,旱灾消。

孔疏判断:

> 盖是鬼魅之物,不必生于南方;可以为人所执获也。⑥

孔疏认定旱魃是矮小丑陋的"鬼魅之物",并随着《五经正义》的颁定,成为一切旱魃言说的最终依据。在此前后,"魃"都被认为是这副模样。北齐后主武平五年(574),"夏五月,大旱,晋阳得死魃,长二尺,面、顶各二目。帝闻之,使刻木为其形以献",后主甚至可能

---

① 前揭孙国江《中国古代"旱魃"形象的起源与嬗变》认为,先秦至汉代旱魃的形象以《山海经》中天女为代表。按,早期相关文献中,并无一则与该天女形象相关,孙说非是。又,孙说承袭前人研究,将旱魃与早期祈雨仪式联系起来,实亦无据;而所谓汉代旱魃图像者,亦多为既有研究提及,实则与旱魃毫无联系,详下。
② 前揭孙国江《中国古代"旱魃"形象的起源与嬗变》认为:"显然,《山海经》中的旱魃形象继承了先秦时期自然神旱魃的特征,并在此基础上增添了天女旱魃助黄帝攻蚩尤的情节,这恐怕是源于民众对于早期战争的一种神话式想象。"此说包含三点论断,实皆无据。
③ (宋)陈彭年修:《大广益会玉篇》卷三,张氏泽存堂刊本,第36页。按:《四部丛刊》影印元刊本《玉篇》无"所居之处,天不雨也",这一认识是后来被唐宋人加入梁顾野王《玉篇》的。曹宪生活于隋代,炀帝时仍在,而《玉篇》的成书则早在梁大同九年(543),不可能引用数十年后成书的作品。
④ (辽)释行均:《龙龛手镜》卷二,北京:中华书局,1985年,第40页。
⑤ 本节系据拙撰旧文《说魃续貂》(2013年10月2日发表于复旦大学出土文献与古文字研究中心网站http://www.gwz.fudan.edu.cn/Web/Show/2131)改写。
⑥ (清)阮元校刻:《十三经注疏》,第562页。

为此而大赦。① 又唐高宗永隆元年(680)，"长安获女魃，长尺有二寸，其状怪异……是岁秋不雨，至于明年正月"②。于此也可见《诗》疏对"魃"的解释，只是对汉魏以来其一般形象的最终认定。唐代以后，正史上记载的"魃"都是这种样子，并且妇女所生的畸形儿被视为旱魃。宋建隆三年(962)，齐州、晋州大旱，"民家多生魃"；元代元统二年(1334)四月，"黄州黄冈县周氏妇，产一男即死，狗头人身，咸以为旱魃云"③。而为唐玄宗表演魃戏的优人，其装束也必定是这个样子，因为这种形象至少在一百多年前就"刻木为其形"，成为官方认识旱魃的标志了。④

其实，旱魃以"投胎"形式现身人间的这种认识，出现远在唐以前，《隋书·五行志》载：

> 梁太清元年(547)，丹阳有莫氏妻，生男，眼在顶上，大如两岁儿。坠地而言曰："儿是旱疫鬼，不得住。"母曰："汝当令我得过。"疫鬼曰："有上官，何得自由。母可急作绛帽，故当无忧。"母不暇作帽，以绛系发。自是旱疫者二年，扬、徐、兖、豫尤甚。⑤

至迟在唐中叶以前，"魃"已有"少鬼"的解释。⑥ 宋人朱彧又云：

> 世传妇人有产鬼形者，不能执而杀之，则飞去，夜复归就乳，多瘵其母，俗呼为"旱魃"。⑦

以此来看建隆三年"民家多生魃"之"生"，自当是胎产之谓。然而，《毛诗》郑笺最早解释的旱魃是旱气感生的，并未具体坐实到畸形儿的形象，那么以畸形儿为旱魃的认识又何所自来？

畸形儿与旱灾联系的最初认识之形成，具体的机制与过程已不可详考。《神异经》以来关于旱魃形象的认识，当与"魃"字形相近的另一个字——鬾——有关。魃、鬾字形的混淆尽管并非这个机制最初的部分⑧，但无法否认二者具有内在的联系。依据现有材料，可从字形混淆这一端窥知，有关旱魃的言说基本上都是在说"鬾"。以中古时代一般使用的书

---

① （唐）李百药：《北齐书》卷八《后主纪》，北京：中华书局，1972 年，第 108 页。
② （宋）欧阳修等：《新唐书》卷三六《五行志》，北京：中华书局，1975 年，第 954 页。
③ （元）脱脱等：《宋史》卷六二《五行志》，北京：中华书局，1985 年，第 1366 页；（明）宋濂等：《元史》卷五一《五行志》，北京：中华书局，1976 年，第 1106 页。
④ （宋）司马光：《资治通鉴》卷二一二《唐纪》二八，北京：中华书局，1956 年，第 6739 页。
⑤ （唐）魏征等：《隋书》卷二三，第 660 页。
⑥ 如［日］释空海：《篆隶万象名义》卷二〇，北京：中华书局，1995 年，第 202 页。按，空海曾于 802 年至唐留学数年。《篆隶万象名义》依南朝的《玉篇》纂成，颇保存了《玉篇》的部分原始面貌，其书法也大体相当于中古俗写的字形。又今本《玉篇》无"魃"字。
⑦ （宋）朱彧：《萍洲可谈》卷三，北京：中华书局，2007 年，第 164 页。
⑧ 中古时代仍有"魃"形的畸形婴儿记载，但并未被认定为旱魃，《宋书·五行志》载："晋元帝太兴三年(320)十二月，尚书骑谢平妻生女，堕地濛濛有声，须臾便死，鼻目皆在顶上。"时人取京房《易妖》断为"天下大兵"之兆。见（梁）沈约：《宋书》卷三四，北京：中华书局，1974 年，第 1007 页。

体中二字及其声旁字形作比较,魃与魃二字已极相似,简直可以混作一字。① 且现存不少医书,提到魃病时,在文字上已作"魃病",如《医心方》、元代曾世荣的《演山省翁活幼口议》、《中华再造善本丛书》影印的宋本张杲《医说》、元刊《孙真人备急千金要方》,以及《四库全书》本的《巢氏病源》《外台秘要》《千金要方》《三因极一病证方论》《医说》《普济方》等等。并且,传讹而成的"魃病",现已进入某些医学病名工具书,成为了权威的说法。② 字形混淆,字义互通,也就是持"魃"以说"魃"。

《说文》"魃"字有"小儿鬼"之义,段玉裁注引《汉旧仪》曰:

> 颛顼氏有三子,生而亡去,为疫鬼。一居江水为疟鬼,一居若水为魍魉蜮鬼,一居人宫室区隅,善惊人,为小儿鬼。③

这是关于小儿鬼的早期记载和传说。之所以名为小儿鬼,本身是小儿所化,且身形短小,故慧琳《一切经音义》释"魃"为"矬矮小鬼、瘟疠鬼之类也"④。古人相信这种鬼为投胎而来,今本《诸病源候论》有"被魃候"云:

> 小儿所以有魃病者,妇人怀娠,有恶神导其腹中胎媄而制伏他小儿令病也。⑤

同时孙思邈《备急千金要方》认为被魃病者,"黄瘦骨立,发落壮热",显然是一副鬼一般可怖的模样。⑥ 按古本《诸病源候论》尚有"小儿鬼舐头候"⑦,可以推想,小儿鬼专门"舐"胎儿头部,则所出生的婴儿当在头上有所病变。日本古医家丹波康赖(912—995)《医心方》恰曾引用此"候",则基本坐实了魃也存在"眼在顶上"的情况,其症状为小儿头上"偏虚处则发脱落,肌肉枯死,或如钱大,或如指大,发不生"⑧,一似顶上之眼。至此,病魃之婴孩已与前揭《毛诗音》、《神异经》所状旱魃为同一形象。

综上,我们可将文献中有关魃与魃的描述列表比照如下。

---

①

从发	妭	妭	魃
从支	伎	妭	魃

以上字形分见(梁)顾野王:《玉篇》卷三,《四部丛刊》本,第6页;黄征:《敦煌俗字典》,上海教育出版社,2005年,第179页;《篆隶万象名义》卷一〇,第24、26页;同卷二〇,第202页。

② 如韩成仁等主编:《中医证病名大辞典》,北京:中医古籍出版社,2000年,第462页。按:该书对"魃"的注音仍保留"魃"的原音(qí)。

③ (清)段玉裁:《说文解字注》卷一六,清嘉庆经韵楼刻本,第41页。

④ (唐)释慧琳撰,徐时仪校注:《一切经音义三种校本合刊》卷七五,上海:上海古籍出版社,2008年,第1828页。

⑤ (隋)巢元方撰,丁光迪主编:《诸病源候论校注》卷四七,北京:人民卫生出版社,1992年,第1347页。

⑥ (唐)孙思邈:《备急千金要方》卷五,北京:中医古籍出版社,1982年影印宋刊本,第22—23页。

⑦ 此所谓古本为清末民初杨守敬在日本所见,见氏著:《日本访书志》卷九,《杨守敬集》第8册,武汉:湖北人民出版社,1997年,第239页;又氏著:《日本访书志补》,第401页。

⑧ [日]丹波康赖:《医心方》卷二五,沈阳:辽宁科学技术出版社,1996年,第984页。

表1

魃	魅	说明
长二三尺	矬矮小鬼	以汉晋时代的尺来计算,二三尺正合一般婴儿大小。①
行走如风	生而亡去/不得住	婴儿形鬼怪能"生而亡去""不得住"②,自是"行走如风"。当然,这是一种对畸形婴儿须臾便死的想象,想象其死便是迅速逃离,传布灾疫。
旱鬼/旱疫鬼	瘟鬼/恶神	
眼在顶上/鬼形	黄瘦骨立/头部畸形	头发部分脱落,一似顶上之眼。
胎产(晋以后)	胎产	宋人所著《婴童宝鉴》云:"魅即腹中子灵,识嫉妒,非母之'魃'乎!"③这一慨叹,似正是针对《萍洲可谈》所谓"夜复归就乳,多瘁其母"的现象。

从表中可以看出,二者的各项特点几乎全同,可以说,人们是在持"魅"以说"魃",把"魅"的形象赋予了"魃",旱魃遂成为一个有具体形貌的致旱鬼怪了。

三　旱魃图像辨似

古人曾图绘魃的形象。旱魃既为致旱鬼神,故古人所画《毛诗》及其草木鸟兽虫鱼之图大都无魃;东汉桓帝时蜀郡太守刘褒曾画《云汉图》,"人见之觉热"④,其中有无旱魃已不可知。而《山海经图》则有晋郭璞《图赞》,则晋世已有其《图》,从现在保存下来的《图赞》的性质和内容的详细程度来看,《图》中应该会有魃的图像⑤,但原《图》也早佚。今所见《山海经》旱魃图像基本是明清人所画⑥,通行的是清人汪绂所绘,名为"黄帝女魃"(附图1)。⑦图中一形貌姣好女子,旁立一秃头、裸身、身形如小儿状的鬼怪。以汪氏所绘魃对照《山海经》的记载来看,可知他是将《山海经》青衣女神的形象与形貌怪异丑陋的魅鬼画在了一起,而这个魅鬼的形象正是旱魃形象的主流。

此前,明代《三才图会》曾绘有"神魃"(附图2),释文云:

　　刚山多神魃,亦魑魅之类,其状人面兽身,一手一足,所居处无雨。⑧

按:此为改《山海经》而来,《西山经》云:

---

① 古尺可参王力等:《王力古汉语字典》附录,北京:中华书局,2000年,第1807—1808页。
② 语见前引《隋书》。"不得住",在原文的语境中,指旱鬼不能留在生母身边,要去各处散布旱疫。
③ (宋)刘昉:《幼幼新书》卷七,明万历陈履端刊本,第17页。
④ 张华撰,范宁校证:《博物志校证》,北京:中华书局,1980年,第121页。
⑤ 朱玲玲:《从郭璞山海经图赞说山海经图的性质》,《中国史研究》1998年第3期。
⑥ 有明蒋应镐、王崇庆、杨慎、胡文焕及清汪绂等人。按:明清以前曾有梁张僧繇、北宋舒雅及《道藏》等本,今亦无传。参看马昌仪:《山海经图的传承与流播》,《广西民族学院学报》2004年第2期;张祝平:《宋人所论山海经图辨证》,《中国历史地理论丛》2001年第4期。
⑦ (清)汪绂:《山海经存》卷八,光绪立雪斋印本,第34页。
⑧ (明)王圻:《三才图会·鸟兽》卷四,明万历刻本,第33页。

刚山……是多神䰰(从光从鬼),其状人面兽身,一足一手。①

《三才图会》把䰰改为了魃,又依据"旱魃"的特点加入了"所居处无雨"的话,遂使之也加入了魃的行列。然而细考之,此图虽非古人描述的旱魃,似又非仅移改《山海经》文字而臆造。明人李时珍《本草纲目》"山𤢖"条云:

《抱朴子》云:山精,形如小儿,独足向后。夜喜犯人,其名曰魃,呼其名则不能犯人。②

按:《抱朴子·登涉》原文作:

山中山精之形,如小儿而独足,走向后,喜来犯人。人入山,若夜闻人音声大语,其名曰"蚑"。知而呼之,即不敢犯人也。③

可见明代有些俗本《抱朴子》,"蚑"已转由"魃"讹作"魃",如李时珍所引者,又见于清初吴任臣《山海经广注》。④ 执此以观所谓"神䰰"者,则是当时人对魃的认识中已经有了"独脚鬼"的形象。这种形象其来也渐,何时出现仍需进一步考察,而其中的主干部分,当是以"神䰰"的描述附会"山𤢖"的讹文,而出为图画。

明清以前的旱魃图像,或为后世图像所本,但其原图似并未传世。近年又忽有数幅汉晋时代的图像,被认为含有"旱魃"形象,故尤不得不辨。

20世纪河南地区的考古发掘中,有两幅汉画被命名为"神虎食魃图"(或作"虎吃女魃"等名)。其一,1957年洛阳西汉古墓,墓门内的门额上,有一幅图,图中央浮塑一绵羊头,两角向两侧的下方钩卷。羊头左边以淡墨绘一株弯曲的高树,树梢上三只黑色飞鸟。羊头下方有一人,裸露上体,肤色发紫,双目紧闭,右臂高举,右手张开,长发悬挂于树上;树上另挂有对折的红巾一条。裸者左侧为一只双翼猛虎,啃住裸者的左肩,并以右前爪压住其头(附图3)。⑤ 其二,1972年在河南唐河县针织厂西汉墓出土画像石中,也有一幅汉画石像,一圆髻女子下身穿裳,被生有双翼的猛兽扑倒在地(附图4)。⑥

---

① 袁珂:《山海经校注》,第61页。
② (明)李时珍:《本草纲目·兽部》卷五一,北京:人民卫生出版社,1981年,第2922页。
③ 王明:《抱朴子内篇校释》卷一七,北京:中华书局,1985年,第303页。
④ (清)吴任臣:《山海经广注》卷一七,文渊阁《四库全书》本,第7页。
⑤ 李京华:《洛阳西汉壁画墓发掘报告》,《考古学报》1964年第2期。
⑥ 李京华:《唐河针织厂汉画像石墓的发掘》,《文物》1973年第6期;王建中主编:《中国画像石全集》第6卷《河南汉画像石》,郑州:河南美术出版社,2000年,第10页。

研究者对这两幅"神虎食魃图"少有异议。① 然而,"虎吃女魃"图的最初命名却经不起推敲。1964年《洛阳西汉壁画墓发掘报告》一文据《诗·云汉》引高朝璎注"魃旱神也"②,又引《神异经》"南方有人,长三尺,袒身,而目在顶上,走行如风,名曰魃"云云,并说:

> 该画和文献所说的魃,除眼睛不同外,那种红衣、红树梢、乱飞的鸟都可能象征着旱意。那羽虎噬女人,似有除魃消旱的神话意味。

而同一作者在1973年《唐河针织厂汉画像石墓的发掘》中,则将图四直接判断为"虎吃女魃",没有论证。我们且不论西汉时代旱魃是否有一个具体的"人"的形象,即使《神异经》所述就是公认的旱魃形象,那么它跟图像上的被"虎"咬住的人又有多大的相同点呢?

表2

《神异经》	图像
身长三尺(小儿状)	正常身高的人
袒身	袒身或着衣③
目在顶上	双目在面
走行如风	/
/	没有明显的性别特征④/女子

从上表可以看出,除了或一袒身而外⑤,这些图像所显示的情况与文献并无更多相同。袒身者多矣,又何必专名为魃? 更重要的是,《神异经》所述魃最突出的特点就是身形短小(小儿状)、目在顶上,也就是人们识别魃的最主要根据,而两幅汉画皆无体现。再者,《神异经》本身也存在问题,旧题西汉东方朔撰,但整体成书的时代至多上推到东汉中后期;该书既有窜乱伪托,那么对整体成书时代的判断,也并不能说明前引的这一条也成于汉代。除此之外,今存西汉关于旱魃的记载只有《诗经》和《山海经》。如前所述,《毛传》并未交代

---

① 其中较重要者如孙作云:《洛阳西汉壁画墓中的傩仪图》、又《洛阳西汉墓壁画考释》,氏著:《美术考古与民俗研究》,开封:河南大学出版社,2003年,第168—169页,第188—195页;王建中、闪修山:《南阳两汉画像石》,北京:文物出版社,1990年,图版177;周到、王晓:《河南汉代画像研究》,郑州:中州古籍出版社,1996年,第103页;陈业新:前揭书,第340、341页。其中对图3似只有郭沫若有异说,他认为是反映"苛政猛于虎"的历史故事,但并未被广泛接受。见郭沫若:《洛阳汉墓壁画试探》,《考古学报》1964年第2期。对于图四,刘克认为是群虎噬杀汉人的场景,并以之与史书上虎狼之患的描述相印证,与郭沫若说相类似。见氏著:《南阳汉画像与生态民俗》,北京:学苑出版社,2008年,第158页。持旱魃说者另有崔华:《南阳汉代画像石刻中的巫文化现象探析》,河南省文物考古学会编:《河南文物考古论集》,郑州:大象出版社,2006年,第216页;李真玉:《试析南阳汉画中的巫术》,刘兰芸、葛松峰:《南阳汉画像中动物题材的初步研究》,郑先兴主编:《中国汉画学会第十届年会论文集》,武汉:湖北人民出版社,2006年,第213、216页。
② 按:该文所引《诗经》似为旧时科举所用俗书的《诗经体注》,而所谓"高朝璎注"中的内容,则是今本《毛传》的内容。
③ 按:图4着实看不出该女子是否袒露上身,或以为该女着衣,见编委会编:《南阳汉代画像石》,北京:文物出版社,1985年,图版27;又编委会编:《中国美术全集·绘画编·画像石画像砖》解说部分,上海:上海人民美术出版社,1988年,第51页,图版148、第125页。
④ 按:图3中之人,几乎所有研究都以之为女性,实是先入为主之见,仅就原图来看,该裸者并无明显的性别特征。
⑤ 孙作云即仅据此便断定其为旱魃,其说最具代表性。

旱魃具体的形状;而《山海经》所载的魃则是青衣女神的形象,不仅异于《毛传》,与这两幅汉画更不相类;更重要的是,这个形象并非主流。可以说,依据现有文献记载,并无可靠根据将上两幅图和旱魃联系在一起。① 至于该图是什么,目前因无相关文献可据以对照,尚不能确定,阙疑可尔。

河南南阳又有一块出土的东汉时代画像石被命名为"驱魃耕耘"(附图5)。② 该画像石为平底浅浮雕构图。画面分上中下三层。下层右刻田间锄禾场面;中间刻一白虎,其左前方刻一人,白虎昂首突胸,巨口长舌,扑向此人。此人即被认为是"女魃",并引《山海经》为证;且论者之所以下此论断,则是直接从唐河针织厂的那幅图像的既定认识而来③,仍属想当然。图中的人即使为女性,也与《山海经》"黄帝女魃"没有什么关联。盖《山海经》"黄帝女魃"是天上的青衣女神,而驱之之法则是向天祷告;图像中的人与《神异经》的魃形象更不相类。

1977年,甘肃酒泉发掘了一座十六国时期墓(丁家闸5号壁画墓),该墓南壁第四层绘有一大树,树上有一只猴子向下俯视,树下一裸体女子俯身劳作(附图6)。④ 关于这幅图像的含义,至今未能有公认的确切说法,而或据《山海经》认为此裸体女子为旱魃,而以猴子为强梁,强梁来制服旱魃。⑤ 按以《山海经》,强梁为"虎首人身"⑥,黄帝女魃为青衣天神,强梁制服旱魃更无确据可从。

综上可知,目前仍无可认定为明清以前"旱魃"的图像。

附记:本稿初撰于2009年,时曾向张金光先生(1936—2013)请教,又得友人孙齐兄往复讨论之益,附此声谢,并以小稿怀念张先生。

作者简介:尹承,山东师范大学历史文化学院讲师。

---

① 按图4中的人实在看不出有什么异常。或谓双翼猛虎为穷奇,可备一说,见罗亚琳:《南阳唐河针织厂汉墓画像石研究》,中央美术学院硕士学位论文,2007年,第22页。
② 曹建强:《驱魃耕耘画像石》(拓片),《古今农业》2000年第4期。
③ 韩玉祥编:《汉画学术文集·南阳发现"耕耘"画像石》,郑州:河南美术出版社,1996年,第293页。
④ 甘肃省文物考古研究所:《酒泉十六国壁画墓》,北京:文物出版社,1989年,第80、81页。
⑤ 岳邦湖等:《岩画及墓葬壁画》,兰州:敦煌文艺出版社,2004年,第56页。
⑥ 袁珂:《山海经校注》,第426页。

图1 图2

图3

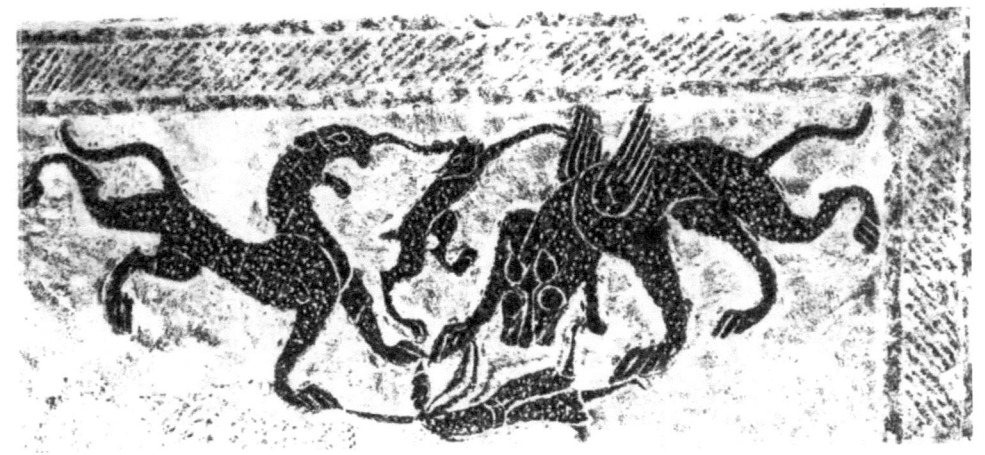

图 4

图 5

图 6

图像中的历史:民乐水陆画所见明清社会生活
——以"堕胎落孕""客死他乡"为中心

杨冰华

【摘　要】水陆画是宋元以后做水陆法会时使用的宗教图像。甘肃省民乐县博物馆藏116轴明清时期水陆画,其绘制依据为《天地冥阳水陆仪文》。在民乐水陆画中有两幅无主孤魂图,内容包括疾病缠身、军阵横亡、城破横死、自刑自缢等十八种情形。其中,"堕胎落孕""客死他乡"作为非正常死亡的无主孤魂众代表,在民间修设水陆法会中是被超度的对象,其为世俗社会真实状况的反映。

【关键词】民乐水陆画;《天地冥阳水陆仪文》;堕胎落孕;客死他乡

1927年著名史学家顾颉刚先生为中山大学购求图书资料时,以新式眼光开出了一张内容丰富的购书单,论述"宗教及迷信书"时说:"凡佛书、道书、善书、神道志、神像,符咒、卜筮书、星相(象)书、堪舆书等均属此类。这一类书,是民众文化的核心,我们要知道民众的思想法则和生活法则,便不能不对于这一类书加以研究。"①先哲已逝,斯言长存,至今对我们有关宗教文献及图像的搜集与研究有指导意义。

水陆画又称为水陆图像、水陆牌像,作为晚唐以来,特别是明清时期盛行水陆法会的图像,究其性质应属于顾颉刚所谓具有神圣性的宗教"神像"范畴。目前学界对水陆画的研究成果已经很多,但基本关注于图像的画面内容、绘画风格、色彩等艺术领域②。中央美术学院戴晓云博士在中国国家图书馆新发现《天地冥阳水陆仪文》,认为其为北水陆法会的修斋仪轨,同时也是其水陆图像的绘制依据③。此外,台湾成功大学历史系陈玉女从社会史角度对水陆画中的"堕胎、产亡、溺婴"图像做了关注,"作者巧妙地使用水陆画这种图像资料,结合丰富的佛教文献、文集、笔记小说等资料,建立起堕胎、产亡、溺婴与僧俗的关系"④。此研究方法和视角给水陆画的研究提供了借鉴。另外,日本学者田仲一成研究戏

---

① 顾颉刚:《购求中国图书计划书》,《文献》(第8辑),北京:书目文献出版社,1981年,第22—23页。
② 杨冰华:《中国佛教水陆画研究的回顾与展望》,《中国佛学》第35期,北京:社会科学文献出版社,2014年,第269—292页。
③ 戴晓云:《佛教水陆画研究》,北京:中国社会科学出版社,2009年。
④ 常建华:《从佛教看明代社会:陈玉女著〈明代的佛教与社会〉读后》,《中国社会历史评论》第13卷,天津:天津古籍出版社,2012年,第437页。

曲文学时认为其起源于晚唐以来的孤魂祭祀活动,也是水陆画的重要题材。① 最近,李慧国在笔者讨论基础上也对河西走廊地区的无主孤魂题材的水陆画做了讨论。②

水陆法会寄托了民众忏悔过失,超度亡魂,禳灾祈福的宗教情感,"这些水陆画像负载了信徒的愿望、理想、与信仰观念,成为了具有超越性与神圣性的画像,具有直观性、可感性,有一种直观的信仰传播和社会教化功能"③,神圣的画面在无形中也打上了世俗社会的烙印,其在一定程度上真实地反映了"民众的思想法则和生活法则"。最近,甘肃省民乐县博物馆馆藏的一批明清时期水陆图像渐被学界所知,在这 116 轴水陆图像中有两幅无主孤魂图像,包括疾病缠身、军阵横亡、城破横死、自刑自缢、客死他乡等十八种情形。我们在前述陈文启发下,试图对"堕胎落孕"做些资料的补充,此外,还对"客死他乡"图像反映明清时期的社会生活做管中窥豹的梳理。

一 图像与文本

(一)图像志的分析

民乐县博物馆馆藏水陆图像多达 116 轴,原藏该县洪水堡弥陀寺,1953 年拆除寺院时移交民乐县文化馆,1989 年入藏该馆。④ 目前,这批图像尚未系统整理,只是以画面大概内容做了粗浅的定名与分析,其中一幅无主孤魂图定为"严寒冻馁"(图1),该图为布本,长 140cm,宽 80cm,经甘肃省文物局专家鉴定为三级文物。⑤ 经笔者对这批图像中一幅"水陆缘起图"上抄写《水陆缘起文》的校录,可知其绘制时间为清康熙三十五年(1696),主持者为时任弥陀寺住持方丈宗圣法师等人。⑥ 另一图像缺少数据(图2),但两者图幅、绘画风格、材料一致,应为同一批绘制的图像。

---

① [日]田仲一成《戏剧文学产生于孤魂祭祀说》,《文化遗产》2014 年第 4 期,第 2—16 页。
② 李慧国:《河西走廊水陆画中的"无主孤魂图"略论》,《贵州大学学报》(艺术版)2017 年第 4 期,第 84—88 页。
③ 张炳杰:《水陆画之神祇谱系及其社会功能的初步研究》,山东大学硕士学位论文,2007 年,第 24 页。
④ 陈之伟、张秀莲:《水陆画及水陆法会——兼论民乐县博物馆藏水陆画》,《丝绸之路》2012 年第 6 期,第 48 页。
⑤ 定名为民乐县博物馆编制的临时资料,笔者只找到一幅图像的数据,另一幅无法找出其对应关系。本文中水陆画图像和资料由民乐县文广新局王登学、陈之伟先生和业师沙武田教授提供,对诸位先生的慷慨相助深表感谢。
⑥ 杨冰华:《河西水陆画"水陆缘起图"北水陆法会图考》,光泉主编:《吴越佛教》第 9 卷,北京:人民出版社,2014 年,第 211—223 页。

图1　民乐博物馆藏无主孤魂图

图2　民乐博物馆藏无主孤魂图

两幅图像均分为四层画面,每层左右各绘制两幅小图。"严寒冻馁"图分别为客死他乡、严寒冻馁、恃值刀兵、幽死监牢、大暑热死、路逢强人、大腹嗅毛、依草附木;另一幅分别为树折崖摧、墙倒屋塌、疾病缠身、自刑自缢、祸害良民、披火燃烧、含冤负恨、大水漂泊①。图像中各个情形以山川、河流、树木、祥云隔开,画面颜色鲜艳,布局匀称、自然,各情形应是明清时期真实社会的反映。因本文只关注其中的"客死他乡"图像,故而对其他图像不作描述。该图位于整个画面的左上角,表现一位老者在旷野中临终前奄奄一息的情景:白云缭绕的旷野中,一身着蓝色长衫,头戴黑色瓜皮帽,脚穿黑面白底布鞋的老者枕着铺盖卷平躺在地上,双目紧闭,表情痛苦,口中呼出的浅黄色线条表现临终前气若游丝的呼吸。老者身后,胡跪着一位十五六岁少年,其身着棕色上衣,下穿白色长裤,腰围绿色腰带,带子在腹下打结而垂下。少年嘴巴大张,两眼圆睁,两眉倒竖,满面愁容,右手撑地,左手用袖子欲往脸上拭泪,仿佛正在呼天抢地地痛哭。左上角一榜题框,红底白字,书写"客死他乡"四字。

(二)《天地冥阳水陆仪文》之《往古人伦仪·无主孤魂众》

在戴晓云发现失收于佛藏之外的《天地冥阳水陆仪文》前,学界都将《法界圣凡水陆胜会修斋仪轨》作为水陆法会的唯一仪轨。经其梳理发现《天地冥阳水陆仪文》为北水陆法会修斋仪轨,而《法界圣凡水陆胜会修斋仪轨》只是南水陆修斋仪轨,只是因目前未知原因失收于佛藏之外才渐被遗忘。"无主孤魂"与"往古人伦"一样,在水陆法会中是被超度的

---

① 画面描述以观者为中心,自上而下,从左到右的顺序进行。

对象。① 今依据美国普林斯顿大学葛思德东亚图书馆（East Asian Library, Princeton University）藏明代山西刻本《天地冥阳水陆仪文》移逐如下：

上来奉请面燃鬼王观世音菩萨已降道/场于香坛内,次当召请者即是十类五姓,/无主孤魂,将伸召请,别具词文。是故,我今/依经宣说,大众虔诚,志心谛听。头如泰山,/腹似须弥,咽喉如针,经年劫而不闻浆水/之名,永世生而非睹饭食之味。坐如枯骨,/行似破车,面上火出,口内烟生,腥膻臭秽,/血染浓沾,皮肉干焦,头发蓬乱,受苦受殃/而沦溺,遭危遭厄而湮沉。皆因嫉妒悭贪,/尽是愚痴嗔恚,偷盗妄语,两舌斗人,说是/说非,争强争弱,破除三宝,毁骂六亲,无惭/无愧,造作五(忤)逆。或贵或贱,乃尊乃卑,是男/是女,若僧若俗,儒生道友,事急而难逃,官/宦公徒,理亏而易陷。更有攻城打寨,虏县/收州,为国亡躯,忧家丧命。为商旅而道路/身亡,乐游行而离乡别井。乘船腾岭,控御/经川,因兹有病而不归,为此无家而便丧。/因循惹绊,荏苒遭逢。先因既积于伤残,后/报必招于横夭。或投河投井,或自缢自刑,/或堕落以亡躯,或坠崖而殒体,或咒诅而/形丧,或恶病而身殂。或三冬野外冻亡,或/九夏长衢殍卒,或值虎狼而食啖,或遭蛇/蝎以伤残。或战殁于沙场,或临刑于都市,/或值蛊中毒药,或经水溺火焚,或枷禁而/值终,或冤仇而乃死,或他乡患丧,或为国/身亡,或下药而堕落胞胎,或产难而子母/俱丧,或八大鬼王而横取,或五瘟使者以/错追。患时而少药少汤,病日而多疼多痛。/谩心昧行,溺丧亡魂,头上卓牌,路边埋骨,/更有披席把碗,乞食为生。为人世尚乃饥/羸,向(倘)鬼趣何曾饱满。岭骈困苦,饥殍跳踯,/四时绝享奠之仪,八节少祭陈之礼。恓惶/冥寞,哀怨寂寥,夜随鬼火于荒郊,晓望人/间于旷野。孤魂滞魄,薜荔部多,守林恋旷/野之中,居冢墓坡田之外。无福无德,有怕/有惊,异质殊形,群分趣类,更有郊源为横/死之尸,林野作夭亡之鬼。傲屈原于湘江/之畔,终作楚魂;送荆轲于渭水之滨,永为/秦鬼。孤魂何托,春秋而谁肯招呼？滞魄无/依,冬夏而何人享祭？追资望绝,飞扬于冷/碛之间;荐拔功休,漂泊于寒溪之侧。更有/三品极饿之鬼,九阶赢殍之魂,遭针咽而/汤炎烧心,感炬口而饥火逼腹。五无间辛/酸莫救,十八狱苦楚堪伤。栖迟向枉死城/中,寂寞于爱河岸上,如斯多种,卒难具陈,/若非凭微妙之门,岂得出三途之苦。是以/今辰会首发广大心,使冥阳无告之含灵,/获清净长坚之快乐。今当召请前列孤魂,/仗佛殊勋,来临法会。大众虔诚,遥望东北/鬼门,弹指伤嗟,会首上香,殷勤设拜。

"堕胎落孕"无主孤魂众：

一心奉请堕胎落孕,产难身亡,托阴于母/腹之中,结恨于胎胞之内。无由解免,有/意相仇。索性命而母子俱亡,遇冤家而/身心闷绝。黄泉路上,悠悠而血污其身;/枉死城中,杳杳而冤魂羁绊。十方法界/堕胎落孕苦死生灵无主孤魂等众。

---

① 戴晓云：《北水陆法会图考》,中央美术学院博士学位论文,2007年,第117页；又见氏著《佛教水陆画研究》,北京：中国社会科学出版社,2009年,第121页。

"客死他乡"无主孤魂众：

一心奉请惊移远地,客死他乡,或遭驱虏/而母子分离,或为经商而慈亲久别。家/乡遥远,地里登途。忽尔染患缠身,思虑/爷娘妻子,因乃疾病遂致身亡。经官送/在荒郊,席捲培埋野外,十方法界客死/他乡苦死生灵孤魂等众。

"堕胎落孕""客死他乡"等无主孤魂众作为非正常死亡的代表,按照佛教的观念,他们死后"在地狱中受苦受难,不能超生,水陆法会举办的目的就是要超度亡灵往生西方极乐净土世界"①。

二 明清时期河西民众的社会生活:以"堕胎落孕""客死他乡"为中心

生儿育女和生产生活在是中国传统乡土社会最重要的两件事。但并非怀孕都令人欢喜,"在宋代文献中,妇女通奸怀孕,多数是产后私自溺婴;而到了明清时期,她们却大多私下到药店买药服用打胎"②。同时,明清时期人口增殖过快,很多地区出现了严重的人地矛盾,为了养家糊口,百姓被迫背井离乡,走西口、下南洋。也有一些人看准时机外出经商,有的成就辉煌,有的血本无归,甚至终老外地,客死他乡。另外,士子们中举之后,为官一方难免四处奔波,不免客死于外。

(一)堕胎落孕:世风不古抑或医学进步

生育是人类的永恒话题,但在科学不昌的古代社会却是危险性很高的事情。在中国中古时期人们在怀孕和坐月子期间礼佛③,尤其是供养观音菩萨祈求生产时得到观音救度。这从敦煌藏经洞出土印本《救产难陀罗尼》和写本《难月文》《佛顶心观世音经》可以看出。④ 常建华先生对明代社会的溺婴现象做了深入讨论⑤,台湾学者陈玉女曾对水陆画中出现"堕胎落孕"题材做过专门研究,认为"堕胎产亡水陆画的呈现,既可说明堕胎、产亡、溺婴问题的存在,又可为受害者或加害者,提供一条得以疗伤或慰藉之路。换言之,水陆斋会追荐堕胎产亡者,在某种意义上,为事件关系人内心的苦与恐惧建立一道自我解脱的道路,是心灵治疗的一帖药剂。"⑥明清时期,由于男女大防等观念的强化,男性医生不能当面诊治女性患者的病情,她们在生病尤其是怀孕生产时通常选择同性而略懂医术的长辈或医

---

① 戴晓云:《北水陆法会图考》,第117页;又见氏著《佛教水陆画研究》,第121页。
② 李伯重:《堕胎、避孕与绝育:宋元明清时期江浙地区的节育方法及其运用与传播》,载《多视角看江南经济史(1250—1850)》,北京:生活·读书·新知三联书店,2003年,第210页。
③ 徐晓丽:《回鹘天公主与敦煌佛教》,载郑炳林主编《敦煌佛教艺术文化论文集》,兰州:兰州大学出版社,2002年,第419—420页。
④ 李翎、马德:《敦煌印本〈救产难陀罗尼〉及相关问题研究》,《敦煌研究》2013年第4期,第78—83页。
⑤ 常建华:《明代溺婴问题初探》,《中国社会历史评论》第4卷,北京:商务印书馆,2002年,第121—136页。
⑥ 陈玉女:《明代的佛教与社会》,北京:北京大学出版社,2011年,第321页。

生求诊。① 这一观念深入人心,连宫廷贵妇也不能免俗,明人沈德符在其《万历野获编》中就曾描述彭姓女医为慈圣太后治疗眼病而在宫中生子的故事。② 故事中的女医又称为"医婆","其为人不识文字,不辨方脉,不能名药物,不习于炮炼烹煮之用。以金购太医求妇女孩稚之剂,教之曰:'某丸某散。某者丸之,某者散之。'载而归。人有召者,携所购以往,脉其指,灸其面,探药囊中与之。虽误投以他药,弗辨也"③。因其医术水平很低,甚至无异于坑蒙拐骗,常常酿成医疗事故,饱受社会诟病,以至官方专门下发公文,晓谕地方,对此类群体严加约束:

> 至元五年十二月,钦奉圣旨:据提点太医院奏,开张药铺之家,内有不畏公法者,往往将有毒药物如乌头、附子、巴豆、砒霜之类,寻常发卖与人,其间或有非违,致伤人命;及有不习医道诸色人等,不通医书,不知药性,欺诳俚俗,假医为名,规图财利,乱行针药,误人性命;又有一等妇人,专行堕胎药者,作弊多端,乞禁约事。准奏。仰中书省遍行随路,严行禁约。如有违犯之人,仰所在官司究治施行。钦此。④

作为"三姑六婆"一员⑤,这一群体很受社会鄙视,甚至成为文人士大夫规劝社会,杜绝交游的对象,"语云:'宁医十男子,莫医一妇人',诚难之矣。世间有等痴愚蠢汉,以妻妾子女之性命付之医婆之手,被其妄治,伤生者众矣。夫男子业医,尚且庸谬,况妇人目不识丁,手不辨脉,一凭长舌取悦裙钗,三指藏刀,甘受隐戮,良足鉴耳。虽然,此等狂泼,岂无所长乎,但其所挟下胎之药,自谓最验。故每见闺阃失节之妇,信其诱弄,暧昧隐曲,无所不为。所以先辈著治家训,禁六婆不入门,思之"⑥。但在实际生活中,"她们承担着为当时女性提供宗教及心理慰藉、医疗及生育服务、买卖与婚姻中介的功能,是明清时期妇女日常生活不可或缺的一大群体"⑦。此群体虽饱受士大夫非议,却受到女性患者的普遍欢迎。明代大文豪李东阳对此现象专门做了论述:

> 京师有女医,主妇女孩稚之疾。其为人不识文字,不辨方脉,不能名药物,不习于炮炼烹煮之用。以金购太医求妇女孩稚之剂,教之曰:"某丸某散。某者丸之,某者散

---

① 蔡政纯、释慧开:《明代医籍中的女性诊疗问题》,《生死学研究》2006 年第 3 期,第 165—207 页。
② (明)沈德符:《万历野获编》卷二十三《女医贷命》:"慈圣皇太后久病目疾,屡治屡复,至癸丑年,有医妇彭氏者入内颇奏微效,且善谈谐,能道市井杂事,甚惬太后圣意,因留宫中。而怀孕日久,其腹皤然,宫婢辈俱劝之速出,彭贪恋赏赉,迟迟不忍决。一日忽产一男于慈圣位下宫人封夫人名彭金花女者之室。上大怒,立命杀之,赖慈圣力救,宛转再三,上难违慈旨,命贷其死,发礼仪房打三十逐出,次年慈圣即上仙。盖寄产虽俗忌,然不避祸立见。即已嫁之女有妊,其夫非赘婿而归宁者,母家必遣之行,况宫禁乎?"(北京:中华书局,1959 年,第 598 页)
③ (明)李东阳撰,周寅宾校点:《李东阳集》卷十八《杂著、策问、颂表》"记女医",长沙:岳麓书社,2008 年,第 614 页。
④ 方龄贵校注:《〈通制条格〉校注》卷第二十一《医药》"假医"条,北京:中华书局,2001 年,第 601 页。
⑤ "三姑者,尼姑、道姑、卦姑也;六婆者,牙婆、媒婆、师婆、虔婆、药婆、稳婆也。盖与三刑六害同也。人家一于此,而不致奸盗者,几希矣。若能谨而远之,如避蛇蝎,庶乎净宅之法。"语出元末明初人陶宗仪的笔记《南村辍耕录》(王雪玲校点,沈阳:辽宁教育出版社,1998 年,第 125 页)。
⑥ (明)萧京(通隐教授):《重刊轩岐救正论》,北京:中医古籍出版社,1983 年,第 533—534 页。
⑦ 张昂霄:《明清"三姑六婆"群体研究》,东北师范大学硕士学位论文,2012 年,第 1 页。

之。"载而归。人有召者,携所购以往,脉其指,灸其面,探药囊中与之。虽误投以他药,弗辨也。然而妇女之爱其身若子者,举其躯付之无疑焉。幸而不至于丧败,捐谷帛金珠予之不少吝。其恒丧且败者,曰:"命也"。且传引誉之于邻里;而不足,则誉之乡党;而不足,则又誉之姻戚识知之人。邻里、乡党、姻戚,凡识知之人有疾者,皆乐而求之。幸而不至于丧败,则又引誉之。其丧且败者,则又曰:"命也"。非女医之所治者,虽名家术士未尝信之。其强而治之者,虽治亦弗之贵也。其不幸而丧且败者,则悔且咎之,曰:"不用女医之过也。"虽士大夫家亦不免焉。其愚不明亦甚矣!呜呼,岂独女医哉![1]

除医婆外,女性在堕胎时经常打交道的还有女尼和稳婆。[2] 明清时期佛教界变得鱼龙混杂,"或为打劫事露而为僧者,或牢狱脱逃而为僧者,或悖逆父母而为僧者,或妻子斗气而为僧者,或负债无还而为僧者,或衣食所窘而为僧者,或妻为僧而戴发者,或父为僧而妻戴发者,谓之双修。或夫妻削发而共住庵庙,称为主持者,……以至奸盗诈伪,持艺百工,皆有僧在焉"[3]。一些不守清规戒律的女尼(晚明甚至有娼女为尼,称为"花尼")与人通奸,意外受孕为掩人耳目多会堕胎,有时还将药物售于求购的女众。

> 角刺茶,出徽州。土人二三月采茶时,兼采十大功劳叶,俗名老鼠刺,叶曰苦丁,和匀同炒焙成茶,货与尼庵,转售富家妇女,云妇女服之,终身不孕,为断产第一妙药也。[4]

女尼所做不轨之事,在社会上几乎人人皆知,这在《野叟曝言》、《禅真后史》等流行的小说中都有反映。"大凡堕胎绝孕,事虽一体,用药对绺不可雷同。比如女眷们为儿女多了要绝孕的,又有因产育艰难不愿保全的,也有那大小妒忌暗行损害的,还有偷情有孕打胎灭迹的"[5]。江湖郎中全伯通果然是老手,对不同情因的堕胎多有了解。如果前两种缘由尚可原谅外[6],后两种常饱受非议。上至帝王将相,下至黎民百姓常有堕胎之事,甚至南宋的昏庸皇帝度宗就受堕胎药的不良影响发育迟钝。据载"绍陵之在孕也,以其母贱,遂服堕胎之药,既而生子手足皆软弱,至七岁始能言"[7]。宫中各派势力的明争暗斗,往往使孕育中的胎儿成为牺牲品,甚至为防止有人做手脚而讳疾忌医。

---

[1] (明)李东阳撰,周寅宾校点:《李东阳集》卷十八《杂著、策问、颂表》"记女医",第614页。
[2] 稳婆虽为产妇接生,同时也参与倒卖婴孩,甚至直接实施溺婴行径。"即坐,索水,曳儿首倒入之。儿有健而跃且啼者,即力捺其首,而辗转其间,甚苦,母氏或汪然泪下。有倾,儿无声,撩之不动,始置。起整衣,索酒食财货,扬扬而去。"陈寿祺等撰《福建通志》卷五五《风俗》,台北:华文出版社,1968年,第1130页。
[3] (明)湛然圆澄:《慨古录》,《卍新纂续藏经》第65册,东京:国书刊行会,1975—1989年,No.1285。
[4] 赵学敏:《本草纲目拾遗》卷六《木部》,台北:宏业书局,1985年,第258页。
[5] (明)清溪道人编:《禅真后史》第十八回《全伯通巧处生情 郁院君梦中显圣》,上海:上海古籍出版社,1996年,第98页。
[6] 如(明)祁彪佳、王思任:《甲乙日历》(下)"乙酉岁正月"条:"十二日,吴今生、沈君牧看雪远阁,甚快。晚,悬灯梅花树上,雪光共月光相映。酣酣梅花船,乃作别。是日,内子堕胎,予甚以为虑。"("台湾文献史料丛刊"第6辑,台北:大通书局,1987年,第89页)
[7] (宋)周密撰,吴企明点校:《癸辛杂识·续集下》"绍陵初诞"条,北京:中华书局,1988年,第190页。

    仁宗在东宫时,妃张氏经期不至者十月,众医以妊身贺。寅独谓不然,出言病状。妃遥闻之曰:"医言甚当,有此人何不令早视我。"及疏方,乃破血剂。东宫怒,不用。数日病益甚,命寅再视,疏方如前。妃令进药,而东宫虑堕胎,械寅以待。已而血大下,病旋愈。当寅之被系也,阍门惶怖曰:"是殆磔死。"既三日,红仗前导还邸舍,赏赐甚厚。①

  除后宫争风吃醋谋害胎儿外,通奸造成的意外受孕也是茶余饭后的重要谈资。清代大学士纪昀在其随笔小说《阅微草堂笔记》中记载一则某医生拒绝给通奸受孕妇人堕胎药物致使新生儿被杀妇人自缢自己也受因果报应入地狱的故事。② 不过,陈玉女也认为,"对于记录堕胎知识如佛教医书,或贩售相关药物如僧尼等,实不能尽以偏颇之见给予论断。堕胎药为不轨之妇与女尼所需之说,纵有部分事实,然亦不失其刻意形塑僧尼负面形象之嫌。故刘昼、荀济、陈自明、稳婆范氏、蓝鼎元等人,对于僧尼堕胎杀子的一脉相承之见,虽然言之有据,亦有一隅之失"③。

 (二)客死他乡:民生维艰的无奈

  中国古代特别讲究乡土观念,老子将之概括为"民重死而不远徙"。《礼记·曲礼下》记曰:"国君去其国,止之曰:'奈何去社稷也?'大夫曰:'奈何去宗庙也?'士曰:'奈何去坟墓也?'④"对位居社会上层的国君、大夫、士来说,需要讲究与其社会身份相符合的礼乐制度,自然不能轻易"去其国""去社稷""去坟墓"。上行下效,民间百姓也不自觉地形成了安土重迁的观念,视出门远行为畏途。不得已出门时还举行特殊仪式⑤,这种恋土情结基于古代灵魂转世的基础。⑥ 早在唐时上至宫廷贵胄,下至黎民百姓就已经为政治斗争中的死难、疆场战死、尸骨无着等非正常死亡者举行招魂仪式⑦,甚至先秦时期杞梁妻孟姜女一变而为招魂祭祀的主持人⑧,这些死难者相当部分都客死他乡。另外,随着宋元后科举兴盛,及第授官的士子们和四处漂泊的商人也举行此种仪式。

 1. 科举士子:年年岁岁花相似,岁岁年年人不同

  明清时期的科举制度非常完备,需要一个长期、艰辛的备考、赶考、应试过程⑨,赶考途中的艰险程度令后世惊愕。清前期湖南士子在湖北武昌参加会试,乘船渡洞庭湖时遇到大

---

 ① (清)张廷玉等撰:《明史》卷二九九列传第一八七《方技·盛寅》,北京:中华书局,1974年,第7646—7647页。
 ② (清)纪昀:《阅微草堂笔记》卷九《如是我闻》(三),上海:上海古籍出版社,2005年,第200页。
 ③ 陈玉女:《明代的佛教与社会》,第299页。
 ④ 李学勤主编:《十三经注疏》,《礼记正义》卷四《曲礼下第二》,北京:北京大学出版社,1999年,第121页。
 ⑤ 余欣:《禁忌、仪式与法术:敦煌文献所见中古时代出行信仰之研究》,载荣新江主编《唐代宗教信仰与社会》,上海:上海辞书出版社2003年,第296—358页。
 ⑥ 何长文:《中国古代恋土情结的宗教审视》,《世界宗教研究》2000年第3期,第92—99页。
 ⑦ 招魂葬是中国古老葬俗的一种,早在唐代时期就已经非常流行,通常由宫廷、民间为政治斗争中的死难者、阵亡将士、死后尸骨无着者等非正常死亡者举行招魂葬。形式有三种:以死者或其配偶衣物招魂;将茅草捆扎或纸剪成死者形象招魂安葬;在水边将溺死者衣履招魂而葬,这种现象与社会的动荡、唐人的灵魂观念以及夫妻合葬的习俗息息相关。详见马格侠:《唐代招魂葬习俗及其原因解析》,《燕山大学学报》2012年第1期,第108—117页。
 ⑧ 吴真:《敦煌孟姜女变文与招魂祭祀》,《北京大学学报》2012年第1期,第136—142页。
 ⑨ 明清时期士子参加科举的过程非常复杂,详见刘小庆:《清代士子科举考试活动研究》,华中师范大学硕士学位论文,2012年,第16—37页。

风等恶劣天气常有翻船溺亡事件,挫败湖南士子积极性。雍正时两湖分闱,"俾士子就近入场,永不阻隔之虞共遂观光之愿"①。另外,台湾士子考试地点在福建,更须渡过波浪滚滚危机四伏的海峡,常有溺亡事件发生。在清人笔记中发现了两条切身体验的资料:

  1.康熙三十八年七月初十,同法叔启程,共带王百详担行李。是日,二人俱轿送至溪口。再雇船至杭州,又乘船至丹阳,然后下船骑驴陆行,七月二十九日进入南京城,是科,予进一场,场内即发病,勉强了事,后病渐成疟,二三场遂坚不应焉……上科予同荣弟、濂叔从陆路到省,不料至下方,离家才五日,濂叔即得病,日渐重,予二人服侍汤药,日夜不安,至八月初六日不幸,予二人心魄俱失,不欲进场矣。②

  2."常廑帝乡之怀,欲往而中止者数矣。去冬,气冲病发,新年转剧,默坐四十余日,乃瘳。会内弟宋麟、桓重来结伴,遂欣然允之。舟中谈谐甚畅,未见所苦。抵济宁,舍舟从陆,气益蒸炎,弱不受秽。至东平,渐渐眩顿,见食欲呕矣。宋麟假道临清,临别黯然。将逾梁山,病发市中,自度前途尚远,不堪颠顿,幸桓重古谊,伴送予归。一月之间,两渡江河,生死迁变,不惟自累,并以累桓。嗟乎,何遇之穷也!既归,取前历试诸艰,缀《阮途志历》二卷,题词其后。自此绝意名场矣。③

  两位赶考士子在路上就病得一塌糊涂,遂"绝意名场"。不过,对大多数人来说,这种艰辛还可忍耐,期盼中的蟾宫折桂,足可使羸弱的身体"一日看尽长安花"。但及第者毕竟了了,承受不了打击,再加上长期备考的辛劳,甚至一命呜呼者众矣。

2. 行商坐贾:商人重利轻别离

明中叶以后随着社会经济的发展,士农工商的传统社会结构发生了很大变化,商人作为一股新型力量登上了历史舞台。晋商和徽商是活跃的两大商帮,甚至被称为"双子星座"④。明人谢肇淛在其著作《五杂组(俎)》中称:"富室之称雄者,江南则推新安,江北则推山右。新安大贾,鱼盐为业,藏镪有至百万者,其它二三十万则中贾耳。山右或盐,或丝,或转贩,或窖粟,其富甚于新安。新安奢而山右俭也。然新安人衣食亦甚菲啬,薄糜盐齑,欣然一饱矣。惟娶妾、宿妓、争讼则挥金如土"⑤。在"双子星座"晋商、徽商光鲜的背后同样是无尽酸楚与惆怅,毕竟背井离乡的滋味怎能好受。这在以普通百姓为阅读目标的小说、日用类书有明确反映:

  人生最苦为行商,抛妻弃子离家乡。飧风宿水多劳役,披星戴月时奔忙。水陆风波殊未稳,陆程鸡犬惊安寝。平生豪气顿消磨,歌不发声酒不饮。少资利薄多资累,匹

---

① 《大清世宗宪皇帝实录》卷九"雍正元年七月丙午"条,台北:华文书局,1964年,第155页。
② (清)詹元相:《畏斋日记》,北京:中华书局,1983年,第185—188页。
③ (清)龚炜:《巢林笔谈》卷四《赴考》,北京:中华书局,1981年,第104页。
④ 王世华:《双子星座:徽商、晋商比较研究》,《安徽师范大学学报》2005年第6期,第634—642页。
⑤ (明)谢肇淛:《五杂组(俎)》卷四"地部二",上海:上海书店出版社,2001年,第74页。

夫怀璧将为罪。偶然小恙卧床帏,乡关万里书谁寄?一年三载不回程,梦魂颠倒妻孥惊。灯花忽报行人至,阖门相庆如更生。男儿远游虽得意,不如骨肉长相聚。请看江上信天翁,拙守何曾阙生计。①

另外,明代兴起具有实用性的日常指导书《新刻天下四民便览三台万用正宗》也有很多篇幅涉及商人外出的辛劳:

> 至于客途艰苦,亦当具布其言。巴蜀山川险阻,更防出没之苗蛮;山东陆路平夷,犹慎凶强之响马;山西、陕西崎岖之路,辽东、口外凶险之方;黄河有溜洪之险,闽广有峻岭之艰,两广有食蛊之毒,又兼瘴气之灾;陆路有吊白之徒,船中多暗谋之故;浙路上江西亦多辛苦,中原到云贵多少颠危;长江有风波盗贼之忧,湖泊有风水渔船之患;川河愁水势涌来,又恐不常之变;闸河怕官军之阻,更兼走溜之忧。矿贼当方有之,盐徒各处难静。荆州到四川,生而拼死;胶州收六套,死里逃生。为名者,君命难违;为利者,财心肯息?已上乃明知而故为也。又有可避之不虞,却要人心之准备。②

能成为位埒王侯的富商大贾毕竟只是少数,绝大部分只能够勉强糊口,甚至很多人折了本,无颜面对江东父老,或遭遇劫匪,或重病不起,落得客死他乡下场。这在明清时期晋商、徽商的记载中一缕不绝。有关晋商如"王氏,潞州人,翁志,夫景俱客死郸县。王年才二十四,闻讣几痛绝,觅人归二丧"③;"贾氏,长治人,王世光妻,世光商于燕,客死。贾年二十四岁,遗孤进履,甫二龄,卒抚以有成,孀居四十八年,以寿终"④;侯懋功妻贾氏"婚八月,懋功商于外,四载,客死云中。棺归即饮毒,姑救之,泣辞曰:'无庸。从夫就穴足矣。'"⑤晋商的游商传统迄于民国而不绝,"据民国《太谷县志》、《交城县志》等记载,仅清末太谷县就有十位节烈妇女,丈夫出外经商客死他乡"⑥。为了妥善安置客死他乡的同乡,山陕商人修建的同乡会馆有专门用于埋葬无主遗体的"义院"⑦。

相比神州甲富晋商,"衣食甚菲啬,薄糜盐齑",只求"欣然一饱"的徽商更不容易,"十三四岁,往外一丢",外出路上处处凶险,甚至刚走出家门就遭毒手,据万历《歙志·杂记》卷一记载大理寺张芝曾审判船夫谋杀二官人并嫁祸其妻的奇案⑧。徽州当地有"一世夫妻

---

① (明)冯梦龙:《喻世明言》第十八卷《杨八老越国奇逢》,海口:海南出版社,1993年,第195页。
② (明)余象斗编:《新刻天下四民便览三台万用正宗》卷二十一《商旅门·客途》,影印明刻本,[日]酒井忠夫监修,小川阳一编:《中国日用类书集成》第4卷,日本汲古书院,2000年。
③ (清)杨晙修,李中白、周再勋纂:顺治《潞安府志》卷十三《人物九·壶关县条》,北京:中华书局,2002年,第311页。
④ 同上。
⑤ (清)王谋文纂修:乾隆《介休县志》卷十一《列女传》,《中国地方志集成·山西府县志辑24》,南京:凤凰出版社,2005年,第466页。
⑥ 高春平:《论明清时期晋中的中小商人》,《晋阳学刊》2005年第2期,第32页。
⑦ 张少婷:《清代山西会馆慈善业研究》,西北师范大学硕士学位论文,2012年,第26页。
⑧ 自王振忠《万历〈歙志〉所见明代商人、商业与徽州社会》,上海社会科学院编《传统中国研究辑刊》第5辑,上海:上海人民出版社,2008年,第299页。

三年半"的俗语,意为徽商由于常年在外奔波忙碌,很少在家照顾妻儿,一辈子夫妻团聚只有短短三年半时间。这在当地流传的诗歌及故事中可窥其一二:

闺中怀望

斜阳只挂树梢头,游子归家是暮秋。堂上椿萱鬓渐白,一翻欢喜一翻忧。
远归滋味胜新婚,欲语无言笑视频。待诉离情儿又醒,问娘房内是何人。①

由于常年在外,回到家里连孩子都已不识。更有甚者,二三十年物是人非,阴阳两隔。另外,徽州歙县还流传"纪岁珠"故事:

《纪岁珠》诗,自注云:'乡邻某,娶妇甫一月,即行贾。妇刺绣易食,以其余积,岁置一珠,用彩丝系焉,曰纪岁珠。夫归,妇殁已三载,启箧得珠,已积二十余颗矣。诗云:'鸳鸯鸂鶒凫雁鹄,柔荑惯绣双双逐。几度抛针背人哭,一岁眼泪成一珠。莫爱珠多眼易枯,小时绣得合欢被。线断重缘结未解,珠垒垒,天涯归未归'。②

其实,远在异乡的游子又何尝不思念亲人? 明代徽州诗人郑宜述的短诗《除夕》就透漏着一位思乡游子的情愫:"除夕愁难破,还家梦转频。十年江海客,孤馆别离人。残漏听还尽,寒灯坐愈亲。梅花满南国,谁寄一枝春。"③由于常年在外,一些事业发达却耐不住寂寞的徽商也会青楼狎妓,甚至在外娶妾生子,组建新家庭。④ 当然,也有情深意笃的徽商在妻子死后不复再娶。据《休宁名族志》记载:

吴天衢,字□□,伯月、父郎,并有族望,世居北郭。初业制举,屡试郡邑弗售,乃弃儒而商。周流湖海数载,未克展志,遂远游百粤,寓于昭潭,以信义交易,运筹数载,贾业大振,遂称素封。配曹氏为曹仪部犹女也,克尽孝养,以贤妇称。忽先朝露,讣问,衢一恸几绝,设位遥奠,哭甚哀,闻者皆涕下。时年三十余,遂誓终身不复娶,生平色不逾二。或劝之续者,谢曰:"人非木石,岂不思偶? 但不忍负此糟糠耳!"竟鳏处卒老,客殁于粤。⑤

徽州人即便客死在外,也要落叶归根,恰如歙西一首《歙西竹枝词》所言:"迎柩还乡事

---

① 王振忠:《徽州社会文化史探微——新发现的16—20世纪民间档案文书研究》,上海:上海社会科学院出版社,2002年,第383页。
② 许承尧撰,李明回、彭超、张爱琴校点,诸伟奇审订:《歙事闲谭》卷十二《沈归愚评歙诗人》,合肥:黄山书社,2001年,第396—397页。
③ 许承尧撰,李明回、彭超、张爱琴校点,诸伟奇审订:《歙事闲谭》卷十二《沈归愚评歙诗人》,第774页。
④ 这种家庭外地新娶的妾虽没有明媒正娶妻子的法律地位,但由于二者几乎没有见面的可能,妾在居住地与妻无异,称为"两头大"家庭。这种现象在明清世俗小说里经常见到。可参看焦存超:《明清徽商"两头大"家庭研究》,中南民族大学硕士学位论文,2012年。
⑤ (明)曹嗣轩编撰,胡中生、王夔点校,周伟元审订:《休宁名族志》卷三《吴·义夫》,合肥:黄山书社,2007年,第412页。

可夸,素车白马羡豪华。沿途设祭多亲旧,同姓人人戴孝麻。"①

三 结　论

目前,学术界对社会文化史的研究方兴未艾,本文以近些年渐被学界所知(甘肃省民乐县博物馆藏水陆图像尚未大规模公开)的水陆图像与北水陆法会修斋仪轨《天地冥阳水陆仪文》为基本材料,借鉴台湾明清社会文化史研究大家陈玉女教授的研究方法和思路,试图构建明清时期具有"神圣性"的水陆图像与"世俗性"的社会生活之间的关系。"堕胎落孕""客死他乡"作为非正常死亡的无主孤魂众代表,在民间修设水陆法会中是被超度的对象,其为世俗社会里真实状况的再现。

明清时期尤其是晚明时期人欲横流,狎妓成风,社会腐化,堕胎落孕成为常见的社会现象。因男女大防观念的固化,男性医生逐渐排斥出女性患者求诊范围之外,尤其是在直接涉及女性身体私处的堕胎、生产时候。相反,医疗知识浅薄但略知堕胎药性的不轨女尼、医婆等"三姑六婆"群体因其性别的天然优势而成为她们的首选。但掌握话语权的文人士大夫对其严加挞伐,规劝家中女眷严禁与之交往。此外,科举制度下的士子们也为蟾宫折桂而日夜辛劳,长距离赴考途中的艰险、应试落地的打击常常使他们倍感煎熬,有人为之郁郁而终。此时,随着社会商品经济的发展,尤其是明中叶以来商业逐渐兴盛,晋商和徽商成为诸多商帮中的"双子星座"。他们自小离乡,常年奔波在外,与家人少有团聚时间,甚至因病染疾而客死他乡。作为一次图像与文本、图像与历史结合的尝试,希望得到诸位学界方家的鼓励和肯定。

作者简介:杨冰华,陕西师范大学历史文化学院博士研究生。

---

① 王振忠:《日出而作·葬在徽州》,北京:生活·读书·新知三联书店,2010年,第270页。

【清代社会新探】

清代京畿协同治理模式初探

——以顺天府四路同知为例*

王洪兵

【摘　要】 清代重视京畿行政体制建设,并根据国家治理的需要,不断调整改革。顺天府为清代京畿治理的主体,京畿附近州县在行政区划上直属顺天府,兼属直隶省,实行顺天府与直隶总督双重兼管、协同治理的体制。为了适应这一多元共治的治理模式,清王朝在京畿又设置四路同知,以加强顺天府、直隶总督的协调沟通,并在漫长的治理实践中不断调整,逐渐赋予其治安、刑名、钱谷等各项职能。四路同知体制的改革贯穿整个清代,其设置以及变迁历程折射出清代京畿治理过程中最高统治者、顺天府与直隶总督的相互博弈关系。四路同知作为清代京畿协同治理模式探索的产物之一,为近代以来京津冀地区的行政体制改革提供了重要的历史借鉴。

【关键词】 清代;京畿;顺天府;四路同知;多元共治

中国历代王朝均重视京畿地方行政制度建设,在都城设置特别行政机构,管理京畿事务,以重畿甸之治理。顺天府体制始于明代,明成祖朱棣以燕王夺取帝位,登基之后营建北京,改北平府为顺天府。永乐六年(1408),顺天府仿应天府体制,设置府尹、府丞,佐以治中、通判、推官。① 永乐十九年(1421),明王朝正式迁都北京,以顺天府管辖大兴、宛平二京县以及京师周边地区。② 清初继承明制,在京师设置顺天府,定为"京堂衙门",设府尹一员,秩正三品。③ 清代会典和各类典章多将顺天府列为中央机构,不同意见者则认为:"顺天府虽在京师之中,而其性质亦不过为地方政府之一部分耳。盖顺天府仅能司一府中之事,而不能理及全国之政权,仅顺天府中之官民受其处分、管理、监督,而他出之官民则不受其处置、管理、监督也。是以顺天府者实系地方政府而断非中央政府也"④。朝野上下对顺天府的不同印象,反映了顺天府行政体制的特殊性和复杂性,导致世人对其认识模糊不清。

清代顺天府职责主要包括:"掌京畿治理,凡田赋出纳之政以时勾稽,会直隶总督而上

---

* 本文系 2014 年度国家社科基金一般项目"青苗会与近代华北乡村社会变迁研究"(项目编号:14BZS049)的阶段性成果。

① 万历《顺天府志》卷四《政事志》,万历二十一年刊本,第2—10页。
② 正德《明会典》卷一百七十《顺天府》,正德六年司礼监刊白口本,第4页。
③ 康熙《畿辅通志》卷十六《职官·顺天府》,康熙二十二年刻本,第48页。
④ 潘序伦:"顺天府非中央政府说",《浦东中学校杂志》1910年第2期,第23—24页。

其要于户部,凡师行则主和雇民车,岁以立春前一日率僚属迎春东郊,遂进春于宫门,退而颁春于民间以劝东作……雍正元年以来以部院大臣兼管府事,皆由特简,无定员"①。清代顺天府在行政区划上隶属于直隶省,但是因为其地处京师,行政体制与外府迥异,"顺天府特设府尹,职分较崇,原不同于直省知府"②。清代,直隶省统辖包括顺天府在内十一府六直隶州,但是顺天府州县与直隶之间的关系却比较微妙,顺属州县"统于顺天府尹,并属布政司,而以霸昌、通永二道分辖"③。因此,包括霸昌、通永道、四路同知及所属州县要接受"直督及顺天府尹两层节制"④。因为要接受顺天府、直隶总督双重兼管,凡四路同知重要事务须同时向顺天府、直隶备案,例如光绪二十八年(1902)八月二十一日,署东路同知古铭猷前往武清县会同办理赈灾公出,该同知在八月二十日分别向直隶总督和顺天府尹申报公出,据申文称:"卑厅定于本年八月二十一日公出……所有公出日期拟合具文申报宪台查核,除径报督宪外,为此备由具申。"⑤清代曾有歌谣这样描述顺天府行政体制:"六州廿一县,通受京府驭。府尹秩二品,权能专奏章。大事会总督,职衔达帝闻。中国之经度,依府为中线",从中可以窥见顺天府在京畿治理中的特殊性。⑥

顺天府与所属州县之间的行政关系,与外省之府县行政关系有较大差异。民国时期,曾有人专门描述清代顺天府行政体制的特殊性:"府尹系京堂,与督抚平行。外部系道之属员,而顺天区内之通永道、霸昌道则为府尹之属员(即与区外之各道亦是宪属体制)。故府县之间不能不有承上监下之机关,但顺天府既以府辖县,又不便另设属府,故以同知代表府级。外府同知为府之佐贰,此四路同知则为府之属员,且为府尹的属员之属员,因通永、昌霸各道又是他们的上司也。"⑦四路同知的设置主要是考虑到顺天府作为帝都之府,应当尊崇其体制,尤其是便于应对京畿治理过程中京师、顺天府与直隶之间关系而设立的特别行政建置。清末来华传教士卫三畏亦曾注意到顺天府四路同知的特殊性,他描述道:"省内主要行政区顺天府,面积大而且重要,包括帝都在内,分为四路,各路由一个副长官掌管,隶属一名住在北京的长官"⑧。关于顺天府与四路同知的关系,道光十五年(1835),新任顺天府尹蔡世松在谢恩折中指出:"顺天府为畿辅重地,府尹管辖四路同知,有整饬地方之责。"⑨通过蔡世松的描述,可以看到四路同知在京畿治理过程中扮演了重要角色。顺天府四路同知作为清代京畿地区治理的重要行政设置,鲜有学者论及,更未有专门的研究成果。为了更好地适应京畿治理的需要,清王朝自定鼎伊始就不断探索、调整京畿行政体制,这一探索过程贯穿整个清代,其中既有成功的经验,也存在着严重的弊端。本文拟从四路同知的设置、历史沿革、行政职能,四路同知与直隶总督、顺天府关系演变等角度,考察清王朝探索京

---

① 永瑢:《钦定历代职官表》卷三十二《顺天府》,光绪二十二年广雅书局校刊本,第4页。
② 北京政治官报局:《政治官报》(第16册),台北:文海出版社,1965年影印本,第473—475页。
③ 雍正《畿辅通志》卷十三《建置沿革》,雍正十三年刻本,第12—17页。
④ "中外近事·接印有期",《大公报》1903年7月8日。
⑤ 中国第一历史档案馆藏《顺天府档案》,档号:23-027,光绪二十八年八月二十日,南路同知古铭猷申文。本文所引"军机处录副奏折""朱批奏折""史科题本""顺天府档案"均藏中国第一历史档案馆,下同,不再标注。
⑥ "直省府厅州县方名歌",《蒙学报》1898年第9期,第23页。
⑦ "宛平县与顺天府",《南北(北平)》,1946年第2卷第5期,第4页。
⑧ 卫三畏:《中国总论》(上),陈俱等译校,上海:上海古籍出版社,2005年,第42页。
⑨ 《军机处录副奏折》,档号:03-48-2636-016,道光十五年二月二十三日,顺天府尹蔡世松奏折。

畿社会多元共治模式的途径及其效果。

一 四路同知的设置

清初,顺天府仅直辖大兴、宛平二县,康熙十五年(1676)以附近京师二十五州县并入顺天府,"设东、西、南、北四路同知以分领之,皆兼统于直隶总督"①。清代知府品级,清初定为正四品,乾隆十八年(1753)改定从四品,同知为知府佐贰,正五品。②清代各府同知无定员,职责不一,"府或一二人或三四人,分理督粮、捕盗、海防、江防、清军、理事、抚苗、水利诸务,量地置员,事简之府不设"③。顺天府四路同知因为地处京畿,与外府同知迥异,实际上相当于知府体制,例如,清代地方官员有回避之例,"道府大员遇有外姻、亲属同在一省为同知、通判、州县等官者,虽非其所辖属,俱令官小者回避",乾隆三十九年(1774),直隶总督周元理在调查直隶应当循例回避官员时发现,"顺天府北路同知王裕铨与天津府知府黄立隆系儿女姻亲",按例王裕铨应当回避,但是经总督周元理慎重考虑,似觉不妥,他指出"王裕铨系北路同知,管辖一州四县,一切刑钱事件均归该同知核转,责任与知府无异",明显不同于外府同知,因此周元理建议"毋庸回避"④。此案亦反映出四路同知在京畿治理过程中的特殊性。

顺天府四路同知的设置始于康熙二十七年(1688),"其时近京地面响马巨盗劫掠频闻,是以专设四路捕盗同知,责令带兵缉捕,兵丁亦予以马力,俾可周历穷追"⑤。康熙二十七年三月,清王朝裁真定总兵,为加强京师周边地区的综合治理,该年六月,直隶巡抚于成龙奏请设置四路同知,据于成龙奏称:"顺天府属之通州、卢沟桥、黄村、沙河旧设有捕盗同知四员,但地方辽阔,难以周遍。今奉裁真定总兵员缺,其镇标官兵见议裁并。请分拨千总一员、把总一员、马步兵一百名,归捕盗同知管辖,以供指使。"⑥四路同知按京师的四个方位驻守,"东路驻通州,南路驻黄村,西路驻卢沟桥,北路驻沙河"⑦。四路同知驻扎处所均为出入京师要道,因此被视为"甸服之屏障"⑧。

四路同知作为京畿治理的重要一环,分辖顺天府州县不等。清初,四路同知各有所辖,

---

① 永瑢:《钦定历代职官表》卷三十二《顺天府》,第5—6页。
② 郭松义、李新达、杨珍著:《中国政治制度通史·清代》(第十卷),北京:社会科学文献出版社,2011年,第420页。关于明清时期同知的设置及其演变情况,参见真水康树:《清代"直隶厅"与"散厅"的"定制"化及其明代起源》,《北京大学学报》(哲社版)1996年第3期;胡恒:《厅制起源及其在清代的演变》,《文史》2013年第2期;金如委:《清代政区"厅"探析》,《历史教学》2018年第16期。
③ 乾隆《大清会典》卷四《吏部·官制四·外官》,《文渊阁四库全书》(第619册),台北:台湾商务印书馆,1983年,第59页。
④ 台北故宫博物院藏:《宫中档乾隆朝奏折》,档号:403029726,乾隆三十九年九月初一日,直隶总督周元理奏折。本文所引"宫中档""军机处档折件"均藏于台北故宫博物院,下同,不再标注。
⑤ 那彦成:《那文毅公奏议》卷六十九《二任直隶总督奏议》,道光十四年刻本,第35—38页。
⑥ 《圣祖仁皇帝实录》卷一百三十五,康熙二十七年六月癸卯,《清实录》(第5册),北京:中华书局影印,1985年,第469页。
⑦ 洪亮吉:《乾隆府厅州县图志》卷一《京师·顺天府》,嘉庆八年刻本,第3页。
⑧ 光绪《顺天府志》卷二十二《地理志四·治所》,光绪十二年刊本,第5页。

"西路厅属大兴京县、宛平京县二,良乡、房山二县;东路厅属香河、三河、武清、宝坻、宁河五县;南路厅属固安、永清、东安、文安、保定六县;北路厅属顺义、密云、怀柔、平谷四县"①,到清末,根据京畿治理的需要,四路同知所辖州县略有调整。

东路同知,原称"东路捕盗永平府同知",驻地在通州新城内草场南,雍正六年以通州、三河、武清、宝坻、蓟州、大兴、香河、宁河八州县刑名事件归东路同知审转。乾隆十九年(1754)以八州县钱谷事件亦由东路厅核转。后因西路厅管辖州县较少,将大兴县钱谷事件改归西路厅核转,但是大兴县刑名事件附近东路村庄者仍归属东路厅审转,原关防"永平府通潞捕盗同知关防"于乾隆二十四年改为"顺天府东路刑钱捕盗同知关防",并于乾隆二十六年(1761)颁发开用。② 顺天府东路同知在顺天府属治理体制中占有重要位置,该同知"分辖通州、三河、武清、宝坻、蓟州、香河、宁河等七州县"③,"职司捕务,督率千把、马步官兵,昼夜游巡"④,"缉捕逃盗,所属州县一切刑钱等案照例核转,系冲繁难三项要缺"⑤,至清末,东路同知又新增"河工、漕运"事务⑥,由此东路同知职权范围涉及地方事务的各个方面,"职司捕务及河工、漕运,及审转所属一切刑钱案件",职责更加殷繁。⑦

西路同知,原称"西路捕盗保定府同知",驻宛平县卢沟桥,是冲、繁、难三项京畿要缺,"管理大兴、宛平、涿州、房山、良乡五州县一切刑钱缉捕事宜"⑧。西路同知虽然管辖州县较少,但是因为与京师最为切近,事务最为殷繁,"自大兴与宛平取决京尹外,若良乡、涿州车骑冠盖暨鸡狗诟谇之事无不问"⑨。乾隆三十四年(1769),据直隶总督杨廷璋称,"西路地方,路当京南首冲,分辖涿州等州县,有表率之责,督率弁兵,昼夜游巡缉拿逃盗,兼有协缉城属之责,所属州县刑钱案件俱由该同知核转,责任綦重"⑩。

南路同知,原称"南路捕盗河间府同知",驻右安门外三十五里大兴县黄村,系冲、繁、难三项相兼京畿要缺,至清末管辖霸州、保定、文安、固安、永清、东安、大城七州县,"所属霸州等七州县民风刁健,盗贼繁多,缉捕之责较东、西、北三路尤关紧要"⑪。南路同知是治理相对较难之区,顺天府衙门亦将之作为治理难点,加强监管力度。

北路同知,原称"北路捕盗保定府同知",驻扎昌平州南二十里巩华城,为冲繁难三项

---

① 嘉庆《钦定大清会典事例》卷二十六《吏部·官制·各省知县等官一》,沈云龙主编:《近代中国史料丛刊三编》(第70辑),台北:文海出版社,1992年,第1097—1098页。
② 光绪《通州志》卷六《官师志·东路同知官阶》,光绪九年刻本,第10页。
③ 《军机处录副奏折》,档号:03-46-2537-040,道光三年六月二十八日,吏部尚书兼管顺天府尹事务卢荫溥、府尹申启贤奏折。
④ 台北"中研院"历史语言研究所藏:《清代内阁大库档案》,档号:016774,嘉庆二十五年二月初五日,顺天府兼尹刘镮之、府尹汪如渊奏副。本文所引"清代内阁大库档案"藏于台北"中研院史语所",下同,不再标注。
⑤ 《军机处录副奏折》,档号:03-28-1590-035,嘉庆二十五年二月初五日,顺天府兼尹刘镮之、府尹汪如渊奏折。
⑥ 《军机处录副奏折》,档号:03-99-5338-105,光绪二十二年二月十九日,工部尚书兼管顺天府尹事务孙家鼐、府尹陈彝奏折。
⑦ 《军机处档折件》,档号:131388,光绪二十年三月十九日,兼管顺天府尹事务孙家鼐奏折。
⑧ 《军机处录副奏折》,档号:03-48-2700-072,道光二十年十一月二十四日,吏部尚书兼管顺天府尹事务卓秉恬、府尹曾望颜奏折。
⑨ 吴省钦:《白华后稿》卷二十五《殡表殡志·诰授奉政大夫顺天府西路同知黄君殡志》,嘉庆十五年刻本,第4页。
⑩ 《军机处档折件》,档号:010987,乾隆三十四年十一月初六日,直隶总督杨廷璋奏折。
⑪ 《军机处录副奏折》,档号:03-28-1584-033,嘉庆二十四年六月二十五日,顺天府兼尹刘镮之、府尹汪如渊奏折。

相兼,管辖昌平、顺义、怀柔、密云、平谷五州县,有督率缉捕、审转刑名、经管钱粮之责。①

二 京畿治理与四路同知职能的演变

顺天府四路同知设立之后,逐渐成为清王朝实施京畿地区治理的重要行政设置,其职权随着京畿治理的实践以及顺天府、直隶总督行政关系的演变而不断发生变化。康熙二十七年(1688)设立之初,四路同知的主要职责是协助维护京畿周边地区的社会治安,"捕盗"是其专责;雍正六年(1728),随着京畿社会治安形势的逐渐好转,为了更好地发挥四路同知在顺天府与直隶省之间的协同治理作用,清王朝又赋予其"刑名"之权责;乾隆十九年(1755),为了加强对京畿附近州县事务的综合治理效率,进一步推进顺天府与直隶总督的协同管理,又授予其兼管"钱粮"的权力。

（一）四路同知与京畿"捕盗"

最初,顺天府四路同知的主要职责是缉捕盗贼,因此管辖顺天捕盗弁兵,"设有千把、外委各一员,分领飞虎兵九十名,专司捕盗,统归各该同知管辖。内东南两路同知各辖七属,西北两路同知各辖五属,该弁即随该厅所辖地面分赍缉捕"②。为了维护京畿周边地区社会治安,四路同知每年都要定期到所属各州县检查与社会治安密切相关的事务,例如,光绪二十八年(1902)十月,代理北路同知吴瀹向顺天府呈报公出事由:"卑厅赴所属抽查保甲、更棚、窝铺、十家牌事宜,今于十月二十一日公出。"③除负责维持顺天府属州县社会治安外,四路同知还有协助五城维护京师治安的责任,定例:"四路同知协同五城地方官缉拿盗贼,若五城地方失事,将该路同知每案罚俸一年。"④四路同知的捕盗职责更重于外府同知,"外省同知、通判有捕盗之责者不过令其督捕,非若四路同知之令其踩缉勾捕也。四路同知因系畿辅重地特设,并设有该管兵丁番役,处分较外省督捕厅员甚严,未可同日而语。故外省同知、通判衙门从未设有捕役,责令协捕"⑤。在清代,四路同知的捕盗职能随着时局和治安形势的变化而不断调整,大致上经历了一个初期强化、中期弱化、后期强化的过程。

四路同知的设置即源于康熙朝前期京畿社会治安的严峻形势,随着康熙朝中后期社会治安的好转,四路同知的捕盗职能逐渐弱化。雍正年间,巡察顺天府等府御史黄祐建议将四路捕盗同知所辖兵丁交归绿营管理,直隶总督李卫认为此议不妥,并就四路同知设置的必要性与黄祐展开辩论。李卫指出四路捕盗同知"设立之时,正值盗风甚炽之际",经御史德珠等条奏,由九卿会议题覆,又经直隶总督于成龙奏陈,再经廷议,才最终确定设立四路捕盗同知,"凡经历四次详议而后设此官守,又经三次题请而后定此兵额",四路捕盗同知的设置大费周折,不可轻言裁革。

---

① 《朱批奏折》,档号:04－01－0229－039,乾隆二十四年十一月十九日,直隶布政使三宝奏折。
② 《朱批奏折》,档号:04－01－12－0305－011,嘉庆十八年十一月十八日,兵部尚书兼管顺天府尹事务刘镮之、顺天府尹费锡章奏折。
③ 《顺天府档案》,档号:23－056,光绪二十八年十月二十一日,代理北路同知吴瀹呈文。
④ 《则例便览》卷三十九《盗贼下·四路同知协缉》,乾隆五十六年刻本,第2页。
⑤ 雍正《河南通志》卷七十六《艺文五·疏》,光绪二十八年刻本,第60页。

李卫认为四路捕盗同知是协同八旗、绿营、各州县等维持京畿治安不可或缺的重要因素。他指出："环京各邑虽设有八旗驻防,星罗棋布,但禁旅止资弹压,官兵掺练,而外地方匪盗均无责成。兼之各有五城及别邑所辖,犬牙相错,旗民杂居,影射藏奸,彼此掣肘。惟四路同知分辖二十六州县,督捕缉拿事权归一。且东路驻扎通州,运漕之粮艘汇集;西路驻扎卢沟,往来之商旅纷纭;他如南路之黄村,北路之沙河,或外府通衢,或军需要路,地处冲繁,逃旗奸宄易集,其不敢骤然进京者,多潜藏于城外。使无专司捕务之弁兵随同本官先时分散巡查,遇警互相追捕,而以数十州县之道路村庄俱责成于数名额设之捕役,欲期盗熄民安,实有鞭长莫及。况此四路同知之设原令共蹿缉勾擒,与外省厅员止司捕提比者有间。若尽去其爪牙,岂足供夫臂指"。因此李卫认为不能裁并四路同知及其所属兵丁。

黄祐则认为绿营可以取代四路捕盗兵丁,并且捕盗弁兵外出可能会扰民滋事。李卫则认为四路捕盗兵丁与绿营是互补的关系,可以弥补绿营之不足。他指出:"营汛防兵皆设于通衢大路,其四散村庄不能离汛游巡,惟四路弁兵平时分拨各州县,于远乡僻壤访缉巡查,遇有某县失事,即立限查拿,逾期严比。非因未曾分汛不为查比。若虑其滋事,不使远出,则与设兵之意相左。"

御史黄祐还认为捕盗四路同知兵丁缺乏训练,难以胜任捕盗事务。李卫指出,平日加强训练、严密督查即可解决问题,"兵丁固在操演技艺,而因事分设,如河兵防河、捕兵缉盗,各有专重。当其事务稍闲,未尝不加操练,但恐日久懈驰,应请严饬各该同知按期训练,臣就近常加督率,不时调验,使之弓马优娴,鸟枪纯熟,即可御盗缉凶,布阵列营。人数既少,尚非所急,未可因噎废食,遽行议裁"。通过辩论,李卫甚至认为四路弁兵不但不能裁撤,还要适当增加补充,"但兼辖既广,恐各同知一人耳目难周,应再于马战兵内考拔经制外委把总每路各一员,分任督缉,庶无偷安之弊"。李卫特别强调了四路同知在京畿治理过程中的重要意义,"四路同知所属州县近附神京,仰承辇毂,幅员甚广,管辖颇多,建威销萌,贵先声以昭护卫,诘奸捕盗,在呼吸以应事机,比之外省倍宜严肃。"因此李卫认为不能轻易将四路同知撤销,而是仍然遵循旧章,以之作为维护京畿社会秩序的重要力量。①

随着时代变迁,京畿社会治安状况的所好转,四路同知所辖弁兵历经调整,有逐渐减少削弱的趋势。道光七年(1827)二月十六日,直隶总督那彦成奏请裁减四路捕盗弁兵,添设捕役,那彦成指出,自从顺天府属州县刑钱案件归四路同知核转后,"地方事务较繁,责任又重于督缉,而各弁兵分列于二十四州县,远设汛防,该同知纵欲认真考察,亦苦于鞭长莫及",出于职责转换的需要,那彦成经过与顺天府商讨,建议将四路同知弁兵量为裁改,"将四路同知原设捕盗弁兵各存留把总一员例马二匹,经制外委一员,额设外委一员,各官马一匹,马兵二十名马二十匹,并留战兵十名,共马步官兵三十三员名,合之四路同知各额设马快十二名,步快八名,统计缉捕兵役五十三名。均责令该同知督率巡缉京营交界地面,以佐五城捕务所不及,弁兵勤惰由该同知随时查考,仍每季由通永、霸昌二道各就所辖考验一次,年终呈送顺天府府尹考验一次",经过调整后,四路同知弁兵"专司巡缉京营交界地面",治安管辖范围有所缩小,顺天府所属二十四州县缉捕事宜则由各州县官负责,"兵、捕

---

① 雍正《畿辅通志》卷九十四《艺文·疏·请留四路捕盗同知所辖兵丁疏》,雍正十三年刻本,第66—70页。

均有管束之官,不致有名无实,洵与近京捕务更为周密,并可节省银五千四百五十余两"。直隶、顺天府的提案最终经兵部、户部议准施行。① 四路同知治安范围收缩之后,顺天府各州县治安职能得到强化,顺天府各州县普遍添设捕役。

到同治、光绪年间,随着时局动荡,清王朝内外交困,京畿地方社会治安面临严重挑战。为了应对上述问题,顺天府四路同知的治安职能进一步加强。同治二年(1863),"以近畿马贼肆扰,请四路添设经制外委、额外外委各四员,兵四百名,连原设马步兵共六百名,把总四员,经制外委十二员,额外外委十二员,除官例马外,添设马三百匹,添备号衣、号帽、器械、军火,分哨巡缉。每哨兵二十名、队长二名、弁一名,择要分驻"。由此形成了东南北三路八哨、西路五哨、顺天府三哨弁兵驻扎的格局,经过上述调整后,京畿治安情况得到了一定程度的改善,顺天府"屡经破获巨匪"。同治十年(1871),京畿地区遭受了严重灾害,饥民遍地,社会治安再次遭遇巨大挑战,经顺天府奏请,再次调整四路同知设置,据顺天府奏报:"四路把总虽归各同知管辖,并无营员统摄,于营制亦未周全。拟请将臣衙门调驻之三哨弁兵仍令各回本营分派巡缉,以期周密。再于臣衙门添设中营一营,分为左中右三哨,共添设马步兵六十六名,把总一员,经制外委二员,额外外委一员,饬令管带。添设营千总一员,加守备衔,以为五营管领,近归治中考核管辖,以备调遣,并为各路策应,庶几声息相通,于捕务得有裨益。"② 至此,顺天府"捕盗营"体制形成,"捕盗营分东南西北中五营,中营归治中管辖,其余四营系四路同知管辖,分布各州县,专为弹压地面、缉捕盗贼及获解饷鞘人犯",五营官弁共一千五百人,马二十余匹。③

作为京畿地区的重要治安力量,每年窃盗易发时节,四路同知要组织捕盗营严密巡逻缉捕,光绪年间,顺天府尹周家楣每年都要督查四路同知的巡缉事务,据周家楣给四路同知的札文称:

> 本衙门所属四路厅设有捕盗营弁兵,专司缉捕,自应严密巡缉,以靖地方。现在时将入冬,宵小最易窃发,且近来各属盗劫案件频仍,正捕务吃紧之际,尤应加意防范,实力整顿。除委员分路密访外,合行札饬,札到该厅立即遵照严饬所属弁兵,分派地段,不分昼夜,认真梭织巡缉,严密稽查窝顿,俾匪徒闻风知警,不敢混迹,一有盗匪即行擒获,严究窝主,务净根株。④

在督饬四路同知严密巡缉的同时,顺天府还要求通永道督查巡缉情况,按章赏罚,府尹周家楣指出:"除札行四路同知严饬各州县遵办外,合行札饬,札到该道立即查照札内抄单事理,转饬所属于历办章程之中再加认真办理。至盗窃案件总以搜剔窝家为要,前经通饬各厅,如有拿获窃盗窝家者,除缉捕赏项仍由该道给发外,并令专详本衙门核明案情,酌与

---

① 《朱批奏折》,档号:04-01-12-0393-040,道光七年二月十六日,直隶总督臣那彦成、兼管顺天府府尹陆以庄、顺天府府尹何凌汉奏折。
② 光绪《顺天府志》卷八《京师志八·兵志·捕盗营》,光绪十二年刻本,第44页。
③ "顺天巡警马队官弁等数额统计表",顺天府编:《顺天府光绪三十四年统计表》,第64页。
④ "札饬严密巡缉",周家楣:《期不负斋政书》政书七《府尹书五》,光绪刻本,第6页。

重赏。"①顺天府以通永道、四路同知作为京畿州县治安的重要依托,一定程度上提高了其管理效率。

在办理京畿治安事务的过程中,四路同知与所属州县关系最为密切。光绪八年(1882)直隶永清县发生一起命盗案件,直隶总督除在直隶省属州县部署缉捕以外,还发动顺天府属州县协同缉捕。接到直隶方面的任务后,东路同知札饬所属宝坻县办理,据札文称:"顺天府东路刑钱督捕府候补府随带加十一级郝札宝坻县知悉,光绪八年十二月初八日,蒙道宪李札开,札东路厅知悉,光绪八年十一月二十日,准按察司刚咨开,光绪八年十月二十七日蒙督宪张札开,光绪八年十月十六日准吏部咨开,汇题永清县民辛廷庆在途被人致伤身死,并有失物情形等案……合亟札饬,札到该厅即转行遵照,仍饬严缉案犯务获究报毋违,特札。"②该项缉捕任务历经直隶总督、通永道、四路同知,最后下发到各州县,东路同知要求宝坻县接到札文后立即遵照执行。可见四路同知是顺天府与直隶省在协同办理京畿治安事务过程中不可缺少的环节,有助于顺天府与直隶省之间的沟通以及京畿州县与顺天府、直隶总督之间政令的上传下达。

(二)四路同知与京畿"刑名"

四路同知在京畿司法体制中占有重要位置。清代命盗重案有审转之制,凡一省地方之命盗事件,州县成谳后,再由知府、直隶州知州审转,有错谬之处则改正,然后由府、直隶州转交臬司覆勘,案情属实则最终定拟。但是顺天府司法体制不同与外府,"惟顺天各属案犯由州县径申臬司,并无审转衙门",直隶按察使直接审核、驳诘顺天府州县命盗案件,直接结果就是导致直隶按察使不堪重负,积案愈来愈多,不利于案件的妥善处置,并且与体制不符。为改变这种不合理的司法状态,雍正六年(1728)八月,巡察顺天、永平、宣化三府等处监察御史苗寿认为可以将四路同知作为审转衙门,他指出,"京城附近设有四路捕盗同知,各员职既尊于牧令,任亦未为繁剧",因此建议:"嗣后将顺天各州县分属各路同知,除旗人应审重案州县会同理事同知、通判招解外,凡民间命盗事件亦照理事同知招解例,州县官成谳后,先解就近所属之同知衙门,推勘驳诘,务期平允,然后加看转司,以便核覆定拟。如有扶同出入,照知府例揭参议处。庶直省题达之案事例画一。"③从此以后,四路同知职责除捕盗之外,又新增"刑名","刑名事务最为重大,知府及直隶州、四路厅均有表率勘转之责"④。顺天府属州县徒流以上案件,由四路厅审核,报顺天府、直隶总督,顺天府、直隶总督报于刑部,定例:"顺天府所属各州县命盗事件,定案后即解送该管四路同知覆审,加看转司,该同知照知府之例。"⑤

顺天府四路同知除审转所属州县案件之外,还需要承审顺天府交付的各项案件。乾隆四十一年(1776)间,宛平县民人叶承庆因与旗人安于可争讼,先诉于宛平县,叶承庆认为宛平知县黄瑞鼎"听情妄断",审理不公,再赴顺天府衙门控诉。顺天府随即对该案进行审

---

① "札饬整顿窝铺",周家楣:《期不负斋政书》政书七《府尹书五》,光绪刻本,第7页。
② 《顺天府档案》,档号:14-012,光绪八年十二月二十九日,东路同知札文。
③ 《宫中档雍正朝奏折》,档号:402007561,雍正六年八月二十四日,巡察顺天等处御史苗寿奏折。
④ 《顺天府档案》,档号:55-013,嘉庆二十五年二月初五日,顺天府东路同知详文。
⑤ 文孚等纂修:《钦定六部处分则例》卷四十七《审断上·府道厅员审转专条》,《近代中国史料丛刊》(第34辑),台北:文海出版社,1969年,第967页。

察,"查阅所控情节,年岁既久,头绪亦繁,且恐宛平县知县黄瑞鼎实有听情妄断情事,随提集县卷,饬委南路同知李芳茂会同署通判吴鳌传集各犯,秉公审讯"①。该案中,顺天府与南路同以及宛平县的司法关系表现得较为明确。道光二十二年(1842),顺天府兼尹卓秉恬称:"顺天府四路同知与各府知府无异,有表率僚属之责,缉捕抚绥,均关紧要,臣衙门时有批审案件,非精明勤干、振作有为之员,弗克胜任。"②

四路同知因为地近京畿,审办所辖州县命盗重案的过程中不但要受顺天府的直接监督,而且还要受到五城、步军统领衙门、直隶总督等各种力量的影响。嘉庆二十四年(1819),南路同知督同所属之固安县查禁该县演习拳棒之少林会,而在事前,步军统领衙门已经缉获首犯贾和尚,因此,要求南路同知将续获案犯十三名押解步军统领衙门审办,但是同知何贞认为"必须回明该上司办理",不肯将人犯器械交步军统领衙门审办,对于此案的审理,嘉庆帝给出审理办法,"如该犯等解至顺天府,即由王鼎等讯取供词,奏交刑部审办;如已交步军统领衙门,即由英和等讯取供词,奏交刑部审办"③。由此案可见,在审办命盗重案的过程中,四路同知直接对顺天府负责。

四路同知获得司法审判权,是对京畿司法审判体制的一大补充。但是因为顺天府行政设置的复杂性,导致案件审理的过程中往往会出现审理主体不明确的情况。以同治十一年(1872)顺天府大城县王廷鳌案为例。同治年间,顺天府大城县生员王廷鳌因为私贩硝磺、奸占妇女,被河厅协同知县拘押讯究。王廷鳌之侄王宝篴以被人陷害为由先赴南路厅呈请提讯,但是南路厅批示将案件发回大城县审理。但是王廷鳌监毙,经南路厅委派文安县知县丁符生前往相验,实系病亡。王宝篴疑系被害,遂即进京,赴都察院衙门呈控河厅、知县以及差役等人,都察院认为大城为顺天府所属,将该案咨交顺天府审办,但是顺天府通过初步审理,认为涉案之河厅为直隶总督管辖,不在顺天府管辖范围之内,因此顺天府将案件咨送直隶总督李鸿章审办。与此同时,王廷鳌之妻王高氏遣子王宝铭到步军统领衙门呈控,经步军统领衙门奏准,将此案交由顺天府审理,顺天府指出该案已经转交直隶总督审理,"奏请仍饬臣督审拟奏,俾免往返提解",此案最终由直隶省审理,李鸿章"饬司委提人卷来省,饬发保定府审晰前情拟议"④。

(三)四路同知与京畿"钱粮"

随着职责的转换,四路同知管辖顺天府二十余州县各项事务,俸禄不足以维持官员的日常生活支出。雍正六年(1728),东路同知程文华、西路同知崔应阶、南路同知程凤文向直隶总督反映缺乏办公经费,请求照理事同知之例派给养廉银。直隶总督何世璂奏称:"武职官弁原蒙皇上恩赏亲丁名粮,以为日用之资,今四路同知系属文员,而每路额设马步兵丁一百名,专司巡查缉捕之责,不可缺少,自应作速募补足额以收实用。但查四路地方在京城之外,五方杂处,巡缉奸宄尤为紧要,据称节礼禁裁,并无别项日用",经何世璂奏准,四路同知

---

① 《清代内阁大库档案》,档号:021506,乾隆四十一年七月二十九日,兼管顺天府尹袁守侗、府尹蒋赐棨奏折。
② 《军机处录副奏折》,03-49-2720-031,道光二十二年六月十六日,顺天府兼尹卓秉恬、府尹李僡奏折。
③ 《军机处录副奏折》,档号:03-41-2250-037,嘉庆二十四年三月二十九日,吏部左侍郎兼管顺天府尹事务王鼎、府尹汪如渊奏折。
④ 《军机处录副奏折》,档号:03-5033-034,同治十一年七月二十五日,直隶总督李鸿章奏折。

照理事同知例"于耗羡内派给养廉",最终确定养廉银各八百两。① 随着四路同知职权的不断扩大,雍正十一年(1733)经直隶总督李卫奏准,增加四路同知养廉银,据李卫称:"四路同知从前专司捕盗,议给银八百两,今兼管刑名事务繁多,亦请各增银二百两"②,由此四路同知养廉银扩至一千两,从而确保四路同知有充足的办公经费。

经过长期的演变,四路同知的职权逐渐扩展,涉及辖区吏治民生诸多层面,顺天府四路同知还负责顺天府州县童生考试的职责,雍正十年(1732)议准:"顺天府所属童生,除大、宛两县外,其余二十三州县童生,州县考后俱由霸昌道录取送院。但该道驻扎昌平,各州县隔远有多至数百里者,而该道事繁不能按期考试,童生赴试遥远,守候需时,查四路同知分辖各州县,道里适均,嗣后二十三州县童生于州县考后,令四路同知各按本辖之州县就近分考,录取送院,该同知于驻扎地方酌设考棚,关防慎密,按期考试。"③

清代定制,各省州县仓库钱粮均由其直属知府或直隶州知州稽查,再由该管道员复加察核。但是顺天府体制异于外府,顺天府属二十六州县卫仓库钱粮分别由通永、霸昌二道管辖,两者之间中间并无切近上司考核稽查,与各府州体制不符,并且京畿地方辽阔,道员难以兼顾,此弊端逐渐引起了清代统治者和顺天府、直隶省的注意。乾隆五年(1741),直隶布政使范灿曾经奏请以四路同知兼管钱粮,但是户部认为:"钱粮非刑名可比,一切收支出入业有道员盘查,考核已属严密,且同知一官本属佐贰,既司捕务,又理刑名,若将钱谷一并议令核转,竟与知府无异,将来增设吏胥,繁费势所不免,未便遽议更张",予以否决。④

乾隆十九年(1755),直隶布政使玉麟再次提出应对策略,他指出,四路捕盗同知驻扎地方,与所属各州县更接近,相比较各道也更为亲切。因此,玉麟认为,既然雍正六年已经授予四路同知处理刑名事件的权利,钱谷与刑名并重,"自应责令一体就近管理,与府州一例考成"。并且在京畿治理的实践中,四路同知实际上并不局限于捕盗、刑名,而是已经涉及地方事务的诸多方面,例如"所属州县如遇交代盘查、工程报销、散赈平粜、勘灾捕蝗等事虽非其专责,仍不得不委该同知等就近查办"。另外顺天府州县三年举行计典考成也由四路同知出具考语呈送顺天府、直隶总督查核,但是四路同知只管刑名,不管钱粮,导致顺天府州县考成存在着严重的缺陷,因此,以四路同知兼管钱粮事务乃大势所趋。玉麟建议以四路同知"兼管钱粮",如此,"则凡属州县既惮专管同知见闻之亲切,复畏兼辖道员稽查之周详,斯体制肃而防范周,于顺属仓库民生均有裨益"⑤。

玉麟上奏之后,乾隆将其方案交直隶总督方观承筹划。根据布政使玉麟建议,直隶总督方观承奏请授予四路同知稽查钱粮职责,据方观承奏称:

> 查州县仓库钱粮俱由切近之府州不时查察,惟直隶州乃归道核。今顺天府属二十六州县卫分隶霸昌、通永二道,其仓库钱粮亦即责成道管,道为监司,其体统拟于两司,

---

① 《宫中档雍正朝奏折》,档号:402014819,雍正六年十二月十七日,署理直隶总督何世璂奏折。
② 《宫中档雍正朝奏折》,档号:402016356,雍正十一年十一月初二日,直隶总督李卫奏折。
③ 素尔讷:《学政全书》卷六十四《顺天事例》,乾隆三十九年武英殿刻本,第2页。
④ 《宫中档乾隆朝奏折》,档号:403006154,乾隆十九年四月初三日,直隶总督方观承奏折。
⑤ 《宫中档乾隆朝奏折》,档号:403005784,乾隆十九年二月初四日,直隶布政使玉麟奏折。

而与州县不亲,且霸昌一道辖二十州县卫,势难稽查周密,是以凡遇州县交代以及工程赈粜等务,原系委令各该同知就近稽查,近日清查仓库亦并资其办理,是官虽佐贰,而职任实与知府、直隶州无异。但不明定章程,究恐责成未专,易生推诿。今据布政使玉麟请将顺天府属州县仓库并一切钱谷事件责令四路同知稽查督察,照府州之例定以考成,仍令申详本道,听其统核,实因历年办理情形不得不然,俾切近之考核有员,则钱粮之稽查益密。臣详加酌议,事属应行,至钱粮案件既归同知管理,则往来盘查诸费在所必需,亦应如所请,于该同知应得养廉之外,每员酌增办公银三百两,统于司库耗羡项下支销,以资用度,并添设仓书一名、户书一名,均定为经制书吏,一体报部。①

经过慎重考虑,直隶总督方观承同意布政使玉麟的方案,乾隆亦认为该方案可行,交户部议奏。户部经过讨论,认为直隶总督所奏情况属实,同意顺天府、直隶总督的提议,据户部称:"查顺天府属各州县卫征收地丁钱粮等项,凡酌拨俸饷留支经费,并一切动支数目款项原属繁多,分隶道员管辖,诚恐鞭长莫及,应如该督所议,分隶各该同知稽查督察,添仓书一、户书一,将各吏年貌、籍贯、著役日期造册报部,五年役满照例考职。至办公银三百两亦准添给。再查四路同知既经管理该州县钱粮事务,则与知府、直隶州体察无异,凡遇州县钱谷案件应以各该同知为专理,以霸昌、通永二道为兼管,其盘查、详请、议处、议叙等案悉照知府、直隶州知州之例一体遵行办理。"②自此,四路同知除捕盗、刑名之外,又兼钱谷事务,事权愈重,四路同知亦由原来专管治安、刑名的治安官,成为兼管刑名、钱粮的地方行政官员。

四路同知设立之初所用关防内有兼永平、保定、河间府等衔,西路同知因为还负有稽察水利工程之责,其关防中加入"水利"二字。乾隆二十四年(1759),适应四路同知职权变化以及地方治理的需要,直隶布政司三宝奏请更换四路同知关防,据其奏称:

> 设官分职,各有印信关防,用昭信守,今查顺天府属四路同知在设立之初,只系专司捕盗,嗣于雍正六年将各州县刑名事件悉归审转。又于乾隆十九年将各州县钱谷事件亦令兼管,一均考成均照知府、直隶州之例办理。但现用关防内仍系兼永平、保定、河间等府之衔,如东路同知关防之文则系永平府通潞捕盗同知关防,南路同知则系河间府黄村捕盗同知关防,西路同知则系保定府卢沟捕盗同知关防,北路同知则系保定府沙河捕盗同知关防。臣查四路同知执掌既与知府、直隶州无异,所属州县刑名钱谷、河防、水利、考核责成,无所不统,正不必远借他府繁衔,以致名实不称,拟请将四路同知关防更换为顺天府某路刑钱捕盗同知关防字样,惟西路同知有稽查水利工程,应于关防文内增水利二字,只缘相沿因循日久,而体制今昔不同,可否准予颁换,以重职守,理合恭折具奏。③

---

① 《宫中档乾隆朝奏折》,档号:403006154,乾隆十九年四月初三日,直隶总督方观承奏折。
② 光绪《顺天府志》卷五十一《食货志三·田赋上》,光绪十二年刻本,第70页。
③ 中国第一历史档案馆藏:《朱批奏折》,档号:04-01-01-0229-039,乾隆二十四年十一月十九日,直隶布政使三宝奏折。

从直隶布政使三宝的奏折可以看出,行政体制的改变,要求清政府强化四路同知建置归属,明确其职责,体现在印信关防上,即改变原兼直隶各府职衔,统称顺天府某路同知,并且将新增各项职权列于其职衔之内。直隶布政使三宝的奏折下发吏部,吏部尚书傅恒等认为顺天府四路同知职责发生了转换,"而所用关防兼永平、保定、河间等府衔,名实不称",同意直隶省所请,咨送礼部铸造更换新关防。①

随着职能的转变,四路同知的称呼也发生了变化。例如咸丰年间西路同知全称为:"顺天总理西路刑钱兼管水利稽查营汛驿盐督捕府",钱粮成为四路同知兼管事务中的重要组成部分。咸丰七年(1857)六月,直隶省清查全省州县钱粮,其中涉及顺天府宛平县,布政司札西路同知称"该厅职司督催","蒙布政司钱札开,札西路厅知悉,案查直属各州县未经交代,前因积压过多,经本司援照晋省奏案,酌拟清厘章程……合亟由五百里颁式札饬、札到该厅立即遵照,会同局员速将所属已结未结各案逐一查明,照依颁发折式限五日内汇开总折,仍由五百里禀覆本司核办"。宛平县根据西路同知的要求,将钱粮情形汇总申送西路同知,再由西路同知汇总各州县钱粮至直隶省核查。

乾隆朝之后,四路同知职能已经涉及所管州县事务的各个层面,因此逐渐肩负起考核所属州县的职责。顺天府对所属州县的大计考核须经由四路同知核转,光绪三十年(1904)顺天府考核所属州县,先由各路同知查核,再转报顺天府及直隶总督。据西路同知谢锡芬呈称:"今于印结事,据涿、大、宛、良、房五州县结称,各任内经征钱粮、承审命盗词讼各案,及监押各犯名数,暨兴建学堂并种植工艺、巡警诸务填注,并无遗漏等情到厅,卑厅覆查无异,合加印结是实。"②另据北路徐国桢印结称:"卑厅所属之顺义、怀柔、密云、平谷等五州县应造课绩表,自光绪三十年正月至十二月造送之日止,所呈课绩表并无漏虚饰情事,所具印结是实。"③另据署南路同知吴友贤印结称:"卑厅所属霸州、保定、文安、大城、固安、永清、东安七州县,光绪三十年分经办一切事件填注课绩表张,均系据实填注,并无虚捏情弊,不敢扶同隐饰,合加印结是实"。④另据东路同知许元震印结称,"卑厅按查查明所属通州、武清、宝坻、香河等州县经征钱粮,办理命盗杂词讼案及学堂、种植工艺、巡警各事与原填无异,所具印结是实"。⑤

另外,顺天府州县的离任、接任交代事务也由四路同知负责。咸丰七年(1857)八月,曾代理大兴县知县的石衡离任赴署宁河县知县,根据要求,南路同知对石衡在大兴县任期内事务进行核查,经查,"现署宁河县知县石衡前代理大兴县任内,并无征收正款,所有应交应抵杂款、摊捐等项业经会同敝府逐款清算,计应交银一百六十一两六分七厘……赶紧措交现任大兴县接收,即由贺令造册结报",南路同知将核查交代情况向直隶布政使以及顺天府呈报备案。⑥

---

① 嘉庆《钦定大清会典事例》卷24《吏部·官制·各省知府等官》,第1017页。
② 《顺天府档案》,档号:13-001,光绪三十年十二月,西路同知谢赐芬印结。
③ 《顺天府档案》,档号:13-014,光绪三十年十二月,北路同知徐国桢印结。
④ 《顺天府档案》,档号:13-016,光绪三十年十二月,南路同知吴友贤印结。
⑤ 《顺天府档案》,档号:13-032,光绪三十三年十二月,东路同知许元震印结。
⑥ 《顺天府档案》,档号:15-029,咸丰七年八月十九日,南路同知呈文。

三 顺天府与直隶总督协同关系的建立

清初,根据京师地方治理的现实需要,清王朝不断调整京畿行政体制,以府尹的选任为例:"国初第以汉军尹之,康熙十年后始用汉人,雍正间尹或缺人,至以尚书、都御史兼署,乾隆十四年冬尹既拜矣,特命侍郎蒋炳兼管,其印仍归尹手,遂为故事。"①从清初到乾隆朝,顺天府府尹身份的变化反映了清王朝对顺天府体制的日益尊崇,以此增强其在京畿治理过程中的作用,对内而言,协调其与京师各部院衙门、步军统领、五城御史关系,对外则是便于协同直隶总督共治畿甸,强化对京畿地区的治理与控制。

乾隆皇帝非常重视京畿治理过程中顺天府与直隶总督的共同协作、互相监督的作用,乾隆十七年(1752),直隶、顺天府蝗蝻案成为乾隆皇帝整顿京畿行政体制的一个重要契机。乾隆十七年五月,直隶各州县出现蝗灾,初七日,直隶总督方观承向乾隆奏报灾情及应对举措,他指出灾情出现后,"叠次通饬文武员弁檄谕交驰,务令加谨巡查,毋许稍有疏懈",各州县蝻子因此基本得到控制。但是综合来自京畿各方面的消息,乾隆对方观承所奏充满疑虑,在奏折中朱批:"捕蝻应竭力督缉,毋留余孽。"②

在方观承奏报蝗灾的同时,五月初四日,侍郎兼管顺天府府尹胡宝瑔亲自到灾情最为严重的武清县督捕,经过调查,胡宝瑔发现武清牛镇、桐林等处"新蝗趯趯盈畴,翅牙已茁",在三间房等地,"有宽至数十百亩者,草丛中攒簇跳跃,在在皆然"。发现灾情如此严重后,胡宝瑔组织官员大力扑捕,"因官弁不敷分派,飞调东路同知毛振翱、三河知县薛如春前来督捕",经过顺天府、东路同知以及所属州县官不懈努力,武清的蝗情最终得到控制。③ 接到顺天府的奏报后,乾隆感觉自己被方观承欺骗了,怒火中烧的乾隆斥责方观承:"可见初报生发已属长成,虽称打扑,仍未净尽。从来外官以文移禀报办事,上司则称立定章程悬示赏格,下属则称竭力奉行,加紧扑灭,按之实际,殊不其然。蝗蝻贻害田亩最烈,所争只在旦夕之间,尤非可以虚文从事。此等奉行不力之员必当重加处分,以示惩儆。胡宝瑔原折著抄寄方观承阅看。所有奉行不力各州县著即速查参议处。方观承、胡宝瑔俱著传旨申饬"。

五月十四日,方观承接到上谕后辩解称,捕蝗工作曾经做过周密的部署:"差委标员星驰查勘,并饬该管道、府亲历生蝻州县督率文武实力办理,其地面广阔之区多派员役,分头扑捕,仍于已尽之后留役搜巡,以防续发,如有奉行不力,令该道、府严行揭报,并谕委员据实密禀,以破掩护欺蒙之习。"方观承认为对所属州县官已经尽力监督,但是武清知县沈守敬"并未将蝻子曾否长成,作何情状分晰声明",才出现漏报。因此奏请予以参奏严惩。乾隆对方观承的辩解并不满意,在奏折中痛斥:"似此必俟朕训而后查参,则总督所司何事?究之,怨归于朕,而感则在督抚。然督抚用此计而得益者正不多见也。慎之!戒之!在汝

---

① 吴省钦:《白华后稿》卷七《记一·顺天府府尹题名壁记》,《续修四库全书》(第 1448 册),上海:上海古籍出版社,2002 年,第 550 页。
② 《宫中档乾隆朝奏折》,档号:403001677,乾隆十七年五月初七日,直隶总督方观承奏折。
③ 《宫中档乾隆朝奏折》,档号:403001697,乾隆十七年五月初十日,侍郎兼管府尹事胡宝瑔奏折。

不当出此。"①

因为皇帝在上谕中将顺天府尹与直隶总督同时点名申饬,五月十四日,府尹胡宝瑔接到上谕后也惶恐不已,自我检讨称:"臣伏读圣谕,实深悚惧惭惶,臣等身任地方,不能预为查察,以致属员掩饰怠玩,奉行不力,咎实难辞。"皇帝安慰顺天府尹胡宝瑔:"此事因汝奏而申饬方观承,恐汝二人此后或致不和,故并汝申饬,至汝尚为任劳无过也,勉之!"②乾隆的话语透露出其在京畿治理过程中以顺天府、直隶总督相互监督的设想。

但是府尹胡宝瑔并没有猜透乾隆的意图,在五月十四的奏折中表示,对于参奏捕蝗不力官员,顺天府依照直隶总督的意见,"应遵旨俟总督臣方观承速行查参议处"。乾隆提升顺天府行政地位的意图相当明确,五月十六日,乾隆在上谕中告知胡宝瑔对于顺天府属州县事务应当勇于担当,不能过多地受直隶总督影响,他指出:"直隶州县不在顺天属者应听该督查参,至顺天所辖州县则府尹自应会参,且该府尹现已身历其境,所见尤为亲切,不当专听之督臣也。"③在得到皇帝授权之后,府尹胡宝瑔随即对顺天府属东路、南路同知所辖捕蝗不力官员分别予以参奏:"武清令沈守敬隐匿呈报,奉行不力,已经会疏题参。"另外香河知县何隐扑捕不善,"该员才具甚属平庸,难胜百里之任,已知会督臣方观承另行察办"。永清县令张士英捕蝗推诿懈怠,"现在督臣方观承会稿一并题参"④。

通过此案,乾隆意识到顺天府在京畿治理过程中的重要性,以府尹分总督之权,府尹、总督协同治理的理念逐渐形成。五月十七日,乾隆在上谕中再次斥责方观承,认为方观承参奏武清县知县沈守敬"奉行不力,昏愦无能",实际上是"意在以此一人塞责,而其余州县中不力者即可概置不问,殊非据实查办之道",因此予以申饬。对于皇帝的指责,方观承并不接受,辩解称:"复遍查捕蝻各属,惟沈守敬漏报三处",弹劾他主要目的是"以为各属炯戒,并非敢以沈守敬一人塞责"⑤。对于方观承的解释,乾隆斥责道:"此则误之又误矣!朕初次传谕,本谓通查捕蝗不力之州县,而非查漏报之州县,今方观承覆奏乃以漏报惟该参员一人陈辩……且该督初报折中,合属有蝻州县共三十余处,至今尚有现在扑捕者,有扑后复生者,非奉行不力而何?"⑥乾隆对包括直隶总督方观承在内的大小官员充满了不信任,在乾隆看来,蝗蝻事件反映出直隶州县治理过程中存在的问题也许比胡宝瑔所奏更为严峻。

对直隶官员的不信任,促使皇帝决定让府尹胡宝瑔以钦差大臣的身份前往直隶督捕蝗蝻。五月十九日,乾隆皇帝要求胡宝瑔不拘顺天府的界限,命其前往直隶省州县督捕。乾隆在给胡宝瑔的奏折朱批中指示:"不必以回京为急,勉力查捕,务以净尽为要。今命方观承往大名一带查勘。天、河一带虽非汝所属,然汝为侍郎,今特旨命汝兼督,汝其勉之。"⑦与此同时,五月二十一日,乾隆发布上谕,命方观承前往大名府督捕蝗蝻,同时谕令府尹胡宝瑔前往直隶督捕,据上谕称:"天津、河间濒海各县蝗蝻亦易滋生,该督不能兼顾,侍郎胡

---

① 《宫中档乾隆朝奏折》,档号:403001744,乾隆十七年五月十四日,直隶总督方观承奏折。
② 《宫中档乾隆朝奏折》,档号:403001749,乾隆十七年五月十四日,侍郎兼管府尹胡宝瑔奏折。
③ 《宫中档乾隆朝奏折》,档号:403001785,乾隆十七年五月十九日,侍郎兼管府尹胡宝瑔奏折。
④ 《宫中档乾隆朝奏折》,档号:403001893,乾隆十七年五月二十八日,侍郎兼管府尹胡宝瑔奏折。
⑤ 《宫中档乾隆朝奏折》,档号:403001781,乾隆十七年五月十八日,直隶总督方观承奏折。
⑥ 《宫中档乾隆朝奏折》,档号:403001832,乾隆十七年五月二十一日,直隶总督方观承奏折。
⑦ 《宫中档乾隆朝奏折》,档号:403001785,乾隆十七年五月十九日,侍郎兼管府尹胡宝瑔奏折。

宝瑛现在顺属文安等处捕蝗,天津、河间虽非府尹所属,而胡宝瑛身系侍郎,即以钦差就近前往各该处,督率地方员弁实力扑除,务期净尽,事竣之日奏明回京,地方官倘有奉行不力者,须即参处。"① 乾隆对直隶官员的捕蝗事宜难以信赖,因此以顺天府尹直接干预直隶省捕蝗事务,并且授予参处直隶官员之权,其以顺天府监督、钳制直隶总督的意图显而易见。根据皇帝的安排,府尹胡宝瑛于五月二十三日到达天津,随后展开调查工作,并向皇帝奏报了天津捕蝗情况:"府属七州县俱经报有蝗蝻",知府熊绎祖与所属州县官"办理尚为妥协"②。在天津蝗情得到控制后,胡宝瑛又到河间府督催捕蝗,"严行稽查,力为督办,怠玩者俱经弹劾",经过周密部署扑捕,蝗情得到有效控制。得到胡宝瑛奏报后,乾隆心情大悦,朱批:"以手加额,欣慰,览之!"③

六月初九日,胡宝瑛再次向乾隆汇报了天津、河间的庄稼和蝗情,指出积水消退,庄稼生长茂盛,颇有"丰秋之象",蝗蝻基本得到控制,"今岁蝗不为灾"。乾隆确信胡宝瑛所奏属实,朱批称:"览奏实切欣慰,谅汝不敢粉饰也。"④ 得到皇帝嘉许之后,六月十二日,胡宝瑛再次上折分析直隶出现蝗灾的深层次原因,其实,直隶各州县在四月份已经有蝗情出现,但是,"因地方官向来积习,俱不实心办理",耽误了一个多月,一直到胡宝瑛发现武清县瞒报,皇帝震怒之后,"始知急于扑灭,以图掩盖"。胡宝瑛认为蝗蝻为患的根源,"惟地方官隐匿于前,又复怠玩于后,始致长成贻害",为了杜绝后患,胡宝瑛建议应当大力整顿直隶吏治,"将来疲玩之习庶几不致复苏,于民生实有裨益",乾隆赞同胡宝瑛的建议。⑤ 胡宝瑛在直隶督捕蝗蝻期间,乾隆再次通过上谕严饬外省督抚以及各级地方官员痛除官场积习。乾隆指出,"诚以捕蝗必用人力,人力胜则蝗不成灾",但是各省督抚"养尊自逸,且畏处分如方观承、蒋炳者,非朕督责,几令捕蝗不力之劣员幸免矣"。督抚不严加管束督率,州县官则怠玩成性,不体察民情,蝗情出现,"牧令或委诸业户未报",瞒报、谎报,推卸责任。在乾隆看来,地方官这种"徒事粉饰"的行为是治国之重疾,必须大力整顿。⑥

在六月十六日的上谕中,乾隆以胡宝瑛"往来督率,甚著勤劳",将其从前处分加恩开复。⑦ 同时要求胡宝瑛将捕蝗有力的天津道董承勳、知府熊绎祖等"著该侍郎会同该督查明据实奏闻",根据皇帝要求,府尹胡宝瑛与直隶总督方观承联合具折,将相关直隶官员情况上奏。并且在奏折中,府尹胡宝瑛不再列名于奏折之末,而是与总督平行列于奏折之首。⑧ 除奏请嘉奖捕蝗有力直隶官员外,胡宝瑛还专折参奏捕蝗不力的直隶地方官,在督查沧州捕蝗事务时,胡宝瑛发现知州朱邃存在瞒报、懈怠、不作为的现象,导致沧州受灾严重,胡宝瑛专折纠参,"请旨将朱邃革职,以为玩视民瘼者戒"⑨。对于参处顺天府属捕蝗不力官员,方观承也表示与顺天府分工合作:"(直隶)各州县中有怠缓迟延、扑捕不力及捏饰隐

---

① 中国第一历史档案馆编:《乾隆朝上谕档》(第 2 册),北京:档案出版社,1991 年,第 605—606 页。
② 《宫中档乾隆朝奏折》,档号:403001902,乾隆十七年五月二十八日,侍郎兼管府尹胡宝瑛奏折。
③ 《军机处档折件》,档号:008521,乾隆十七年六月初九日,侍郎兼管府尹胡宝瑛奏折。
④ 《军机处档折件》,档号:008522,乾隆十七年六月初九日,侍郎兼管府尹胡宝瑛奏折。
⑤ 《军机处档折件》,档号:008547,乾隆十七年六月十二日,侍郎兼管府尹胡宝瑛奏折。
⑥ 中国第一历史档案馆编:《乾隆朝上谕档》(第 2 册),第 607 页。
⑦ 中国第一历史档案馆编:《乾隆朝上谕档》(第 2 册),第 609 页。
⑧ 《宫中档乾隆朝奏折》,档号:403001981,乾隆十七年七月初五日,直隶总督方观承、侍郎兼管府尹胡宝瑛奏折。
⑨ 《军机处档折件》,档号:008478,乾隆十七年六月初二日,侍郎兼管府尹胡宝瑛奏折。

讳等弊,臣即严行参处,其顺天府属不行实力扑捕之州县,现在会同府尹臣胡宝瑔分别查参。"①乾隆通过此次蝗灾事件,提升了顺天府在京畿治理过程中的话语权。② 同时,乾隆皇帝确信直隶官场已经得到整顿,从总督、藩臬两司、道府、州县都能够全力投入到地方治理,而顺天府在此过程中则扮演了不可缺少的角色。乾隆十七年直隶的这场蝗螨风波,将顺天府、直隶省行政关系的变革进一步深入推进。乾隆皇帝主导了事件的整个走向,顺天府凭借皇帝的幕后支持,通过与直隶的不断博弈,获得了各项前所未有的行政权力。以此事件为背景,顺天府四路同知的改革也拉开帷幕,四路同知由最初受直隶总督控制,逐渐向由直隶总督、顺天府协同管辖转换。

四 四路同知与直隶总督、顺天府关系演变

四路同知设置之初,虽然被称为"顺天府四路同知",但实际上受直隶总督直接监督管理。以四路同知员缺的题补拣选为例,最初,同知员缺由直隶总督拣选题补,定例:"令该督于本省见任官员内,遴选驾驭捕役缉盗有方之人,具题引见补授,如所属内遴选无人,应令题明,由部照理事同知之例,将各部院衙门笔帖式、中书、小京官内遴选保举,引见补授。"③雍正二年(1724)题准,"顺天府四路同知员缺,令该督于本省现任官员内遴选驾驭捕役、缉盗有方之人具题引见补授"④。雍正二年八月,顺天府东路同知王拱垣之父病故,该同知向直隶守道桑成鼎呈报丁忧,经桑成鼎及巡抚李维钧查核,符合丁忧之例,遂向皇帝具题丁忧。⑤ 在题报东路同知开缺的同时,李维钧题请拣员补授员缺,据其题称:"捕盗同知缺出,例应于本省现任官员内拣选题补,如拣选无人,即应题明吏部,照理事同知之例拣选引见补授,今东路捕盗同知王拱垣丁忧员缺,臣于属员内详加拣选,无合例胜任之员",由此该巡抚题请饬部拣选补授。⑥

康熙、雍正年间,四路同知隶属直隶省管辖,与直隶之间治安、刑名关系紧密,因此四路同知的人事关系遵循回避直隶的原则。雍正四年(1726)间据直隶总督李绂题称,"定例,内外官员有关刑名钱谷考核者,俱令官小者回避,今据布政司张适呈称,北路捕盗同知张迪系本司胞兄,例应回避"⑦。四路同知与直隶的隶属关系非常明确。

在乾隆朝初期,顺天府属四路同知也主要由直隶总督负责拣选题补。例如乾隆二十八年(1763),南路同知莫如忠因案革职,直隶总督方观承专折奏请以直隶宣化府延庆州知州陈孝昇升署,据方观承奏报:"南路同知一缺,有督率弁兵缉捕逃盗之责,又文霸等七州县钱

---

① 《宫中档乾隆朝奏折》,档号:403001832,乾隆十七年五月二十一日,直隶总督方观承奏折。
② 关于此次直隶蝗灾案的具体情况参见张松梅、王洪兵:《清代京畿行政管理体制演变——以乾隆朝顺天府飞蝗案为例》,《历史教学》2012年第8期。
③ 嘉庆《钦定大清会典事例》卷820《顺天府·职掌·建置》,第3845—3846页。
④ 嘉庆《钦定大清会典事例》卷45《吏部·汉员遴选·顺天府四路捕盗同知》,第2088—2089页。
⑤ 中国第一历史档案馆编:《雍正朝内阁六科史书·吏科》(第14册),桂林:广西师范大学出版社,2002年,第200—201页。
⑥ 《雍正朝内阁六科史书·吏科》(第16册),第53页。
⑦ 《雍正朝内阁六科史书·吏科》(第32册),第281页。

谷刑名事件悉由核转,系兼三要缺,例应在外调补,臣与两司在于现任同知内详加拣选,非专司河务即难胜表率,求其合例可调者一时殊难其人",因此最终选择以延庆州知州陈孝昇升署。① 在南路同知的选任过程中,仅直隶总督主持,两司参与,顺天府完全缺席。

在乾隆朝中后期,顺天府逐渐参与四路同知员缺拣选,尤其是同知员缺从大兴、宛平两县知县拣选之时,由直隶总督主稿,府尹会同总督列衔。例如乾隆二十九年(1764),南路同知张若瀛革职,直隶总督方观承主稿,侍郎兼管府尹钱汝诚与府尹窦光鼐会稿奏请将大兴县知县周赟"给咨送部引见",升署南路同知。② 从现存清代档案可以看到,在整个乾隆朝,除涉及大兴、宛平两县之外,凡从直隶其他府州县选任四路同知员缺,顺天府均未参与。

随着四路同知与顺天府、直隶总督的关系演变,四路同知作为顺天府属员的性质表现的愈发突出,乾隆五十五年(1790),西路同知关防因为使用年久,难以辨认,同知蒋云卿向顺天府申请更换关防,据其蒋云卿称,"卑厅乾字一万二千五百十一号关防一颗,系乾隆二十六年颁发,迄今三十年,篆文漶隐,难以行用,理合出具印模,就近详请具题更换",根据西路同知的请求,顺天府覆查印模与该同知所报相符,随即题报礼部,尽快更换关防。③

到嘉庆年间,在四路同知员缺拣选过程中,顺天府突破大兴、宛平两县的限制,职权逐渐扩大到外属州县。嘉庆四年(1799),东路同知刘念拔因病解任,总督胡季堂会同兼署理布政使的按察使全保选择以遵化直隶州知州薛学诗署理,然后胡季堂主稿,兼管府尹莫瞻菉、府尹阎泰和会稿奏请。④ 从此次东路同知员缺的选用过程来看,虽然府尹仅仅是参与会稿,列名于奏折之末,但是毕竟成为四路同知选用过程中不可或缺的一个环节。

嘉庆年间,除同知员缺的选任以外,顺天府也逐渐参与到四路同知的监督考核、参处、议叙。嘉庆七年(1802),东路同知莫景瑞因督催派修剥船迟误被参,直隶藩司、臬司与通永道对莫景瑞迟误原因进行了详细调查,主要是因为其到任未及一个月,除承催派修剥船外,还到三河县相验,到东坝煮赈,又患病数次,因此得出结论:"其情节并非督催不力",署直隶总督熊枚经与顺天府府尹等札商,会同顺天府兼尹汪承霈、府尹阎泰和奏请暂留东路同知本任。⑤ 在本案处理的过程中,直隶总督已经不能独断,顺天府也发挥了重要作用。

四路同知肩负着"审转刑钱案件,督率弁兵巡缉逃盗之责",嘉庆十七年(1812)"林清事件"后,面对京畿社会的复杂性,清政府愈发认识到四路同知在京畿治理过程中的重要性,为了更好地发挥四路同知的作用,清王朝逐渐加强顺天府对四路同知的控制。嘉庆十八年(1813)十一月,巡视西城御史陈用光奏请调整顺天府属州县官考察升调例,陈用光指出,"大兴、宛平二县为首善之区,向来专循资格,以阘茸无才者授之,安能责以发奸摘伏",他建议,"嗣后请择治行尤异之员题升,使府尹得兼举劾之权"。此奏经吏部详定章程,据吏部议奏称:"查顺天府所属二十四州县,定例均系直隶总督专主,府尹会衔。嗣后大兴、宛平二县缺出,请归府尹于所属之员详加遴选,出具考语,奏请升调。其外二十二州县拣选题

---

① 《宫中档乾隆朝奏折》,档号:403015436,乾隆二十八年七月十一日,直隶总督方观承奏折。
② 《宫中档乾隆朝奏折》,档号:403018120,乾隆二十九年六月十八日,直隶总督方观承、侍郎兼管府尹钱汝诚与府尹窦光鼐奏折。
③ 《清代内阁大库档案》,档号:069238,乾隆五十五年十二月十五日,户部左侍郎兼管顺天府尹事务蒋赐棨题本。
④ 《宫中档嘉庆朝奏折》,档号:404004589,嘉庆四年五月二十四日,直隶总督胡季堂奏折。
⑤ 《宫中档嘉庆朝奏折》,档号:404007925,嘉庆七年四月二十三日,都察院左督御史暂署直隶总督熊美奏折。

调,均令府尹主稿,总督会衔,如顺天府所属官员无可保题,再咨行总督于通省拣选,令总督主稿,府尹会衔。顺天府属佐杂各缺,亦归府尹专主办理。"①对于吏部制订的方案,嘉庆皇帝表示赞同,颁行实施,顺天府对所属官员人事权进一步加强。嘉庆二十二年(1817)间,南路同知员缺,经直隶藩臬考察,顺天府霸州知州何贞可以胜任,直隶藩臬两司将其理由详报顺天府,经顺天府兼尹章煦、府尹汪如渊察核属实,随即主稿会同直隶总督方受畴奏请以何贞署理南路同知。由此可见,顺天府在四路同知选用的过程中已经掌握主动权。②

在道光朝以后,虽然直隶总督仍然参与四路同知员缺的拣选,但是顺天府基本掌握四路同知人事的主动权。道光元年(1821)七月间,东路同知王殿杰病故遗缺,布政使屠之申、按察使阿霖详请顺天府拣选合适人选委署东路同知员缺,兼尹刘镮之、府尹申启贤经过仔细审核,认为顺天府西路同知吕嗣关"心地明白,办事老练,以之调署东路同知实堪胜任",刘镮之等根据"人地实在相需,专折奏请之例",绕过直隶总督,直接上折奏请以吕嗣关调署东路同知。③道光三年(1823),根据新例,顺天府的责任更加明确:"京畿四路同知缺出,令该府尹先尽顺天府属人员内拣补。"④道光十八年(1838),清政府再次强调四路同知员缺顺天府属官员的优先权:"遇有同知缺出,先以大兴、宛平二县升补一次,再以顺天所属并直隶阄属人员升补二次。"⑤此后,顺天府四路同知员缺升补,形成了特定章程。从道光至光绪年间先后发生三次变化:

> 道光十八年奉到新例内开,嗣后遇有同知缺出,先以大兴、宛平二县升补一次,再以顺天所属并直隶阄属人员升补二次,如轮应两京县升补时,顺天拣选不得其人,或有甫经到任,尚须试看之处,其缺仍归顺天并直隶阄属人员升补,不积轮升班次,再有缺出仍于大宛二县内拣选。
>
> 又咸丰元年七月内奉部通行内开,嗣后各州县以上应题应调缺出,如系题缺请升、调缺请补,或题缺请调、调缺请升,俱令该督抚照例于折内详细声明,方准升调。
>
> 又同治三年四月间奉部议覆臣衙门条奏章程内开,嗣后凡保题升调人员应令该督抚、府尹于保题疏内将该员任内有无积案及欠解钱粮、承缉未获盗案,详细声叙,如承审案件并承缉盗案、征解钱粮已起降调革职参限者,概不准其升调各缺,其有缺系繁要,人地实在相需,为地择人者,亦应据实陈明,仍照定例办理,不得以空泛考语,滥行保题。
>
> 又于光绪八年八月间奉部议覆臣衙门调奏章程内开:嗣后顺天府四路同知缺出,

---

① 《仁宗睿皇帝实录》卷278,嘉庆十八年十一月癸酉,《清实录》(第32册),北京:中华书局,1986年影印,第796—797页。
② 《军机处录副奏折》,档号:03-28-1577-024,嘉庆二十二年十一月二十九日,顺天府兼尹章煦、府尹汪如渊奏折。
③ 《军机处录副奏折》,档号:03-46-2513-014,道光元年九月初三日,吏部尚书兼管顺天府尹事务刘镮之、府尹申启贤奏折。
④ 《军机处录副奏折》,档号:03-46-2537-040,道光三年六月二十八日,兼管顺天府尹事务卢荫溥、府尹申启贤奏折。
⑤ 《军机处录副奏折》,档号:03-48-2700-072,道光二十年十一月二十四日,吏部尚书兼管顺天府尹事务卓秉恬、府尹曾望颜奏折。

如轮届大宛二县请升时，即按照大宛二县请升遵化、易州直隶州知州定章，由顺天府会同直隶总督按照轮次，以该二县知县内酌量拣选请升，不计有无卓异，倘该二县甫经到任或不得其人，亦仍查照例内专条，先尽顺天府属人员拣选能驾驭捕役、缉盗有力之员请升。仍毋庸拘定先尽卓异人员请升定章办理。如大宛二县与顺天府属人员人地均不相宜，再行查照例章，于直属各员内先尽卓异人员升补。如卓异无合例人员，始准以劳绩应升人员升补，不积轮升班次，再有缺出，仍以大宛二县知县酌量请升，如已用过大宛二县轮升之后，接用顺天府属人员请升，应即积顺天所属与直隶阖属人员请升轮次。①

由此可见，顺天府四路同知员缺，拣选补授有一定的规则，即"先尽顺天府属人员内拣选"的原则，顺天府属官员优先补用同知员缺，顺属官员无合式之员，再从直隶所属官员内拣选升补。

随着京畿治理体制的日益成熟，至清代后期，四路同知的委署、选拔主要由顺天府负责。光绪二十年（1894）二月北路同知赖永恭病故，顺天府向吏部具题开缺。根据定例，北路同知例应在外拣选，但是因为职位重要，难以找到合适人选。根据四路同知拣选条例："四路同知缺出，先尽顺天府属人员内拣选能驾驭捕役、捕盗有方之员，具题引见补授。又，同知缺出，先尽大兴、宛平二县升补一次，再以顺属并直隶阖属人员升补二次"②，府尹从所属官员内查找合适人选。经查，光绪十八年（1892）东路同知郝联薇病故，东路同知开缺，经直隶总督李鸿章题报在案，再经顺天府奏请，以宝坻县知县谢裕楷升补东路同知。③ 与此同时，原北路同知蔡寿臻升补顺天府治中，顺天府题报北路同知开缺。④ 经顺天府兼尹孙家鼐奏请，北路同知员缺以顺天府三河县知县赖永恭升补。⑤ 北路同知赖永恭病故后，根据规则，"北路同知一缺轮应大宛二县升补"，但是大兴县知县赵文粹到任时间不久，宛平县知县王梦龄"于本年二月到任，核计到任日期与出缺同月"，因此大兴、宛平知县均不能升同知。兼尹孙家鼐按例从顺天府所属其他州县中拣选，最终确认霸州知州沈宗薹为合适人选，沈宗薹年三十九岁，浙江钱塘县人，祖父原任户部尚书署陕甘总督沈兆霖因镇压民变殉难，遵例承荫知州，光绪十一年（1885）选授霸州知州，经直隶布政使裕长、按察使周馥会同出具考语详报顺天府，再经顺天府兼尹孙家鼐查核："该员年力富强，任事勤奋，以之升补北路同知，实堪胜要缺之任，人地实在相需，与例亦属相符。"据此，孙家鼐与直隶总督李鸿章奏请以沈宗薹升补北路同知。⑥

顺天府、直隶总督的人选最终被吏部驳回，经吏部议准，以直隶密云县知县殷谦升补北路同知。⑦ 但是顺天府兼尹孙家鼐并没有放弃以沈宗薹为北路同知的初衷。光绪二十二年

---

① 《军机处档折件》，档号：168299，光绪三十四年十一月二十八日，兼管顺天府尹陆润庠、府尹凌彭福奏折。
② 《军机录副奏折》，档号：03 - 5098 - 055，光绪元年五月初十日，直隶总督李鸿章奏折。
③ 《吏科题本》，档号：02 - 01 - 03 - 12518 - 033，光绪十八年七月十九日，直隶总督李鸿章题本。
④ 《军机录副奏折》，档号：03 - 5292 - 042，光绪十八年五月十四日，兼管顺天府尹祁世长奏折。
⑤ 《军机录副奏折》，档号：03 - 5299 - 040，光绪十八年十一月十九日，兼管顺天府尹孙家鼐奏折。
⑥ 《军机处档折件》，档号：133370，光绪二十年六月二十日，兼管顺天府尹孙家鼐奏折。
⑦ 《吏科题本》，档号：02 - 01 - 03 - 12644 - 017，光绪二十一年十二月十二日，大学士管理吏部事务张之万题本。

十月初四日，北路同知殷谦因在密云县知县任内承放兵米"掺杂潮湿"，被密云副都统谦光参奏降调。① 机会再次来临，根据定例，四路同知缺出，先以大兴、宛平二县升补一次。经查光绪二十一年（1985）六月南路同知陈镜清保升，南路同知遗缺以大兴县知县赵文粹升补。② 因此，北路同知员缺，不能再以大兴、宛平知县升补，而应当以顺天府所属其他人员升补。据此，孙家鼐此次提出以霸州知州沈宗薹升补，孙家鼐认为沈宗薹各方面条件都具备，奏请以沈宗薹升补北路同知。③ 顺天府上奏后，吏部对沈宗薹在霸州知州任内情况进行核查，发现从光绪十一年任霸州知州以来，有多起未办案件，且"各案均例关展参降调，核与升补例章不符"，因此吏部认为"所有该兼管府尹等奏请以霸州知州沈宗薹升补北路同知之处应毋庸议，其北路同知员缺应令另行拣选"。④

顺天府的要求被吏部驳回之后，顺天府兼尹孙家鼐并未放弃，他指出："北路同知一缺管辖昌平等五州县，职司缉捕及审转所属一切刑钱案件，系冲、繁、难三项要缺，沈宗薹既有四参处分，自应在外另行拣选。惟查顺属四路捕盗同知为京畿繁要之缺，责任极重，与别项同知迥不相同。而北路地当孔道，政务殷繁，尤须人地相宜，非干练有为，熟悉情形，且能驾驭捕役、缉盗有方之员不足以资治理"，但是在顺天府州县官之内考察，除沈宗薹外，没有更好的选择，因此再次奏请以沈宗薹升补北路同知。⑤ 经过顺天府的多次斡旋，吏部最终接受了孙家鼐的建议，据吏部称："查该员任内有例关展参之案，经部议驳在案。今该兼管府尹等声称于北路同知地方情形极为熟悉，人地实在相需，仍以该员升补。查无别项不合例事故，既据该兼管府尹等遵例声明，自应准如所请，相应奏明请旨，准将直隶霸州知州沈宗薹升补北路同知。即积顺属、直属轮升班次之缺，应令该兼管府尹等给咨该员赴部引见。"⑥ 在这宗旷日持久的同知任用案中，顺天府最终实现了自己的目标。四路同知员缺的拣选经历了三个阶段，即最初由直隶总督负责，到乾隆朝中期以后顺天府逐渐参与，嘉庆、道光以后顺天府取代直隶总督发挥关键作用。

四路同知选任程序的演变反映出在京畿治理过程复杂性，顺天府与直隶总督既有协作关系，又因归属、权限等问题存在着矛盾冲突。例如，顺天府虽然被列为"正三品京堂"，每年仅支养廉银四百两，反不及所属之大兴、宛平两京县之半，与直隶布政使、总督相比则更为悬殊。⑦ 后人在评价清代顺天府体制时即指出，顺天府地位尊崇，但是"一切吏治财政仍受制于直隶长官，又别设兼尹以监督之，故其时权限混淆、职务糅杂，政令歧出，几无考成之可言"⑧，所论虽然不尽属实，但是清王朝以顺天府为核心探索京畿协同治理的努力似乎并未完全实现。

---

① 《军机处录副奏折》，档号：03 - 5918 - 003，光绪二十二年十月初四日，密云副都统谦光奏折。
② 《吏科题本》，档号：02 - 01 - 03 - 12635 - 002，光绪二十一年六月二十日，兼管顺天府尹孙家鼐题本。
③ 《军机处档折件》，档号：137392，光绪二十三年二月十七日，兼管顺天府尹孙家鼐奏折。
④ 《军机处档折件》，档号：139757，光绪二十三年五月二十四日，吏部奏折。
⑤ 《军机处档折件》，档号：140716，光绪二十三年七月二十二日，兼管顺天府尹孙家鼐等奏折。
⑥ 《军机处档折件》，档号：142688，光绪二十三年九月二十九日，吏部奏折。
⑦ "奏加顺天府尹廉俸"，《时报》1905 年 5 月 9 日。
⑧ "顺天府区域权限之规定"，《生活日报》1914 年 5 月 22 日。

五　结　语

顺天府四路同知之设,其始以维护社会治安为基本职责。但经过长期的演变,四路同知的职权扩展到地方吏治民生的诸多层面,逐渐演变成为京畿地区社会治理的亲民官,"凡亲民应为之事,无不悉心体察,实见施行"①。宣统二年(1910),顺天府大计所属官员,东路同知徐国桢向顺天府呈交的履历事实清册,反映了四路同知体制成熟时期的基本职能,据徐国桢呈称:

> 卑厅每逢朔望督同绅董宣讲圣谕,并演说一切新政,谆切告诫,使士民咸知向化,开通风气;卑厅督饬各属征收各项粮租,依限尽征尽解,不使丝毫拖欠,以重库款;卑厅承审案件均系随到随结,不致稽延,审转命盗杂案亦均依限覆审解勘,从无逾违;卑厅督饬巡警弁兵,不时操练,认真严缉,务使有犯必获,赏罚兼施,不致疏懈;卑厅督饬各属遵章认真清查保甲,并饬加意严防匪类,以期地方安谧;卑厅督饬各属遵章整顿警务,认真教练,以赀巡缉两卫地方;卑厅督饬各属遵章筹设各项学堂,讲求学务,各使士民均知向学,化行俗美;卑厅督饬各属,凡关预备立宪等各新政,均须依限次第办理,以冀循序渐进,毋得因循敷衍,致遏要政;卑厅奉饬办理诸要新政,悉遵定限,立即分别举办转行,不敢稍涉懈弛,致误宪政。②

由此可见,经历两百余年的历史演变,至清末,四路同知的职权已经涉及教化、钱粮、刑名、警务、治安、教育、新政等各项事务。四路同知逐渐成为清代京畿多元共治体制下的重要一环,是清王朝实施京畿治理不可或缺的重要力量。

四路同知在京畿协同治理模式这一体制中居于承上启下的环节,不可或缺。宣统元年(1909),宁河县知县孔宪邦向顺天府申送办理新政表册,据申文称:"东路厅宁河县为申送事,案蒙本厅札饬,以蒙道宪札转,准藩宪咨开,详蒙督宪批准,嗣后各属每届年终,务将新政事实表册按照颁式切实填列造册申送等因,遵照在案,卑县应造光绪三十四年分事实表册分五分项,逐细查明填注,装订成册,分别申送,拟合照造前项表册,具文申送宪台查核,为此备由具申,伏乞照验施行。"③由宁河县申文可以发现,顺天府属州县行政管理层级分为五级:州县、四路厅、通永道和霸昌道、直隶按察使和布政使、顺天府尹和直隶总督,在上述行政层级中,与州县关系最为密切无疑就是四路同知,它是顺天府与直隶省、州县与各层级行政机构之间政令上传下达的关键环节。

清末新政改革期间,清王朝考虑调整顺天府体制,朝野上下关于顺天府存废之争不绝

---

① 《军机处录副奏折》,档号:03-5536-010,光绪七年七月十五日,直隶总督李鸿章奏折。
② 《顺天府档案》,档号:12-016,宣统二年十一月,东路同知徐国桢考语册。
③ 《顺天府档案》,档号:13-037,宣统元年正月十八日,宁河县知县孔宪邦申文。

于耳。① 光绪三十年(1904),因京师治安和司法事务另划归五城与工巡局兼理,适应京畿治理的需要,顺天府建议整合顺天府行政机构,凡与京师职能关系疏离的机构整体外迁,解散四路同知,"以大兴县移驻黄村,兼理东南各事,宛平县改屯卢沟桥,兼理西北各事"。② 在顺天府行政体制改革过程中,有官员建议进一步强化顺天府及四路同知体制,改府尹为巡抚,同知升为知府,据该官员等强调:"平日府尹虽与督抚平行,而品秩既逊,即权限未专,不若将府尹改为巡抚,裁去兼尹一缺,以免事权不一,并裁去府丞、治中,添设布政、提法、提学各司,以资治理,至辖地过少,名实未能相称,可除原管二十四州县外,将京北之宣化、承德两府划归巡抚管辖,四路捕盗同知一并改为知府,庶京省官制免致参差。"③顺天府主张将顺天府改设行省,四路厅改为审判厅,并拟定具体章程方案。④ 随后,清政府内部掀起了京畿行政体制改革的大讨论,有官员建议削弱顺天府体制,改府尹知府,归直隶总督直辖,将四路同知全部裁撤。⑤ 反对顺天府改设省制的官员认为"以府之名称而领省之区域,名实究有未符",此外,"于直隶百余州县中划出二十四属别为一省,与之对峙,不配亦太不均"⑥。上述主张扩展顺天府职能的有顺天府尹、政务处大臣,主张缩小顺天府职权的为宪政馆大臣,因为双方争执不下,顺天府官制改革的计划最终无果而终。⑦ 清末顺天府行政体制改革反映出京畿治理的复杂性,中中央与地方、顺天府与直隶之间不断进行博弈,京畿协同治理的实践在清末陷入困境。当然,京畿协同治理的探索并未因清王朝的灭亡而中断,从民国时期到新中国成立以后,关于京津冀地区行政体制改革以及协同治理理念的讨论和实践从未间断,并且随着历史变迁展现出不同的时代特色。

作者简介:王洪兵,中国海洋大学中国社会史研究所副教授。

---

① "顺天府裁撤述闻",《山东官报》,1905 年第 68 期,第 4 页。
② "各省内务杂志·直隶",《东方杂志》,1904 年第 1 卷第 10 期,第 136 页。
③ "中外要事·政府拟改顺天府尹为巡抚",《新闻报》,1908 年 6 月 25 日。
④ "顺天府改设行省之难",《新闻报》,1908 年 9 月 26 日。
⑤ "改革顺天官制之纷议",《申报》,1911 年 4 月初 4 日。
⑥ "拟改顺天府地方行政制度之呈文",《时报》,1912 年 7 月 7 日。
⑦ "十八日戌刻北京专电",《时报》,1909 年 5 月 8 日。

兵民之间:清中期逃兵的生活众像

郭瑞鹏

【摘　要】清朝武事频仍,然而即使在武功强盛的清中期(乾隆期),兵丁脱逃情况始终存在,清代的逃兵大致可分为平时逃兵和战时逃兵两种。逃兵从营伍脱逃常常造意于一些寻常原因,而兵丁脱逃之后的谋生手段则主要有佣工、行乞等,他们脱离营伍马上就能混迹于一般平民之中,这也增加了清代各级衙门缉拿逃兵的难度。另外,由于清代社会缉捕手段存在多种弊端,使得逃兵缉拿效率低下,难以达到预期效果。总结清中期逃兵的生活史,我们发现,清中期逃兵的行为反映出他们的军人自我意识较为淡薄,他们的身份也游走于兵丐之间、兵民之间。

【关键词】清中期;逃兵;生活史;兵民之间

前　言

历史时期不同身份人群的社会生活史研究涉及的范围非常广泛,宦官、娼妓、方士、侠客、刺客、流民等等中国古代社会各色各样的人群都受到关注,已有研究重在发掘中国历史上不为官方史书所重视的社会下层民众、社会边缘群体,努力呈现古代中国社会的不同面向,较多采取普及性、通俗性的叙述手法,丰富了中国古代下层民众社会生活史的研究。① 就清代社会而言,冯尔康与常建华合著的《清人社会生活》一书以社会史的研究视角对清代的社会生活进行了较为深入的研究,其中清代等级社会生活中平民等级的研究包括地主、商人、自耕农、佃农、手工业者、医生、巫人、乞丐、地痞、雇工、贱民等。② 然而,这些研究仍然未能将逃兵这一特殊群体纳入其中,究其原因,史料的缺乏及史料内容的同质化是不能回避的因素。此外,逃兵群体的特殊性也是不容忽视的问题。相较于其他社会群体,逃兵身份的界定更为动态,不同朝代由于军制的不同,逃兵出现的形式、现象也差异明显,为

---

① 此类研究主要有"中国社会民俗史丛书"之《优伶史》《奴婢史》《小妾史》《妓女史》《流氓史》《商贾史》《流民史》《刺客史》《侠客史》《窃贼史》,上海:上海文艺出版社,1995—2000 年;"修正文库·中国社会史系列丛书"之《乞丐的历史》《窃贼的历史》《骗子的历史》《流氓的历史》《方士的历史》《宦官的历史》,北京:中国文史出版社,2005—2006 年;以及"修正文库·中国江湖系列丛书"之《娼妓的历史》,北京:北京图书馆出版社,2004 年;曲彦斌:《中国乞丐史》,北京:九州出版社,2007 年。

② 冯尔康、常建华:《清人社会生活》,沈阳:沈阳出版社,2002 年。

数不多的逃兵研究成果显然受限于这些客观情况。① 有关清代逃兵的论文数量则更为稀少，马亚辉通过对乾隆朝西南地区用兵期间的逃兵进行考论，认为乾隆朝通过缉拿逃兵，肃明军纪，维护了封建王朝军队的威严，逃兵一案亦反映出乾隆朝在军事管理方面存在着严重问题。② 而孟姝芳则认为逃兵现象产生的根本原因是营伍废弛，乾隆皇帝因缉捕逃兵不力而严厉处分文武官员的措施反映了乾隆思虑之欠妥，处理之盲目。③ 从上述学术史的回顾中，我们不难发现，基于社会史关照不同人群理念进行的清代逃兵研究仍然付诸阙如，史料乃其重要影响因素，而社会史家冯尔康先生曾指出"新概念、新方向、新领域是开启社会史史料宝藏的钥匙"④，因此，当笔者用社会史的眼光重新审视清代逃兵的相关问题时，发现清代奏折档案中散落有数量较多的逃兵口供资料，为我们探讨清代逃兵的生活史提供了便利。

本文所利用的清代档案主要有朱批奏折以及军机处录副奏折，此两类奏折档案虽有不同，然其内容系出一源，许多朱批奏折都能找到相对应的录副奏折。这些有关逃兵的奏折多数由总督、巡抚、布政使等地方大员上奏，也有一些为将军、总兵等武职官员写就。奏折的主要内容是审讯缉获的逃兵所得口供，以及处罚逃兵的相关事宜，朱批奏折内所保留的逃兵口供资料多是缮折人员精简后的内容，逃兵的详细口供资料，奏折中往往指出"另附供单进呈"，按照当时的惯例，这些供单最后是会同录副奏折一同保存。然而，笔者在查阅中国第一历史档案馆藏逃兵相关录副奏折时，发现并不是所有的供单都同录副奏折一起保存下来，很多供单仍然不知所踪，这不能不说是研究的遗憾。不过，利用已有的档案资料并结合实录、笔记等史料，我们已经能够大致勾勒出清代逃兵的生活图景。

在这些奏折档案中，作为记载逃兵口供主体的清代官员主要关心的是逃兵何时、何地、如何脱逃。由于《大清律例》中对逃兵偷带军营兵器、逃后是否行凶为匪、或者有知情容留之人都有相关议罪律例⑤，因而，被审讯的逃兵需要对这些问题进行回答，这构成了此类口供的主要内容，借此口供，本文首先分析逃兵起意脱逃的缘由。其次，分析逃兵如何脱逃以

---

① 在已有的研究中，刘安志从新发现的吐鲁番文书入手，在考释文献的基础上，考察唐代捉拿逃兵的历史情况，刘安志：《对吐鲁番所出唐天宝间西北逃兵文书的探讨》，《魏晋南北朝隋唐史资料》，1997 年，第 118—132 页；朱德军则利用出土黑水城文献探讨了宋代西北地区逃兵的类型、原因、政府对策以及逃兵的后果，朱德军：《宋代西北地区逃兵问题的历史考察——以俄藏黑水城文献为中心》，《山西大学学报（哲学社会科学版）》2011 年第 4 期，第 41—46 页；辛寅的学位论文《北宋逃兵问题的相关探讨》，着重探讨了北宋严重的逃兵现象，分析该现象产生的原因、不良影响以及政府的对策，辛寅：《北宋逃兵问题的相关探讨》，广西师范大学硕士学位论文，2013 年；张明《宋代军法研究》一书，以法学的视角切入，分析了军法的内容、特点、实践等，其中"士兵逃亡法"一节涉及逃兵问题，张明：《宋代军法研究》，北京：中国社会科学出版社，2010 年。明代逃兵的研究较多，由于明代实行军户制度，所以这些研究称逃兵为"逃军"，相关研究内容多从军户制度谈起，刘永晋：《明代逃军问题初探》，《历史教学问题》2007 年第 6 期，第 65—67 页；张娜《明代逃军问题研究》，青海师范大学硕士学位论文，2009 年。另有两篇文章则探讨了朝鲜半岛的明代逃军问题，刘永连、赵静：《1601 年朝鲜汉城明军逃兵之乱》，《东疆学刊》2014 年第 4 期，第 59—65 页；赵静：《壬辰战争时期朝鲜半岛明逃军问题研究》，暨南大学硕士学位论文，2015 年。笔者案：此处有关明代逃兵的文章，将"逃兵"称之为"逃军"，原因是明代兵源来自"军户"，本文研究清代的"逃兵"则不能将其称之为"逃军"，因为清代大部分情况下"逃兵"和"逃军"有着不同的含义。在清代，"逃军"多指发遣充军的犯人逃跑称之为"逃军"。
② 马亚辉：《乾隆时期西南地区逃兵考论》，《昆明学院学报》2012 年第 2 期，第 77—82。
③ 孟姝芳：《乾隆朝官员处分研究》，呼和浩特：内蒙古大学出版社，2009 年，第 142—147 页。
④ 冯尔康：《中国社会史概论》，北京：高等教育出版社，2004 年，第 134 页。
⑤ 张荣铮、刘勇强、金懋初点校：《大清律例》，天津：天津古籍出版社，1993 年，第 316—318 页。

及逃后如何生活等问题。再次,要考察一下清代追缉逃兵的方式。最后,凭借对档案史料中逃兵生活的分析,总结归纳出清代逃兵的一些特点。不过,必须要指出的是,通过档案勾勒逃兵的生活史也有其局限,那就是留存在档案中的逃兵身影大多数是被缉获的逃兵,那些未被抓获的逃兵的生活如何,我们不得而知,就时代来看,本文所获得的逃兵资料以乾隆朝居多,而这所能勾勒的逃兵生活史也以清中期为主。

一 逃意起寻常

清朝前中期,八旗和绿营作为两大经制兵是国家武装力量的重要组成部分[①],清朝后期朝廷开始编练新式军队,八旗、绿营仍多存而不废,可见八旗、绿营在清代军制史上有着相当重要的地位,本文论述的逃兵也主要属于八旗和绿营。兵丁的生活状态大致可分为无战事的承平时期与上阵杀敌的战时两种,在清代,兵丁无故脱离其所隶属的军事单位,或对军事行动起到负面作用的人一般都会按照逃兵来处罚,这些因素都使得逃兵的界定较为动态,我们以清代文献中所称之逃兵展开论述。

(一)平时逃兵脱逃缘由

平时八旗兵丁的主要任务是定期差操,训练骑射,保持战斗力,而直省驻防八旗更是常驻各地,但是其管理组织仍在京城,有些驻防八旗兵丁在京城有亲戚,他们可能因此而逃回京城。如宁夏驻防步兵常明在宁夏并无妻子亲属,而其弟常在则在京城,常明从驻防地逃回北京。[②] 畿辅驻防八旗是驻防八旗中的特殊群体,他们在京师周围驻防,距离京师并不遥远,所以他们常常从驻防地脱逃回北京。乾隆年间此种情况一度非常严重,而时人对这些畿辅驻防八旗兵丁脱逃的原因也有深刻的认识。兵部官员认为山海关、热河、古北口、张家口、天津、小八城等处驻防满兵脱逃,是利用制度的漏洞,"借潜逃为留京之计"[③]。当时的京师四方辐辏,城市繁华,享乐宴游之处甚多,相比之下驻防地的生活则清苦许多,这些近在京师周围的驻防满洲,留恋京师生活,从驻防地脱逃回京师,其行为并不难理解。

有些平时逃兵脱逃主要是因为当差出现误失,恐被责罚,所以逃走。逃兵申荣因闪坏马腿,恐受责处,从而私自潜逃。[④] 又有兵丁张宗信、陶文启在后龙风水苇塘沟守夜,因遗失火种,延烧荒草,虽当即扑灭,但二人畏罪逃走。[⑤] 逃兵安振国被派在乌鲁木齐所属之吉木萨地方屯田,赴山里砍取木枝,因被风沙迷路耽误回营时间,不敢回屯而脱逃。[⑥]

---

① 白钢主编,郭松义、李新达、杨珍著:《中国政治制度通史(修订版)·第十卷·清代》,北京:社会科学文献出版社,2011年,第284页。
② 《内阁兵科题本》,乾隆八年十一月十九日,中国第一历史档案馆藏,档号02-01-006-000574-0014。(案:本文所引用之《内阁兵科题本》《朱批奏折》《军机处录副奏折》俱系中国第一历史档案馆所藏,下文不再特别注明。)
③ 《清高宗实录》卷244,乾隆十年七月乙亥。
④ 全士潮、张道源等纂辑,何勤华、张伯元、陈重业等点校:《驳案汇编》,北京:法律出版社,2009年,第735页。
⑤ 《保宁奏报拿获失火逃兵解部治罪折》(乾隆四十二年九月十二日),"故宫博物院"编:《宫中档乾隆朝奏折》第40辑,台北:"故宫博物院",1982—1988年,第74—75页。
⑥ 《陕西巡抚毕沅奏报审办口外屯田之逃兵安振国事》(乾隆三十八年十二月初十日),《宫中档乾隆朝奏折》第33辑,第708—709页。

另外一些逃兵则是由于参与不法活动,事发之后,畏罪潜逃。道光年间,守陵兵丁崔得玉伙同民人偷猎陵内牲畜分赃,事发后崔得玉潜逃。① 绿营水师逃兵陈捷成因为参与护理游击汪国栋擅自拆卸应修缮之哨船,而谎称遭风击碎之不法事情,事发后脱逃避罚。②

平时绿营兵丁主要靠每月银粮过活,有些兵丁预支银粮之后脱逃。陈宏谋在陕西巡抚任上即抓获此种逃兵。马战兵张伦于前一年冬天预支正月饷银、二月马乾、三月麦粮之后,忽然潜逃。③

(二)战时兵丁脱逃缘由

战时,军营正兵以及余丁、跟役等脱逃都会按照逃兵来处理,逃兵被抓获之后,在审讯时,其往往会吐露一些情况,这些内容以逃兵口供的形式形成文本,并保留下来,为我们探寻战时兵丁脱逃的缘由提供了材料。

兵丁出征,离家在外,日久难免思念家乡、家人,往往因此而起意脱逃。逃兵陈在东见同伍兵丁患病遭回,思念家乡起意脱逃。④ 逃兵曾映宏也因思念家乡乘间脱逃。⑤ 逃兵汪汉伯为甘肃营兵,奉派乌鲁木齐屯田,又由乌鲁木齐派往伊犁,忽思念家人,潜行逃回。⑥ 还有逃兵白伟又名陈澍,籍隶清平,充当凯里营枪手,乾隆三十二年(1767)出征云南,三十四年(1769)又解运新街粮米,行至中途,思亲念切,起意逃回。⑦ 白伟从出征以来历时两年仍在军营当差,其思念亲人也属正常。逃兵赵成也因"一时想念家里",所以乘空逃回。⑧ 又有兵丁年纪尚轻离家在外,难免思念父母,从而逃跑,如逃兵傅德年仅21岁,出师金川,奉差办事,一时想念父母起意脱逃。⑨

兵丁在军营除打仗外需要干许多杂活,身心疲惫,因此许多兵丁因军营劳累,起意脱逃。逃兵伍均相因军营辛苦不过,起意私逃。⑩ 逃兵孟成因在军营寻柴取水受苦不过而脱逃。⑪ 逃兵王宗魁本系余丁,跟随赴川,本营正兵有病故者,其顶补名粮,守卡当差,后前赴格尔古双碉取水,也因受苦不过,起意逃走。⑫ 兵丁吴太在金川前线,因怕受苦起意脱逃。⑬

---

① 《清宣宗实录》卷95,道光六年二月壬申。
② 《清宣宗实录》卷336,道光二十年七月丙申。
③ 陈宏谋:《饬惩逃兵檄》,《培远堂偶存稿》卷19,收入《清代诗文集汇编》,上海:上海古籍出版社,2010年,第280册,第456b页。
④ 《朱批奏折》,乾隆四十年十一月初八日,档号04-01-01-0340-036。
⑤ 《朱批奏折》,嘉庆十年五月初七日,档号04-01-08-0164-013。
⑥ 《朱批奏折》,乾隆二十六年十月二十八日,档号04-01-01-0248-045。
⑦ 《朱批奏折》,乾隆三十七年十月初三日,档号04-01-01-0309-033。
⑧ 《朱批奏折》,乾隆三十九年十一月初二日,档号04-01-01-0329-055。
⑨ 《朱批奏折》,乾隆四十年九月初十日,档号04-01-01-0365-018。
⑩ 《朱批奏折》,乾隆三十八年正月二十四日,档号04-01-01-0323-001。
⑪ 《朱批奏折》,乾隆四十年九月二十六日,档号04-01-01-0365-017。
⑫ 《朱批奏折》,乾隆四十年五月二十四,档号04-01-01-0339-024。
⑬ 《朱批奏折》,乾隆四十年十月二十日,档号04-01-01-0340-021。

逃兵张洪伦①、李奉②、张士荣、吴文英③、凌贵④、黄荣松⑤等均供述因军营劳苦所以脱逃。

士兵出征前线除了要承担繁重的任务,还要忍受恶劣的战场环境,这更加重了兵丁的身心负担,进而意志动摇选择脱逃。乾隆朝金川之役多在高海拔山地条件下作战,气候寒冷,兵丁多有不适。钟太就因在金川前线怕受苦寒,所以起意逃脱。逃兵高天才(本名郑文明)在梁子上驻扎,因身上寒冷,未经告假就离开军营不再返回成为逃兵。⑥

复杂严酷的战场自然环境,往往导致兵丁身患疾病,医治不能及时得当,以致兵丁备受折磨,因而逃离军营。逃兵蒋怀德出师金川,染患寒病,受苦不过,起意私逃。⑦ 兵丁陈登仁在军营抬运船板,因病落后,遂以军营辛苦而逃。兵丁杨士富也因染患瘴病不能劳苦而脱逃。⑧ 另有逃兵杨先荣"患痢落后,见队伍远去,即弃军械脱逃"⑨。逃兵王有才被派往四川军营,屡次跟随打仗,旋患腿痛之病,后轮其砍柴,因腿疼不能入山,无柴则难以回营,又念父母年老,遂起意脱逃。⑩ 王有才患病后仍需砍柴,且无柴难以交代,也可见清代军营对待士兵并不能爱护有加,也证明军营确实辛苦。逃兵黄梅在金川打仗四次,后来得了吐血病,起意逃走。⑪ 兵丁姜斌因患病不能受苦,起意私逃,而宋文全患病后又思念父母,所以也逃走。⑫ 逃兵翟荣因染病落后,旋即脱逃。⑬

有些兵丁则是在战斗中受伤,未能得到合理调治所以脱逃。逃兵唐正德供称其左手肘被石打伤,已经留在军营调养,他曾向领兵官辞粮未获批准,而受伤的左手时常疼痛,不能出力,军营中食物又贵,才起意私逃。⑭ 这里唐正德还透漏出一点是军营食物较贵。

有些兵丁在战场受伤后经过调养伤病痊愈,但是这段受伤的经历显然给他们造成了不小的心理障碍,以致他们畏惧出征而脱逃。逃兵陈善于乾隆三十二年(1767)三月内曾经出兵新街,因患病回至内地调养,痊愈后又被派出口防守,其畏惧退缩,随即私自逃回。⑮ 另有逃兵王正荣同样先患病撤回调养,痊愈后复调赴龙陵驻剳,因畏惧出征,在途中起意脱逃。⑯

兵丁在军营常受命办事,因有所差误,恐被责罚而后起意脱逃。逃兵王兆魁在军营奉

---

① 《朱批奏折》,乾隆四十年十一月二十一日,档号04-01-01-0340-038。
② 《朱批奏折》,乾隆四十一年十月初八日,档号04-01-01-0355-052。
③ 《军机处录副奏折》,乾隆四十一年十一月,档号03-1422-027。
④ 《军机处录副奏折》,嘉庆二年二月二十四日,档号03-2426-048。
⑤ 《湖南巡抚觉罗敦福奏报拿获逃兵黄荣松并审明正法事》(乾隆四十二年二月十二日),《宫中档乾隆朝奏折》第37辑,第754页。
⑥ 《朱批奏折》,乾隆三十八年六月初三日,档号04-01-01-0323-045。
⑦ 《朱批奏折》,乾隆三十八年正月二十四日,档号04-01-01-0323-001。
⑧ 《贵州巡抚觉罗图思德奏报审办拿获之逃兵陈登仁等事事》(乾隆三十九年三月廿八日),《宫中档乾隆朝奏折》第35辑,第138页。
⑨ 《朱批奏折》,乾隆三十八年二月十一日,档号04-01-01-0323-010。
⑩ 《朱批奏折》,乾隆三十八年闰三月二十二日,档号04-01-01-0323-018。
⑪ 《朱批奏折》,乾隆三十八年五月二十六日,档号04-01-01-0323-031。
⑫ 《朱批奏折》,乾隆三十八年六月十四日,档号04-01-01-0323-047。
⑬ 《朱批奏折》,乾隆四十年五月初十日,档号04-01-01-0339-020。
⑭ 《朱批奏折》,乾隆三十八年正月二十四日,档号04-01-01-0323-001。
⑮ 《朱批奏折》,乾隆三十四年十月二十八日,档号04-01-01-0279-026。
⑯ 《朱批奏折》,乾隆四十年二月二十四日,档号04-01-01-0339-006。

差递送公文,因病迟误,起意逃走。① 兵丁胥国太递送公文到粮台耍了一会儿,天色已晚,害怕回营责罚,所以逃走。② 兵丁余名江③、刘永贵④则因值更被责而起意脱逃。军队在外行军,一般住宿帐篷,负责看管帐房的兵丁将帐房丢失会受罚,兵丁因此畏罚脱逃。如兵丁马玉在军营奉派背负帐房,因中途遗失畏罪潜逃⑤,而兵丁朱廷龙同样负责背送帐房,不料却被敌人抢去,不敢回营复命因而脱逃。⑥ 军队安营扎寨之后需要取水饮用,打柴生火,取暖、做饭,取水寻柴也是许多兵丁的一项任务,通常需要他们进山,兵丁不熟悉山里情况容易迷路、失足受伤等,这也成为许多兵丁脱逃的缘由。逃兵曾成功,被派往金川效力,在北山梁取水,因迷路径,无人指引,随起意脱逃。⑦ 兵丁王佐才进山打柴迷路,迟误了八日,不敢回营,所以逃走。⑧

有兵丁趁出外办事,无人监管即起意逃走。兵丁栗云高出师金川,奉外委差遣支领盐菜银两,途中起意脱逃。⑨ 廖君宣则是在搬取军装时乘间逃走。⑩

战时军营是一个人员密集的地方,兵丁在与其他人相处过程中难免发生摩擦,因而被上司责罚,他们从而起意脱逃。兵丁汪之荣因与同营马兵争吵被责罚,派令背运柴水,其因被责后复当苦差起意脱逃。⑪ 逃兵汪有志则是因为在军营和同伴赌博吵闹之后私自潜逃的。⑫

兵丁作战时被冲散,有顺势逃走的情况。逃兵陈纪先派赴金川打仗,在木果木被冲散,起意脱逃。⑬ 兵丁萧文斌则是在与缅匪打仗时被冲散,趁机脱逃。⑭ 也有兵丁在作战时潜逃,逃兵张永清在金川打仗,乘空逃出。⑮

八旗兵丁出征,照例带有跟役,需要自己负担跟役食宿、雇佣费用,若未能做到,跟役多有不满,因而脱逃,还可能同时偷带兵丁的财物。宁夏满兵甘普的逃役七儿在被抓后供称甘普一路不给饱饭吃,后听人劝感拿了甘普的几件衣服逃走。⑯ 跟役大小儿是满洲笔帖式同贵家奴,后雇与满兵七十八充当跟役,前往四川军营,讲定雇价十二两,七十八现给八两,欠有四两,后大小儿向讨所欠雇价未得,就趁空偷了七十八银子十两、腰刀一把以及小刀烟

---

① 《朱批奏折》,乾隆三十五年八月初五日,档号04-01-01-0288-045。
② 《军机处录副奏折》,乾隆四十一年十一月,档号03-1422-027。
③ 《朱批奏折》,乾隆四十年十月十四日,档号04-01-01-0340-019。
④ 《朱批奏折》,乾隆四十四年十一月初九日,档号04-01-01-0369-054。
⑤ 《陕甘总督勒尔谨奏报拿获逃兵马玉等事》(乾隆三十九年九月十三日),《宫中档乾隆朝奏折》第36辑,第688页。
⑥ 《朱批奏折》,乾隆四十四年九月初三日,档号04-01-01-0369-049。
⑦ 《朱批奏折》,乾隆三十八年五月二十一日,档号04-01-01-0323-025。
⑧ 《朱批奏折》,乾隆四十一年六月二十九日,档号04-01-01-0355-051。
⑨ 《朱批奏折》,乾隆四十年闰十月十六日,档号04-01-01-0340-031。
⑩ 《朱批奏折》,乾隆四十四年七月二十二日,档号04-01-01-0369-040。
⑪ 《朱批奏折》,乾隆四十四年十一月十一日,档号04-01-01-0369-058。
⑫ 《清高宗实录》卷1078,乾隆四十四年三月丁酉。
⑬ 《朱批奏折》,乾隆三十九年十二月初四日,档号04-01-01-0332-019。
⑭ 《军机处录副奏折》,乾隆三十三年,档号03-0399-095。
⑮ 《朱批奏折》,乾隆四十年四月二十九日,档号04-01-01-0339-017。
⑯ 《刘统勋奏为遵旨将宁夏满兵甘普逃役七儿拿获审拟正法折》(乾隆二十年七月初四日),《宫中档乾隆朝奏折》第1辑,第43页。

袋等逃走。①

在解读这些兵丁脱逃的缘由时，我们不能全信其真，因为这些逃兵在被抓获之后，可能会将自己脱逃的行为描述为万不得已，或者故作可怜希望能减轻处罚，这些情况都有存在的可能，不过这些内容被记入奏折，则表明至少在地方官员看来，这些逃兵的供述还是比较可靠的。

当然，此类奏折档案制造者在录入逃兵口供时也可能存在改动的情况。乾隆皇帝曾发上谕称，"毕沅奏拿获逃兵六格审明正法一折，所称该犯供词内，有捏称想念母亲，起意逃走等语。毕沅并不斟酌事理，率将此等供词叙入，殊属非是，特降旨谕知毕沅，并通谕各督抚，令于此等处，均宜留心检点。"②乾隆皇帝批饬毕沅在缮折录入逃兵口供时，不能斟酌事理，在乾隆看来，逃兵应该是丧尽天良、不知人伦，尤其不懂感恩之人，怎么可能还会想念母亲，而且因此逃走。前述许多逃兵供称因思念家人而逃走，通过我们的分析这兵丁离家日久，又不断征战，思念家人是很正常的情况，而家有老母，兵丁思念更属应该，乾隆皇帝可能是认为逃兵如果思念母亲岂不是孝子，那孝子怎么能临阵脱逃，而正法孝子与清代以孝治天下的政策相悖，所以乾隆批饬毕沅不能"斟酌事理"，而且乾隆还要求督抚以后要在这方面"留心检点"。上文为数众多的逃兵均供称其思念家人，因而脱逃，乾隆皇帝也没有什么反应，而一提到思念母亲，乾隆则显得不能忍受，可能思念家人在乾隆看来是逃兵思念妻子、儿女，而这更能证明逃兵贪图安逸，不思报效朝廷。

二 逃后求生活

（一）脱逃手段

兵丁有了脱逃的意念，采取何种手段才能顺利脱逃就是摆在他们面前最现实的问题。然而，许多档案所记载的兵丁脱逃手段比较简略，不过仍有一些档案记载了较为丰富的情节。逃兵刘永贵在杀牛祭神时被把总派赴百总营房搬取帐房，其借此机会，将帐房取出后丢弃在陕西营房旁边，同夫役李德胜一同走出。不料，李德胜在中途病故，刘永贵就拿了李德胜的夫役腰牌冒名李德胜，通过关口的盘查，继续潜逃各地。③ 同样逃兵陈在东脱逃后遇见患病兵丁张克先，知道其有路票，就谎称自己奉有公干可以代支夫粮，骗取张克先的路票。④ 兵丁黄全因军营辛苦起意脱逃，趁自己一人下山汲水，丢弃号衣逃跑。⑤ 而兵丁钟家得则是谎称买菜得以出卡脱逃。⑥ 逃兵汪汉伯是在行军途中藏入树林脱逃。⑦ 逃兵六格谎

---

① 《陕西巡抚毕沅奏报审办拿获脱逃之役夫事》（乾隆三十九年四月初七日），《宫中档乾隆朝奏折》第 35 辑，第 222 页。
② 《清高宗实录》卷 1142，乾隆四十六年十月癸酉。
③ 《朱批奏折》，乾隆四十四年九月十六日，档号 04 - 01 - 01 - 0369 - 051。
④ 《朱批奏折》，乾隆四十年十一月初八日，档号 04 - 01 - 01 - 0340 - 036。
⑤ 《军机处录副奏折》，嘉庆二年七月初五日，档号 03 - 2426 - 019。
⑥ 《军机处录副奏折》，嘉庆二年二月二十四日，档号 03 - 2426 - 048。
⑦ 《朱批奏折》，乾隆二十六年十月二十八日，档号 04 - 01 - 01 - 0248 - 045。

称往大营,随即携取盘费,私骑别人马匹逃走。① 兵丁申荣则假称告假探亲,离开营伍,不再返回。② 逃役陈洪元在金川美诺照管病兵,起意脱逃之后,假称前往大营,遂将帐房锣锅挑走,中途弃毁逃走。③

从上述案例中我们不难发现,兵丁脱逃采取的各种手段主要目的是为营造一个有利于脱逃的环境,以及方便后续的逃跑。

(二) 艰难生存

兵丁逃走之后怎样生存、如何逃避追捕、如何维持日常生活是逃兵最紧急、最重要的事情。逃兵的这些生存手段也是最能体现时代特点、社会情态的内容。清中期兵丁脱逃之后主要的生存手段有两种,一是成为乞丐,求乞度日,这种方法最为简单,也最为通行;另一种是给人当佣工,赚取生活所需。

兵丁脱逃之后行乞度日者众多。如逃兵王兆魁逃走之后在各处求乞度日。④ 伍均相私逃之后装作乞丐各处乞讨。⑤ 王有才在四川军营效力,脱逃后沿途求乞,从偏僻小路行走。⑥ 兵丁王天才从军营脱逃后由山僻小路讨吃行走。⑦ 逃兵黄喜脱逃后随处讨吃,夜宿古庙空寺,欲逃往湖广,从南山小路偷走被获。兵丁薛成,独自逃出后,由山僻小路行走,扮作乞丐。⑧ 马元朝则是在守卡地方逃走,由山僻小路讨吃回陕西,被兵役盘获。⑨ 逃兵赵成因想念家里脱逃,由山僻小路行走求乞,恐怕查拿,随处躲避。⑩ 逃兵张永清是长安县人,出逃后由山僻小路行走,讨吃度日,在四川流荡了有两年光景,思乡回家,半路被获。⑪

乾隆朝征缅战争发生在云南边境地区,该地区多属土司控制,村落较多,兵丁脱逃后,也在该地乞讨。王正荣脱逃之后不敢回家,就在各处村落求乞度日。⑫ 逃兵翟荣因染病落后脱逃,也是潜赴各村落求乞度日,后回家探望途中被兵役查获。⑬

逃兵乞讨除了生存之外,在躲避盘查方面也有一些便利。逃兵黄梅在纳占营盘提水,乘间脱逃,从营里到四川省城,白天讨乞行走,夜晚则住宿孤庙桥亭,一路上经过关卡,兵役见其面黄肌瘦像讨乞的病人,便不加盘问,后在保靖县濯溪地方被盘获。⑭ 黄梅由于营养不良,面色颇似病人,在关卡兵役看来,这种人应该是乞讨者无疑,所以对其不加盘查,反而使黄梅顺利通过关卡。

而逃兵陈纪先的经历则说明逃兵乞讨度日有时也是不得已的行为。陈纪先派赴金川

---

① 《朱批奏折》,乾隆四十六年六月十二日,档号04-01-01-0386-057。
② 全士潮、张道源等纂辑,何勤华、张伯元、陈重业等点校:《驳案汇编》,第735页。
③ 《朱批奏折》,乾隆四十年十月十四日,档号04-01-01-0340-019。
④ 《朱批奏折》,乾隆三十五年八月初五日,档号04-01-01-0288-045。
⑤ 《朱批奏折》,乾隆三十八年正月二十四日,档号04-01-01-0323-001。
⑥ 《朱批奏折》,乾隆三十八年闰三月二十二日,档号04-01-01-0323-018。
⑦ 《朱批奏折》,乾隆三十八年四月二十八日,档号04-01-01-0323-021。
⑧ 《朱批奏折》,乾隆三十八年四月初八日,档号04-01-01-0323-022。
⑨ 《朱批奏折》,乾隆三十八年五月二十四日,档号04-01-01-0323-038。
⑩ 《朱批奏折》,乾隆三十九年十一月初二日,档号04-01-01-0329-055。
⑪ 《朱批奏折》,乾隆四十年四月二十九日,档号04-01-01-0339-017。
⑫ 《朱批奏折》,乾隆四十年二月二十四日,档号04-01-01-0339-006。
⑬ 《朱批奏折》,乾隆四十年五月初十日,档号04-01-01-0339-020。
⑭ 《朱批奏折》,乾隆三十八年五月二十六日,档号04-01-01-0323-031。

打仗,在木果木被冲散,起意脱逃,逃走后因患伤寒病症,在山僻村庄乞食缓养,病愈后潜归原籍。① 此外,陈纪先因患病无法佣工,也不能快速逃回,只能边乞讨、边缓养身体,每日苟延残喘,勉强生存。逃兵萧升系宜章营兵丁,脱逃后混迹乞丐中,因醉酒后向丐伴吐露其逃兵身份而被拿获。②

上述兵丁脱逃之后大量采取行乞的方式,既能生存,也能躲避盘查。从他们的供词来看,这些逃兵在脱逃之后马上开始行乞,沿途为了躲避追捕往往在偏僻的村落行乞,这无疑增加了获得食物的难度,有些人因此营养不良。同时,他们在逃跑的路途中也时刻注意官府的追捕,所以精神压力大,住宿又往往选择无人的古庙空寺,各种不利情况使得有些逃兵在逃跑途中不幸身死。在清代,贫苦人民经常被迫沦为乞丐,逃兵成为乞丐既有其主动选择的原因,也与此种方式最为简便易行,基本不需要什么技能。

逃兵脱逃之后另一种主要的生存方式即是通过自身的劳动来赚取生活所需,主要的形式是替人佣工,而这需要逃兵掩饰好自己的身份。宁夏驻防逃兵常明逃回北京之后在朝阳门外的茶铺佣工度日。③ 逃兵申荣私自潜逃之后,路过王悦茶馆,进内声言欲觅工作。王悦不知申荣是在逃兵丁,即雇申荣在铺佣工,双方议定每月工价大钱八百文。④ 可见,申荣隐瞒逃兵身份之后,在茶馆受雇,有了一份糊口的工作。兵丁汪汉伯因思家人,私自潜逃之后,进入树林藏避,由南路一带空僻处所潜行逃回,至沙州乡间与人雇工,谎称其赶车出口,折本回家,而不敢透漏自己逃兵的身份。⑤ 逃兵白伟又名陈澍,因思念亲人脱逃,逃后因盘费无资,在滇省地方捏名白伟,佣工度日。⑥ 逃兵高天才(本名郑文明)因身上寒冷,未经告假就下来往破碉地方找寻素日相识的王天学借银子,又找不着他,就在彼处替人背东西度日。⑦ 兵丁李盛和在云南出征,脱逃后潜赴土司地方佣工度日。⑧ 逃兵陈善也在云南军营征调,脱逃之后不敢归家,潜匿贵州地方佣工度日。⑨ 逃兵赵国长系四川奉节县人,出征脱逃后,改名赵国祥在汉阳地方帮工。⑩ 兵丁张士荣则是在脱逃后背送客货度日。⑪ 兵丁衡天禄脱逃后在各处山僻地方帮工度日。⑫ 逃兵栗云高则采取了另一种不同谋生方式,他脱逃后先在蛮家借宿几日,后来考虑到周围关卡甚多盘查严密,遂在该处窝藏一年有余,每天割草砍柴,托蛮家代为背下卖钱度日。⑬

有些兵丁既沿途乞讨也不时充作佣工,只为能在逃跑生活中谋得一份吃食,从而得以生存。兵丁何青脱逃后在四川口外地区有时佣工有时乞讨,逗留五年之久,后从山僻小路

---

① 《朱批奏折》,乾隆三十九年十二月初四日,档号 04-01-01-0332-019。
② 《朱批奏折》,乾隆三十八年,档号 04-01-01-0327-046。
③ 《内阁兵科题本》,乾隆八年十一月十九日,档号 02-01-006-000574-0014。
④ 全士潮、张道源等纂辑,何勤华、张伯元、陈重业等点校:《驳案汇编》,第735页。
⑤ 《朱批奏折》,乾隆二十六年十月二十八日,档号 04-01-01-0248-045。
⑥ 《朱批奏折》,乾隆三十七年十月初三日,档号 04-01-01-0309-033。
⑦ 《朱批奏折》,乾隆三十八年六月初三日,档号 04-01-01-0323-045。
⑧ 《朱批奏折》,乾隆三十四年十月十三日,档号 04-01-01-0279-024。
⑨ 《朱批奏折》,乾隆三十四年十月二十八日,档号 04-01-01-0279-026。
⑩ 《朱批奏折》,乾隆五十年二月二十九日,档号 04-01-01-0413-053。
⑪ 《军机处录副奏折》,乾隆四十一年十一月,档号 03-1422-027。
⑫ 《朱批奏折》,乾隆四十四年八月初六日,档号 04-01-01-0369-043。
⑬ 《朱批奏折》,乾隆四十年闰十月十六日,档号 04-01-01-0340-031。

乞食回家。① 兵丁张占鳌脱逃之后在山僻地方趁工糊口,后从小路沿途讨吃回家。② 逃兵刘永贵的经历更能体现逃兵在逃跑途中为了生存既乞讨也佣工的生活。刘永贵脱逃后搭船向长江下游行走,后在大龙、公安一带讨吃没有住店,乾隆四十一年(1776)到洪江、黔阳、安江佣工,四十二年(1777)帮船上做水手。③ 刘永贵逃跑后活动范围较大,生存方式也灵活多变,重新融入社会,后来认为金川平定已久,查拿疏纵,遂潜回家乡,被人认出抓获。

此外,还有一些兵丁在潜逃时偷带军营食物、财物,因而逃跑途中可以不用乞讨。兵丁黄全脱逃时私带干粮,但也不可能携带太多干粮,虽然可以充饥一时,然而干粮吃完黄全也不得不挖取野菜度活。④ 战时逃兵李子云等携带撒袋鸟枪、腰刀等件,并偷窃驮马二匹,驼一只,官银二百两由嘉峪关外军营潜逃,⑤李子云等既偷窃众多军营牲畜、银两,并随身携带武器,沿途生活亦因有着落。兵丁林明在军营见阎成旺被套内放有支领存放起来的盐菜等项饷银二百一十两,遂商同他人窃取银两潜逃,一路上将银两花费。⑥

最有趣的一个案例中,有逃兵四人在途中相遇,又碰到在逃之陈刚明、朱明德二人,此六人探听到伤病兵丁都发往云阳县(今重庆市云阳县)调养,因此六人商量同往云阳县验伤,领取护牌,返回原籍。随后陈刚明认为各人伤病不重,恐难验准,考虑假造护牌、路照私自逃回,六人赞同此方法。陈刚明曾经做过匾匠,可以描摹,正好他们带有翼长旧牌,随即在店房内用油朱,照旧印描写护牌三纸,分给叶上辉一纸、陈凯、陈亮一纸,陈刚明与雷光、朱明德共一纸,后又伪造云阳县路照一纸,揭取告示上县印描入照内,填写六人姓名及沿途支取盐菜口粮字样,用朱笔标画。六人一同由云阳起程逃回广西,一路上支取盐菜口粮,无人盘诘。行近广西边界时,他们害怕暴露破绽,且着急回籍,因此分开行走,由山僻小径各回原营,缴牌收伍。陈刚明、朱明德各自告假辞粮,乘机逃逸。后经各营咨缴牌照,由军营查系伪照,咨查到营,才据各营将其中四名押解到县。⑦ 此案例中,逃兵通过假造患病兵丁的护牌、路照等,不仅一路无人盘查,还能一直支领口粮,享受病兵待遇,回到原营后自己辞退名粮,然后逃走。

另有一例,乾隆间,脱逃跟役胡之璜受雇跟随湖南官兵陈名亮出师,行至成都逃回,改名萧鬃髯伙同盗犯李敖等沿河行劫邻境,后在汉口被获。⑧ 该逃役在逃后成为盗窃之徒,为害一方,在被抓获后才知其有脱逃历史。该例表明在乾隆年间已有逃兵加入犯罪团伙,危害社会,到了晚清,由于战乱不断,民生凋敝,脱逃兵丁更是明目张胆地结伙犯罪。光绪年间,内地军兴,前敌失利各路溃兵纷纷逃出关口,有逃弁韩宝善、薛东林带领逃兵二百余人逃至赤峰县属三眼井地方,势欲叛乱,后韩宝善等纠集其他逃勇及土匪多人攻进赤峰县街,毙伤乡勇,焚烧劫掠钱铺当铺,并砸毁监狱等。⑨ 可见,随着清代社会的动荡不安,正常民人

---

① 《朱批奏折》,乾隆四十四年十二月二十六日,档号04-01-01-0369-044。
② 《朱批奏折》,乾隆四十四年九月二十二日,档号04-01-01-0369-047。
③ 《朱批奏折》,乾隆四十四年九月十六日,档号04-01-01-0369-051。
④ 《军机处录副奏折》,嘉庆二年七月初五日,档号03-2426-019。
⑤ 《朱批奏折》,乾隆二十三年十月十二日,档号04-01-01-0224-058。
⑥ 《朱批奏折》,嘉庆五年八月初六日,档号04-01-01-0475-065。
⑦ 《朱批奏折》,嘉庆五年八月二十四日,档号04-01-01-0475-063。
⑧ 《朱批奏折》,乾隆三十八年,档号04-01-01-0327-046。
⑨ 《朱批奏折》,光绪二十六年九月初二日,档号04-01-01-1042-047。

的生活都难以为继,兵丁脱逃之后再也不愿以行乞、佣工等普通民人之所为求得生存,而是纠集大量逃兵,肆意劫掠各地。

逃兵并不总是起负面作用,如果谋划得当有时也能起到有益作用。木果木之变时,李世杰刚刚接管粮台事务,金川番兵攻破大营,逼近粮台,形势危急,李世杰得知情况后下令将粮草焚烧,饷银由随军夫役任意拿取。退守之后,李世杰檄文通知夫役必经关卡,在逃兵进入关卡之后款待他们,但是将他们随身所带的银两收缴大部分,这样兵败之时由夫役拿取的饷银又全都收回。① 此处,李世杰利用随军夫役脱逃回内地的时机,将军饷银两任其携带,然后在关卡将这些银两收缴回官,军饷既无损失,夫役也未按逃兵例处罚,实乃两全之策。

三 逃兵的追缉

如何抓获逃兵,是考验地方督抚的一项难题,史料中通常描述为"盘获",这种简单的描述并不能使我们明白清代抓捕逃兵的手段,通过具体案例的分析我们可以从中管窥清代逃兵追缉的一些方法与手段。

清代战时兵丁一旦脱逃,所在军营就会建立逃兵档册,咨会兵丁原营、原籍地方一体查拿。平时绿营兵丁脱逃,该兵在营中之管理员弁就担负起追缉逃兵的责任,对逃兵的追缉有制度限定期限,逾限未获,该管员弁会受到处罚。这些规定同绿营的实际情况有差异,从而导致逃兵的追缉不能收到实效。署理直隶提督拉布敦曾就此问题上奏,拉布敦在奏折内称绿营兵丁,平时除操防护差以及轮班值宿外,一般听任其在家里休息,所以其脱逃之后,兵营员弁不易察觉,待其发觉,逃兵已经脱逃几日。制度规定有缉拿期限,逾限不获会受议处,为了规避处分,兵营员弁就可能会隐瞒逃兵不报,或者托词将逃兵开除名粮,这应该是清代绿营平时逃兵的一般状况。②

上文提到的逃兵申荣正是绿营平时逃兵,我们可以通过对申荣的追捕来管窥具体的逃兵追捕过程。逃兵申荣谎称探亲脱逃不回,并在一处茶馆帮工,过了二十多日,管理申荣的把总发现申荣逾限未回,认定其脱逃,随即派两名兵丁出外追缉。此两名兵丁在该兵起意脱逃近一个月之后才发现该兵在茶馆佣工,但是当他们索要逃兵之时,茶馆老板阻拦,并在申荣的请求下,继续容留逃兵,并未主动交出该逃兵。这两名追缉逃兵之兵丁随即到茶馆所在地之衙门禀明,该地把总添派本营兵丁一同前往捉拿,但是茶馆老板态度蛮横,拒不交出逃兵申荣,双方发生肢体冲突,捉拿逃兵之兵丁随后回营报销禀票,而逃兵申荣并未拿获,后因茶馆老板找当地协拿申荣之兵丁寻事发生命案。③ 从这一具体案例,我们可知拉布敦所言绿营兵丁脱逃方法以及追缉逃兵之困难并非虚言。此例还说明当追缉逃兵之员在外地发现逃兵踪迹时,他们会请求当地衙门协助缉拿,而派出协拿之兵役需要持票才能

---

① 陈康祺撰,晋石点校:《郎潜纪闻》(初笔二笔三笔)(下册),北京:中华书局,1984年,第572页。
② 《朱批奏折》,乾隆十二年十一月二十一日,档号04-01-01-0149-055。
③ 全士潮、张道源等纂辑,何勤华、张伯元、陈重业等点校:《驳案汇编》,第735页。

行动。

　　缉拿逃兵的时候如果过于张扬,则容易使逃兵闻风而逃。广南营守备田伦纲在查办逃兵时令营书唱名,致使逃兵闻信脱逃,田伦纲也因办理不密受到议处。①

　　通过盘查捕获逃兵是清代追缉逃兵最基本、最重要的方式,但是这种方式也有许多弊端。

　　首先,许多逃兵在遇到盘查时往往会找各种借口掩饰逃兵身份,如果盘查人员不能立即识破,那么逃兵就能躲过盘查继续潜逃,这就使得缉获逃兵的不确定性大大增加。逃兵刘一荣赴甘肃管理、解运羊只前赴军营,在赶羊途中脱逃,到嘉峪关时诡称跟人出口做买卖回来,因此得以入口,继续逃往家乡,在泾州被巡役疑为匪类盘获,移解原籍后,究出其逃兵情由。② 上文中逃兵黄梅一路关卡上因其面黄肌瘦被误作讨乞病人,并不盘问。③ 因黄梅像乞讨病人即不行盘查,可见盘查的偶然性也很大。

　　其次,即使盘获可疑逃兵人员,由于这些人员往往会改易姓名,供述情节虚实参半,为最终确定逃兵身份增加了难度,也使得盘查认定逃兵的效率大大降低。盘获逃兵赵国长的过程即能说明盘查这种方式在追缉逃兵时并不能高效率运行。外委李元栋等查至汉阳县吴正名家,见有帮工之赵国祥系属四川语音,恐系逃兵,再三盘诘,不能得到实情,后押解到省城。经湖广总督特成额亲自讯问,其乃供称"籍隶四川奉节县,在夔州协左营充当守兵,后跟随齐外委出师缅甸,在云南省城因病革粮回家,不久前至汉口地方,在吴正名家帮工,旋被拿获。"湖广官员随即查阅逃兵档册,内中无赵国祥名目,但他们认为该犯供词闪烁,恐其改名易姓,因此详细记录该犯年龄、相貌、供词等咨查四川原籍,后署四川督臣保宁覆到,称"有随外委齐柱出师缅甸之守兵赵国长在云南广通县地方脱逃,呈请通缉案,今楚省拿获之赵国祥籍贯年貌俱与逃兵赵国长相符,随传伊兄赵国材讯问据供伊弟国长脱逃之后并未回籍。"湖广官员再次严讯,该犯终于供出原名赵国长跟随外委齐柱出征缅甸,在云南广通县脱逃,而其先前供述因病革粮是因畏罪而编造谎言④,至此赵国长的逃兵身份才被最终确定了下来。赵国长被认定为逃兵的过程辗转四川和湖广两地衙门之间,颇费周折。

　　而另有一些逃兵在营伍效力的时候就已经改易姓名,逃兵册上的姓名并非其真实姓名,更增加了盘查的难度。逃兵刘永贵原名吴扬吉,在入伍之际改名刘永贵,且同时改换原籍。⑤ 也有兵丁在营伍顶补他人名粮,而营册登记未改原有姓名。逃兵翟荣顶补汛兵周继宗名缺,该处汛弁以周继宗是因擅离汛地被革粮,这关系其考成,未敢报明情况,使营册仍然开列周继宗之名。其后翟荣脱逃,领兵官仍以周继宗之名报逃。⑥

　　最后,盘查疑似逃兵的过程中往往有不确定的情况需要再次核查,这一过程既会耗费大量时间,也容易出现别的事故甚至引发命案。云南通关哨是普洱通衢要隘,防汛官兵有盘诘逃兵之责。普洱镇标革退兵丁王定国路经通关,被本营刘国才认出,而其称革伍却未

---

① 《清高宗实录》卷824,乾隆三十三年十二月丙辰。
② 《朱批奏折》,乾隆二十五年六月二十五日,档号04-01-01-0244-033。
③ 《朱批奏折》,乾隆三十八年五月二十六日,档号04-01-01-0323-031。
④ 《朱批奏折》,乾隆五十年二月二十九日,档号04-01-01-0413-053。
⑤ 《朱批奏折》,乾隆四十四年十一月初九日,档号04-01-01-0369-054。
⑥ 《朱批奏折》,乾隆四十年五月初十日,档号04-01-01-0339-024。

带行李等,被疑为逃兵,要押解回原营核对,路上发生命案,王定国身死。①

盘获逃兵之后需要押送到某地再行处罚,押运过程中解役、兵丁等并不能完全杜绝隐患,致使逃兵仍能再次脱逃。何福广脱逃后被抓获,普洱州判雇募乡民押解其到别处审讯,拨遣兵丁王友功、吴学胜将何福广囚入木笼抬解到永昌,何福广幼子随同前行。押解至云南县又添解役两名、汛兵一名,夜晚住宿旅店,何福广于深夜将随身携带的银九两、钱五百文贿赂值更之人,再次脱逃,藏匿普溯境内之白沙井山箐,由于令其子回家取盘费被获,何福广也被抓获。② 白井提举裴灼文则是在递解逃兵过程中未能将兵役逐名分派,致使逃兵吕佐周乘乱再次脱逃。③

此外,也有逃兵自行投回者。逃兵宋文全患病又加之思念父母,因而逃走,回到家后,其父在获知其脱逃情况后,即带其赴知州衙门投首。④ 逃兵陈华、钟潮安因在山僻地方求乞,不能温饱,穷饿不过先后自首。⑤ 也有并非自首而捏称自首者。逃兵曹士玉窜匿十余年,因日久潜回,被营兵席奉认出,其央恳席奉将其作为投首,后被发现正法,席奉发遣。⑥

有些逃兵被缉获则是因为遇到熟人。如逃兵刘永贵潜回本籍,经过楠木塘,塘汛兵丁杨朝贵亦曾出师金川,认识刘永贵,知其乃逃兵,后协同县役将刘永贵拿获。⑦ 逃兵钟家得逃回家乡,路过族叔钟闰四门首被看见,钟闰四就往营厅出首把钟家得拿获。⑧ 不过,有时候兵丁的熟人、亲戚也会帮助逃兵脱逃。兵丁张昭脱逃后因思念父亲偷偷返家,其父张志道因查拿严密,遂给张昭钱二百文令其逃往深山躲避。⑨

四 结 语

(一)清代"世兵制"发微

清代统治者为了约束士兵、提高士兵战斗力,同时也为了减少兵丁的脱逃采取了许多措施,最重要的是确立了"世兵制"这样一种兵役制度,世代为兵、子承父业。八旗是"国之根本",普遍实行"世兵制",八旗男丁成为职业军人,加之清朝皇帝重视八旗兵丁的管理以及武力的维持,所以他们的军人主体意识较强,平时八旗兵丁脱逃主要是留恋京城生活,也有因亲属在京城而从驻防地脱逃的情况,战时八旗兵丁脱逃的情况可能也较少。

清代数量众多的绿营兵,承担任务也较多,学界认为绿营由最初的募兵制逐渐转变为

---

① 全士潮、张道源等纂辑,何勤华、张伯元、陈重业等点校:《驳案汇编》,第570页。
② 《朱批奏折》,乾隆三十五年三月初二日,档号04-01-01-0288-032。
③ 《阿里衮奏为特参金差漫无区别以致重犯脱逃之署牧以肃功令折》(乾隆三十三年十一月二十九日),《宫中档乾隆朝奏折》第32辑,第662—663页。
④ 《朱批奏折》,乾隆三十八年六月十四日,档号04-01-01-0323-047。
⑤ 《朱批奏折》,嘉庆三年六月二十一日,档号04-01-08-0159-028。
⑥ 《清高宗实录》卷1224,乾隆五十年二月壬午。
⑦ 《朱批奏折》,乾隆四十四年十一月初九日,档号04-01-01-0369-054。
⑧ 《军机处录副奏折》,嘉庆二年二月二十四日,档号03-2426-048。
⑨ 《朱批奏折》,乾隆四十五年九月初三日,档号04-01-01-0377-027。

"兵皆土著"的"世兵制"①,这一转变也是清代统治者为了减少绿营兵丁脱逃问题而所行之法。不过,我们在档案中发现直到清中期的乾隆朝绿营兵丁招募中仍有不少外来客民,"兵皆土著"可能更多的是一种理想化的制度设计。分析档案中许多绿营逃兵的脱逃缘由,我们发现在他们的意识里几乎看不到统治者所宣扬的"忠君""爱国"等思想,这在一定程度上表明绿营兵丁的军人主体意识不是很强。

我们在梳理兵丁脱逃之后的生活时,发现大部分绿营逃兵脱逃之后的目的地都是原籍家乡,这既是中国人"安土重迁"的表现,也反映出清代绿营兵即使成为一种"世兵制",也仅仅是在职业归属方面的划分,兵营并不是这些兵丁的家,只是他们工作的场所,当工作不顺利时,还是要回到家里。

可见,清代"世兵制"之下的八旗、绿营并不能达到制度设计时的最好效果,这不能简单归因于制度的问题,还应该看到随着社会环境的变化,最初设计的制度会与社会现实出现间隙,如何调适制度与现实则需要更为深远的谋划与敏锐的应变,清代"世兵制"的历史实践能否解答这个问题,则需要后续更多的研究。

(二)兵民不分、兵丐不分

清代兵丁起意潜逃,成功脱逃变为逃兵,东躲西藏艰难生存,最后被缉获受罚,这一过程在档案中是以一种倒叙的方式呈现。逃兵是在被缉获之后的供述中追忆其最初起意脱逃及逃后的经历,从上文我们不难发现清代逃兵起意脱逃的缘由虽不尽相同,然其缘由并未有惊世骇俗之处,大多起于寻常,是人心合理之念。

而上文我们通过梳理档案史料发现清代绿营兵丁脱逃之后往往会采取行乞的方式谋求生存。他们行乞是受逃兵身份所迫,不敢张扬,这种以乞讨为暂时性的、随机性的或短时期的谋生方式者,有学者将之归类为原生性乞丐。② 即使在"康乾盛世",生活在社会下层的普通穷苦之人,仍然会将乞讨作为一种必要的谋生手段,而这些有罪在身的逃兵,不能随意暴露身份,那么行乞求食就是他们最行之有效的生存手段。那些能够将自己身份合理掩饰的逃兵则可能会同普通民人一样也通过自身劳动、替人佣工谋得生存。

通过对逃兵口供中陈述其入伍当兵前生活经历的分析,我们能够勾勒出一个清中期兵丁身份转换的简明路径。绿营兵丁在入伍食粮之前多是普通民人,入伍当差可能仅仅是为了求得生存,他们从营伍脱逃之后再次自然地融入普通民人的生活,佣工、行乞,这些清代普通民人最为简便易行的谋生手段同样为逃兵所掌握。清代逃兵身份不断转换的最根本原因是下层民众谋求生活的动力,兵丁、乞丐、雇工人都是他们谋生的方式,而这也使得清代绿营逃兵呈现出"兵民不分""兵丐不分"的特点。如兵丁廖君宣原以剃头生理,因与荆州营兵唐元早熟识,后唐元早奉派出兵,雇廖君宣充当余丁,到金川军营后廖君宣顶补守粮成为正式兵丁,其脱逃后通过求乞生存。③ 兵丁刘永贵本名吴扬吉本籍芷江县,自幼客居常

---

① 白钢主编,郭松义、李新达、杨珍著:《中国政治制度通史(修订版)·第十卷·清代》,第301页;罗尔纲:《绿营兵制》,第229页。
② 曲彦斌:《中国传统社会群体研究之十——乞丐群体的历史考察》,见周积明、宋德金主编:《中国社会史论》(上卷),武汉:湖北教育出版社,2005年,第732页。
③ 《朱批奏折》,乾隆四十四年七月二十二日,档号04-01-01-0369-040。

德府武陵县地方,做小买卖生意,后常德营兵丁奉派出师金川雇募刘永贵为余丁,刘永贵因生意微薄,遂改名为刘永贵跟随出征,到金川前线后顶补沅州协守兵名粮,成为正式兵丁,其脱逃后也是既行乞也帮工生存。① 而逃兵陈在东入伍当兵前在常德府城卖水佣工度日,也是先充作余丁,后拨补为正兵打仗。② 逃兵王天才原籍山西洪洞县,来陕西潼关地方装卖水烟,先充当余丁出师金川,后在军营顶补兴汉镇步兵名粮,脱逃后也是求乞度日。③

比较特殊的情况是逃兵常明,其是另户旗人④,被派往宁夏驻防后逃回。清代统治者为维持八旗的战斗力,是不允许旗人从事其他职业,而常明脱逃回京城后在朝阳门外的茶铺佣工度日。⑤ 档案材料并未说明常明是否已经出旗为民,若未出旗,那么常明为了谋生已然不顾八旗子弟不准经营他业的要求了,八旗逃兵也呈现出"兵民不分"的特点。

有些兵丁在被认定脱逃后,其在营伍名粮会被革退,已经记录在案,然而这些兵丁谋生困难,会再次投充营伍当兵。此类事例更能直接说明在清代投充绿营当兵是普通民人的谋生手段之一,所以他们从营伍脱逃后行乞、佣工也只不过是换了一种谋生手段而已。乾隆三十四年(1769),山东临清营额外外委马在成(本名马体龙)被本营都司哈元亮委派催漕,后又嘱令顺便护送升任潮州镇总兵的本营副将萨灵阿家眷船只,令其到济宁后返回营伍。马体龙护送到济宁后见官眷船只缺人照应,而自己感念旧官,不顾催漕,径自随往护送,因而日久不能回营。该营都司哈元亮得知马体龙日久不回,遂以催漕脱逃详报咨部,相关人员也都因此罚俸。马体龙在将萨灵阿家眷妥善送交接应之人后返回临清,得知自己的外委名粮已经被革退,但是苦于无计谋生,又禀请都司哈元亮再次入伍,哈元亮准其改名马在成复充守兵,后又拨补马兵,而历任管营武官都未发觉该事。直到乾隆三十九年(1774),马在成因不守营规被本营副将革退马粮,其逃后复充的事情才被一并获知。⑥

清中期逃兵的"兵民不分""兵丐不分",是逃兵谋生手段任意转换的表现形式,包括当兵在内的佣工、行乞等是当时普通民众谋生的基本手段,哪条途径简便,就采取哪条途径,而"兵民之间"可能是我们对这些清中期逃兵的生活史最恰当的总结。

作者简介: 郭瑞鹏,南开大学中国社会史研究中心博士研究生。

---

① 《朱批奏折》,乾隆四十四年十一月初九日,档号04-01-01-0369-054。
② 《朱批奏折》,乾隆四十年十一月初八日,档号04-01-01-0340-030。
③ 《朱批奏折》,乾隆三十八年四月二十八日,档号04-01-01-0323-021。
④ 另户人,即脱离本主而自立户籍之人。见《清代六部成语词典》,天津:天津人民出版社,1990年,第156页。
⑤ 《内阁兵科题本》,乾隆八年十一月十九日,档号02-01-006-000574-0014。
⑥ 《山东巡抚徐绩奏参都司哈元亮徇私使脱逃外委复充守兵事》(乾隆三十九年四月初八日),《宫中档乾隆朝奏折》第35辑,第252—253页。

税收、生计、动荡：清季杂税苛繁与民变频发*

——兼论区域性抗争与整体性瓦解

王 燕

【摘　要】本文从杂税杂捐苛繁下的生计入手，阐明晚清民变的根本原因在于苛捐杂税引发的民不聊生。以山东莱阳苛捐激变之大风潮、河南长葛县民变，以及镇江民变、舟山民变等不同形式的典型案例，揭示因税收公权力的滥用导致的民变频发。同时，以"避税"而出现的"入洋教、举洋旗"的软性抗捐现象，印证苛捐杂税对民生的影响，探究民变产生的广度和深度机理。由此揭示各地区域性抗捐与清王朝瓦解的关联。

【关键词】清季；杂税；生计；民变

学界对晚清杂税以及杂税苛繁与民变频发的关系关注较少，对清季民变，已经予以了较多的关注。杜涛《清末十年民变研究述评》对二十世纪清末民变研究状况进行了梳理，可以参考。① 前此学者对晚清民变的研究大致分为三类：第一类是民变资料的整理，如张振鹏、丁原英《清末民变年表》，中国第一历史档案馆、北京师范大学历史学系选编的《辛亥革命前十年间民变档案史料》。② 这些资料是研究晚清民变不可或缺的资料。第二类是对于民变社会动因、影响、参与者的复杂性进行分析，如马自毅《前所未有的民变高峰——辛亥前十年民变状况分析》，王先明《士绅阶层与晚清"民变"——绅民冲突的历史趋向与时代成因》等。再如近年来的几篇博士学位论文，如杨湘容的《辛亥革命前十年间民变研究》，白移的《从清末新政看清末民变》等。③ 第三类是对有重要影响的民变案例进行研究分析，如湖南抢米风潮、山东莱阳民变等，尤以后者研究的分析较多。美国汉学家蒲乐安的新书《骆驼王的故事——清末民变研究》叙述了清末山东莱阳、直隶遵化、四川威远、广东连州

---

*　基金项目：国家社科基金重大招标项目《清代财政转型与国家财政治理能力研究》阶段成果。项目号：15ZDB037。国家社科基金重大招标项目《清代商税研究及其数据库建设》阶段成果。项目号：16ZDA129。

① 杜涛：《清末十年民变研究述评》，《福建论坛》2004 年第 7 期。

② 张振鹏、丁原英：《清末民变年表》，《近代史资料》1982 年第 3、4 期。中国第一历史档案馆、北京师范大学历史学院选编：《辛亥革命前十年间民变档案史料》，北京：中华书局，1985 年。

③ 马自毅：《前所未有的民变高峰——辛亥前十年民变状况分析》，《上海交通大学学报》2003 年第 5 期。王先明：《士绅阶层与晚清民变——绅民冲突的历史趋向与时代成因》，《近代史研究》2008 年第 1 期。杨湘容：《辛亥革命前十年间民变研究》，湖南师范大学 2010 年博士学位论文。白移：《从清末新政看清末民变》，上海师范大学博士学位论文，2014 年。

和江苏川沙等地的民变。① 这些论著多侧重对民变本身的叙述以及在制度层面或社会层面的分析,只是将苛捐杂税作为民变的诱因之一。笔者认为,晚清民变的根本原因在于苛捐杂税引发的民不聊生,拙作《晚清财政变革与国计民生》已对此有所论述。② 本文在此前研究的基础上,从激起民变的原发性动力——生计入手,强调晚清因抗捐民变主体的多元化,选取典型案例,分析揭示苛捐杂税对民变的因果关系,并对"入洋教""举洋旗"的软性抗捐加以探讨。对于"民变"的内涵,学界有不同见解,本文所述"民变"为狭义民变,如章开沅等先生认为的群众自发斗争中的抗捐抗税斗争③,且以辛亥革命前十年民变为主。

一 杂税杂捐苛繁下的生计

晚清的"变局",既是社会变局,也是财政变局。与清代前期相比,晚清杂税在各个时期都有旧税的加征与新税的开办,正如马克思所言:"旧税捐更重更难负担,此外又加上了新税捐。"④如果以晚清的杂税征收特征划分征收时段,可以概括为:咸丰年间因军兴筹款肇其始,光绪年间因摊解赔款普遍化,光宣之际因新政开办而极端化。特别是由于新政的开办,地方拥有了"自主筹款""就地筹款"的权力,竭泽而渔式的掠夺,使杂税杂捐如杂草般肆意生长,百姓最基本的生活、生产难以保障,是民变频发的直接动因。对此,有关档案、文献多有记载。如王步瀛称:"近年赔款、新政,需款日繁,而取民之术亦日多……巧立名目,苛取百姓,不可胜举。"⑤赵尔巽称:"一捐再捐,琐细烦苛,商民交困。"⑥《申报》称:"苛细杂捐,莫若现今之甚。"⑦日文文献中亦有"杂税之中,其名目甚多,不胜枚举"之说。⑧ 以致后来形成"苛捐杂税"的语词,以此来概括杂税的剥削程度、繁杂程度。据笔者研究统计,清末各省开办杂税共有705种,杂捐共有1 512种,二者合计达2 217种。这还不包括统计中已经注明的一个税种多个分税,如果将其统计在内,数目还会有所增加。⑨ 其杂税岁入也从康熙二十四年的91万两,增至宣统年间度支部岁入预算2 616.4万两。⑩ 这仅是官方的保守数字,尤其在光宣之际,为了多方位推行新政,中央准允以"地方之财办地方之事"⑪,地方被授予杂捐开办权,杂捐更是泛滥。这些杂捐,多属"外销"款项,不被中央掌

---

① [美]蒲乐安著,刘平、唐雁超等译:《骆驼王的故事——清末民变研究》前言,北京:商务印书馆,2014年。
② 参见王燕:《晚清财政变革与国计民生》,《江汉论坛》2018年第2期。
③ 章开沅、林增平主编:《辛亥革命史》中册,北京:人民出版社,1980年,第318页。
④ 中共中央马克思恩格斯列宁斯大林著作编译局编:《马克思恩格斯选集》第2卷,北京:人民出版社,1972年,第3页。
⑤ 档案,军机处录副。浙江道监察御史王步瀛奏:《为请停京城妓寮捐停罢事》。按:原折年代缺失,推测为光绪三十年左右。档案号03-6523-055。中国第一历史档案馆藏。以下注"档案"者,均为该馆所藏。
⑥ 档案,朱批奏折。光绪三十二年八月初八日赵尔巽奏:《为奉省裁并税捐现拟试办统税事》。档案号:04-01-35-0584-044。
⑦ 佚名:《论政府议将外债限年还清》,《申报》,光绪三十三年十二月二十日,第2版。
⑧ 日本外务省通商局编:《通商汇纂》第6卷,东京:不二出版社,1988年重印本,第347页。
⑨ 王燕:《晚清杂税研究》,武汉大学博士学位论文,2018年。
⑩ 康熙《大清会典》卷35,《户部·课程·杂赋》。《清史稿》卷125,《食货志》。
⑪ 《上谕》,《北洋官报》,总第2503期,1910年。

握,据王业键估计,光绪三十四年的杂税杂捐多达6 500万两。①

这些杂税尤其是后期开办新政的杂捐,无不从百姓鸡零狗碎的碎银子里压榨而出,而被压榨者的生计又是如何的境况?笔者试图从当时的物价水平与普通民众的收入对比,直观展示清末苛捐杂税对民众生计的影响。光绪二十三年《渝报》刊载的渝城物价,可以大致明了当时的物价水平②:

  上谷:每一石,票银四两
  上米:每一斗,制钱一千零五十文
  巴盐:每百斤,票银射盐二两五钱,富盐二两三钱
  花盐:每百斤,票银二两二钱
  白糟:每百斤,行银十一两七钱
  结糟:每百斤,行银四两五钱
  红花:每百斤,九八银五十几两
  火柴:每一箱,票银十六两八钱
  煤油:每一箱,行银三两

光绪二十四年《湘报》载该年四月二十五日物价表③:

上白米	石	一百五十五斤	三千四百文
中米	石	一百五十斤	三千二百文
河西谷	石	一百二十四斤	一千五百文
茶油	百斤		七两一钱
块煤	石		三百六十文
菜油	百斤		六两六钱
栗木炭	百斤		一千文

以上只是一般性的揭示,各种物价需要换算。比较容易换算的湖南上白米约为22文一斤,中米约为21文一斤,河西谷约为12文一斤,木炭每斤100文。这种物价,是甲午战争之后的物价,还不能完全反应新政开办后,杂税杂捐泛滥时的物价水平。

由于当时国内对于普通民众的收入及物价统计资料欠缺,也不容易把民众的收入与支出进行比较,只能据日本对清末相关调查数据为参考。主要有三个数据来源:其一是日本各总领事馆对清季物价及人员工资调查,其二是东亚同文书院调查报告所编《支那省别全志》中对于各省生计及劳动力收入的调查,其三是东亚同文会所编《支那经济全书》对劳动者的种类、年龄、工钱等进行的调查。这三类调查,对清末全国物价水平可以有进一步的

---

① 王业键:《清代田赋刍论》,北京:人民出版社,2008年,第97页。按:该书最初由哈佛大学出版社1973年出版。
② 《渝城物价表》,《渝报》1897年第2期,第21页。
③ 《湘报》第86号,光绪二十四年四月二十六日。中国近代期刊丛刊《湘报》,中华书局2006年版,第782页。

了解。

据明治三十九年(1906)天津总领事伊集院彦吉报告:

> 蒙古地方的羊马牛头数至少有50万头,其一成卖出,约有5万头出现在家畜市场,张家口"出市季"(9月~11月)的市场价格:牛一头的价格为十七八两,马同,羊一头为二两余。①

明治四十年(1907)二月,对山东物价的调查②:

牛肉每斤	最高30仙	最低16仙	一般24仙
猪肉每斤	20仙	12仙	15仙
羊肉每斤	30仙	24仙	28仙
鸡肉每斤	20仙	12仙	15仙

明治三十九年(1906),上海总领事永泷久吉报告③:

> 牛一头,二十弗至四十弗
> 羊一只,十弗内外。
> 猪一头,十五弗至二三十弗

牛肉每斤	最高20仙	最低11仙
猪肉每斤	30仙	25仙
羊肉每斤	20仙	15仙
鸡肉每斤	25仙	15仙

据明治四十年(1907),汉口领事水野幸吉报告:"牛肉每斤80文,猪肉每斤160文,羊肉每斤160文,鸡肉每斤160文。"④

明治三十九年(1906),副领事井原真澄报告⑤:

牛肉一斤	7~10仙	猪肉一斤	14仙
羊肉一斤	14~16仙	鸡肉一斤	19仙

---

① 日本外务省通商局编:《清国事情》第1辑,明治四十年(1907年),第48页。
② 日本外务省通商局编:《清国事情》第1辑,第467页。按:据《清国事情》第2辑,第820页记载,货币比价:十仙银货商人呼之为"七分二";一弗相当于银货一元,等于库平银两七钱二分。又,洋银一弗五十仙等于一海关两。当然,每年的比价有所不同,如一海关两1892年的比价为一弗五十六仙,1893年为一弗五十四仙,1894年为一弗五十二仙,1899年为一弗四十二仙,1900年为一弗三十九仙,1901年为一弗四十一仙等。
③ 日本外务省通商局编:《清国事情》第1辑,第587、588、679页。
④ 日本外务省通商局编:《清国事情》第1辑,第1024页。
⑤ 日本外务省通商局编:《清国事情》第2辑,明治四十年(1907),第385页。

（均为带骨。当时，大工一天的工钱为 10~25 仙，苦力一天的工钱为 10~20 仙）

明治四十年（1907），代理领事本部岩彦报告湖北沙市物价①：

牛肉一斤　　68 文　　猪肉一斤　　140 文
羊肉一斤　　160 文　　鸡肉一斤　　140 文

（当时，铁匠、木工、苦力的工钱一天为 160 文）

明治三十九年（1907），领事上野专一报告厦门牛价："近来福建南部牛少，价格腾贵，水牛大 50 弗，中 40 弗，小 30 弗，黄牛大 38 弗，小 28 弗。"②

根据明治四十年（1907），东亚同文书院对广东省生计程度及劳动力收入进行的调查，广东物价及劳动力收入如下③：

日本米三斗五升，九弗
土产最上米一元十三斤，土产最下米一元十八斤
羊肉一封度（一个包装）24 仙
洋葱一封度 5 仙至 6 仙
白菜一斤三仙至 30 仙
蟹一封度十六仙
鲷一斤二十仙至四十仙
鲤一封度十六仙
牛肉一 封度二十仙至二十六仙
猪肉一封度十二仙
葱一封度四仙至五仙

纺织厂女工，每日收入大概是十五仙，工厂男工，每日三十五仙至四十仙，每月十元左右。普通苦力一日七八十仙至一弗以内。轿夫一弗至一弗二三角。

陈锋先生根据《支那经济全书》对劳动者的工钱进行了列表统计，是非常好的参考④：

表 1　《支那经济全书》对劳动者的工钱调查

职名	月给或日给	上海的情况	天津的情况
石工	日	50-60 仙	

---

① 日本外务省通商局编：《清国事情》第 2 辑，第 445—446 页。
② 日本外务省通商局编：《清国事情》第 2 辑，第 596—597 页。
③ 东亚同文书院：《支那省别全志》第 1 卷第 2 编，《广东省》，东京，东亚同文书会大正六年（1917），第 44 页。
④ 陈锋：《清末民国年间日本对华调查报告中的财政与经济资料》，《近代史研究》2004 年第 3 期。

续表

职名	月给或日给	上海的情况	天津的情况
铁工	日	60－85 仙	40－70 仙
铜工	日	50－60 仙	
染工	日	40－50 仙	年40—100 弗
纺织男工	日	25 仙	
纺织女工	日	22 仙	
船工	日	60－85 仙	55—65 弗
建筑大工	日	55 仙	40 弗
英语翻译	日	8 弗以上	

按照《支那省别全志》序中所载货币比价："一元为一弗，半元为五毛五角，一仙为十个铜元或十文"计算①，1906年至1907年间，各地猪肉平均价在每斤140文至200文，鸡肉每斤在140文至200文。牛肉每斤70文至100文。羊肉160文至220文。湖南1898年中米每斤约21文，但1907年广东土产最下米约56文（以最保守数字，一元以1000文计），应该说米价格上涨很快。对于人员工资：大工一天的工资为100文至250文，苦力一天的工钱约为100文至200文。湖北铁匠、木工、苦力的工钱一天为160文。广东工厂的工人，纺织厂女工约150文，男工则350文至400文，每月10元左右。按照《支那经济全书》的调查，上海和天津的工钱相对略高，但也无法解决温饱。对于普通民众来说，每一日的辛勤劳作，换来的仅是一斤鸡肉的钱，或是三斤大米的价格。一个月的工钱最多买米一百斤。

德国统计学家恩格尔在1857年就提出了恩格尔系数，如果用它来衡量晚清民众的生计，恐怕要用极度赤贫来形容。不仅如此，对于重要的生存物品大米，平时还要按量供应。如《图画日报》有一则非常有趣的配图消息："杨城平粜局二处，悉由徐绅总理其事，其卖米数目，定以五升为止。昨日徐之轿夫某，突至该局，粜米五斗，司事知其来历，即如数卖给，乃轿夫欲再购数斗，未见允许，竟大肆咆哮，势欲向人用武，该局执事特将情形请示办理，徐绅愤怒之下，爰将该轿夫送县惩办。"②可见，即便是绅董家的轿夫，也不能多买，还要因为多想买米争执而被送官打板子，清季民众的米袋子多半是瘪的。

更有甚者，对于维持生计必需品——盐而言，有盐税、盐厘还不够，再有频繁的盐斤加价，湖南又有盐斤口捐，使"盐价骤增八文"③。对于盐的加价，时人的评论可谓十分中肯到位：

> 论租税之原则，贵普及，尤贵公平。财政学家征税务取累进主义者，凡以求其公平而已。若盐斤加价办法，惟其最能普及，故最不公平。盖贫民之食盐不加少，富民之食盐不加多，是贫富有同一之担负也。且贫民度日，除日用饮食外无他消耗。富民则奢

---

① 东亚同文书院：《支那省别全志》序，第2页。
② 《为难平粜，局轿夫恃强》，《图画日报》，1910年，第274期，第12页。
③ 《申报》，光绪二十九年三月十一日，第14版。

侈之费十百倍于生活之费。若于生活费上屡加征税,在富者不过九牛之一毛,而贫者已觉其生计之艰难。故各国财政学家莫不亟谋所以避之。而我国之盐斤加征与此原则相反,不得谓非财政上之缺憾也。①

食盐的反复加价,于财政上何止是缺憾,而是残酷。肉有肉捐,可以不食肉,但对于贫民而言,盐为生活之本,以此取财,无异于剥夺民众的生存权。

无论是军兴需款、对外赔款,还是新政需款,应由公共财政支出的款项却由民众身上不断额外榨取,使百姓无以为计,杂税杂捐"蠹国病民于隐微之中"的不断叠加②,必然造成社会矛盾加剧,酿成民变。中国第一历史档案馆与北京师范大学历史系编选的《辛亥革命前十年间民变档案史料》收录483例民变资料中,超过一半的案例直接涉及抗捐抗税。当然,这些史料仅限于1980年底该书出版时已刊档案。另据杜涛对张振鹏、丁原英《清末民变年表的统计》所作的分析,"不涉及会党活动、兵变、农民起义"等的纯粹民变数量统计结果来看,"从光绪二十八年正月至宣统三年八月辛亥革命前夕,全国共发生民变1028起。从年份上看,主要集中在1906年133起,1907年139起,1909年116起,1910年217起和1911年108起。在可以辨明起因的786起民变中,主要可以分为四种:捐税负担262起,米的问题199起,工资问题80起,与地方势力的矛盾70起"③。可见直接因抗捐而起的民变占近1/3。另外因米、因工资及与地方势力的矛盾等也无不因生计而起,与杂捐之征收也有着间接的关系。而这些民变背后最重要的原因即是最基本的生存权在受到威胁时的原发动力。王金镕对于杂捐"苛细扰民"现状的陈奏,正是杂税杂捐征收无度,必然导致民变的预言:

> 在官家只准办捐,而捐之苛细扰民者,官家未之见也。只顾筹款,而款之不免中饱者,官家未及知也。懦者被其扰害,敢怒而不敢言,惟有歇业而已。黠者被其扰害,每煽惑乡愚,借端生事。观近来各处抗捐滋事之案,亦可以鉴矣。……若不设法挽救,商民将不聊生。试观各处市面百物昂贵,民生凋敝,固有水旱偏灾,秋成歉薄,亦由捐税繁重。官家抽取于商民,商民不能不增其物价。似此日复一日,新政愈多,靡费愈重,筹款愈繁,民生愈蹙。即使外患不乘,亦且难以为国,况未必能也。④

王金镕所言极是,从多方面道出了肆意乱征杂税杂捐,只问其人,不问其出的恶果:其一,从抗捐的缘由来看,胆子小的人大不了歇业关门。狡猾的人则借机挑事端,各处抗捐的缘由大略如此。其二,对于商人抽取的杂捐,最终造成物价飞涨,必然民生凋敝。其三,新政本是好事,但目前的状况是新政越多,增加的靡费越重,筹款越多,民生越艰。

---

① 《直隶财政说明书》第2编,《盐课说明书·盐课之利弊》,陈锋主编《晚清财政说明书》第2卷,武汉:湖北人民出版社,2015年,第42页。
② 《广东财政说明书》卷1,《总说》,陈锋主编《晚清财政说明书》第7卷,第9页。
③ 杜涛:《清末十年民变研究述评》,《福建论坛》2004年第7期。
④ 档案,军机处录副。光绪三十三年十一月十七日王金镕奏:《为直隶杂捐苛细扰民仰祈圣鉴事》。档案号:03-6518-066。

王金镕确实敢言,在他看来,以搜刮民财作为抵御外敌、办理新政的财政基础,其结果必是"即使外患不乘,亦且难以为国"。可谓一语成谶。

二 晚清抗捐主体的多元化

事实上,因赔款,因新政而开办的杂税杂捐,对清季民生的影响是多方面的,无人幸免。在乡村,因地租之外,各类新政支出更为繁重,常额田赋外之亩捐及附加税,使依附于土地的农民无法自养。如黑龙江:

> 江省随租摊捐之款有四:一曰警费,专充巡警之用。二曰学费,专充学堂之用。三曰统计费,系办理地方统计所筹之经费。四曰三费,专充勘验、招解、缉捕之用。警、学两费,征额最巨,自光绪三十二年以来,各属均已先后开办。①

新增加的杂捐杂税使农民朝不保夕,以至"民皆菜色,每年秋后家无斗粟……哀鸿塞途,饿殍盈途"②。

在城镇,对于杂捐杂税的征收也是无孔不入,大城市如北京,在庚子事变后又增加了屠宰、乐户、妓女、铺捐、车捐、戏艺、烟酒、弹压等八种捐税。多由新设的工巡局征收。③

即使是富人,除了要交纳各种杂税外,吃肉要交"肉捐",还有所谓的"富绅捐"。因此,清季的士绅富户也发生了分化,一类成为劣绅,专司苛捐杂税,借以敛财,一类亦深受苛杂之病,而带头揭竿而起。清季民变的人员结构,与以往相比,极为复杂。王先明认为,与传统时代集中于"官民"矛盾的态势有所不同,清季民变风潮一开始,就呈现出社会矛盾的复杂性和多向性。构成民变参与主体的力量十分广泛,体现出社会阶层剧烈分化的一个趋势。④ 马自毅更直接指出,清末民变的主体及首领,"士绅、豪富占很大比重"⑤。这无疑与杂捐杂税也触动了士绅富户的利益有关。

出家人亦有庙捐、僧捐,而使"僧不聊生"。莱阳民变县令对参加民变僧人的暴虐细节,更可以感受杂捐之严苛,官吏之血腥:

> 上月十四日,初起风潮之际,有僧道尼姑多人赴署滋闹,事后朱令拿获僧人二十一名,道士七名,尼姑五名,用惨无人理之毒刑,日日拷逼,当时刑毙一人。现该令又用杏花雨、连环计、火烧箭船、连生贵子等非刑,挨次拷掠,每一堂讯,则鬼哭神号之声惨不忍闻。而该令必欲置之死地而后已。现闻僧尼同行,亦昼散夜聚,纷纷集议,勾结莠

---

① 《黑龙江财政沿革利弊说明书》中卷,《杂捐类》,陈锋主编:《晚清财政说明书》第1卷,第465页。
② 档案,军机处录副。光绪三十二年八月二十五日赵炳麟奏:《为广西财用窘迫,民不聊生,恳恩缓解赔款事》。档案号:03—6702—175。
③ 雷辑辉:《北平税捐考略》,北京社会调查所,1932年,第101—102页。
④ 王先明:《士绅阶层与晚清民变——绅民冲突的历史趋向与时代成因》,《近代史研究》2008年第1期。
⑤ 马自毅:《前所未有的民变高峰——辛亥前十年民变状况分析》,《上海交通大学学报》2003年第5期。

民,拟乘其无备杀官劫狱,以为报复之计。①

僧道尼姑参加民变被镇压,是莱阳民变中的一个侧面,也是一个极端。官吏的暴虐更使因抗捐而起的社会矛盾愈加激化。

另外值得注意的是,由于在在需款的倒逼,所谓"开源"的同时多方"节流",允许税收经费的留存并支取征税人员的薪金,以及各衙门的俸薪役食也被削减和裁革,这些税收及官制制度层面的弊端也使苛捐杂税的征收愈加暴敛。

其一,允许对于税收经费的留存。清廷允许新设立局所的财政经费是在征收杂税杂捐的留存内安排,征收杂税留存的经费银浮动在10%至50%之间,这些留存的经费其中就包括支发有关征税人员的薪金。以山西为例,山西的加抽烟酒税,是由于筹解庚子赔款,光绪二十七年,户部讨论"筹款六条",烟、酒两项税收,"加倍抽收",由于"晋省连年以来,师旅饥馑,业成凋敝之区",因此护理山西巡抚赵尔巽要求"以一半凑抵赔款,一半拨作宣化各项经费,实与风俗人心大有裨益"。朱批:"户部知道"②。也就是说皇上批准了留存50%的要求。这一严重违反税收制度的现象,在客观上造成了杂税税收的激增的代价是对民众的无度盘剥。负责杂税征收各衙门局所的经费,在其相应的税收项目中支取,以广东为例:

> 藩司衙门经费、财政公所经费及各厂、卡、分局经费,则田赋、税契、厘金、饷捐与清佃沙捐之征收费也。……土药统税分局经费,则土药税之征收费也。各府州县税厂经费,则各府州县杂税之征收费也。各厅州县衙门征收钱粮经费,则从各厅州县行政费区分而出者也。③

其二,各衙门的俸薪役食被削减和裁革,在杂税征收中造成新的吏制腐败,对民众的危害愈加深重。以山东为例,各府衙门经费中俸银和养廉银皆扣两成,并有减平。更有甚者,"自光绪二十九年起,奉文各州县俸薪提解司库,备扣降级罚俸之用"。其结果,"国家之设俸廉,所以酬其劳、励其守也,若悉数提作他用,其势必使州县不名一钱,或拖欠公款,或需索累民而后已,流弊尚堪问乎"④? 如河南,胥吏工食及其平时所得的"规银",也进行了裁免,其结果,"今陋规裁免,该役等无所取资,自不得不予以相当之酬报……则每人每月不过领饭食银八九钱耳。孰无身家,此区区者果足以自赡耶? 不能自赡,欲其不借端以取偿于民间,得乎"⑤? 不仅如此,江西所谓"所得税"的开征,即取于书差所得,也更是荒唐:

> 我国税法甚轻,取民有限。凡不以农田商贾为业者,可终身不纳一钱于官。自近年新政繁兴,库款支绌,乃于向日捐税之外,有所增益。而各属因推广办法,或更于书

---

① 《莱阳苛捐激变之大风潮》,《申报》,宣统二年五月二十二日,第10版。
② 档案,朱批奏折。光绪二十八年十二月初二日赵尔巽奏:《为酌加烟酒税项,凑供要需,仰祈圣鉴事》。档案号:04-01-35-0580-057。
③ 《广东财政说明书》卷13,《财政费·按语》,陈锋主编:《晚清财政说明书》第7卷,第479页。
④ 《山东全省财政说明书》,岁出部《行政总费》,陈锋主编:《晚清财政说明书》第2卷,第287页。
⑤ 《河南财政说明书》下编,岁出部《行政总费》,陈锋主编:《晚清财政说明书》第3卷,第741页。

差所得之内,核收若干,以补地方经费之不足,此为本省税及个人之始,亦所得税之意义也。惟书差职在役使,本非完全之法人,捐数参差,更无一定之条率。且其所得又多近于陋规,官府提取既繁,势必别生流弊,究与财政无益,与民间有损。但各属报告既有此种收入,尚未议及裁除,是以暂列作所得税。①

这些本应作为书差的工食酬费,却被当作所得税提作公款。不得不说晚清在对于税名的引用上是费尽心机。对官员俸薪的减成,以及对胥吏工食的裁免或收捐,意味着一方面赋予其征收税捐的公权力,一方面又剥夺其部分收入,劣差恶役就此而生。光绪三十四年《申报》中则有安徽当涂县士绅向督抚反映税收中弊端的杂记,可生动反映因制度设计的不足而导致杂税对百姓的盘剥愈加深重:

> 当涂县优廪生朱含章,留学生刘镇等上江督皖抚……生等窃谓开亩捐不如清赔款,清赔款不如提浮收,盖赔款、浮收一清,则合邑之新政举矣。当邑之赔款,官报于部者,不及本洋一万元,民缴于官者,多至一万五千余元,是赔款为万民之不幸,而转为县令之大幸。更查漕米,照章每担应完制钱四千文,现在柜价增至六千八百有零,纳银照章每两应完一两二钱四分三厘,现在柜价增至一两五钱六分有零,合赔款银米共计之,约长余七万千左右,其他各项杂税长余,尚不在此数。②

朱含章、刘镇等认为"开亩捐不如清赔款,清赔款不如提浮收,盖赔款、浮收一清,则合邑之新政举矣"。这一禀文可大略看出,对于普通民众而言,其关注的仅是官吏的贪腐这一现象,或杂税征收过程中的弊端,而非上层制度层面的设计。民众想以禀文这一看似民主的方式解决必然要收取的苛捐杂税,对于政府的幻想,看似民主,实为迂腐。

在"吏役不聊生"的情形下,苛捐杂税的征收愈加暴敛,民众的生计更加雪上加霜。《民呼日报图画》所载二图,一幅为"民不聊生",解释其原因有五:一是政府之压制,二是官吏之搜括,三是兵匪之骚扰,四是天灾之流行,五是劣差蠹役之勒索。另一幅为"呼吁无门",解释其现象有五:一是大吏之漠视,二是州县之蒙蔽,三是绅董之避嫌,四是九重之间隔,五是主持言论之畏葸③。生动地表现了各种弊端下的横征暴敛,"呼吁无门"则是体现了民众认为其疾苦的被无视,其诉求无法用民主渠道解决,最终只能民变的暴力行之。

三 公权力的滥用与民变迭起

从税收产生的合法性来讲,国家一旦产生,就必须从社会分配中占有一部分国民收入

---

① 《江西各项财政说明书·地方收入总说》第2章,《地方特捐收入·所得税收入》,陈锋主编:《晚清财政说明书》第6卷,第195—196页。
② 《禀陈县令对于新政之预安庆》,《申报》,光绪三十四年十二月初二日,第12版。
③ 《民呼日报图画》卷中,宣统元年四月初二日。

来维持国家机构的存在并保证实现其职能,于是产生税收、财政这种特殊的经济行为和经济现象。晚清由于入不敷出,在财政极度困窘的情形下,在其他收入无望的情形下,国家只能以公权力对民众的生活、生产资料进行掠夺。税收公权力的无度、无节、无制的滥用,是导致杂税横生,民变迭起的根本原因。可举几处典型案例加以分析。

宣统二年,监察御史陈善同曾经因为河南长葛县民变,参奏长葛县知县江湘。陈善同的奏文如下:

> 近日各省民变,其始大都肇于细微。自办理之员以兵力济其贪暴,激之,使众怒愈不能平,驱之,使民党愈不可解,而其祸始大。须知今日抗官滋事之民,皆朝廷无辜赤子,纳租赋,供差徭,三百年于兹,一旦不得已铤而走险,乃仇贪官污吏,非仇国家也。……长葛地瘠民贫,知县江湘到任后,横征暴敛,如税契原系八分,加至十二分六厘;上号费每次原系五十文,加至一百文;粮票费每纸原系三文,加至八文;呈词费每次原系一百五十文,加至三百文;戏捐每台原系二千四百文,加至三千四百文;陈公祠公产及陉山书院每亩课租原系六百文,加至九百文;酒捐每家每月原系三百五十文,加至八百文,并缴酒百斤;烟税每家每月原系一千六百文,加至二千四百文,并缴烟三百斤。十二保之产行,每月每保捐钱四十千文。层层剥削。外托举办新政之名,其实尽饱私囊。典史杨梦鲜,终日在署狎妓赌牌,同恶相济,从中分肥,民力已不堪矣。①

上揭档案是检察官员上报的奏折,杂捐的任意额外加征,可谓无度。笔者又进一步查阅了相关档案。宣统三年,河南巡抚宝棻遵旨查奏的情形完全相同,足见杂捐滥征之实:

> 原长葛县知县江湘到任以来,横征暴敛,如税契原系八分,加至十二分六厘;上号费每次原系五十文,加至一百文;粮票费每纸原系三文,加至八文;呈词费每次原系一百五十文,加至三百文;戏捐每台原系二千四百文,加至三千四百文;陈公祠公产及陉山书院每亩课租原系六百文,加至九百文;酒捐每家每月原系三百五十文,加至八百文,并缴酒百斤;烟税每家每月原系一千六百文,加至二千四百文,并缴烟三百斤。十二保之产行,每月每保捐钱四十千文。层层剥削。外托举办新政之名,其实尽饱私囊。典史杨梦鲜,终日在署狎妓赌牌,同恶相济,从中分肥,民力已不堪矣。此次筹办巡警,江湘拟每年加捐一万七千余串,于原捐每亩五文外,加捐每亩二十五文。……是趋之乱也。至上年六月十五日而变作。②

从长葛县的加捐加税情形可以想见,在"就地筹款"的幌子下,清季地方对于杂捐的收征是没有限度和制约的,只要需要银子,就可以任意加抽,契税规定每两征收八分,加至十

---

① 中国每一历史档案馆、北京师范大学历史系编选:《辛亥革命前十年间民变档案史料》上册,北京:中华书局,1985 年,第 235—236 页。
② 档案,军机处录副。宣统三年正月二十二日宝棻奏:《为查复长葛县民抗捐案件办理官员被参贪横操切各款事》。档案号:03 - 7450 - 121。

二分六厘,加征50%以上,上号费、粮票费、呈词费、酒捐等都按规定税率加征一倍以上。根本不顾及民众的死活。这些加征,名义上是"托举办新政之名,其实尽饱私囊"。而且,典史人等,花天酒地,"同恶相济,从中分肥"。在这些加征的基础上,又借"筹办巡警"之名,再次在"原捐每亩五文外,加捐每亩二十五文",加征四倍于原额,从而导致民变的发生。河南长葛县的苛捐引发民变,是一个典型的案例,史迹斑斑。

举世闻名的山东莱阳苛捐激变之大风潮,学界对其发生经过已颇有研究,不赘述。在此谨对民众在民变中提出的与杂税相关的诉求加以分析,以明晰民变与杂税征收之直接关联。山东旅京同乡会的《莱阳事变实地调查报告书》对此进行了记录,是不可多得的研究莱阳民变的史料。该报告书从莱阳祸变之原因、莱阳绅董之劣迹、官民冲突之情形、官吏之张皇、军师之暴横、同乡之公愤、总论七个部分对莱阳事变作了叙述。其"莱阳祸变之原因"认为:"此次激变原因复杂,而其最关重要者,厥有数端:曰钱粮,曰苛捐,曰积谷。皆官绅同恶相济有以激之。"①其中的"苛捐",除山东其他地方也有的契纸税、户口税、文庙捐、油坊捐、染坊捐、牲畜捐外,莱阳独有的税捐有线麻黄烟捐、钉牲口蹄捐和瞎子捐等。多种杂捐杂税以及莱阳独自加征的杂捐,使莱阳民众"不堪其扰,要求豁免",而县令"明允停止,暗仍罗掘"。因此,民众在与官府对抗中所提出的与杂税相关的诉求,更可直观反映出民众对苛捐杂税恨之深、痛之切。如《申报》记载:

> 莱阳县民因各种苛捐不堪其扰,要求豁免,讵朱令明允停止,暗仍罗掘,遂致激动风潮。初六日,突然将署围住,朱令情急,复诿其责于诸绅,于是众民拥赴诸绅家,先将巡警局董王景岳房屋全行拆毁,器具付之一炬,又赴鱼池头村,将高玉峰之宅焚毁。朱令此时严局四门,搔首而已。初七日,众民又拟进城拆毁诸绅房屋。迨至城下,见城门已闭,遂退至城西九里河地方屯驻连庄会(初,朱令勒逼各捐,城北八社连络一气,拟图抵制,名曰连庄会),会长曲诗文派人四出侦探诸绅之劣迹。查知各捐,诸劣绅虽不免从中染指,然主动者实朱令。而昨日之巧言卸罪,全出虚伪,众乃大愤,声言翌日非攻城杀官不可。朱令闻之大恐,请城守王凤苞及阖邑商界赴九里河与民议和。众民要求数事如下:(一)征收地丁,宜按章每两作大钱二千四百文以外,分文不准浮收,且无论制钱、铜元,不准折扣。(一)官绅盗卖积谷若干,宜全数包赔,急速发放,以济贫民。(一)各种杂捐,嗣后不准抽收分文。(一)自治局、教育会宜公举公正绅士办理,倘不得人,暂即停办。(一)巡警不准随便下乡,恣意骚扰。(一)阖城绅商宜全体出保曲诗文不死。(一)所有陋绅劣董,一律斥退,不准干预地方公事。以上数端驳一不可。②

可以看出,莱阳民变中民众提出的七项诉求,除免曲诗文不死和收回积谷外,其余直接或接接与杂税征收有关系:不准加收的地丁浮收,有些是附加的杂税;自治局、教育会、巡警、劣绅无不与杂捐的征收有密切关联。但民众在抗捐之初提出的这些杂税杂捐相关的合理诉求最终却因官员的失信和推诿、镇压,才使得莱阳民变酿成惊天动地的大事件。同时,

---

① 栾振声、刘肇唐:《莱阳事变实地调查报告书》,山东旅京同乡会编清末石印本。
② 《莱阳苛捐激变之大风潮》,《申报》,宣统二年五月二十二日,第10版。

需要注意的是,其民变中因为抗捐形成"城北八社"连络一气的"连庄会",有组织地武装抗衡,也是抗捐引发民变的升级。

再如直接关系民生而引发的民变。《申报》所载福州《永福县民禀控苛捐》也非常具有典型性:

> 署永福县令张崇勋因准邑绅鄢毓英、侯用光等之请,设柴牙于葛岭,并许在局悬虎头牌,蓄哨丁,居民买卖柴薪虽隔百余里之遥,皆令赴牙输税,因是群情不服,日昨聚集八千余人将鄢毓英扭解府辕,一面通禀省垣各大宪,藩宪朱方伯批示云,现经财政局委员会县,劝办牙帖捐,各牙领帖开设均应遵照章程办理,商贩愿否投牙,仍应各听其便,不准牙户把持兜揽,且柴薪为民众日用之需,曾奉前督宪许通饬示,禁设牙有案,该县何以遽准侯用光等领帖开设柴牙,并给均应归牙估价抽收,告示殊属不合据,禀该牙擅悬虎头牌私蓄哨丁,遍征各船户,不得私运,骚扰苛勒并有领帖行贿,数目尤属骇人听闻,急应澈底究查。①

永福县八千人的民变最终因藩宪朱方伯的妥善处理,并没有进一步的激化,但柴薪为民众日常之用,永福县令却与劣绅勾结,将征收柴薪牙帖捐的公权力进行寻租,更有甚者,允许在牙局悬虎头牌,蓄哨丁,俨然成为"二县衙"。将关系生计物品的自愿投捐,变为强行征敛,成为酿成民变的直接原因。

再如镇江民变,起因表面上看是举办警察,实为因举办警察而加抽的种种杂捐:

> 镇江举办警察,不洽众情,民人相约罢市,焚攻警察学堂,杀伤人命,激变之故有数原因:一则办警察不利于旗丁之讹索,某都统阴煽其乱。一则警察不便于地痞无赖之作恶,故若辈造谣疑众。一则教习倚势横行,总办蠢悍跋扈,郭道贪得无厌。对于商民久失信用。此次举办警察,加以种种捐抽,设公共小菜场,又办理不善,民苦之,起兴为难,此皆其最大之原因也。夫中国风气未开,凡革一弊,兴一利,民皆以为官府将借此题目以朘削,苟非清勤素著,为民推戴之官,则未有能行其志者,故办警察,设小菜场皆为便民之举也。而任其事者不自检点,授民以口实,民即聚众反抗之。②

镇江民变,因"举办警察,不洽众情"而起,导致罢市、焚攻警察学堂、杀伤人命的严重后果,其原因固然复杂,但与"加以种种捐抽,设公共小菜场"有莫大的关系。举办警察之类的国家机器构设,是对公权力的保护及实施,理应由公共财政支出,却"加以种种捐抽",由民众来承担,无异于民众自己掏钱请人来监管自己,所以其行为自然与民不洽。另外对于重苛下的民众,生计都难以保障,对其而言,风气渐开,是对于上层而言,于民众则是"凡革一弊,兴一利,民皆以为官府将借此题目以朘削",所以举办新政往往被民众视为敛财的借口。

---

① 《永福县民禀控苛捐》,《申报》,光绪三十二年八月二十六日,第4版。
② 《镇江民变》,《大陆报》,光绪三十年第3期,第70—71页。

再如直隶易州民变：

> 直隶易州地方自治，勒抽苛捐，不洽舆论，适天久不雨，旱象已成，秋收无望，民心动摇，莠民更从中挑拨，故各处乱民蜂拥而起，毁拆各学堂及自治局，一时声势汹涌，大有不可收拾之势。①

因地方自治，"勒抽苛捐，不洽舆论"，导致"毁拆各学堂及自治局"声势汹涌的民变，是一个典型的案例。按常理，学堂乃脱离愚昧无知之所，自治局乃谋地方权益之所，但在清末却成为民变发泄私愤之所。何故？民以食为天，勒抽苛捐，无异于夺其食而谋其所谓开化进步，其结果必然是一有风吹草动，便会迸发出反抗的火焰。

即便是在所谓"定海孤悬一岛，土地瘠贫，人民质朴，工贾农渔各安其业，向无非分之为，不作违法之事"的舟山，也因办学堂抽收杂捐，发生了乡民事变，砸毁学堂，掳去衙署等家人为人质，并痛打办学绅董。事后，涉事绅董丁中立将整个事件发生的前因后果及细节进行了记录整理，并发表于《申报》，题为《舟山乡民事变记》。该文篇幅很长，难以备引。其主旨是在于表明，"凡物之结果，必先布种子，凡事之终极，须究其原因"。舟山民变，"实非成于朝夕，由来渐矣"，这种"由来"，就是"酒捐、茶捐、米费、粮串、税契，以及牛猪、石米、婚书、放脚、缠脚等项，无一不捐"②。民众的激愤点，仍是因为办学而开办的名目繁多的杂捐。

类似的案例尚多，如浙江上虞"闹学案"，"因苛捐，激成乡民暴动，捣毁学堂"，此案称"闹学案"，未定性为民变，但在新闻报道中也多次称其为"乡民暴动"。其捣毁学堂，也是因"苛捐"而起。由于没有导致人员伤亡，官府的处置也较为怀柔，对肇事原因进行查办，并对涉事的劣绅进行了追责，虽一时平息，但不到一月，风波再起："匪胆愈壮，挟嫌寻仇，已将该乡富户王锡周、金晋宝等家被勒多金，现正指名四出索扰，并扬言于下月初四日，再统众入城，借口要求缓征，实图重捣团体及各富户，警报迭至，阖城汹惧"③。在此案中，虽然劝学所、县学堂、自治研究所这些因新政而开办的机构出面，但并未找到解决的途径，而是继续推诿，要求由原县令处理。可见民怨并非由于学务本身，而是办学经费屡屡抽捐所引发。

另外还有因公共设施的建设征收杂税引发的民变。如陕西开办铁路引发民变，内阁学士李联芳在弹劾陕西撤任藩司樊增祥的奏折中奏称：

> 查陕西自撤任藩司樊增祥总办铁路以来，费自民捐，事归官办，绅士概不得兴，且又事事操切，激成民变。陕西民风朴实，士习纯谨，从未有犯上作乱之事，去年兴平县为学堂筹费，苛派乡民，聚众围城，久之乃散。今年扶风、蒲城、华州、渭南继之，亦皆聚

---

① 《易州民变》，《国风报》，1910 年第 1 卷第 19 期，第 92 页。
② 丁中立：《舟山乡民事变记》，《申报》，光绪三十三年六月二十七日至七月二十七日间连载。
③ 《上虞闹学归咎县令》，《申报》，宣统二年四月二十五日，第 11 版。

众数千。冬间,华阴竟至毁署伤官,劫放狱囚,拔毁电线。非常之变,诚属骇人听闻。①

所谓的修建铁路,"费自民捐",实际是指亩捐,其实也不单纯是亩捐的征收,正如李联芳所揭示的,兴平、扶风、蒲城、华州、渭南等地"为学堂筹费,苛派乡民"等引起民变,"诚属骇人听闻"。另据《东方杂志》社论称,"陕西以铁路亩捐激成民变,蔓延十余州县。前后四阅月,上劳宵旰之忧勤,下扰闾阎之生聚"。皆因"民间生计之蹙,铤而走险,迫于势之不得已也"②。赋税的合法性在于其目的是"国家之赋其民,非为私也,亦以取之于民者,还为其民而已"③。本应由公共财政支出的基础建设,却要再由民众以糊口之粮来集资。地方对于杂税杂捐滥征必然导致民变的恶果,如《甘肃清理财政说明书》断言:

> 自古榷税之法不一,大端有二:曰货,曰丁。明末重征暴敛,民不堪命,流寇蜂起,国社以墟。窃以赋者,富也。因其有而取之,虽吝者不能不遵例输将。取给于丁,不能再分贫富。贫民佣值所收,常不足给事蓄资温饱,终岁勤动,囊中曾不名一钱。追呼一至,流离逃亡,怨忿所激,铤而走险,揭竿一呼,群起响应,必然之势也。④

所谓"追呼一至,流离逃亡,怨忿所激,铤而走险,揭竿一呼,群起响应,必然之势也"。正是征收杂税杂捐诛求无度的必然结果。

四 丧失国民性的"软性抗捐"

笔者也注意到,在苛捐杂税重压下,晚清民众避税还出现了一种很有意思的现象,即避捐而入洋教,举洋旗,入租界。笔者姑且称其为"软性抗捐"。此种抗捐方式,表面上不激烈,但对于国体、政体及国民性的影响却更加深远。如光绪二十六年,御史郑炳麟的奏折对此便有论及:"通商口岸均有各国租界,若举办洋货铺捐,华商难保不移入租界,或悬挂洋旗,以为趋避之计。"⑤《竞业旬报》也有所谓《入教感言》,颇有深意:

> 外人在我国传教,原有条约,是我们不能禁止的,教士以道德感百姓,百姓也可以入的,但现时入教的百姓,都是因词讼不得了了,才入这教,这样入教,不是慕他教的道德,乃是慕他教的势力了。列位,你道可哭不可哭。⑥

---

① 档案,军机处录副。光绪三十二年十二月二十三日李联芳奏:《为特参陕西撤任藩司樊增祥把持铁路激变事》。档案号:03-7289-028。
② 《社论·论陕西民变》,《东方杂志》,1907年第4卷第3期,第38—42页。
③ 严复:《原富》,上海:商务印书馆,1931年,第724页。
④ 《甘肃清理财政说明书》次编上,《划分税项》,陈锋主编:《晚清财政说明书》第4卷,第483页。
⑤ 档案,军机处录副。光绪二十六年郑炳麟奏:《为通商口岸按月抽上铺捐与外洋租界并无妨碍事》。档案号:03-7133-039。此档为录副奏片。具体月日不详。
⑥ 《入教感言》,《竞业旬报》,1908年第18期,第41页。

当然,对于教会与教民的超国民待遇是因清廷国格的丧失所致,但因慕洋教之势力而入教,受其羽翼之庇护,则是国人国格的丧失。这一行为不是用抢砸、焚攻等暴力去抗衡,而是用"躲避"的方式进行,首先看看入教民众成分之杂,可从《绍兴白话报》的更正里获取信息:

> 我们报上所说入教人多一节,说人入教的都是无赖之人,专包讼事,现在谢祖父说,萧山教民或开嫁妆,或开钱店,或小康守家,或务农为业,或为行店伙计,并无无赖之人,专包讼事,前回所登,应是传闻错误,特行更正。①

这则"更正"有点滑稽,但从中也可以悟出入教者不在少数,或商,或农,或市井,或富户,包括各色人等。不仅民众如此,竟有河南官员为躲避税契而入教者:

> 华官入教抗税。豫府陈筱帅近咨外务部,略谓:革员范绍曾置买地亩,匿不税契,旋经发觉,范即投入教会……当经奏参革职,归案审办。各省如有此之案,应通饬照办,以儆官邪云云。②

对于朝廷来说,华官入教,不仅是颜面问题,更是官心涣散,涉及社稷的大事,自然要严办。

扬州商人也因肉捐而罢市,并有入教避捐躲祸者:

> 月前扬州肉业抗捐罢市,为首之徐开、陈长根等,闻有拿办之信,相率投入某教,意谓不惟避捐,且可避祸云。③

广东因昭信股票发行不利,而拟增加沙田捐以抵股票,却遭到百姓纷纷入教抵制。如《奇闻录》所载:

> 昨有友人自广东来告诉,知粤省大吏拟升沙田之科,以抵昭信股票,百姓颇不乐从,因而纷纷相率入西教,以求保护云。广东一城,每日入教者,径有二千人左右。嗟乎!为丛驱爵,为渊驱鱼,所愿有牧民之责者,熟思而审处也。④

光绪二十四年,为偿还对日赔款而开办昭信股票,是中国最早的国债,各地官员纷纷认购,有的认购不领股票,作为对国家的报效。广东省亦有此种情形,如两广总督谭钟麟奏:"文员自督抚、学政、监督、司道至现任知府止,武职提、镇、副、参、游止,并将军、都统,共捐

---

① 《绍兴近事:入教人多更正》,《绍兴白话报》,1903年,第19期,第5页。
② 《各省新闻:华官入教抗税》,《山东官报》,1906年,第25期,第4页。
③ 《各省新闻:入教避捐》,《北洋官报》,1903年,第86期,第12页。
④ 《粤民入教》,《奇闻录》,1898年,刊期不详,第10页。

银十三万余两,均不领股票,并不敢仰邀议叙。候补知府、道、州县以及协领、佐领、佐杂都守等,共借银十六余万两,准其领票。盐商共供银四十万两。"①但是在实际操作中,由于对于不公正赔款的不满,更重要的是捐税的增加,民众对光绪帝"以昭信守"的国债并不报太多希望,即便是很多官员掏腰包却并不要股票的报国情怀,民众也并不为所动,而是为躲避因抵股票而增加的杂税,入西教寻求庇护,其国民性也丧失殆尽。为丛驱爵,为渊驱鱼这样的形容,对于杂税而使民心尽失的情形非常贴切。内阁学士准良曾经奏称:

> 今日之失民心者二:曰教案,曰股票铺捐。传教一事,误于订约之始,不悉洋情,而遂以成附骨之患。故其事出于朝廷之不得已,小民之有知者谅之。股票之议一则,曰听民自便,再则曰视民情愿。而山东则已计亩摊派矣。铺捐碍难情形,各省如出一口,业经奉旨停止。第不曰不办,而曰缓办,小民何知,岂能悉当事回护弥缝之苦。固以为缓,时仍办耳。而浙民遂已激变矣。夫顾大义,而忘私,图重君国,而轻身命,此岂能概责之愚民哉。于是巧者冒洋商以自固,拙者附教民以求免。前此入教莠民,借以欺良民也,今兹入教良民,借以避苛政也。以中国人居中国之地,而恃外国之教,以谋旦夕之安,此其隐患,殆有不堪设想者矣。奴才愚以为,居今之计,宜先将昭信股票一律停止。②

发行国债,应以自愿认购方式,晚清以股票铺捐的形式进行摊派,从某种角度讲,证券或国债的杂捐化,使发行国债和征税两种岁入途径产生了混沌。此奏折传递与杂捐相关者的信息,至少三点:其一,股票实为国债,被分摊到亩捐中,听民自便变成了硬性摊派。其二,该奏折上奏于光绪二十四年,百日维新之年,民众对于杂税杂捐的征收反映强烈,已有民变发生,清廷在征收时也进行了必要的调查。其三,对于铺捐的征收,具有一定的"超国民待遇原则",即外国人及信教群众无需交纳铺捐,许多小民因此而入教。

晚清适逢千年未有之大变局,其情势正如《东方杂志》所言:"如凡百事业进步,本无止境,况吾人今日所处境界,正如危峰绝巘,方涉其麓,汪洋大海,方泛其中流,前无所据,后无所依,非努力向前,终无出危途而登彼岸之一日,且其危险又必较前加甚"。同时,也提出了当时许多仁人志士的疑问:"国民诚热心国事,当有所兴起,试思立宪之举,为我国存亡关键,他人掷生命财政流血以购求之者,今不待国民之要挟,而朝廷先欲行之,此其于国民之幸福,为何如然立宪之事非。"③对于立宪、新政,这些别国民众提着脑袋要干的事,而我国民却不仅漠然处之,争相反对,为避税甚至做出入洋教、举洋旗的行为。笔者认为,新政之公共财政支出依仗百姓自支,民众难以承担,苛捐杂税对于国民性的泯灭有很大关系。

时论对于民变也有独到或更为深层次的见解。如《申报》如是记载:

---

① 档案,朱批奏折。两广总督谭钟麟光绪二十四年六月十四日奏:《为报解部昭信股票银数日期事》。档案号:04-01-011-025-018。
② 档案,军机处录副。光绪二十四年五月十六日准良奏:《为陈明历办教案股票捐等情请先收民心以固邦本事》。档案号03-5615059。
③ 《东方杂志》,光绪三十二年一月二十五日,第3卷第1期。

且夫今日中国之商民,亦既如涸泽之鱼,奄奄无生气矣,苛捐杂税,上之敲剥于我民者,固已穷其储蓄,竭其脂膏。而矿产、路权及一切足资我民生息之事业,又强半为高掌远跖者先攫以去。则此残余之路电诸业,虽留为吾民共同生活,聊为慰藉之资,亦未可谓藏富于民矣。乃政府诸公目光四射,并此区区生利之业,而亦靳不予民,其计划则甚精明,藉词则多巧饰。以故,铁道则主张国有,电局则改归官有,各省官膏则议由专卖,奉吉食盐则收归官办,迹其近日所为,凡民办而可以得财者,几无不欲殄其臂而夺之食。目的既定,虽有绅商之反对,舆论之訾议,而毅然不为所摇,在吾民力弱势孤,诚不足与专横之政府抗,然而斯民养命之具,既尽入于官吏之掌握中。①

清廷在外债、赔款频仍,欲行新政强国,又开源无门的情形下,只能以放权开办苛捐杂税这种饮鸩止渴的方式来解决。如有民变,也是主要归结于人为因素,要么以恶吏,要么以劣绅来搪塞处之,以消民愤。民众也多将矛头指向劣绅或贪官污吏,如陕西因铁路亩捐引发的民变,最终被归结于时任藩司樊增祥的责任,并列举其四宗罪:其一违朝廷之诏旨,其二夺秦民之公益,其三以贪酷失民心,其四以刚愎坏吏治。最终被革职查办。"撤任之日,秦中吏民欢声如雷,京中报纸历历言之"②。所以有学者认为晚清乡村民众与政府的对抗,是利益的对抗,而非观念的对抗。③ 但值得注意的是,在无度、无节、无制的苛捐杂税重压下,即便是各地区域性基于生存权受到的威胁而本能的自发反抗,非出自观念性的政治诉求,也会形成《申报》所告诫:"民即至柔,其果能穷饿以终,永不萌抵抗之念乎!革命之潮流,正当掀涌,而攘夺之政策,又复激民以离心。古所谓四海困穷,天禄永终,足为今日之政府寒心者也。"④

结　语

财力是行政的基础,无财则难以行政,"财用足,百事成。中外古今不易也"。财用不足,"经费无出,则教育、实业各美政,亦有理想而无事功"⑤。这是问题的一个方面。另一方面,税收又是传统社会财政来源的支柱。税收从其产生之日起,征税人与纳税者的矛盾即如影随形,而民众对于税收的恐惧也由此产生。故而赋税应有度、有节、有制,即严复所谓的"税道":"国家责赋于民,必有道矣。国家富民少而食力者多,必其一岁之入,有以资口体、供事畜而有余,而后有以应国课。"⑥严复主张的"赋在有余"的关键点是征民有度,

---

① 《论政府与民争利之非计》,《申报》,光绪三十四年六月初六日,第5版。
② 档案,录副奏折。光绪三十二年十二月二十三日内阁学士李联芳奏:《为特参陕西撤任藩司樊增祥把持铁路激变舆情事》。档案号:03－7289－028。
③ [美]蒲乐安著,刘平、唐雁超等译:《骆驼王的故事——清末民变研究》前言。
④ 《论政府与民争利之非计》,《申报》,光绪三十四年六月初六日,第5版。
⑤ 《御史赵炳麟奏整理财政必先制定预算决算表以资考核折》,故宫博物院明清档案部编:《清末筹备立宪档案史料》下册,北京:中华书局,1979年,第1018页。
⑥ 卢云昆编:《社会剧变与规范重建——严复文选》,上海:远东出版社,1996年,第352页。

"有余而取之,于民生为无伤,亦于国财为不耗"。只有这样,百姓才可以"赡生",才会"民不畏赋"。

晚清财政困窘,处处需款,苛捐杂税日甚一日,客观上有其无奈之处,但繁重的没有节制的苛捐杂税,导致民不聊生,根基动摇,一如梁启超所言:"国家专务聚敛,而不计及其病民与否,此犹艺果蓏者,不务获实,而伐其树以作薪也。"①

中国民众自古驯良,繁杂的苛捐杂税是对民众生活资料和生产资料毫无尺度的掠夺,征收来的税收,要么军费支出,要么赔款,即便是用于所谓的新政,也是用民众的生存权来置换所谓"开化"的受教育权和所谓的"自强"。当民众的生存底线难以保障,必然导致铤而走险,各种形式的民变由此而生。当偶发的区域性的民变,成为经常,变为普遍化之时,社会动荡、清王朝瓦解,是必然的结果。

作者简介:王燕,宁夏新闻出版广电局公务员,武汉大学中国传统文化研究中心客座教授。

---

① 梁启超:《饮冰室合集·文集》第 8 卷,北京:中华书局,1989 年,第 15 页。

19世纪末20世纪初国际新闻报道与德国统治报告中的胶澳港市形象

韩 威 马斗成

【摘 要】1897年11月的胶州湾事件使胶澳地区成为了国际热点地区之一,在中德双方相互作用的影响下,胶澳开启了由海口向港口,再由港口向城市的发展历程。作为近代新兴的港口城市,胶澳的蜕变离不开殖民政治与军事区位的双重影响,其生长的过程中也被各利益方所关注。但由于中国新闻话语权的缺失,胶澳的国际形象始终被国际媒体报道所引导,同时德国殖民者的统治报告也使得胶澳的港口城市形象在不同历史时段展现出不同的特点。

【关键词】胶澳;媒体报道;统治报告;港市形象

引 言

自古至今,港口便是重要的政治、经济、军事与文化集合地与中转站。随着近代航海技术与科学技术的发展,以经济为基础的货物流转更是促进了东西方之间的发展与交流,而以军事为手段的对抗行为则为港口的争夺带来了血腥与霸权。随着古老中国的国门被撬开,近代中国经济的发展不得不和全球经济发展趋势接轨,首当其冲的接轨地即是港口。对近代以来的中国来说,虽然港口有着越来越重要的作用,但也迎来了炮火与挑战,作为中国北方重要新式港口之一的胶澳租借地从诞生之日起便背负着承古启今的历史使命。

作为新兴的港口城市,胶澳的蜕变离不开殖民政治与军事区位的双重影响,这是一个被人为塑造的近代战略要地,其生长的过程注定被各利益方所关注,无论是各国政府层面还是公众层面。在各方关注下,胶澳是以怎样的形象被世人所知?这些形象是否是被不同的相关利益方刻意塑造的?

按照现行的研究观点,城市形象是由其自然的地理环境、经济贸易水平、社会安全状况、建筑物的景观、商业交通教育等公共设施的完善程度、法律制度、政府治理模式、历史文化传统以及居民的价值观念、生活质量和行为方式等要素决定的,这些要素作用于社会公

---

* 基金项目:本文系2016年青岛市社会科学规划研究项目"19世纪末20世纪初美国新闻视角中的胶澳国际形象研究"阶段性研究成果之一,项目号:QDSKL1601099。

众并使社会公众形成对其认知的印象总和。但在19世纪末20世纪初的特殊历史背景下,胶澳的形象是无法被客观展示的,信息传递的畅通性才是其塑造形象的最关键因素,因此新闻话语对胶澳的形象起到了决定性因素。在胶澳作为港口城市崛起的同时,中国、德国、英国和美国等国的纸媒都对胶澳的历史发展过程进行了不同角度的报道与解读,这些或刻意或无意的描述均对胶澳港市的形象进行了"塑造",将一个多样的中国近代新型港口城市呈现在社会公众面前。

一 德国入侵与胶澳形象

"'凡是德国鹰猎获的土地,这块土地就是德国的并将永远是德国的。'(1898年)11月14日在青岛举行了为纪念海军中将迪德里希阁下建立的迪德里希碑的庄严落成典礼,这块碑同时应是对一年前成功地占领胶州地区的光荣纪念的纪念碑。……我们可从纪念碑这里,在充满明媚阳光的美好日子中,就如在今年11月14日这一天,享受着下面山丘中由倾盆雨流冲刷出的崎岖而形成沟壑地带的诱人景色。眼光扫过青岛的茅屋顶和民屋房顶,落到现在船运已经十分繁忙的蓝色海水和前湾上。"①

1898年11月21日,《德属胶州官报》中题为《迪德里希纪念碑落成典礼》的这篇报道表达出了统一不久的"德意志第二帝国"占领并殖民经营胶澳地区一年时间的骄傲感。但具有讽刺意味的是,十多年后的1914年,德国鹰猎获的土地并没有永远属于德国,而蓝色的海水和前湾却从此成为了繁忙的港口。

1897年11月14日清晨,德国远东舰队"羚羊号""威廉号""哥尔莫兰号"3艘军舰以演习为由分头行动,运载德国士兵登陆青岛口附近地区,占领了清政府设立的军火库、电报局、炮台等设施,包围了总兵衙门和4个兵营,并最终占领了青岛口周围区域。

德国舰队的这一系列行动立即吸引了世界的目光,德国海军后续的一举一动则开始得到了世界范围内新闻媒体的关注。1897年12月7日,《纳什维尔美国》(The Nashville American)、《华盛顿邮报》(The Washington Post)、《纽约时报》(New York Times)等多家美国新闻媒体开始集中关注远在东方所发生的这一事件,它们分别以《胶州被占领——德国军队宣称已夺取城墙和城门》《胶州被易主——德国海军进入城镇,中国军队撤出》以及《胶州城被夺下——德国人夺取距离海湾18英里的城镇》为题,转发了来自英国伦敦的同一则消息:"根据驻《上海日报》特派记者发回的报道显示,一封来自济南府的电报声称,200名德国海军士兵和水手携2架机枪于12月3日星期五,进入到距离胶州湾18英里远的胶州城内,并占领了城墙和城门,他们未遇抵抗,中国军队已于早先时间提前撤出了胶州城。"② 随着胶澳地区的核心传统重镇胶州城的陷落,胶州湾事件所引发的德国对胶澳地区

---

① 《迪德里希纪念碑落成典礼》,《德属胶州官报》1898年11月21日,青岛市档案馆编:《胶澳租借地经济与社会发展——1897—1914年档案史料选编》,北京:中国文史出版社,2004年,第283—284页。

② The Nashville American (1894—1910), Dec 7, 1897; The Washington Post (1877—1922), Dec 7, 1897; New York Times (1857—1922), Dec 7, 1897.

的全面占领自此开始成为国际媒体关注的焦点之一,按照德国一贯做法,胶澳作为新的殖民港口形象也逐渐映入世人的眼帘。

二 德占之前的传统口岸形象

尽管胶州湾事件爆发于1897年11月,但实际上,德国对胶澳地区名义上的正式控制真正起于1898年3月6日《胶澳租借条约》的签订,其中条约第一端第二款规定:"大德国大皇帝愿本国如他国,在中国海岸邮递可修造排备船只、存栈料物、用件整齐各等之工[场],因此甚为合宜,大清国大皇帝已允许将胶澳之口,南北两面,租与德国,先以九十九年为限。德国于所租之地应盖炮台等事,以[保]地栈各项,护卫澳口。"①条约中所指的胶澳,最初单指胶州湾,"胶"为"胶州"简称;"澳"即"港湾"之意。按照中国文献《大清会典图》载:"(莱州府)劳山下又西为胶州湾,一曰太平湾,亦曰胶澳,为胶州南境"②。而自明代起,有移民前来胶州湾东侧半岛地区定居,历经发展逐渐产生了上、下青岛村,并形成了以青岛村以及村边的青岛河为中心的贸易转运口——青岛口。清代,上、下青岛村隶属于山东省莱州府即墨县仁化乡文峰社,1891年6月14日清政府内阁明发上谕,正式允许在胶澳设防,1892年清廷调遣登州镇总兵章高元设总兵衙门于青岛口,同时统四营军队驻防,"光绪十七年,乃置镇守军署于青岛,筑炮台,建栈桥,命章高元驻兵四营驻守之"③。清政府之所以设防于胶澳,实际上是因为感受到了帝国主义列强的虎视眈眈的压力,仅仅觊觎占领胶澳海口的国家远不止德国,还包括俄国、法国和日本等。

但是好景不长,如前文所述,最终在1897年德国海军强行从青岛口登陆,随后,于1898年8月22日,"中德签订了《胶澳租借地合同》,规定胶澳边界及界石位置。"④但是德国人似乎还是不太满足于其所得利益。10月6日,"中德签订《胶澳潮平合同》和《胶澳边界合同》"⑤,通过这两个补充的"合同",德国殖民者正式明确划定了胶澳租借地范围,胶澳租借地边界和潮平周围100里为中立地带线。这个大租借地区域,基本上包括了今天青岛市区全部及崂山区、城阳区、黄岛区、即墨区和胶州市的部分土地,海陆总面积达到了约1150平方公里,其中包括胶州湾约500平方公里海域面积和周边约550平方公里陆地面积。而在德国占领胶澳之后,德国殖民者将上、下青岛村强迁,并在原青岛村落旧址周围建设殖民中心区,将其命名为"青岛",这也开启了胶澳由海口向港口,再由港口向城市的发展历程。

而其实在德国占领胶澳地区之前,自然经济发展模式与初期小规模商业模式在这一地区极为盛行,这也是清末环境下中国百姓的生存与发展状况,这一状况似乎国际媒体并不感兴趣,美国因其在亚洲有菲律宾殖民地,所以作为参照对胶澳有所报道,但其媒体也仅仅

---

① 青岛市档案馆编:《帝国主义与胶海关》,北京:档案出版社,1986年,第1页。
② 《大清会典图》卷一百六十舆地二十二,清光绪重修本,《莱州府图》。
③ 吕威:《青岛之过去及将来》,《鲁案善后月报》,1922年第1卷第1期。
④ 青岛市史志办公室编:《青岛市志·大事记》,北京:五洲传播出版社,2000年,第9页。
⑤ 青岛市史志办公室编:《青岛市志·大事记》,第9页。

注意到胶澳只是中国众多小村庄之一而已,而且这些媒体认为:"胶澳进入到国际视野的原因是被欧洲军队所占领。"①

图1 德占初期胶澳素描②

实际上,明朝时期,政府在胶澳地区设立卫所以加强海防。清朝中后期,整个胶州湾地区的商业贸易已初具规模,"同治元年,清政府在山东建立了东海关,管理山东沿海的关税。同治四年(1865),东海关在青岛设立了分关。"③围绕胶澳海口附近的青岛口、海沧口、女姑口和沙子口为这一地区主要的渔商混合农业生产和贸易转运口。

从传统商业口岸的社会形象来看,最富有标志性意义的天后宫,则是青岛口为数不多的中国传统建筑,建于明朝成化年间,"天后之祀不见于正史,然渔航业奉祀维谨,故沿海口岸恒有是庙,庙东有老衙门,为章高元建牙之所,二者均属开埠以前所建,纯粹华式,为本埠所罕见。初,德人尝欲毁庙,因华商傅鸿俊等竭力阻止"④。可以说,天后宫是胶澳中国传统商业民众的精神支柱,因此,德国殖民者在拆除的过程中屡遭抵抗,"德人占领时,旧有房屋均经拆去,独此寺为本地人所尊重,保留至最近,与旧衙门同为纯粹之华式房屋"⑤。但这一现象却始终很难找到国际媒体关注的实例。

此外,从传统渔业口岸的社会形象来看,德国占领之前的胶澳地区包括众多小的渔港口岸,譬如青岛口、海沧口、女姑口、沙子口等,以至今仍保留这一功能的沙子口为例,其是胶澳传统的渔港,以渔村为基础,每年春季渔业贸易繁忙,同时这里也是著名的风景胜地,

---

① The Germans At Kiao – Chau, Cincinnati Enquirer (1872—1922); Mar 5, 1899.
② The Germans At Kiao – Chau, A sketch made during the first days of German occupation, Cincinnati Enquirer (1872—1922); Mar 5, 1899.
③ 鲁海、时桂山、郑继民:《忆青岛沧桑》,载青岛市政协文史资料委员会编:《青岛文史撷英·德日占领卷》,北京:新华出版社,2001年,第5页。
④ 胶澳商埠局编辑,赵琪修,袁荣叟等纂:《胶澳志》,民国十七年铅印本,《民社志·游览》。
⑤ 叶春墀:《青岛概要》卷一百一,上海:商务印书馆,1922年。

"沙子口之意为'沙码头或港口',是一个在沙丘上建立的小贸易场所。这里有几处很好的货栈,水果和木材由此输出。收获季节这里交通繁忙。1898年3月沙子口有德军占领"①。而在日德青岛战争时,日本军队便是从沙子口登陆,突袭德国殖民要塞的。

三 德占之后的港口开发形象

在正式占领胶澳之后,德国紧接着便开始了殖民地的建设,其中按照德国海军建立军港的初衷,港口设施的筑建成为了首要工程。但同时,为了彰显德国与世界各国共同分享占领利益的态度,德国也将商港建设抬上桌面,用以避免其他列强对德国的占领所产生的不满情绪而引发的各类麻烦。因此各种殖民统治和建设报告也随着港口的建设所面世,这些报告和相关媒体报道也塑造了胶澳作为一个被开发的军商合一的港口形象。

综合了前期和占领初期的实地勘察和考证,德国将新建港口的位置选定在胶州湾之内。首先,从地理环境上来看,胶州湾海口位置的深水足以支撑大型船舶出入,不会出现搁浅的问题,对这一点的认识,中德两国都毫无异议,"胶州湾几如圆形,径约二十八公里。潮涨时,其积约五百六十平方公里,期间可航行者,不过四平方公里之水面积而已。湾内之水深,最大有三四十公尺。至于码头港内之水深,平均十公尺半,由此观之,万吨以上之轮船,可以自由进出及靠岸。诚良军港也。"②其次,从气候上来看,最终将港口建于青岛口西北侧主要是由于,南侧沿海有着夏季来自南方的清凉海风,更适合于人员居住,而港口又必须靠近人口居住区,以便保证有足够的劳动力为之服务。

因此,青岛海湾的南山坡被用来规划成居住区和贸易区,而北山坡沿海则被规划为海港区。"对于湾内水位、水深、风力、风向、地形、地质等项精密考察,及占据后乃就青岛湾前我国旧有所建之海军栈桥接续建设木造码头,长约三百五十米达③,并将俄国旧设之堆积军用煤炭之小码头为德国船只停泊之所,嗣以该湾前面既无防阻风波之设备,港内水又不深,潮流湍急,旋浚旋淤,始就工程专家原来调查之胶州湾东岸(即现在大港位置)定为筑港最良之地,湾内西北一带,高潮时水面有二十五启罗米达④之长,北风稍劲,故须筑一圆形之大防波堤,为筑港之护卫,其可筑防波堤之基址,周围岩礁及细小岛屿起伏不绝,水深距岩石概在干潮十米达,以上用作堤基可以节省工事,堤内中央水深则距岩石约十八米达,浚渫区域只须四平方启罗米达,已敷作港之用,与湾口距离约二百八十米达,筑港之位置,由湾口向北顺沿潮流略加浚渫,即成航路。"⑤由此可见,对于海港的选址,德国殖民者颇费了一番"心思"。

1898年3月份,美国媒体关注到了德国增加港口建设投资的计划,并予以报道,其中这

---

① [德]海因里希·谋乐(Heinrich Mootz)编:《山东德邑村镇志》,青岛市档案馆1899年档案。
② 朱重光:《胶澳港之价值》,《国闻周报》1928年第5卷第19期。
③ 米达即米(metre)。
④ 启罗米达即千米(kilometre)。
⑤ 胶澳商埠局编辑,赵琪修,袁荣叜等纂:《胶澳志》,民国十七年铅印本,《建置志·港湾设备》。

样一句关键话语表达了美国的关切之处:"补充性投票将进一步展开,包括增加港口建设的经费。"①因为港口建设经费的增加意味着胶澳的价值远远高于之前的预估。

再看德国殖民者修筑胶澳海港的过程。根据著名的殖民建设报告《胶澳发展备忘录》记载,1898年底,海港建设正式开始动工,"把大港建在以女儿礁和位于其西南的一个暗礁为界的胶州湾中的原计划得到了坚持。1898年底就在这两个点之间开始填筑一道石坝,这道石坝将构成海港抵御强大西北风侵袭的放浪堤主体部分的基础。此工程只要天气情况允许就一直在进行。所用石料均采自位于沧口以北的一个采石场。现在又在俾斯麦山北麓新开了一个大采石场,那里同样将用于筑坝。有一条铁轨由采石场通往海岸,石料由一溜槽装上车辆,以便就地倾卸。"②与此同时,除了上述提及的海港码头,德国殖民者还利用海岸特点,准备在北部沿海偏南的区域建造一个小型港口,俗称即小港,小港位置靠近大鲍岛区,这里水位较浅,但是足以停靠小型船只,并且其能够通过道路系统与大港相连,小港的修筑也开始于1899年。到1900年,大港的建筑进程已经进行到防波堤的修筑进度,基本的港口轮廓也基本能够显现,"根据去年年底对海湾水深及海底情况的调查提出的,对围绕大港盆地防波堤定线和建筑的设计现已大体完成。"③而小港的建设速度也十分迅猛,"北面的防浪堤已修好了300米,高出潮汐基准面4米,另外70米已修到低水位线,及高出潮汐基准面达1米。"④

此后大港和小港的建筑进度逐年推进,1901年,大港的堤坝便已经全部完工,小港的堤岸也修筑完整,因此,不论大港还是小港,在1901年之后最需要的便是进一步发展扩建,尤其是码头设施的建设。截至1904年,大港已经完全能够投入生产运用,"今年的重点仍是促进港口工程建设。已能满足商界的要求和贸易要求,并且把港口尚未完工的一部分交付营运。目前可在码头为约8艘大船提供停泊,这一可能性有时也被加以充分利用了。"⑤与此同时,大港一号码头也在当年正式启用,这也意味着胶济铁路与港口能够实现真正意义上的全线贯通。德国殖民者在建设大港的过程中共修建了一号码头、二号码头、三号码头、四号码头以及五号码头,全部工程在1908年完工,其中一号码头码头作为商船贸易所用,二号码头则是德国海军专用的军用码头,四号码头则为石油码头,建有油船泊位,同时也可作为商用,五号码头主要为造船所服务,建有浮船坞和仓库等基础设施,整座港口的修筑费约5000万马克。

德国建设的港口共分为陆上之设备和海上之设备两部分,陆上之设备主要包括码头、大港旗台、青岛旗台、大小港事务所、仓库、煤炭堆置所、堆盐场、起重机、自来水设备、电话

---

① Fortifying Kiao - Chau: German Marines to be Augmented——The Harbor Work, New York Times (1857 - 1922); Mar 27, 1898.

② 《胶澳发展备忘录(1898年10月—1899年10月)》,青岛市档案馆:《青岛开埠十七年——胶澳发展备忘录全译》,北京:中国档案出版社,2007年,第51页。

③ 《胶澳发展备忘录(1898年10月—1899年10月)》,青岛市档案馆:《青岛开埠十七年——胶澳发展备忘录全译》,第101—102页。

④ 《胶澳发展备忘录(1898年10月—1899年10月)》,青岛市档案馆:《青岛开埠十七年——胶澳发展备忘录全译》,第103页。

⑤ 《胶澳发展备忘录(1898年10月—1899年10月)》,青岛市档案馆:《青岛开埠十七年——胶澳发展备忘录全译》,第306页。

配线箱、运货设备等内容;海上之设备则主要有检疫所、引水员、拖船、航路标识等内容,其承载能力绝非一般,建成后的青岛港也因此成为东亚重要的贸易港口和德国的海军基地:"青岛之停泊场分为大小二港,其中码头甚多,并有浮水之旱船坞一所,实足称为亚东最完美之商埠,且此二海港者,并与德人所经营之山东铁路相连接,用是得与内地交通,无虑阻隔。"①

随着胶澳租借地港口的建设完成,1910年开始,青岛的社会状态发生了变化,整个社会趋于稳定,区域内的人口数量也因港口的发展开始增多,其内部各种机构组织的运转已经开始步入正轨,熟练程度加深。因此,在1910年德国殖民政府制定了《青岛市区扩张规划》,这是继1900年规划之后的又一次新的城市规划,此时德国人的视角开始转变,相应的其对城市的性质也进行了一定程度上的调整。军事重要性开始逐步减弱,而商业性的地位却得到抬升,胶澳租借地港口的性质也逐渐从军港全面转变为商港,新的港口形象也得以形成。

不过,德国殖民者仅仅统治了胶澳租借地十七年。1914年,第一次世界大战爆发,作为同盟国之首的德国需要在东亚与协约国成员日本与英国交战,而战场就在胶澳租借地,德国在胶澳租借地的直接对手是觊觎胶澳已久的日本。1914年8月15日,日本正式对德国宣战,并开始组织军队进攻胶澳租借地,但是由于当时德国已经将胶澳武装成了一座军事堡垒②,所以英日联军也不敢轻易地从海上进军胶澳。经过计划,日本方面决定从陆上进攻德国建设的军事要塞,1914年9月2日,日本军队从山东北部的龙口登陆,9月26日,日本军队突然武装占领了潍县火车站,这一举动封锁了胶济铁路。随后日本从山东内陆由北向南逐渐包围胶澳租借地。"日人之登陆也,不就近于劳山湾,而从北方绕山东全境,其意以为已有包青岛正面扎营。"③紧接着,青岛之战全面打响,英国和日本的海上力量也加入到战场之中,"在海战方面,双方第一次交火是从八月二十二日午后,由英国驱逐舰肯纳脱号(Kennet)和德国驱逐舰S.90号之间开始的。"④双方交战非常激烈,德军损失惨重。由于忙于欧洲战场,德国在胶澳的驻军数量有限,加之战争开始后又损失了部分士兵,最终德军全线崩溃,不得不向日本投降,让出胶澳,胶澳租借地随即被日本占领,"日德战后,德人所苦心经营之实业与其他一切权利尽占于日本。"⑤这是一个被侵占、被开发、被易手的可怜的港口城市形象。

---

① 甘永龙:《德人经营青岛之成绩》,《东方杂志》1908年第7期。
② 关于胶澳军事要塞建设问题,德国学者约尔克·阿泰尔特已经从德国角度进行了详细的考证,并将要塞建设分为两个建设阶段。根据他的描述,到1913年要塞建设基本完工,并进行了演习。具体可参阅[德]约尔克·阿泰尔特著、青岛市档案馆编译:《青岛城市与军事要塞建设研究(1897—1914)》,青岛:青岛出版社,2011年,第104—149页。
③ 《青岛战争谈》,《协和报》1914年第5卷第13期。
④ 《1912至1921年报告》,青岛市档案馆编:《帝国主义与胶海关》,第152页。
⑤ 《青岛最近观察谈》,《地学杂志》,1919年第9—10期。

四 胶澳自由港市形象

通过对史料的梳理以及对青岛城市的现场考察,不难看出,在日本夺取之前,德国已然对胶澳租借地进行了相当规模的规划与改造建设。与德属东非、德属西非、维图等德国在非洲拥有的大量殖民地不同,胶澳租借地是德国在远东地区唯一的殖民据点,因此它的重要性不言而喻。德占时期,胶澳租借地作为一个军事据点,必要的要塞建设和战略部署必不可少。因此,港湾建设、桥梁系统、水道系统等基础运转设施对于据点要塞建设来说显得格外重要,这一系列建设在早先开发胶澳租借地的德国殖民者身上体现得更加明显。同时,胶澳的海洋性作用更是其重中之重,无论是补给还是进行军事、贸易活动,一个完备的港口功能对于德国来说十分重要且实际。因此,港口建设实际上是德国殖民侵略的有力保障。

而在1898年1月,德国尚未全面开始建设海港之前,便首先宣布整个德国租借区为自由港,并向各国贸易开放,"德国将会使胶澳成为一个开放港口,即使德国也没有特权,总体原则与香港一致。"①这一举措显然是德国希望在殖民主义范围内赢得其他国家的好感,以便减少德国占领胶州湾的阻力。这一行动也得到了伦敦方面相应的回应,英国《泰晤士报》撰文称:"德国开放胶澳将对世界商业产生很好的影响,如果这一政策能够长久地持续下去,胶澳将成为一座伟大、繁忙并且繁荣的世界贸易集散地,有如北方的香港。"②德国之所以能有如此快速的处置能力与完整的计划决策,是与其蓄谋已久有关。作为刚刚完成统一并一跃成为后起之秀的德意志第二帝国来说,挑战英法等国为主导的世界殖民秩序是其拓展生存空间的重要环节,因此德国急需在世界范围内建立起相应的殖民体系。但是这一行动,却被美国媒体戳中了软肋,《纽约时报》在1897年12月刊文报道了这样一则消息:"中国皇帝为了避免更多的领土丧失,将以低价把胶澳租借给德国,德国在胶澳享受的权利将与英国在香港的权利一致。"③德国的强盗形象与中国皇帝无奈之举,进一步从侧面印证了所谓胶澳"自由港"建设的虚假形象。

在获得胶澳租借地之前,德国的殖民地主要包括德属西南非洲(1883年获得)、德属新几内亚(1884年获得)、德属西非(1884年获得)、多哥(1884年获得)、维图④(1885年获得)、卢旺达和布隆迪(1885年获得)、德属东非(1885年获得)、所罗门群岛(1889年获得)、加罗林群岛(1889年获得)、马里亚纳群岛(1889年获得)等,可以看出,德国的势力范围主要维持在非洲地区,殖民利益链条还没有延展到东亚地区,面对中国这样一个庞大的市场,德国没有理由将其置之脑后。而第一个在东亚的正式殖民地必将成为德国重点建设

---

① Kiao – Chau to be an Open Port, New York Times (1857—1922); Jan 21, 1898.
② Kiao – Chau a Free Port: To be Opened to the World's Commerce, according to the London Times, New York Times (1857—1922); Jan 24, 1898.
③ Germany to have Kiau – chau, New York Times (1857—1922); Dec 27, 1897.
④ 维图(Wituland),位于东非的肯尼亚。

的对象,即所谓的"模范殖民地"。同时,这座模范殖民地还肩负着与英占香港进行力量角逐的重要任务。

"当德人之占据胶澳其目的所在,固欲于东方创设海军之根据地,且为扩张本国商业起见,欲于此建一永久之贸易场,故于未占据之先调查青岛港湾,不遗余力,并特派河海工程专家来青实地查勘,将筑港计划详列报告。"①因此是否拥有足够的港口设施是决定胶澳地区能否真正发展的前提条件。毫无疑问,德国政府肯定会投入大量精力进行港口建设,并使之与胶济铁路相呼应,这样胶澳租借地将会得到一个全面发展的有利环境,无论是掠夺索取还是产品输出,都会为殖民者带来巨大的利益。

而在此时的商业活动中中国商人群体的作用日显巨大,在整个德占时期,"中国商人主要是依靠与山东内地进行贸易生存的。他们一方面从内地收购土特产品供青岛市民消费和从青岛向外地出口;另一方面也从青岛置办洋货,向内地转售。"②在生存的过程中,华商逐渐获得了有利的条件和一定的社会地位。与此同时,随着之前区域内的建筑,历经多年的建设业已成型,依托建筑外形所形成的空间也逐步规范化,并且华洋分治的局面开始走向瓦解,这主要得益于中国商人在青岛所获得的地位,1908年殖民地内的中国商人曾经大规模联合抵制德国殖民当局颁布的《装卸存储货物章程》,以保护自己的权益,最终迫使德国殖民政府降低了收费标准,满足了部分中国商人的要求,港口的利用率也到了提升。"1908年的抵抗运动的结果使中国商人在青岛的社会和政治地位发生了明显的改观。"③由于中国商人活动能力的加强,华洋分区在城市内部变得越来越不协调,最终走向瓦解,这使得胶澳租借地内部的分区制度在人为因素上受到淡化,而在社会需求上得到自然发展。

五 胶澳港市社会形象

港口的城市空间内出现了符合社会需求的功能分区,而被德国人所强行左右的人为种族分区则主要呈现出不可挽回的颓势:"胶澳租借地的相互作用发生在一种殖民统治关系之中,也就是说,发生在殖民统治者与被殖民统治者两者之间结构性的不平等条件下。在殖民地和半殖民地空间内,相互作用表现出这样的特殊性:即它们不可能在殖民主义向本土社会施展统治和微观权力物理学④势力之外进行。自始至终,相互作用不是发挥稳定和调整作用,就是发挥改变和修正现有殖民统治关系的作用。"⑤城市空间的内部功能分区间

---

① 胶澳商埠局编辑,赵琪修,袁荣叟等纂:《胶澳志》,《建置志·港湾设备》。
② 孙立新:《德占时期青岛中国商人群体的形成》,孙立新、吕一旭:《殖民主义与中国近代社会国际学术会议论文集》,北京:人民出版社,2009年,第357页。
③ 廖礼莹:《德占时期青岛的"华洋分治"与人口变迁(1897—1914)》,中国海洋大学硕士学位论文,2007年,第27页。
④ "微观权力物理学"即指由法国学者米歇尔·福柯(Michel Foueault,1926—1984)所提出的"权力微观物理学",属于后现代社会思想理论之一。国内学者已对其展开研究,具体可参阅李怀、牟海云:《福柯的权力"微观物理学"及其运作技术探析》,《甘肃社会科学》,2008年第6期,第18—21页;魏宁:《福柯的权力"微观物理学"》《学理论》2010年第13期,第101—102页等。
⑤ [德]余凯思著、孙立新译:《在"模范殖民地"胶州湾的统治与抵抗》,济南:山东大学出版社,2005年,第499页。

的联系日益频繁,相互联动,城市雏形的稳定成为这一时期的主题。

殖民初期,德国为了将胶澳变为其"永久领土",不遗余力地改造这片租借地的"市区"部分,妄图将其德国"城市形象"展现给世人。美国人 Poultney Bigelow 曾于1898年来到胶澳,其出发地即美国在亚洲的殖民地菲律宾首都马尼拉,经过长时间的海上航行后,Poultney Bigelow 顺利登陆胶澳。登陆后他发现,与媒体报道不同的是,德国人把这里叫做"青岛",而非"胶澳",英语和德语中的"胶澳"实际上是胶州湾北面的"胶州"。他还惊奇地发现1898年的青岛城市的雏形已经显现,"穿过村庄,走在起起伏伏的大街上,所有的街道只有德语名称,比如邮政大街、威廉大街……这些只用拉丁字母书写的街名很难被中国人所识读掌握"①。

随着德国的殖民进程逐步加深,城市社会的日趋稳定,胶澳租借地港口的附加产值也让这里成为了中外关注的焦点。

德国占领时期,作为新开发的港口城市,以德国殖民者为首的欧美人士纷纷表现出了对胶澳租借地的探索兴趣,对他们而言,这里是一个探险猎奇与开拓创业的绝佳场所。德国殖民政府也鼓励中外投资者借港口之便到胶澳租借地拓展建设,以此来促进胶澳租借地的经济发展。

同时,19世纪中后叶,随着西方殖民势力的入侵,西方人将其旅游文化移植到中国,逐步兴建新兴旅游项目,建立起与中国传统旅游娱乐空间完全不同的独立新颖、功能单一的旅游娱乐空间。殖民者的家属们到达胶澳租借地后自然也会游览胶澳地区,从他们的记录中可以看到胶澳租借地的秀美之处。参与近代中国建筑设计的德国建筑师瓦尔特·弗雷(Walther Frey)曾经于1905年来到中国,并在中国生活了三十多年。在其工作期间,他的妹妹伊莉莎白(Elisabeth Frey)于1913年来到中国探望他,伊莉莎白在探望期间给他们在德国的家人书写了多封信件,用来描述兄妹二人在中国的生活状态。在信件中,伊莉莎白透露了相当多的社会生活细节,其中便有关于胶澳租借地的记载。作为德国公民,1914年伊莉莎白借港口城市之便由天津来到还处于德国统治下的胶澳租借地进行游览。在一封信中伊莉莎白记录到:"(1914年4月15日上午)九点钟,奥古斯特森先生再次开车来接我,他带着我游览了青岛的一切及其近郊。我真的很喜欢这里,一切都如此干净,让我想起了家乡。美好的公路、山峰,树林海滩,你所期望的一切!"②此时的胶澳租借地港口形象在国际视角下彻底产生了变化,昔日的中国传统社会形象已不复存在,取而代之的是能够参与国际贸易的世外桃源式的"先进"港口城市形象。

结　语

分析胶澳租借地形象变化的历程可见,胶澳租借地港口形象是以殖民者的政策宣传以

---

① Poultney Bigelow, German's first colony in China, Harper's new monthly magazine, Volume C, 1899.12 – 1900.5, P582.
② [澳]大卫·古德曼著,朱建君、韩威译,孙立新校:《家信与中国——1913—1914年伊莉莎白·弗雷在天津》,《中国海洋大学学报(社会科学版)》2009年第3期,第39页。

及国际新闻媒体的预估期待的观念下逐步形成的,由于对中国的了解缺乏以及观念性的自动屏蔽,国际媒体主要将视角集中在德国殖民者身上,德国殖民者的一举一动都受到国际媒体的监控与关注,因此德国殖民者除了殖民投入以外,还必须要将预期形象建设做足,以力求在殖民布局能力范围内,完成既定计划,用以彰显本国的综合国力。

然而德国殖民占领胶澳地区的港口形象产生了新的走向,十七年的融合式建设让胶澳租借地变为了整个位于山东的德国势力范围的吞吐桥头堡,衍生出了胶澳租借地固定的区位模式,并影响日后一百多年甚至更长的一段的时间。例如,1900年国外记者是这样报道的:"当你到达青岛港并在你逗留期间,你自然会在四周寻找当地的贸易踪迹。那里似乎看不到轮船,而仅仅是为德国船队运煤的帆船。目前的进口货实际上只有水泥和木材。"①而在德占胶澳租借地的不间断发展中,由于中外因素的共同推动,贸易增长成为不可阻挡的现象趋势,"1902年青岛入港轮船,共有219艘,载货吨位229715吨,到1911年增至613艘,载货吨位1069287吨"②。这种表象便是国际媒体与德国统治报告关注点的差异所造成的。因此区位形象是不断随着社会的进步和时间的变迁而改变的,这其中能够加速这一变化或改变原先轨道的力量便是文化的接触或交流所带来的影响。

作者简介:韩威,青岛大学国际教育学院讲师;马斗成,青岛大学哲学与历史学院教授。

---

① 《重游远东:胶州》,《伦敦和中国电讯增刊》1900年11月19日,青岛市档案馆编:《胶澳租借地经济与社会发展——1897—1914年档案史料选编》,第288页。
② 《1902至1911年报告》,青岛市档案馆编:《帝国主义与胶海关》,第111页。

代际的延续与断裂：近代天津典当业里的山西人*

冯　剑　徐雁芬

【摘　要】 山西人在近代天津典当业经营群体中占据着主导地位。作为天津商界重要而独特的群体，天津典当业中的山西人虽然与天津官商各界有着密切的联系，但是他们并没有真正融入近代天津社会当中。天津典当业在山西人的经营下一度辉煌，在近代天津城市社会经济急剧的变迁中，天津典当业中的山西人群体出现了代际变迁的现象，表现为群体中出现了新思想与新分子。但天津典当业中的山西人总体上没有完成新的代际转换，没有在剧烈的社会环境变化中孕育出现真正的下一代典当人群体。这使得近代天津典当业的山西人群体不能有效应对环境变迁带来的挑战，随着近代天津典当业在社会变迁中走向衰落，天津典当业中的山西人也湮没在历史的长河中。

【关键词】 近代天津；典当业；山西人；代际延续；断裂

近代商人团体在中国近代史的研究中方兴未艾，行会、商会以及同业公会的研究已经有了许多成果。① 从商人团体的代际变迁中观察近代社会变迁是一个新的视角。德国社会学家卡尔·曼海姆认为："代现象是产生历史发展动力的基本因素之一。"② 同时，也应该看到，代现象也是历史与社会变迁的结果所致。但是，社会变迁不一定孕育出不同的代，代际变迁应指在社会变迁之下，产生的不同于上一代的具有不同意识且高度相似的新群体。近代天津典当业行会向近代同业公会转变，社会环境变化巨大，需要新一代的当业人士加以应对。本文试从从代际变迁的角度，对近代天津典当业的代际变迁进行考察。

一　近代天津典当业中的山西人

天津地理位置优越，自古便是商业重镇，也是战略要地。在第二次鸦片战争后，天津成为外国侵略者对中国从事经济和军事侵略和控制的重要的基地，也是中西文明交流的窗口。③ 天津逐步成为中国北方的经济中心、进出口贸易中心。随着金融业的发展，天津20

---

* 基金项目：本文系国家社科基金后期资助项目"近代天津民间借贷研究"（16FZS032）的阶段性成果。

① 参见魏文享：《回归行业与市场：近代工商同业公会研究的新进展》，《中国经济史研究》2013 年第 4 期；郑成林：《"中国近代民间组织与国家学术研讨会"综述》，《近代史研究》2014 年第 3 期。

② ［德］卡尔·曼海姆著，徐彬译：《卡尔·曼海姆精粹》，南京：南京大学出版社，2002 年，第 108 页。

③ 参见陈振江：《通商口岸与近代文明的传播》，《近代史研究》1991 年第 1 期。

世纪初期已然成为中国北方的金融中心,银号、中外银行形成了三个互相补充和竞争的近代金融网络。他们对商人提供借贷资金和押汇业务,成为近代天津城市发展的血脉。①

天津城市在近代的转型发展过程中,也出现了许多的社会问题。其中,贫民问题一直比较严重。大量的贫困人口造成了近代天津城市对借贷有着巨大需求。与其他行业相比,被称为穷人后门的典当业也成了获利最为稳妥的行业之一。因此,引来了富有阶层的大量资金,当铺也成为下层人们时常光顾的地方。在近代社会,典当业不仅是抵押借贷的机构,"为华商重要行业之一,其功用有如银行,惟专为穷苦百姓而设耳。"②"故有贫民金融机关之称。"③

在天津传统的金融业中,晋商一度占据着主导地位,"早年天津之金融,据于山西人之手,自不待言。"④作为传统金融重要组成部分的典当业也是如此。

天津当业大约兴起于明代,有文字记载则见于清代,以皇室为首的官僚资本通过长芦盐政等机构投资天津当业发典生息,也有官僚私人投资设典的,如琦善个人即在天津投资有当铺,是与山西人合营的。在义和团运动、庚子事变之前,天津典当业就已经比较发达,当铺大约有40多家。⑤ 天津典当业的资本在30年代初位居全国前列,仅次于上海和北平两市。当铺的户数看,天津也位居全国第三位。⑥

清代天津典当业的出资者多为地方上有实力的大商人、周边大地主以及山西的经理人等,清代官员很少直接投资,多是暗中以财东名义出资,觅人代为经营,借以谋取红利或放款利息。⑦ 民国时期,一些军阀、官僚、遗老遗少等开始大力注资天津典当业。⑧

在近代前期,晋商资本在天津典当业中占有一定的地位,但是在社会动荡中,山西人的资本在逐渐减少。天津典当业人士张皇回忆"说到资财方面,当见许多报章及其他刊物上每提到当铺便说'多数为晋商所开设'。""其实在目下十九皆为此间巨商富室之资本。说到山西人不过代理经营,藉得区微劳动之报酬也。但在过去,庚子之前,则晋商出资经营者确在十处之上。如广盛、益盛、兴盛、文盛、天裕、义丰、长庆、日升、广昌以及天赐、广成等合资者。至今所谓之晋帮,多为依人作嫁,根本投资而经营者则寥若晨星。"⑨

---

① 罗澍伟主编:《近代天津城市史》,北京:中国社会科学出版社,1993年,第205页。
② 《天津当铺业之概观》,天津《益世报》1927年2月20日,第5张第18版。
③ 镜清:《典质商与民生》,《商学杂志》第9期,天津河北商学会印行,1916年11月10日,第7页。
④ 黄鉴晖等编:《山西票号史料》(增订本),太原:山西经济出版社,2002年,第539页。
⑤ 张焘:《津门杂记》,王帛孙、王黎雅校,来新夏主编《天津风土丛书》,天津:天津古籍出版社,1986年,第110—111页。
⑥ 宓公干:《典当论》,上海:商务印书馆,1936年,第37页。
⑦ 高叔平、高季安:《北京典当业内幕》,常梦渠、钱椿涛主编:《近代中国典当业》,北京:中国文史出版社,1996年,第69页。
⑧ 《漫画典当》,《天津市》第四卷第二期,天津市政府秘书处编译出版,1947年8月30日,第10页。
⑨ 张中龠:《天津典当业》,香港:万里书店,1935年,第6页。

表1　天津特别市典业商号财东及经理人姓名籍贯调查表①

商号	财东	籍贯	经理人	籍贯	资本额
和顺当	刘若尧(股东代表)	北京	俞耀川	北京	合资8万元
天聚当	蔡述谈	河北文安	杨晓圃	山西介休	5万4千元
太和当	张太和	天津	郝赞荣	汾阳	8万元
裕和当	费裕	天津	王舒丞	介休	10万元
福源当	张志义	天津	封静庵	介休	4万元
同福当	翟瑞符	天津	梁子寿	介休	5万元
源祥当	王仕英	河北武清	杨润斋	北京	20万元
中昌当	杨中昌	天津	张子润	介休	3万元
中祥当	杨中祥	天津	古忠甫	介休	5万元
麟昌当	曹凤鸣	山西	冯宜之	山西	4万元
同和当新记	张志青、张云清	天津	李子良	山西	4万元
天兴当	葛延鸿等	天津	郑根祥	灵石	6万元
辑华当	韩达卿赵辑辅等	静海武清	程子宽	汾阳	4万元
福顺当	仝迓东	天津	袁仙洲	河北沧县	4万元
协合当	杨协合	天津	杨绍圃	介休	6万元
德华当	韩华棠	静海	耿松玲	灵石	4万元
同聚当	曹同聚	天津	文质庵	介休	6万元
德昌当	韩延寿张梦络	天津江西奉新	韩荷廷	天津	2万元
万成当共记	刘楚臣	天津	乔厚庵	介休	4万元
万成当北号	刘楚臣	天津	乔厚庵	介休	2万元
和祥当	郑凤鸣	天津	陈子安	灵石	2万元
颐贞当	胡莘辰	天津	胡瑞三李钟春	灵石	2万元
颐贞当分号	胡莘辰	天津	胡瑞三李钟春	灵石	2万元
裕生当	卞裕生	天津	王瑞宸	灵石	5万元

这是1946年天津典当业的资本和股东及用人状况。股东多为天津人,经理和店员多为山西人,北京人的资本雄厚,使用人数少。② 除了这些经理外,还有一个重要的典当业人物就是已去世前典当业主席祁云五。③ 一般来说,作为经营主体的山西人与股东有着密切的利益关系而关系密切,而作为典当业的财东往往有着较高的社会地位。④

近代天津租界逐渐取代老城,为天津经济中心,典当业也因此分为华界和租界,租界称

---

① 资料来源:《典当业公会》,天津市典当业公会(1946年),天津市档案馆,档号:J0025-2-002474。
② 《典当业公会》,天津市典当业公会(1946年),天津市档案馆,档号:J0025-2-002474。
③ 祁云五,山西灵石人,在汉文馆读书12年,后在法律专科学校毕业,于1909年入典业练习,民六创办元亨当,于1925年人鸿记银号文陵,同年创办麟昌当,并任法租界华界公会董事兼该会附设小学校主任,校长;并两次当选为典业公会主席。《津市各业调查——典业》,天津《益世报》1937年2月4日,第5版。
④ 王子寿:《天津典当业四十年的回忆》,《文史资料选辑》第53辑,北京:文史资料出版社,1964年,第46页。

质铺,华界和租界典当业管理上也有所不同。如租界的质铺则只需取得保证,加入团体,得工部局许可,方可开办。① 1937 年,原来租界的一些质铺成立了天津质业同业公会。20 世纪 30 年代初,租界的质当对华界的典当业已经构成了竞争优势:"当商状况,近年不振原因,系受意英法各租界质当影响,营业甚为衰落。"②

表 2　天津市质业同业公会会员代表登记表③

代表姓名	性别	年龄	籍贯	商店名称	本店职务	教育程度	备注
王子寿	男	43	山西灵石	公茂当	经理	私塾	公会会长
王纬堂	男	55	山西灵石	聚顺当	经理	私塾	常务董事
李子厚	男	51	山西介休	集通当	同	私塾	常务董事
王馨山	男	59	山西灵石	天德当	同	私塾	董事
李文轩	男	66	河北武清	同义当	同	私塾	董事
魏西江	男	56	天津	同升当	同	私塾	董事
温建庭	男	43	山西灵石	天德当	同	私塾	
王子青	男	59	山西介休	同圣当	同	私塾	
王霈然	男	44	山西灵石	同义当	同	私塾	
马廷珍	男	51	山西灵石	德昌当	同	私塾	
陈厚斋	男	51	山西灵石	永圣当	同	私塾	董事
罗介民	男	39	山西灵石	福和当	同	私塾	
陈子安	男	49	山西	富盛当	同	私塾	
宋楚卿	男	54	山西介休	隆顺当	同	私塾	
郑荣堂	男	39	山西	松昌当	同	私塾	
陈松涛	男	47	河北	聚丰当	同	私塾	
茹仰山	男	52	河北	恒顺当	同	私塾	
张子敬	男	45	山西	益丰当	同	私塾	
阎俊三	男	60	山西	同吉当	同	私塾	
张育堂	男	50	山西	孚中当	同	私塾	
梁石臣	男	50	山西	松寿当	同	私塾	

以上天津市质业同业公会成员共 21 家,资本金额共 141150 元,使用人数 620 人。其经理人也多为山西人籍贯。

日伪时期,日本人谷内嘉作在日本军部的支持下要控制天津、北京、唐山等地的典当

---

① 张中龠:《天津典当业》,第 15 页。
② 《由初春到节边,津市商业盛衰一斑,受亏最重者织染业,其余各业均互有高低》,天津《大公报》1930 年 6 月 2 日,第 2 张第 7 版。
③ 资料来源:天津市档案馆等编:《天津商会档案汇编》(1937—1945),天津:天津人民出版社,1997 年,第 490—491 页。

业。天津的典业公会与质业公会联合起来进行了抗争。① 之后,他们又联合起来对日本人支持小押当进行了反对,并联合争取提高当息。② 1945年天津典业与质业公会合并成立当业公会。③

可见山西人的典当业群体在天津当业的行业群体中占据着主导地位。为维持同业内部关系,限制竞争,清末华界当铺开业领有当帖,"这一点为华界之仅有……便须征得其他同业两家以上之同情,加以介绍,为典当商同业公会之会员。"然后向财政厅呈请,领得准许营业之当帖,便可竖起了金字匾额,挂起布卷幌招,开始营业。④ 当业中的山西人之间在营业上也有着较为默契的关系,如当铺有各自的暗语,如数字等。⑤ 这是当行商压低当价的一种惯用的手段。比如站柜的说拳头眼镜,用意是已经给过十二块钱了,坐柜的认为可以再加两块,就说拳头叉子,给十四块钱。如当户坚持高价,不能达成协议时,他们知道一定要往别家去当。照例把所当义务给当户整理包好,但是整理当中,他们就运用了一定的技巧,使第二家当铺打开一看,就知道应经过当铺了。这样,当户最后还是只得用低价当出。⑥ 按当商行规,甲当给价后,如当物者认评价过低,转向乙当抵借,以甲当预于当物上作有暗记,乙当给价最高不能超出原当出价,这是天津当行中的一般规矩。⑦

山西典当业人士之间也有着矛盾与竞争。介休人和灵石人是天津典当业主要的来源,在当业内部,存在着灵石派与介休派之间的地缘矛盾,是天津当业的内部主要矛盾。晋帮占有绝对的优势,此外还有本地帮和北京帮,但是势力都非常弱小。⑧ 天津当业内的津派(即献县帮)、京派等,往往成为山西派内部斗争的砝码。如1945年天津典业与质业公会合并成立当业公会,在会长的选举中,北京派的俞耀川击败了灵石人王子寿当选,俞耀川之所以当选,原因在于"俞耀川系京派,山西派介休帮亦支持他,王子寿系山西派灵石帮,力量较小。""京派最有力量者为白倬儒(瑞贞当经理)系白世维之兄,与俞耀川关系很近。"⑨

从当时全国当业内部的管理模式看,可以依据地域分为山西模式和徽州模式,因为全国典当业经营者以二者为主。山西模式与徽州模式总体上相似,但是山西模式不如徽州模式管理严密。⑩ 天津当铺的组织利用家族和地缘等传统因素形成较为密切的山西典当业群体,他们在长期的博弈中,形成了较为强固的内部信任关系和规则。传统的惯例职员都由

---

① 王子寿:《天津典当业四十年的回忆》,1964年。《典当业同业公会民国二十五年召开全体改选会记录簿》,天津市典当业同业公会(1936年),天津市档案馆,档号:J0129-2-004265。
② 《关于取缔日朝人代押当票营业之训令报告》,日伪天津市警察局(1941年),天津市档案馆,档号:J0218-3-007528。《典当业同业公会民国三十年董事会议纪录》,天津市典当业同业公会(1941年),天津市档案馆,档号:J0129-2-004271。《典当业民国三十一年召开联席会会员会议记录》,天津市典当业同业公会(1942年),天津市档案馆,档号:J0129-2-004262。《典当业》,天津市政府(1947年),天津市档案馆,档号:J0002-3-002304。
③ 《典当业公会》,天津市典当业公会(1946年),天津市档案馆,档号:J0025-2-002474。
④ 张中俞:《天津典当业》,第15页。
⑤ 子珍、朱继珊:《天津典当业及其同业公会》,常梦渠、钱椿涛主编:《近代中国典当业》,北京:中国文史出版社,1996年,第132页。
⑥ 王子寿:《天津典当业四十年的回忆》,《文史资料选辑》第53辑,第44页。
⑦ 吴石城:《天津典当业之研究》,《银行周报》19卷36期,上海银行周报社发行,1935年9月17日,第15页。
⑧ 俞耀川:《漫话天津的典当业》,常梦渠、钱椿涛主编《近代中国典当业》,第116页。
⑨ 《典当业公会》,天津市典当业公会(1946年),天津市档案馆,档号:J0025-2-002474。
⑩ 潘敏德:《中国近代典当业之研究(1644—1937)》,台湾师范大学历史研究所专刊(13),1985年,第142页。

经理雇佣,多由亲属或者熟人介绍。①

天津典当业一般在开业之初由劳资双方订立合同。资方开列出资若干,定为若干股,劳方自经理及以下主要职员定人股若干,获利时按股分之等项。② 其次即为雇员,由经理视才学按职级分定薪金。③ 当铺内部有自己较为严格的职业道德规范。主要内容各地不同,大概都有禁止投机放债、浮借赊欠、为人作保、流号、嫖赌吸毒等。④ 雇员的生活平时很辛苦,每日两餐都是山西式的麦饭,很少用大米。肉类亦是都少用的,吃饭的时间在早十点和午后四点。每餐都有烧酒。除去节日外都很简单。⑤ 工作时间随季侯变异,一般天长时早晨六时开门,下午八时闭门,工作时间常在十四小时之上;天短时早八时开门,下午七时关闭。当铺平时对同人管束极严,无事不许外出,请假外出,必须四点以前回柜,不许在外吃晚饭。遇有病号,柜上照例不管医治,只许喝小米粥。每年春秋,两次查对架货,谓之'对点'又称盘货。对点完毕,休息一天,学徒每人得两三毛前,除去看戏,谓之'听官戏',或者洗澡;每年仅有这两次洗澡的机会。⑥ 学徒在入号三年后,可自由请假回里结婚,可按章依期住家。⑦

表3⑧

会员商号名称	经理姓名	使用人数
和顺当	俞耀川	38人
天聚当	杨晓圃	22人
太和当	郝赞荣	31人
协合当	杨绍圃	37人
同福当	梁子寿	34人
麟昌当	冯宜之	22人
德昌当	郭镜泉	20人
德华当	耿松龄	26人
福源当	封静庵	27人
裕生当	王瑞臣	22人
中祥当	古忠甫	38人
中昌当	张子润	38人
源祥当	杨润斋	20人

---

① 王子寿:《天津典当业四十年的回忆》,《文史资料选辑》第53辑,第39页。
② 《当铺善恶之分》,天津《益世报》1919年3月24日,第2张第6版。
③ 张中龠:《天津典当业》,第46页。
④ 潘敏德:《中国近代典当业之研究(1644—1937)》,台湾师范大学历史研究所专刊(13),1985年,第142—146页。
⑤ 张葆琦:《天津典当事业的概况》,《铃铛》第2期,河北省立第一中学校刊印,1933年6月30日,第150页。
⑥ 王子寿:《天津典当业四十年的回忆》,《文史资料选辑》第53辑,第39页。
⑦ 王子寿:《天津典当业四十年的回忆》,《文史资料选辑》第53辑,第38页。
⑧ 资料来源:《典当同业公会职会员名册》,天津典当业同业公会(1940年),天津市档案馆,档号:J0128-2-001387。

续表

会员商号名称	经理姓名	使用人数
同和当	李子良	26 人
天兴当	郑根祥	28 人
颐贞当	胡睿三	28 人
颐贞分当	胡睿三	20 人
万成当北号	乔厚安	22 人
同聚当	王子青	36 人
辑华当	程子宽	38 人
和祥当	陈子安	22 人
万成当	乔厚安	28 人
福顺当	袁仙洲	26 人
裕和当	王舒丞	28 人

从上表可知,天津市典当业公会会员 24 家,使用人数 677 人,公会员役 5 人。一个当铺的人员最多不过 40 人,大多数在二三十人。因为当铺的职业的特殊性,当铺的从业人员多有一定的文化,多为私塾和高小出身。①

天津典当业招揽人才,经理和铺伙除来自北京的四大顺以外,多为山西人,山西人一直占据着天津典当业经理和铺伙的主体人员。究其原因,乃是因为典当业具有很强的专业性质,在过去没有专门学校培养典当业人才的情况之下,就业人员"多数是父子相承,或者是亲戚故旧"②,而且山西人来自远乡"向守勤劳朴诚之美德,典当事业在经营上如打算造成稳健跟脚,第一即为取信于社会,质物中絮纽之差,在所不容。"③而且当铺较为专业因此很少有跳行的。在传统社会中,典当为穷人解决一时之困难,因此成了一般人既敬畏又羡慕的行业。典当业员工在传统时代属于高收入阶级,工作稳定,收入丰厚。因此,典当在引进员工时多采取保护措施,以同乡或同侪之子弟为优先考虑,因此形成一个强固的团体。④ 即使是山西人,也要有家道殷实的担保,还有测试合格才能入当。往往经过有限次的博弈才选择信任或者不信任。当铺用人机制具有重复博弈模式,采取地缘、担保举荐和考察方式,便于监督成本较低的制度安排。人股制度导致经理和铺员有强烈的归属感,财东与经理信任忠诚是通过长期博弈形成的。⑤

典当铺内部股东、经理和雇员的关系也随着时代的变迁有了巨大的变化。在近代前,当铺中关系还是传统的东伙关系,他们之间往往互相依赖信任为传统的主仆式的关系。例如庚子时,铺伙王云亭所在的当铺被抢,损失巨大,他的铺东是山西介休县冀姓,自出资本,

---

① 《天津市典业同业公会店员调查表》,天津市典业同业公会(1938 年 12 月),天津市档案馆,档号:J0129 - 2 - 004242—001。
② 高叔平、高季安:《北京典当业内幕》,常梦渠、钱椿涛主编:《近代中国典当业》,第 95 页。
③ 张中龠:《天津典当业》,第 45 页。
④ 潘敏德:《中国近代典当业之研究(1644—1937)》,台湾师范大学历史研究所专刊(13),1985 年,第 339 页。
⑤ 刘建生等著:《山西典商研究》,太原:山西出版集团·山西经济出版社,2007 年,第 134—136 页。

在天津户部街开设星盛当,又开连号星盛聚钱铺。由庚子年遭乱,掌柜任锦斋来津办理,催讨连号星盛聚外欠,但是光绪二十九年天津市场发生危机,任锦斋无法办理,回山西找东家。而东家因津、京连号均已因乱被抢,家产净尽,实系无法筹措。任锦斋忧虑成疾,在原籍病故。作为铺伙,王云亭被东家派来查看号事,设法清理债务,还照顾经理的家属。从这个事例中可见当时当铺铺东、经理、东伙相依为命,为当铺的生存竭力奔波的情形。①

原来当铺一向待遇好,在典当业中的职工"一向关门自大惯,一派充壮惯,目看排场惯,耳听阔气惯,吃穿惯,懒惯用惯,高楼大厦惯,粗工打杂使惯"②。到了民国时期因为社会大环境的变化,典当业社会地位下降,典当业的职工待遇较从前有了比较大的落差,典当业铺伙对当铺和铺东的态度有了很大的不同。在张皇所著《天津典当业》的附录中,记有一些典当业铺伙看到他的书后给他写的一些信件,其中反映了铺伙对当铺和铺东、经理的情感,体现出当铺东伙之间的关系有恶化的趋势。几个铺伙抱怨自己多年在典当业经历:"印象的确太坏!""因为一班居领袖地位者,练达人情者实在很少,腐旧思想深刻的存留在他们的心坎中,一切不思改革""每天尽力工作,绝少休息时间""以逢迎经理为第一特长!"宛青则因家庭不幸,托人加入此业,自曰处境如"一个从前草刺配的重犯,""一个供人驱使的奴仆。""卑辱的活计……不堪的言词""笨重的当物,危险的高梯见而生畏!"另一个叫做大水的铺伙抱怨道:"我只有夙夜匪解以从事,但所得到的代价,仅仅月薪数元,家里那里会落钱过度?到现在我的身体消瘦得多了!""薪额是不应当太定得上下悬隔""同样才力,同样位置,同样劳动而取得的报酬竟相差太多,这种种都是随时可以发现的。"一个叫定道的铺伙则称自己是对资本家的支配和资本家的威胁委曲求全,他渴望求学,以读书写作补工余之暇:"唯一的志愿:打破了桎梏的生活,走向光明的疆域。"③

从这些抱怨中可见,当时铺伙对铺内的薪水、工作条件都非常不满,对铺东和经理,对铺内的升迁规则也有许多的怨言,尤其值得注意的是有的铺伙以资本家称呼铺东和经理,以被剥削形容自己的处境,体现出了时代变迁的印记。铺伙与铺东等相依为命、互相信赖的关系已经一去不复返了。

总之,在近代风雨之下,天津当业出现了新一代的当业人,当铺的经理们是典当业经营的核心人物,这些人大多在20世纪40年代时为四五十岁,都是在近代成长起来的新一代的典当人。"任何两个连续的代总是与不同的内部和外部的对手作斗争。"④他们继承了天津山西当业人士营业的传统,同时在近代社会剧烈的转型变迁的环境之下,面临着前辈未曾遭遇的前所未有的挑战。

---

① 天津市档案馆等编:《天津商会档案汇编》(1903—1911)(上),天津:天津人民出版社,1989年,第717—718页。
② 杨联陞校:《典业须知录》,转引自罗炳锦:《近代中国典当业的分布趋势和同业组织》(下),《食货月刊》复刊第8卷第3、4期,1978年,第163页。
③ 张中龢:《天津典当业》,附录,第9—13页。
④ [德]卡尔·曼海姆著,徐彬译:《卡尔·曼海姆精粹》,第87—88页。

二 天津典当业中的山西人与近代天津社会

天津的典当业在清朝都带有浓厚的官办色彩;在迎门影壁上高悬着"裕国便民"的大牌匾,甚至在门外悬挂着红头军棍。① 清代中叶曾有规定,不许官员直接经商,"叫做'官不与民争利',所以当时的大小官吏(内监也是官)都不敢公开经营商业和金融业,只能暗中以财东名义出资,迷人代为经营,借以谋取企业红利或放款利息。"②典当业也有着原始银行的功能,官府许多款项也存于当铺生息。

天津为北京门户,为近代战乱的重灾区,战乱对天津典当业的损害较其他各地尤为严重。除庚子之祸外,1912 年,袁世凯为拒绝南下就任总统而制造的壬子兵变,导致天津在 1912 年旧历正月十四日寅夜发生变兵焚抢,是对天津典当业的又一次大劫掠。此次兵变,天津"灾商损失千有余万,典当被抢四百余万,已达全数三分之一。"③接着,天津典当业在 1917 年,1923 年,1927 年又遇到了三次危机,其中后两次是因为兵祸。④ 典当业因为存有大量的架本,往往与银钱等业成为战乱中抢掠的主要目标之一。如在 1924 年的直奉战争中,一些伤残军人用武力威胁换破衣,当价多至几十元几元不等。1925 年的直奉战争和褚玉璞时代省银行钞票停使。1927 年,张宗昌李景林军北上,发军票,一些人以军用票取赎,只值市面价格二三折,许多人晨当夕取。⑤ 这些给天津典当业带来了上百万元的损失。除了战争以外,军人对典当业的勒索还表现为其他的形式,如自天津设病院住伤病以来,市面大受影响,并有军人有当质军衣,高索当价等事。各商无可奈何,只得满足他们的要求,不然怒目相加,责骂立至。⑥

因天津典当业与官府有密切的关系,官气非常浓厚,所以一旦营业出现危机,典当业首先求助官方也是情理之中的事情。当面对动乱时刻,典当业往往要求政府保护,甚至派兵维持治安。如 1927 年有地方流氓勾结军人"以极微之物强索高价或甫经典去现洋转瞬即以票券赎取,恣意搅扰损害不堪",典当业恳请商会直隶军警督察处"对于敝业各号每家酌派士兵一二人由每日上午六钟起,至下午六钟归队,以资弹压。"⑦但是此要求遭到了直隶督办李景林的批驳。⑧ 对当商关于币制问题和治安的要求,当时的政府发表布告,表示对典当业进行保护。⑨

---

① 《当铺善恶之分》,天津《益世报》1919 年 3 月 24 日,第 6 版。
② 高叔平、高季安:《北京典当业内幕》,常梦渠、钱椿涛主编《近代中国典当业》,第 69 页。
③ 天津市档案馆等编:《天津商会档案汇编》(3)(1912—1928),天津:天津人民出版社,1992 年 10 月版,第 1565—1566 页。
④ 子珍、朱继珊:《天津典当业及其同业公会》,常梦渠、钱椿涛主编《近代中国典当业》,第 127 页。
⑤ 张中龠:《天津典当业》,第 75—80 页。
⑥ 《军人强行典质衣物》,天津《益世报》1922 年 7 月 11 日,第 11 版。
⑦ 《为派士兵保护各典商事致直隶省会军警督察处函(附清单)》,天津总商会(1927 年 6 月),天津市档案馆,档号:J0128 - 3 - 006080 - 003。
⑧ 天津市档案馆等编:《天津商会档案汇编》(4)(1912—1928),第 4272 页。
⑨ 《关于典当衣物者应遵典铺价格事》,天津总商会(1927 年),天津市档案馆,档号:J0128 - 3 - 006080。

此外,动乱过后当业还需要申请政府免陪。如壬子之乱后,典当商人"十五典已失号数请为先予照案一律出示免赔,以免酿成议赔当票风潮和二番暴动导致社会的动乱。"还请求政府借款以渡难关"借款定议即予并案拨借,以办商困而恤商艰。"①典当业还有要求政府借款和拖欠公款延期等,如在壬子之变后,天津当商呈请政府依照惯例给予贷款和拖延免除生息公款。②

典当业既有依赖政府的一面,也有与政府抗争的一面。最为明显地表现在当息的博弈和印花税的对抗上面,20 世纪 30 年代营业税征收处要对典当业护本征收营业税,1935 年 3 月 25 日,天津麟祥当等致天津商会仍恳核减税率,免加护本,他们从法律、商业习惯、政府的财政政策、典当业业务、议案时效等方面对政府征收典当业护本营业税的做法进行了反驳。③ 天津典当业关于当息问题与政府的博弈,贯穿了近代社会的始终。④

政府对典当业的管制,主要体现在税收、对当铺利息的干预以及陋规等。典当业的捐税在清代顺治年间,统一依法制定了每年 5 两的税则,光绪年间加征,捐 2 两成为惯例。⑤

民国后,取消龙票,改由省财政厅核发当帖。按资本额分甲、乙、丙三等,缴纳当税计甲等资本 8 万元,年纳当税 80 元;乙等 6 万元,年纳 60 元;丙等 4 万元,年纳 40 元。天津设市后,改由社会局及天津县政府接管辖区域分别发帖,仍照旧章纳税。租界当商,则与一般商号相同,每家每月交铺捐 6 元,日租界较多,月交 8 元至 10 元。⑥

在清朝时代,典当业除缴纳报效外,每届年终,对天津县衙门有一种陋规。当行公所成立后,归公所汇总办理,由各当商分担,每年约送现银 1 百两。此项陋规,一直相沿到清末。民初各当商均不愿再摊这笔款,经公所与当时天津县知事张某,几度洽商,最后给他凑了一千块钱,才把这项陋规取消。⑦

清代雍正皇帝以后,统制与利用商人的最普遍方法是'发典生息'制度,即是由政府托付给商人一笔公家资金作为投资,政府收取的利息是月息一分至二分。这个制度对军队和内务府的资助很大,但是"便于官吏去刻剥勒索商人"。典当商人也拒绝过政府的贷款,但是因为典当业利润很高,这就助长了官吏对商人的刻剥,而典业也往往把过高的刻剥转嫁到典户身上。⑧

此外,政府还时常出于各种原因对典当业征收临时性的税费,进行合法勒索。如光绪年间,1887 年,政府利用水灾对当商进行勒索,河南、湖北等地水灾,当铺被勒索预交二十年的当税,从每年当税五两提高到五十两,预交的要补交四十五两。南京政府时期,虽然提出废苛捐,但是天津地方依然受到政府苛税的困扰:"时至今日,地方整个疲状,本业本身之

---

① 《典当业同业公会民国元年禀稿底》,天津市典当业同业公会(1912 年),天津市档案馆,档号:J0129 - 2 - 004307。
② 《典当业同业公会民国元年禀稿底》,天津市典当业同业公会(1912 年),天津市档案馆,档号:J0129 - 2 - 004308。
③ 天津市档案馆等编:《天津商会档案汇编》(1928—1937),天津:天津人民出版社,1994 年版,第 964—966 页。
④ 参见李金铮、冯剑:《在国家、社会和当铺之间:近代天津当息的博弈史》,《中国经济史研究》2011 年第 2 期。
⑤ 刘秋根:《中国典当制度史》,上海:上海古籍出版社,1995 年,第 299 页。
⑥ 王子寿:《天津典当业四十年的回忆》,《文史资料选辑》第 53 辑,第 36 页。
⑦ 王子寿:《天津典当业四十年的回忆》,《文史资料选辑》第 53 辑,第 37 页。
⑧ 罗炳锦:《清代以来典当业的管制及其衰落》(下),《食货月刊》复刊第 7 卷第 6 期,1977 年,第 266 页。

暮气而通年中如当税如铺捐以及印花税等等……统计之下,成数亦够惊人。此外尚有地方公安机关之零琐征收,在如斯之处境下,日闻感叹呻吟,大有痛苦难堪之现象。"天津典当业人士张皇因此呼吁:"苛杂因应即刻废除,其他亦宜在可能范围中设法减轻!方符解商困体民艰之为政本质。"①

天津典当商在七七事变平津沦陷后,当商业务随之衰退。各资东纷纷集议,请求伪当局予以救济,尤以颐真当资东胡贞甫鼓动最力。他曾亲自拟具缩短当期、提高利息理由书,由各当商联合具名请伪社会局核批,结果适得其反。伪社会局长蓝振德认为当商是有油水的,乃利用职权进行敲诈。他借口体恤民艰,主张延长当期,压低利息,但并无明文下达,暗中派该局秘书长左愚,通过商会秘书朱厚叔与典质两会负责人,终于给蓝振德送了一份厚礼,才将原议打消。②

抗战结束后,天津政府摊派给天津典当业的费用依然不少,如8月30日欢迎国军慰劳献金,典当业摊款币十九万六千元,商号共三十六家,每家摊六千元共洋二十一万六千元。③1947年天津市商会来函,以修筑城外濠保卫天津市安全,按级别缴纳费用,典当业列为四级,应担任借款二千六百五十万元。典当公会议决,由会员商号分担。1948年4月23日,政府直接税局暂以六倍所得税预征,遭到了典当业公会的反对,要求减轻负担。④

典当业在古代乃至近代的社会经济功能都非常重要,在传统金融业中占有重要的地位,在360行中与钱庄、粮栈、金店同为四个与国民生计关系比较密切的四大行当之一。⑤

典当业与其他金融业以及商业关系密切,地主、官僚、银行界和商界人事是典当业的投资者、存款者、顾客。许多金融机构如银号、银行、商铺等都在典当业存有款项或有借贷关系,以协庆当债权名单为例,可见其与商界千丝万缕的联系:

表4⑥

行号名称	银(两)	洋(元)
大德通	10000	
交通银行	10000	
直隶银行	4000	3000
洽源号	3000	
余善堂		4000
隆源号		4000

---

① 张中龠:《天津典当业》,第100—101页。
② 王子寿:《天津典当业四十年的回忆》,《文史资料选辑》第53辑,第37页。
③ 《典当业同业公会民国三十年常务会议纪录》,天津市典当业同业公会(1940年),天津市档案馆,档号:J0129-2-004269。
④ 《典当业同业公会会员大会.理监事联席会签到簿记录簿》,天津市典当业同业公会(1946年),天津市档案馆,档号:J0129-2-004252。
⑤ 高叔平、高季安:《北京典当业内幕》,常梦渠、钱椿涛主编:《近代中国典当业》,第68页。
⑥ 资料来源:天津市档案馆等编:《天津商会档案汇编》(3)(1912—1928),天津:天津人民出版社,1992年,第1560—1561页。

续表

行号名称	银（两）	洋（元）
同和当		3000
永昌号	982.56	
公合堂	1300	
共计	29282.56	14000

近代天津当业在新式银行的竞争下被削弱,同时还受到其他形式当业的挑战。天津的小押一直是对民间私营的、非法的、资本非常小的当铺的称呼,"在清季以上,历代重视典业,特加保护。凡设典业,均由内部颁发典帖,以为特征凭证,否则即系私设小典,有干禁令。"①小押当虽在天津一直是非法的,但是每当动乱时期,小押当就乘机而起,对典当业的业务构成了巨大的威胁,在庚子之后以及七七事变之后,表现尤为明显,"因为没有当铺,小押便乘机兴起。""官方用公款去开当铺,是为'官当',在清代是常见的事。但官当为'便民缓急'的用意少,为'便兵缓急'的用意多。"许多官人也加入了小押当和典当业的资本。②在日伪时期,日本人还利用小押当打击典当业。

典当业同业内部之间的市场竞争也是其衰落的重要因素之一。典当业同业的竞争主要表现为典当业公会内部的竞争、典当与质当的竞争以及小押当与典质业的竞争等。

尤其在20世纪30年代,军阀、官僚等资金注入租界的典当业后,天津典当业内部的畸形竞争更为激烈,当时天津典当业人士张皇写道:"典当者为了需用贪多的缘故,有的竟往往挟着包袱跑遍全市,苟非给予特殊高昂的代价,绝不甘心成交。故给价的高低不均,甚足影响危害自己营业。"③

典当业内部恶性竞争最为明显的一个事件就是曹锟与陈光远在租界中的竞争,德国租界改为特一区以后,曹锟首先在苏州道口成立公茂当,以西面的谦德庄一带的居民为主要对象,陈光远则在江西路成立德昌当,与之竞争,于是曹家又在江西路以西绍兴道宝德里租有所有陈光远对面的房屋扩充了一个公茂当的分号,陈光远又立刻在南昌路宝德里拆了七所平房,建楼迁入新的德昌当,曹家又在绍兴道与九江路转角处建楼成立公茂当二号,一时津市当行轰动。④

随着天津城市面临着向近代社会转型和商业化的趋势日益发展,"传统的义利观逐渐失去了维系人心的力量,取而代之的是以利为中心的功利主义价值观。"⑤典当业新的市场环境之下,面临着更加激烈甚至危险的博弈。

在市场中,一些人为追求利益,进行欺诈讹索,对典当业也产生了一定的影响。如假当票的贩卖,在庚子以后,就对各地典当业的正常营业造成了巨大的威胁,"乃仍有无耻之徒,仿造假票,任意填写质物,借取赎为讹诈之地,又或捏称失票取保照赎后,串通他人执持原

---

① 张中龢:《天津典业》,序,第1页。
② 罗炳锦:《清代以来典当业的管制及其衰落》(上),《食货月刊》复刊第7卷第5期,1977年,第205页。
③ 张中龢:《天津典业》,第27页。
④ 王子寿:《天津典当业四十年的回忆》,《文史资料选辑》第53辑,第53页。
⑤ 熊月之主编:《上海通史·晚清社会》,上海:上海人民出版社,第433页。

票无理取闹,甚至唆使控官。虽曲直可辨,而一经差票拘传,则商人横遭讼累,即已不堪其扰。"①在二三十年代时常有一些靠卖假当票为生的人,如在天津南市清华巷三号,住户许长升素以卖当票过活。天津市西南城角住户陈秋波,在南市德美后开洼闲逛,正值许长升正在卖当票与人讲价,陈秋波见其价便宜,当即购买当票二张。嗣后发觉当票不能赎取。陈秋波第二天又到南市德美后开洼游逛,又见许长升作骗人生意,乃气愤异常,当时将其抓获。②

还有一些与当铺生意相关的小贩,也时常对当铺的营业造成麻烦,如1943年,典当业反映"有一般肩挑大筐业者,'即叫喊收买故物之小贩'每日聚集本店门首,见有来店持物典质者,伊即争先出价收买,收买之后,复在当地叫卖,从中暴利。逐之不听抑或去而复返,吵闹争竞,"无奈之下,他们请求商会"转请警察局设法驱逐"③。

此外,一些人为谋财而对当铺欺诈、抢夺的事件也时有发生。1927年天津一个叫杨福珍的人,在大仪门和顺当典恒利字号假金戒指一枚。典洋十三元而去。第二天,杨珍又持物华楼假赤金戒指一枚,又在和顺当典洋,被该当铺同人季式如认出报警。④ 又如1922年,四匪徒抢走日租界义盛当钞票221元,大洋181.7元。⑤

一些谋利之徒还利用币制问题谋利对典当的营业造成了巨大的威胁,如在天津葛沽一带,银元的价格不断上涨,"狡黠之徒往往赎以铜元,希图取巧,一经辩论,辄谓不收铜元。……从前旧当制钱者,现在纷纷概以铜元取赎,其零星当本,又复朝则当以制钱,暮则赎以铜元,群相谋利。似此情形,商等赔累实有不堪。"⑥

天津近代社会中的街头的流氓,当地人称为混混,也时常找当铺的麻烦。天津当行公所成立之后,就常雇佣两名特殊人物,通称'小子'。他们在没事的时候,吃的胖胖的,每到过年,他们必要到各当铺给掌柜的拜年,照例得赏一块钱。如果流民到当铺滋事,他们的主要任务,是替当商顶个打官司或顶着打架、挨揍。⑦

而当铺也利用币制的变化赚取到了利润,民间因为币制的关系对典当业也有很大的抱怨,"典质零毛者周月取赎,名曰三分取息,实则九分,或另加一利也。此系当商取巧贪利,鱼肉穷黎……请严谕各当商定期改书钱数,质票、出纳俱用满钱,则两无亏耗矣"⑧。一些学者也指出"当铺同时又可以用货币制度不稳定的特点去剥削富户"⑨。

近代天津典当业与民间社会的关系在近代也发生了变迁。一方面天津典当业也是对平民生计有着极大的关系,"查津埠典业向为中下级社会通融机关,关贫民劳动赖其周转生

---

① 天津市档案馆等编:《天津商会档案汇编》上(1903—1911),第718页。
② 《卖假当票为业,事发被铺》,天津《益世报》1935年11月21日,第2张第5版。
③ 《典当业公会函请转请取缔小贩群集当商门首强买典当者之物件》,天津典当业同业公会(1943年),天津市档案馆,档号:J0128-2-001384。
④ 《典当假饰》,天津《益世报》1927年11月8日,第3张第12版。
⑤ 《义盛当抢案志详》,天津《益世报》1922年7月24日,第3张第11版。
⑥ 天津市档案馆等编:《天津商会档案汇编》上(1903—1911),第407页。
⑦ 王子寿:《天津典当业四十年的回忆》,《文史资料选辑》第53辑,第37页。
⑧ 天津市档案馆等编:《天津商会档案汇编》上(1903—1911),第428页。
⑨ 罗炳锦:《清代以来典当业的管制及其衰落》(上),《食货月刊》复刊第7卷第5期,1977年8月版,第211页。

活者数以万计。"①平民对典当业也没有特别的怨恨:"负贩贫农为周转一时金融计,虽受当押者之重利盘剥,亦无所怨恨。一面为平民之刽子手,一面又为平民之救世主。银钱业以有组织之工商业为对象,对负贩贫农之经济未尝加以注视,故负贩贫农对重利盘剥之典当不仅无仇恨之念,且有感激之意,而典当业乃有慈善为怀、裕国便民之抱负。"②1937 年 8 月,天津刚刚陷落不久。天津伪政权即要求当业恢复营业以安定社会秩序,"本区界内典业各商尚均关闭,一般贫苦民众,经济艰窘,无法通融。……一般穷民深感不便,影响市面良非浅鲜。"③可见,典当业在此时期在社会经济中依然具有重要的影响。另一方面,在民国时期,天津民间对典当业也颇多非议。清代政府肯定典当存在的价值并且给予相当的优待。在政府的观念中典商和绅衿富户及盐商的地位是相同的。民国以后,典当商人的地位有渐趋下降的趋势。在典当业没落的时代,典业的员工对于自身的前途也缺乏信心。……大多数学者往往将典当视为地主、资本家的代理人,农村中罪恶的高利贷,剥削农民的象征,有时官方也持此一看法。较之清代自不可同日而语。④ 自南京国民政府建立后,颁布了年息不得超过20%的法令。典当业被政府以及社会人士视为高利贷剥削机构,其社会形象发生了很大的变化。⑤

社会变迁导致人们对典当业看法发生了巨变,如一个名为镜清的人在天津《商学杂志》上撰文认为典质的弊端有坏风俗,为无节度和偷盗开销路;碍产业,产生依赖的心理,没有进取心;困民生,使人们陷入债务圈中无法自拔。他以为禁止的办法是由行政机关停止其营业或是限制设立典质业,"各省市虽有取缔典当利息之令,惟缺乏低利供给资金之办法,故未有显著之成效"⑥。

近代社会人士的看法对典当业的形象也产生了极大的影响,尤其以小说、杂文为甚。小说中对典当业的负面描写比比皆是⑦,当时报纸杂志上的小说中关于典当业的恶劣面孔比比皆是。如一篇名为《典当衣裳》则描写了一个家庭没有吃的,只有去当衣服,但是因为手续费太高,当铺不要西服,使一家人的生计陷入了困境,这个事例说明了当铺受到社会病垢的部分原因。⑧

在民间,当业中的山西人依然没有融入五方杂处的天津社会。当铺中的山西人一方面与官府有着密切的关系,打着"便国裕民"的幌子与民间疏离。因为职业的关系,山西当业人员除工作外,极少与外间接触,甚至很少出去,使他们在外观上也与民间社会格格不入,"柜房住室很少见到阳光,同人久居其间,类多面色苍白,精神不振,偶尔外出,走在路上,使人一望而知是当铺的'老西'。"⑨当铺的高筑墙、高柜台、门前栅栏围监狱式样,更使其与民

---

① 《为维持典商张贴遵守典铺价格布告事致警察厅函》,天津总商会(1927年),天津市档案馆,档号:J0128 - 3 - 006080 - 005。
② 慕柳:《冀省之典当业》,天津《益世报》1936年9月13日,增刊3。
③ 天津市档案馆等编:《天津商会档案汇编》(1937—1945),天津:天津人民出版社,1997年4月版,第318页。
④ 潘敏德:《中国近代典当业之研究(1644—1937)》,台湾师范大学历史研究所专刊(13),1985年,第340页。
⑤ 参见李金铮、冯剑:《在国家、社会和当铺之间:近代天津当息的博弈史》,《中国经济史研究》2011年第2期。
⑥ 镜清:《典质商与民生》,《商学杂志》9期,天津河北商学会印行,1916年11月10日,第7—13页。
⑦ 张中龠:《天津典当业》,序。
⑧ 《典当衣裳》,天津《大公报》1930年6月16日,第3张第9版。
⑨ 王子寿:《天津典当业四十年的回忆》,《文史资料选辑》第53辑,第39页。

间社会产生隔膜。① 其山西人的身份也成为他们饱受诟病的原因,如 1939 年华北地区发生了水灾,这次水灾是天津历史上的一次重大的水患。在水灾中,天津当业和市民都损失惨重。正在此时,谴责典当业剥削,要求典当业减息的呼声出现了。10 月初,一个叫张傅泉的市民在日本办的《庸报》上发表文章,谴责天津典当业高利盘剥,要求市公署解决当息过高的问题。他翻出了南京政府时期的减息的旧账,认为北伐成功后主持天津政局的傅作义等都是山西人,在当时的减息中偏袒典质业的同乡,导致"批成至今重利盘剥鱼肉市民之铁案",当时天津律师高善谦呈请取缔当业盘剥②,晋籍官员和典当业的商人反而联合起来鱼肉人民,把当息改为 2 分 3 厘,当期改为两年,但冬令减息被取消。而事变后,日本谷内嘉作等人要改良典当业却遭拒绝,"因该业把持,未得实现。"他继而指责典当业在 1939 年的水灾中减息过少,甚至不如在庚子和壬子灾变:"庚子年自七月事定减息,迄至旧年除夕,利息减收一半,壬子年正月兵变,七月中即减息至除夕",故此他要求典当业继续减息,而质业公会应该把利息调至与典当业一样。③

总之,近代以来新一代的山西当业人士与政府、商界和民间的关系发生着巨大的变迁,使他们面临着艰巨的挑战。"社会与文化变迁的节奏越快,处于特定位置的群体越有可能通过产生其自身的实体而对此变迁环境作出反应。"④

三 天津典当业山西人的应对

面对挑战,山西当业人士需要解决好三个主要问题,一个是自身形象的改善,还有就是资金的来源与组织的变迁,最重要的是新一代当业人员的培养,以祁云五等为代表的山西当业人士,对此都进行努力。

近代典当业形象的变迁,也引起了典当业内部人士的忧虑,他们利用各种方法改善自身的形象。天津典当业人士张皇,在天津典当业从业多年,他有感于典当业的衰败和在社会上丑恶的形象,会导致为新的机构所取代:"不久的将来,典当业的没落崩溃便要降临了!因为它既不是援助苦难的救星,更不是博施济众的机关,名目上是济人之急,实际上是引人上吊,而且需索难得自由,利息却不能短少,许多社会学者多注意及此,深欲创一'民众轻利,货款机关'来,出而代之。"⑤为此他用了半年的苦工写作《天津典当业》一书,为典当业正名辩诬,"一半鉴于本业过去的腐败和目下的萎态,实有宣论改造之必要,以防淘汰没落之降临,一半感于作者身世的难堪,幼年辍学的苦痛。"这本书的写作,访问了许多当业的人士,查阅了许多典当业档案资料,当时天津当业公会的主席祁云五"经将初稿逐章加以批阅校勘,内容上之补删文字上之修润。"⑥可见此书并不是一般的写作,可以看做是一些具有

---

① 张中龠:《天津典当业》,序。
② 天津市档案馆等编:《天津商会档案汇编》(1928—1937),第 955 页。
③ 《津市典当业重利剥削,灾民张傅泉详陈经过,呈请市当局呼吁减轻》,《新民报》1939 年 10 月 6 日,第 7 页。
④ [德]卡尔·曼海姆著,徐彬译:《卡尔·曼海姆精粹》,第 98 页。
⑤ 张中龠:《天津典当业》,序。
⑥ 张中龠:《天津典当业》,第 8 页。

进步思想的天津当业人士为宣传当业,改善天津典当业形象和改革典当业所作的一次努力。

这本书写完后一度在市面上发行,在天津典当业中引起了一定的反响,一些典当业的店员写信给作者,述说自己在从事典当业所遭受的种种不平以及对典当业的种种不满。在书后,张皇将部分信件加在了附录上,而祁云五则针对这些来信给予回复,既是天津典当业人士对店员所作的"思想工作",也是对天津典当业的正名举措。针对一些店员对典当业内部保守,依据人情定升迁的批评,祁云五对店员解释道:"居领袖地位者,练达人情实在很少……受环境所限,欲改不得","至逢迎经理……更是个人问题","只要有一技之长,哪怕别人不来逢迎自己呢?"并鼓励店员说:"定必有为",不要因为气愤失业而受社会不容之苦。对定道关于典当业的抱怨他评论:"知到有地位的得到保障才能奋发自立。"对一些店员抱怨典当业太苦,他指出受苦成功,并以自己为例,说自己学徒时深夜两点才睡。对一个叫痴生抱怨经理时常骂人,他安慰说:受经理刺激是有益的,地位不平等待社会改进。最后,他以现实的口吻劝道大家要务实,总之在目前求合理生活太难,"最要是吃饭问题""我辈既有地位保障,实是万幸""我们商业之腐旧,乃整个社会之现象,""诸君志气不退……将大有为之身,消灭于气愤之下,殊为惜矣!"①

典当业历来也是注重自己慈善的形象的,很早就有冬令减息的习俗以树立自己的慈善形象。在严重的灾害之年,在时间和利息上还有更大幅度的优惠,"无论岁之丰歉,均自十一月十六至十二月除夕止,原利三分者,减收一分以二分取赎。原利二分者,减收五厘以一分五厘取赎。历经照办在案。上年津郡惨遭兵燹,当商怜黎,故不论原利三分二分,一律减以一分五厘纳赎。"②民国元年"议决一律照旧二分五厘,冬令减息减收五厘,按二分核收,照章勿庸缩短,试办五年。"如果遇到大灾之年,往往要提前半个月减息,此后一直坚持这一习俗。③

1931年天津当息改变为二分三厘后,规定冬令减息由当业公会自己酌定④,但是当商囿于传统习俗在抗战胜利前基本没有改变这个习惯,依然坚持在年终减息的习俗。如1936年,天津市面萧条,虽然农业得到了丰收,典当业公会依然决定"本年各地收成颇丰,应由旧历十二月起减,但因本市情形,可于十一月十六日起至旧历年底正,减去三厘,按二分取赎,以济贫寒"⑤。

此外,天津典当业公会和典当业人士还常常借参与天津当地的各种慈善活动,来改善自身和当业的形象。如质业公会的经理王子寿,"对社会事业素具热心",对《益世报》的捐助活动,"愿捐助第三服小(学)经费半年(每月5元,共计30元),并嘱每月到该号领取。

---

① 张中倉:《天津典当业》,第17—20页。
② 《当商体恤贫民,冬令照旧减息,明日起新旧票均按二分五厘赎取,本年临时通融办法不得援例》,天津《大公报》1932年12月12日,第2张第7版。
③ 《当商请示息章及期限》,天津《益世报》1917年3月16日,第6版。
④ 《典当业同业公会民国三十三年一月禀帖底稿》,天津市典当业同业公会(1944年),天津市档案馆,档号:J0129-2-004316。
⑤ 《典当业同业公会民国二十五年常务委员会议记录》,天津市典当业同业公会(1936年),天津市档案馆,档号:J0129-2-004268。

本部当即奉聘王子寿先生为益世报第三服务小学董事。"①

天津典当业在近代面临着严重而复杂的同业竞争,小押、有限股份公司、公典以及典当业内部和租界、华界典当业之间的竞争日趋激烈。面对这种形式,天津当业公会采取了一些措施应对,对同业竞争努力进行一些限制。对典当业同业竞争进行限制是有一定道理的,如典当业开设地点距离过近,典当业投资过度等都不利于行业的发展。典当业对同业竞争非常敏感,如1937年2月24日的典业公会第三次常委会上,常委侯敬修提议:"耳闻本市添设典业充满耳鼓,如果实行影响同业,请预为筹商妥协办法。"②

对于民间私自开办的小押,典当业依靠政府和商会,对其进行严厉的打击,以谋求维护行业利益。庚子以后,天津小押当风起,对典当业的恢复和发展构成了重大威胁,典当业公会要求政府"饬行示遵出示严禁私押质铺"③。对于小押当这个典当业业内最有威胁的对手,天津官府、商会一贯持严禁的态度。1904年10月,天津珍达号等15家小押,拟以5分取利5个月为限准立小押代当,他们上书商会以"在贫民无不艰难之时,倘午后有所借贷方可筹办早餐,该各典尽行闭门,民间又何以生活?"为由,提出"再行扩充内开一月为限,商等窃拟以五个月为限,加一扣利,商等窃拟仿照当行之三分稍增二三分,以济民间半日之急"④。对此在典当公会的要求下,政府、商会明令"禁止小押,可为爱民之政。此等重利盘剥,敝所本应禀究。今煌煌县谕,置而不听,反来公所禀渎,实为奸商之尤。若再前来哓哓,定当送县严惩。"对此,小押当改变了策略,再次上书,并以缴纳公款为诱饵:"每号每月除官银号照例上捐外,拟于得利之中提出五元,每月计共洋七十五元,通年计共九百元,按月呈交宪库,归学堂经费。"⑤但是,这个策略依然没有得到认可,小押当一直是天津非法的典当业组织。

日伪时期,日本人支持日本人和朝鲜人开设的小押当与天津典当业进行对抗和竞争,天津典质两业要求当局打击小押当。当时的市政当局警察局在典当业的要求下,对小押当进行整顿和打击。1941年11月,他们首先对天津界内的小押当进行了调查。经过调查他们发现,这些小押当多是日本和朝鲜人、或者中国人雇佣日本朝鲜人经营的,有些还是这些人合股营业。市政当局方面对这小押当感到很难处理,"因限于法权关系,未便直接办理,亟应先行详查,以便与关系方面联络取缔。"1943年,他们开始在调查的基础上对小押当进行严厉的打击,进行取缔,"并对于日鲜人经营者令饬调查。"但是,因为当时日本领事对这些小押的支持,他们打击的效果不大,尤其是日本朝鲜人所经营的小押当,"所报数目尚未详实,其继续私营者为数仍多"⑥。

典质两业虽然在日伪时期遭到了巨大的损失,但是他们不与日本合作的表现为他们赢

---

① 《王子寿先生捐三服小经费半年,共计三十元,每月前往领取》,天津《益世报》1936年11月9日,第3张第9版。
② 《典当业同业公会民国二十五年常务委员会议记录》,天津市典当业同业公会(1936年),天津市档案馆,档号:J0129-2-004268。
③ 《典当业同业公会民国元年禀稿底》,天津市典当业同业公会(1912年),天津市档案馆,档号:J0129-2-004306。
④ 天津市档案馆等编:《天津商会档案汇编》上(1903—1911),第713页。
⑤ 天津市档案馆等编:《天津商会档案汇编》上(1903—1911),第715页。
⑥ 《关于取缔日朝人代押当票营业之训令报告》,日伪天津市警察局(1941年),天津市档案馆,档号:J0218-3-007528。

得了一定的社会和政治声誉。在抗战胜利后,经济形势不断恶化,典当业要求增加当息以维持营业。因为典当业在日伪时期"所受之苦厄最深,且多半被迫歇业",而且,他们表现很好,对日本人的要求"宁可歇业绝不合办",社会局认为"应准如所请,援例予以核定所陈"。① 对他们的要求给予了一定程度的满足。典质两业在日伪时期共同应对危机过程中感到了联合起来的必要性,之后,两业联合组成了典当业同业公会,天津典当业各派联合在一起应对危机。

公典是近代以来为一些社会人士所提倡的一种公益性典当,曾在一些省份试办过。近代在天津公典多次要求设立,但是始终没有建立起来,因为与天津典当业的利益相违背。

近代天津第一次出现要求创办公典是在壬子后。1912 年 5 月 5 日,商民李甡请设公典五处。李甡称辛亥后到壬子之变,天津四民废业,依靠典当度日的人非常之多,然而因为哄抢,当铺都不敢开门,导致百姓典当无门,所以他恳请官府在天津城开设五处公典,"周转市面,不但济民遏乱,而且其款亦可借此生息以办实业。"② 这个请求从直隶财政总汇处转到了天津商会,商会对此批到"惟其中有无窒碍流弊之处,亦应双方兼顾。至请领公款,值此库储如洗殊不易等。"对此,李甡上书当时的直隶全省警道杨以德,指责商会于地方公益漫不经心,并请求保商银行百万存款建立公典③ 对于建立公典的要求,天津当商表示了反对。早在 1912 年 3 月天津典当商董事李克昌等就向警宪、县尊以及商会等要求取缔公典、私押。他们听说战乱后"民人纷纷呈请开设公典质铺"。他们认为这次战乱与庚子不同,"本年商等典当被灾者虽有十四家半之多,而各国租界质铺林立,现皆照常应当,而商等坐落奥界者亦有天聚、中祥两典,皆照旧当赎,是与庚子津埠一律止当者迥不相同,津地贫民并非全无周转。"所以他们提出可以"拟择其无力复开当铺地面,另由旧当试开质铺。光绪初年曾经照此办法,商民称便。"因此他们指出:"无论公典私押质铺似可无庸另生枝节。"他们还指出如果允许开设这些公典、私押,那么会导致"被灾各典,非特因之失业,所欠庚子前后各项债累亦将无疑清厘。"这样也会对官方和其他行业的利益有所损害,因为"被灾各典号架,均由息借而来。"因此,他们请求"设法取缔公典"。最后,公典在当商的压力之下,最终没有在天津创设。④

20 世纪 30 年代在典当商与政府的当息博弈中,政府一度要建立公典,以对抗典当业。1931 年双方博弈有了结果,公典没有建立。在抗战后的 40 年代,经济形势日益恶化,典当业屡次要求加息,而为解决贫民生计问题,一度要求设立公典,由典当业公会与官方共同出资,最终没有得到典当业的应允,还是没有建立。⑤

庚子后,天津典当业遭到了重创。之后,许多形式的典当业纷纷乘机要打入天津,遭到了天津典当业行会的反对。1904 年,商人陈秉璋、王芝山集资八万元,以歇业的源庆当名义,筹设义济典业有限公司。他们看到天津在庚子乱后,"当铺止典,民难通融"的情况,于

---

① 《典当业》,天津市政府(1947 年),天津市档案馆,档号:J0002 - 3 - 002304。
② 天津市档案馆等编:《天津商会档案汇编》(3)(1912—1928),第 1551—1553 页。
③ 天津市档案馆等编:《天津商会档案汇编》(3)(1912—1928),第 1552—1554 页。
④ 天津市档案馆等编:《天津商会档案汇编》(3)(1912—1928),第 1549—1550 页。
⑤ 《典当业》(1947 年),天津市档案馆,档号:J0002 - 3 - 002304。

是"邀集京津各商凑妥股本洋银八万元,即以源庆当改名曰义济有限公司,质物通融,拟县试开五年。"当期以十二个月为满,利息照旧章三分,他们还表示"至应纳课款,则悉照旧例,访之舆情,均符众望。"于是,他们呈请商会向商部注册并表示,"此不过暂时接济,倘未至五年期限而有富商大贾可以独立承担请开当铺者,商等将资本收齐情愿退让。"①

对此,天津商会的前身商务公所对此持肯定态度,他们在调查得知这个公司的资本8万元已经凑足后,向商部呈递"是否俯赐恩准义济有限公司注册立案开办之处,出自鸿施逾格。为此备由呈请贝子爷大人批示遵行,实为公便"②。商部表示"民间开设当铺,自应尊例照章办理。"天津当商董事李安邦当时对此也没有反对,只是对12个月的期限提出了异议。但是这个有限公司最终并未开办,原因是天津当商隆庆当、同和当等22家当铺对农工商部关于股份公司的规定提出了异议,他们认为这些规定与农工商部"公司律有限公司第九条,第二十九条:有限公司倒闭,将合资或股份银两缴足变售公司产业还偿,不另向合资人或股东追补等办法,殊属不符。"他们认为"当商多系与贫民交易,一号所存无数民家衣物,设有不慎,援引有限公司办法,则小民衣物等件均属无著。在民间既受其亏累,在当商亦失其信用,不便莫大于是。现议定嗣后当商注册仍与钱业一律,以无限字样注册,令即遵办。"他们要求"仍按户律办理,不得援引有限条例。是开设之始,慎重同业保结,尤关重要。"③此文针对的是有限公司,表面上看当商们要求在赔偿的时候多考虑贫民的利益,但是实际上是针对有限公司这个新的形式在天津开办,典当业内部保守性,对新事物有限公司的形式不能接受。

1914年5月,天津县商人宋瑞生打算集股开设官典公司,他称自己是山西介休人,久为各财东所信任。因为壬子兵变,导致当商拮据异常,所以打算在河北狮子林开设官典一处,召集各界各街财东投股,资本集15万元,名为官典有限公司。"若是集股甚多,亦可分号开设,利息2.2分,较典民商少取3厘;减息日期较民商多减半月。俟股本集成再为开办。为此预先乞俯准备案赏发谕贴。"天津当商董事李克昌、张宝瑗对此批驳道:"津邑典当必须殷实绅商,取具连环保证,方准开设,向无集股之说。"以此为借口,没有允许这个集股有限公司的开设。④

直到日伪时期,对有限股份公司的排斥依然。颐贞当以有限股份公司名义入会,得到了实业部的批准,才被典当业公会所认可,可见典当业内部的保守性及内部倾轧的矛盾。

1934年7月,颐贞当要在天津李公楼"集资本洋一万五千元开设颐贞典当,以天津市河东李公楼为营业分店,业呈由实业厅转请实业部核准照股份公司登记。"除交代两个铺保外,还按照河北当业管理规则第二条交代了自己资本和营业情况。⑤

1937年5月26日,在天津典当公会的临时会员会上,讨论了社会局转发的王悦荪呈控颐贞当一案,他对于颐贞当入会表示反对。原因是"该公司以一万五千元资本经营十数万

---

① 天津市档案馆等编:《天津商会档案汇编》上(1903—1911),第711—712页。
② 天津市档案馆等编:《天津商会档案汇编》上(1903—1911),第712页。
③ 天津市档案馆等编:《天津商会档案汇编》上(1903—1911),第713页。
④ 天津市档案馆等编:《天津商会档案汇编》(3)(1912—1928),第1568页。
⑤ 《典当业公会民国三十三年六月禀帖底稿》,天津市典当业同业公会(1933年),天津市档案馆,档号:J0129-2-004317。

营业,一旦发生意外,该公司只负有限责任,殊有未当。又谓该公司设本店在特二区,设分店在李公楼,一店加入典业公会,一店加入质业公会,于法亦有未合。"最后,大会讨论的结果是"佥谓典质业对于当户负无限责任,向者无有限公司组织,该当既与在会各会员组织不同,又早经加入典业公会,不应再入质业公会,应将该会员除名,并一面呈报社会局备案"①。1938 年 1 月 5 日,典业公会第 15 此执委会讨论了颐贞当入会的要求,决定以"入会资本额必须在四万元以上"作为回答。直到 1939 年 6 月第七次董事会上,"声明华界设典必须取具连环铺保由会请领当帖方可营业。"这次董事会上"颐贞当入会照准,当帖缓领"②。1940 年 2 月 27 日,颐贞当才得以在第一次董事会上"声明总支两店资本额各二万元请会注册"③。

股份有限公司是一种具有现代性质的公司形式④,但从颐贞当入会的曲折过程看,典当业内部的保守力量之大。"人们必须经过一个学习的过程,才能学会怎样博弈,这是模型的文化层面。"⑤社会经济文化的变迁需要人们去学习适应,而囿于传统文化思维模式的近代天津山西典当业人士没有能很好地学习适应新的变化。

传统的天津典当业人员来自山西人,虽然对加强内部关系有利,但也有很大的弊端,这些弊端在近代对天津典当业开始显现出更大的阻碍作用,表现为在人事上常常出现只提拔偏护私人及情面大的而压制优秀分子的现象。⑥ 这也导致天津典当业内部具有在任用和升迁的时候常常依据人际关系,而不是依据个人的能力,典当业内升迁方式僵化⑦,而且天津典当业官气很浓,从各种称谓上看类似于官吏的称呼,内部人员等级较严,人员管理各店都有店规,论资排辈的现象非常严重。⑧ 这体现出天津典当业具有一定的保守性,在近代阻碍了典当业的发展。同时,随着社会经济的变迁,典当业店员来源依然依照旧有模式选拔,素质也越来越不适应市场要求。

面对社会经济的变迁,典当业内的一些人士认识到了典当业需要变革,尤其对典当业内部人才的培养,当时许多有识之士都有这样的呼吁。⑨ 当时对天津典当业素有研究的吴石城对天津典当业呼吁道:"开办业补习夜校,营业改善端在人才,典业当局似宜仿照钱业补习夜校办法,开班授课,灌输新知灼见,传授实证经验,则学徒得有上进之路,典业营业

---

① 《典当业同业公会执行委员会和会员代表会纪录》,天津市典当业同业公会(1937 年),天津市档案馆,档号:J0129 - 2 - 004272。
② 《典当业同业公会民国二十五年至民国二十八年执行委员会会议纪录》,天津市典当业同业公会(1936 年),天津市档案馆,档号:J0129 - 2 - 004267。
③ 《典当业同业公会民国二十九年至民国三十年董事会记录》,天津市典当业同业公会(1931 年),天津市档案馆,档号:J0129 - 2 - 004270。
④ [英]约翰·希克斯著,厉以平译:《经济史理论》,北京:商务印书馆,1987 年,第 73—74 页。
⑤ [英]肯·宾默尔著,李晋等译:《自然正义》,上海:上海财经大学出版社,2010 年,第 193 页。
⑥ 张中龢:《天津典当业》,第 42 页。
⑦ 潘敏德:《中国近代典当业之研究(1644—1937)》,台湾师范大学历史研究所专刊(13),1985 年,第 142—146 页。
⑧ 顾济渠:《典当业的组织管理和业务经营》,常梦渠、钱椿涛主编:《近代中国典当业》,第 35—36 页。
⑨ 天津典当业人员多只有私塾或者高小的学历,《天津市典业同业公会店员调查表》,天津市典业同业公会(1938 年 12 月),天津市档案馆,档号:J0129 - 2 - 004242 - 001。

且藉可改善,以顺应环境也。"①1932年,接任原德庵就任典当业同业公会主席的祁云五在自己当选的就职演说上呼吁建立典当业学校以挽救典当业的危局。祁云五是典当业中较为开明的人士,他在典当业中有着丰富的经验,学识较高,受到过新式教育,也有办学的经验。他看到典当业如今已经出现了严重的危机,"市面凋零,百货低落,至所当各物,回赎者甚少,打出者必多。就现在市面而论,平均同业最多售价按本不过能收七成,此种损失统计而论,约在二十余万元。又因前年实行减轻利率,每年相差每家约在一万余元,又兼受时局影响,回赎者更行减少,比较往年亦在十余万之谱。"他认为解决危机的办法对内改革才是唯一有效的办法,"对外难何等挽救办法,只可研究内部经营精密稍可补救",而对内改革主要的方法就是"设立典业专修学校,以造人才,免受社会不良分子欺骗,盖同业因无特殊能力,往往受骗,如以假冒真之物品,典当偶不慎,必受其骗。"他的看法得到了全体代表的赞成。②

1933年,事情终于有了结果,典当业公会决议"设立典业学校一案,因按照学校章程开始营业均以秋季为始,本校拟于来春开始筹备秋季成立开学以期合乎定章"③。但是到了来年却没有了下文。典当业学校的计划没有很快实现,与典当业内部的保守势力的反对有关"至于延缓原因,诸执委中不能完全同意,且基金尚难预定,并物色金珠古玩教授亦费周折……终有成功之一日也。"④

日伪时期,典当业面临着日本兼并和小押竞争的危机。当时祁云五在病中,又向同业公会提出了建立学校的主张。他再次强调指出:"惟我业守旧成习,一遇改革多难接受,殊不知目今社会情形,大非昔比,若不随时改善,恐难立足于社会。以愚愚见,急宜设补救方法,始得有济。方法为何? 即造就人才,是欲造就人才,为先设补习学校,选拔优秀者加入学习,俾得青年有所造就,以作将来改善本业之用。课程暂设日语簿记两门,聘专家教授,以资速成。"⑤

1938年4月14日,在典当业公会第22次执委会上讨论了关于设立典当学校的事情⑥,

---

① 吴石城:《天津典当业之研究》,《银行周报》19卷36期,上海银行周报社发行,1935年9月17日,总号917,第11—18页。
② 《典当会员代表大会·执行委员会·整理委员会·常务委员会董事会改选董事等签到簿记录簿》,天津市典当业同业公会(1933年),天津市档案馆,档号:J0129-2-004261。
③ 同上。
④ 张中龠:《天津典当业》,第106页。天津典当业育才学社:学级:(甲)培育班(乙)深造班。学额:各80名 同业保送。学科:(甲)重理论:国文算术伦理语言。(乙)重实习:交易法、金珠、估衣。学期:(甲)待商(乙)半年。(乙)组织:董事会——社长:——管理部——主任——庶务员、设计员。——教务部——主任——教学员、实习指导。董事会由同业领袖和教育界有声望人士组成。
⑤ 《典当业同业公会会长·董事辞职更替文件》,天津市典当业同业公会(1940年),天津市档案馆,档号:J0129-2-004247。
⑥ 《典当业同业公会民国二十五年至民国二十八年执行委员会会议记录》,天津市典当业同业公会(1936年),天津市档案馆,档号:J0129-2-004267。"1.讨论典业补习学校进行案。2.组织学校董事会议决以本会执委为董事。3.推举学校章程起草员,议决由祁云五负责起草拟就。4.宣读简章共十一条,请公决案通过。5.推举校长推定祁云五为校长。6.呈请该按由秘书修文办理。7.一切进行设备事由祁云五负责办理。"

并制定了学校的章程。① 入学者还需要有入学志愿书。② 学校定名为补习学校,学期为6个月,学员学完归号,不得他就,课程设置也随时代需求而变迁。重病中的祁云五提议设立典当业学校,一切具体业务全由其自己负责操持,可见当时这个提议实际应着寥寥的情况。

1938年5月1日第23次执委会上,祁主席报告了典业补习学校所有筹备情形,"购置家具,聘请教员均皆办妥。现已筹备完竣,定于今日实行开学。"③这样,历经曲折的典业学校终于开办了。

1940年,祁云五已去世,典当补习学校由继任会长俞耀川主持管理。此时补习学校已经办过了二期,开始举办第三期。1941年1月6日,新年的第一次董事会上,讨论决定"本会设立之补习学校将三年毕业学生已有两班足敷本业新式账簿人才需要,现在经费支绌……议决暂由本年结束。俟经费充足再行继续招新生并呈报教育局。"④这样,这个改革举措随着他的提议者的去世也很快就停办了,颇有人亡政息的味道。由此可见,典当业内部对办学问题,大部分是不在意、不重视的,这体现了典当业新一代当业人士的保守性。

小　结

山西人在天津近代金融界和商界占有重要的地位,作为贫民金融机关的典当业的经营几乎为山西人把持。在近代前,他们占有部分资本,时代变迁使他们成为典当业的营业团体,而资本占有则日益缩减。在近代天津社会巨大的变迁中,天津商业的山西人也产生了新一代的当业人,与前辈相比,他们面临着近代天津近代社会变迁所面对的前所未有的挑战,在继承先辈的基础上,虽然经历了社会变迁的冲击,但他们一度创造了天津当业的辉煌。20世纪的二三十年代,天津当业达到了历史发展的高峰。⑤

天津典当业的山西人在经营中既联合又斗争。他们联合起来对付来自官方、商界以及民间社会的挑战。而他们内部存在着派系斗争。天津典当业的山西人与官府的关系密切,

---

① 《典当补习学校简章》,天津市典当业同业公会(1950年),天津市档案馆,档号:J0129-2-004304。第一条:本校以造就典业适用人才为宗旨,定名曰典业补习学校。第二条:本校课程以适应现时代需要者为标准。第三条:本校公举校长一人主理全校事物聘教员若干人担任教授事项。第四条:本校经费由典业公会担负。第五条:学员限会员供职人员由各家保送每家两人。第六条:学员一概免费,惟车资铅笔笔记本自备,课本由校长发给。第七条:初级毕业以六个月为期。第八条:学期终了考试及格者发给毕业证书。第九条:学员毕业后须供职本号服务不得持能要挟另谋他就,若然得将一切费用补偿。第十条:本简章由董事会通过实行。第十一条:本章程如有未尽事宜由董事会随时修改。

② 《典当补习学校简章》,天津市典当业同业公会(1950年),天津市档案馆,档号:J0129-2-004304。入学志愿书。一、凡入补习班之学员须遵守校内规章不得违犯,倘有不遵,严重处罚。二、每日上下班按规则定钟点不得在外自由闲散以上课证伪稽核之标准。三、凡入校之学员修业期满得服务本号职务不得持能他就。四、凡修业期满之学员须在可能范围内传授号内青年以便继续工作职务。五、倘不遵守铺规及校规者,原保荐人得负完全责任。立志愿书人:某某某押。原保荐人:某某某押。

③ 《典当业同业公会民国二十五年至民国二十八年执行委员会会议记录》,天津市典当业同业公会(1936年),天津市档案馆,档号:J0129-2-004267。

④ 《典当业同业公会民国二十九年至民国三十年董事会记录》,天津市典当业同业公会(1931年),天津市档案馆,档号:J0129-2-004270。

⑤ 许树华:《解放前天津的典当业》,《天津文史资料选辑》(总77辑),天津:天津人民出版社,1998年,第95—96页。

但是在近代他们与官府也存在着矛盾,政府日益对典当业加强了控制。典当业与天津商界也有着千丝万缕的联系,山西当商在天津商界具有重要地位。典当业的山西人与民间社会关系在近代则经历了巨变。"便国裕民"的名声在民国时期已经不复存在。他们一直没有真正融入天津民间社会,为天津民间所认同。天津典当业的山西人在近代成长为新的一代人物,典当业内部的人事关系出现了变迁,典当业经理和下层人员的亲密关系不复存在。近代出现的新一代的山西当业人与其上一代经营思想有着继承性,除祁云五等少数人物外,对典当业的革新多持有保守的态度。如反对设立有限股份公司制度,对新式的典当业学校的设立也不充分支持。因此,严格说来,他们不算是新的一代。因为代单位成员意识具有高度相似性。① 而这一代山西当人只是亦新亦旧的过渡的一代。他们也没有顺应时代的发展,培养出来真正新一代的典当人。最终,天津典当业中的山西人随着典当业的衰落而淹没在历史的长河中。

作者简介:冯剑,青岛大学历史学院教授;徐雁芬,青岛大学历史学院硕士研究生。

---

① [德]卡尔·曼海姆著,徐彬译:《卡尔·曼海姆精粹》,第93页。

【民国社会】

规训与愉悦：民国时期学校体育教学及学生生活的历史考察
——以天津为例（1927—1937）*

汤 锐

【摘 要】 南京国民政府十年的黄金时期，天津体育教育得以系统性铺陈起来，从而呈现体育教学科学化、奖惩制度化、教学军事化、体育场地规则标准化等表征。与之相适的是，天津学生对于体育运动表现出空前之热情：即体育课选课活泼化、体育组织自治化、运动群体的多样化、球类运动普及化。学生在运动中产生了切实感受，感受并不都是都以快乐、幸福来表述，部分学生对于运动的"埋怨"，以至于"厌倦"，都是出于青春期所产生的自然心理反映。亦正是在充分感受运动魅力的过程之中，体育成为学生日常生活中的一个质点。然需要指出的是，虽然以踢毽子、跳房子为代表的传统体育亦被努力提倡，却在实践中难以切实执行，折射出传统与现代、西方与东方文化交合的复杂性。

【关键词】 体育教学；学生生活；天津

晚清以来，中西文化交融下的天津教育渐及在华北地区独树一帜，"19世纪末20世纪初，随着近代教育体系在天津的形成和确立，天津接受新式教育的青年学生逐渐形成一个具有鲜明特点的社会阶层"①。而体育作为天津学校教育重要之一环，受到时人之注目。在20世纪20年代之前，囿于普通学校的体育政策、体育教员以及体育场地之限制，体育运动并未在校园生活之中形成一种惯习。及至南京国民政府十年的黄金时期，天津体育教育遂得以系统性推展，从而呈现规训学生身体的现代表征。与其桴鼓相应的是，天津学生对于体育运动表现出空前之参与热情，其内心境况亦是在欣喜与忧伤之间波澜起伏。

一 系统的规训：体育教学制度之创设

20世纪20年代，美国著名体育教育家麦克乐先后制定了一系列学生体育训练的科学

---

* 基金项目：本文系山东省社会科学规划研究青年项目："马克思主义妇女观视阈下的城市女工研究（1949—1966）（基金号16DDJJ01）"阶段性成果；曲阜师范大学哲学与社会科学项目："新中国初期文化改造视野下的群众体育运动——以山东为中心的考察（1949—1966）"（基金号XSK201514）阶段性成果。本论文从事体育运动的是一般学生，非以竞赛为目标的竞技运动员。关于民国时期运动员的日常生活，将会撰文另加阐释。

① 于建：《天津现代学生运动史》，天津：天津古籍出版社，2007年，第25页。

标准,如《运动通用分数表》①《体重与体高和胸围的对照表》②《体育审定标准》③《运动技术标准》④《查验身体》⑤。这对于适时的中国学校体育产生了不小的影响。进入到30年代,基于国内外复杂的政治情势,南京国民政府日益重视学生的体育教育。1931年,国民政府公布《三民主义教育实施原则》,其中规定:"体育训练应以三民主义为中心,养成德智体群美兼备之人格。"⑥随后制定了各级学制的体育教学规则。⑦ 政府希望借助于"三民主义"来实行对学生的身体与精神的双向规训,从而使得学生成为制度下的驯化品。

在事实的另外一个层面,当时社会民众每千人死亡率颇高,"北方40岁到60岁每千人死亡平均人数为30人,南方则达到50人"⑧。另外,普通民众的身体健康水平极其堪忧(参见下表)。

表1　北平(北京)协和医院美国人斯泰芬调查我国国民体格数据表⑨

区别	性别	体高(英尺)	体重(磅)
黄河流域	男	5.66	131.56
	女	5.22	111.1
长江流域	男	5.5	115.7
	女	5.06	106
珠江流域	男	5.41	110.8
	女	4.96	101

从表格中可以得知,中国民众的身体健康程度自北向南依次下降,尤其是与同时期的主要资本主义国家相比,中国青年学生的身体状况尤其堪忧。故对于民国教育部而言,推展系统性的体育教学已然刻不容缓。

(一)体育教学目标科学化

对于天津的学校体育教学而言,同样对于麦克乐的相关教育方法青睐有加。河北省立天津商业职业学校体格测验宗旨中规定,"麦克乐测验法之改进,为人体测量及测量所表体

---

① 麦克乐:《运动通用分数表》,《体育季刊》1923年第2期。
② 麦克乐:《体重与体高和胸围的对照表》,《体育与卫生》1924年第3期。
③ 麦克乐:《体育审定标准》,《体育季刊》1922年第3期。
④ 麦克乐:《运动技术标准》,《体育季刊》1923年第2期。
⑤ 麦克乐:《查验身体方法》,《体育季刊》1923年第2期。
⑥ 《三民主义教育实施原则》,《国民政府公报》,1931年第857期。
⑦ 体育内容安排上更加丰富:新订小学体育各学年作业要项表,游戏:一二年级,故事游戏、追逃游戏、竞争游戏、球类游戏、杂项游戏;三至六年级游戏包括追逃游戏、竞争游戏、球类游戏、杂项游戏。韵律活动自一年级至六年级皆包括韵律基本动作练习以及舞蹈类,舞蹈则又涵盖了游唱、歌舞、舞蹈、舞剧、歌舞剧。体操一项,一至四年级修习准备操、模仿操;五六年级为准备操、模仿操及普通体操、太极操。运动:一二年级,垫上运动、简易的器械运动(如跷板、滑板、摇椅等)三四年级,垫上运动、简易的器械运动、机巧运动、简易的球类运动。五六年级,垫上运动、简易的器械运动、简易的球类运动简易的田径运动。其他:一二年级,远足、登上。三四年级,远足、登上、游泳、划船、滑冰。五六年级,远足、登上、游泳、划船、滑冰。参见教育部编写《小学体育教授细目》,上海:勤奋书局,1936年,第1—8页。
⑧ 程登科,刘昌含:《国民体育之理论与实施》,(设计到国民体格数据)《勤奋体育月报》第3卷4期,1936年1月。
⑨ 程登科,刘昌含:《国民体育之理论与实施》,(设计到国民体格数据)《勤奋体育月报》第3卷4期,1936年1月。

格之优点,实系选择体育训练人员之价良标准也"①。同时又遵从彼时教育部关于学校体育测验相关规定。初级中学体育分级按照以下五种为标准:"性别、身体检查之结果、年龄体高体重、体能、技能、学级。"②在时间及学分支配方面,高级中学教授时间,每星期两个小时,每学期一个学生,共六个学分;讲演时间,每星期一小时,第二学年共两个学分,共三个学分;课外作业及课间运动只作成绩的参考,不按照学分计算。③ 另外,在具体体育教学目标中又呈现出一些新的时代表征。

首先,在教学方面,体育含义与年级属性成比例关系。私立旅津广东学校就规定:初级一年级第二学期体育函指,不把铅笔毛笔放在嘴里蘸唾沫;坐着要正直;身体和衣服要清洁。四年级第二学期体育函指,身体各部每日要运动平均;运动后必须沐浴。高年级一年级第一学期体育函指,每日要作适当的运动。高年级一年级第二学期体育函指能耐劳能耐苦。④ 换言之,小学体育教学与卫生健康有机地结合起来。

其次,体育进度及测验方面具有量化的特征,1936 年商职学校体育课业进度规定,"体育教育之训话占 1/20;选择组长队长,分发应填表格占 1/20;测量体格占 2/20;测验始业成绩占 4/20;足篮球规则占 2/20;足篮球基本技能及比赛混合运动课占 8/20;跳高测验占 2/20;跳远测验占 2/20;跑类测验占 2/20;铅球测验占 2/20;垫上运动占 2/20。"⑤

相较于商职学校,南开学校的体育测验更为详至,总计包括体育测验和运动技术测验两种。体育测验每学期在相当时间施行全校学生体力测验一次,可以知晓其体力和耐劳的程度。将每学期所得之分数,记入体育成绩表内,以便随时参考比较,激励其球进步之动机。"项目有引体向上;双臂屈伸;仰卧起坐;双膝全屈"。基本属于常规性的体育锻炼指标。运动技术标准测验之项目有百米赛赛跑(丙组用五十米);急行跳高;急行跳远;掷十二磅球(乙组用八磅,丙组用六磅)。根据中国人体格之统计,规定各个学生之体育及格标准,并实行科学之体育计分法:体力和耐劳测验20 分,运动技术标准测验20 分,体育常识(学期试验)15 分,体育技能(学期试验)15 分,精神与努力30 分。"⑥应该说其实施的主要对象大抵为具备一定运动特长的学生。

(二)体育教学奖惩制度化

学校为鼓励学生从事运动项目,时常对于体育成绩出众的学生予以表彰。如铁道部扶轮中学校规定课外运动鼓励方法,"组织各项重要比赛,都有规则,酌给奖品。并规定与对外比赛成绩优秀,给予重奖。"⑦北洋工学院奖励一项规定,凡本院学生学年考试成绩满八十分而本学年之运动成绩符合以下五个方面中之一例即可。第一,在本市体育协进会球类

---

① 《体格测验法之改进》,《商职月刊》1936 年 2 卷 6 期。
② 《初级中学体育课程标准》,金兆均:《体育行政》,上海:勤奋书局,1931 年,第 166—169 页。
③ 说明:体育教材之选择与其他学科不同,材料很多,选择范围很难限制,容易选择不当。至于男女性别之不同,身体发育不同,年龄之不同,全仗体预交元随时断定适当教材之质量。譬如重器械上之活动,有相当之价值。体育分级按照以下五种:性别、身体检查之结果;年龄、体高、体重;体能;技能;学级。《高级中学普通科体育课程标准》,转引自金兆均:《体育行政》,第 187—190 页。
④ 《学校课程设置》,《私立旅津广东学校十周年特刊》,1932 年,第 40、47、49 页。
⑤ 《课业进度》,《商职月刊》,1936 年 2 卷 6 期。
⑥ 《南开学校体育测验》,《体育教学》,1932 年第 13 期,第 56—57 页。
⑦ 《铁道部扶轮中学校体育设备》,《大公报》,1930 年 7 月 7 日,第 2 张第 8 版。

比赛或五个专科以上院校联合球类比赛,得到冠军或亚军锦标者;第二,在本市体育协进会促进会田径运动会或者五个专科以上院校联合田径比赛会,个人独得五分者;第三,在本市体育协进会促进会越野比赛会或五个专科以上院校联合越野赛会,个人得分列入前十名;第四,在五个专科以上院校联合国术比赛会,个人得分列前五名者。

除此之外,对于在大型运动会上有出色表现的学生予以重奖,具体包括学生之曾出席华北全国运动或者世界各大运动会,素日品行优良,毕业平均成绩80分以上者,由学校给予褒奖状一张;学生在华北或全国运动会得分者,由学校奖给院徽一枚,得其在运动服上佩戴之;学生之在远东或世界运动会得分者,学校放大相片一张,悬挂在本院体育馆;学生运动成绩在正式运动会打破华北记录者由学校二十年班体育奖金息金项下酌购奖品奖励之。

南开学校在奖励方面注重嘉奖学生个性表达。"代表本国赴国际运动会得奖者,由学校拍照放大像片存为纪念;凡打破学校运动会纪录的运动员,由学校奖给纪念杯一只,锦旗一面;凡代表学校对外比赛得胜的运动队,由学校奖给6张照片;凡代表学校比赛得奖者,学校奖给镌有"南开"字样的荣誉校章。"① 与此同时,又极为注重团队精神的塑造。"田径运动员在校外比赛中获得奖励三次,足球、网球、棒球等运动员在本校满二年或参加正式比赛10次,在其毕业时,由学校颁发运动奖状。"②

而在落实体育奖励的具体环节上,天津各学校切实加以贯彻。1934 年,北洋工学院毕业班学生杨敏文、梁锡琰、刘崇质、陈达明、林诗梅、李朝枢等六人,因为平日学行俱佳,经常在全国华北天津各大运动中,为北洋增光,学校为奖励运动员之品学皆优起见,特制"北洋之强"纯银纪念章一枚,以纪念该运动员之纯洁。③ 同时,学生之间对于朝夕相处的运动健将亦是敬重有加。如北洋工学院跳远名将梁锡琰,在全国华北天津各大运动会中屡次获得优胜,为北洋增光不少。1934 年北洋工学院田径赛全体队员,认为梁氏学行技术,堪称同学先进。因此大家出钱共赠梁锡琰纯银纪念章一枚,以资纪念。④

另外,学校会根据实际情况,成立临时运动奖励基金。1933 年,北洋工学院将各班基金之年息十元,作为奖励本院体育之用。再者将一些额外资金收入加以利用。北洋工学院青年教师董英杰,学业优良,惟身体因用功过度,无法医治去世。面对这种情况,学校特将董英杰留下的工资,由体育部代为领出,存储银行,作为董英杰纪念奖金,奖励工学院体育,以免同学再蹈学成身废之覆辙。⑤ 有异曲同工之妙的是,新学中学体育主任李爱锐,为鼓励该班学生体育捐款工作起见,则是采用赠款的方式。"于该班同学捐款总数达到 500 元时,每位同学可以获赠 1 元;并规定最先募得 50 元的两个学生,可以获得 10 元奖励。"⑥

而在体育惩处一项,其制度亦极为严苛。河北省立天津商业职业学校的体育成绩分为甲乙丙丁四等;"学生体育成绩列为丙等以上者为及格,丁等为不及格;体育成绩由正课体育,课外运动,课间全操,体格体检等考查之。学校对于体育不过关的学生也有相应的处

---

① 郑致光:《张伯苓传》,天津:天津人民出版社,1989 年,第 35 页。
② 郑致光:《张伯苓传》,第 36 页。
③ 《"北洋之强"纪念章王主任赠予品学技术皆优之毕业健将》,《北洋周刊》,1934 年第 27 期,第 12 页。
④ 《北洋田径赛赠梁锡琰纪念章》,《北洋周刊》,1934 年第 27 期,第 11 页。
⑤ 《董英杰纪念奖金奖励体育》,《北洋周刊》,1934 年第 36 期,第 7 页。
⑥ 农:《见义勇为》,《新学校刊》,1937 年第 6 期,第 8 页。

罚:每学年操行体育或学业成绩不及格者,需要留级两次;每学期缺课满二十小时,请假满六个星期者需要留级"①。北洋工学院对于体育教育惩罚规定:"凡本院学生必须选修运动四种,其选修不满此数,或每学期缺席时数达到三分之一者,不准升级或者毕业。凡本院学生考试成绩 85 分以上,应免收学费者必须合本院健康测验之最低健康标准始能面交学费(附注:最低健康标准为四肢完全无心脑肺肝花柳病及瘤疾)。凡本院学生选定之运动时间,其缺席者以缺课论。凡本院学生在运动时,如有不规则之举动或者违反仁侠精神与君子态度的,即由本院酌予惩罚。"②

故此,北洋工学院加强体育教学点名制度,确实考核学生之勤惰,并查考各个学生之运动兴趣,以为改进及补救之根据。北洋工学院过去体育点名制度,仅仅在课间操实行。自 1916 年,由学生一人负责点名,将各种运动列入体育必修科内,故增加学生多人负责点名,惟功效甚显,乃改由各部职员八名,点名,自 1934 年,改聘助教一人,则已专成,负责考察全院学生体育习勤惰之责,并由主任随时加以考核及指导,施行多年,尚无弊端。统计全院学生 360 人中,身体衰弱及不成运动兴味者,不过四十人左右。③

对于学生运动员外出比赛,北洋工学院强调学生必须遵守纪律。"本院前述学生须服从本院体育主任导师及队长之指挥比赛,特别绝对服从裁判;本院为整齐起见碍难,前述参加比赛服装由本院预备,每次比赛完毕收回;凡本院前述学生出外比赛,除必需之车饭费(本市规定每次车费,每人四角,饭费三角),由本院供给外,其他盖有学生自备;凡本院前述学生违反本规则时候,得由体育主任导师或者队长随时予以告诫,必要时取消参加比赛资格。"④

从性别的角度观之,女子体育教学有其特殊性之一面。河北省立女子师范学院因应是女校,关于同学来"例假"的管理办法要求严格,规则明确,合乎实际,体育系主任及体育老师都是女老师,对女生的生理特点也体会得特别深刻,每班每个同学都有一张例假表,填写起止日期。这样老师可以了解同学身体状况,安排适宜的体育活动,但都必须一起参加站队、点名、整队、下课等,使同学既不能忽视体育,又不会因激烈运动而影响身体健康。⑤

(三)体育教学军事化

美国历史学家高哲一(Robert J. Culp)指出,1927 年是一个转折之年,自此学生、国家以及学校管理者对军事教育的兴趣与日俱增。及至 1934 年,南京国民政府教育部规定,"国民党中央训练部管辖下的童军运动应成为所有初级中学的一项必选内容"⑥。基于 20 世纪 30 年代"体育救国"的时代特色,"学校体育课将体育与军事教育加以结合,使得童子军、军训课程与体育课程产生互相补充的关系"⑦。

---

① 河北省立天津商业职业学校编辑部:《河北省立天津商业职业学校学则一览》,天津:河北省立天津商业职业学校出版会,1934 年,第 3、7、9、43 页。
② 《国立北洋工学院体育奖惩规则》,《北洋周刊》,1934 年 10 月 29 日,第 42 期,第 8 页。
③ 《本院二十二年度与二十三年度体育进度报告书》,《北洋周刊》,1935 年第 64 期。
④ 《国立北洋工学院管理参加院外体育比赛学生规则》,《北洋周刊》,1934 年 10 月 29 日,第 42 期,第 9 页。
⑤ 张文林:《女师生活片段回忆》,中国人民政治协商会议天津市文史资料委员会:《天津文史资料选辑第 105 辑》,天津:天津人民出版社,2005 年,第 102—103 页。
⑥ 田梅:《培育抗战儿童:中国的童军运动(1919—1937)》,《中华民国史研究》第 2 辑。
⑦ 罗时铭:《中国体育通史》第 4 卷,北京:人民体育出版社,2008 年,第 61 页。

囿于年龄之限制,体育军事化教育实施的对象主要包括高级中学、大学预科以及大学学生。具体如下:减药射击分为站射、跪射、卧射,各以一回以上行之,实弹射击则限于有设备之射击场行之;器械测量按照学校之状况可以暂时缺少;已习之课目可令随时复习之;教授低年级学生可以以高年级学生充任干部;与军事攸关之诸设备及各种演习之见学应适宜行之;最终学年应于兵营或者野营地实施军事讲习三星期。(参见下表)

表2 高级中学暨大学预科学术科教授训练要目表①

学年	第一学年			第二学年		
	第一学期	第二学期	暑假三星期	第一学期	第二学期	暑假三星期
各个教练 部队教练	徒手各个教练;徒手班教练;徒手排教练	徒手各个教练;徒手班教练;徒手排教练	徒手班教练;徒手排教练;徒手连教练	执枪各个教练;执枪班教练;执枪排教练;执枪连教练	执枪各个教练;执枪班教练;执枪排教练;执枪连教练	执枪各个教练;执枪班教练;执枪排教练;执枪连教练
技术	徒手基本体操	徒手、器械基本体操	应用体操、国技	应用体操、国技、基本劈刺	应用体操、国技、基本劈刺	应用体操、国技、应用劈刺
射击				预行演习;减药射击	预行演习;减药射击;实弹射击	预行演习;减药射击;实弹射击
其他	兵器之处理修补保存法、卫生及救急忙法、结绳、手榴弹投掷法之概要					

大学本科及其他程度相等之学校体育军事化要求,部队教练要简易之营教练;军事讲话得读外国军制之要纲并各兵连合部队运用之初步;减药射击分为站射、跪射、卧射,各以一回以上行之;实弹射击则限有设备之射击场行之;器械测量按照学校之状况可以暂时空缺;已习之课目可令随时复习之;教授低年级学生可以以高年级学生充任干部;与军事攸关之诸设备及各种演习之见学应适宜行之;每年野外教练回数各学年平均为五日。(参见下表)

表3 大学本科学术科教授训练要目表②

学年	第一学年			第二学年		
	第一学期	第二学期	暑假三星期	第一学期	第二学期	暑假三星期
各个教练 部队教练	徒手各个教练;徒手班教练;徒手排教练	徒手各个教练;徒手班教练;徒手排教练;徒手连教练	徒手班教练;徒手排教练;徒手连教练	执枪各个教练;执枪班教练;执枪排教练;执枪连教练	执枪各个教练;执枪班教练;执枪排教练;执枪连教练	执枪各个教练;执枪班教练;执枪排教练;执枪连教练
技术	徒手体操	徒手、器械体操	器械体操、应用体操、国技	应用体操、国技、基本劈刺	应用体操、国技、基本劈刺	应用体操、国技、应用劈刺
射击				预行演习;减药射击	预行演习;减药射击;实弹射击	预行演习;减药射击;实弹射击
其他	兵器之处理修补保存法、卫生及救急忙法、结绳、手榴弹投掷法之概要					

---

① 周邦道编纂:《第一次中国教育年鉴》乙编,1929年1月29日,上海:开明书店,第77—80页。
② 周邦道编纂:《第一次中国教育年鉴》乙编,1933年10月,第77—80页。

因应国民政府教育部不断强调体育军事训练之重要性,天津的学校体育教学亦迅疾提高了体育课之中的军事训练时间,老西开私立中学校每周三小时军事课程。① 私立工商学院,一年级二年级要工科每周三个钟头的军事训练,商科军训共 36 小时。② 所以熟稔军事的教员迭次受到学校邀请。1930 年私立中日中学校聘请张鸿翔教授高中军事训练。③ 私立河北中学校添设国术教员,教授国术及军事训练。④ 1933 年,天津公学第二学期中学高级学生课程增加军事训练一项,其教练由保定军官学校毕业生李承禔担任,人颇干练,军事训练规定时间虽短促,所获成绩颇堪称意。⑤

另外,女子军事训练亦渐次纳入到体育教学之中。1932 年,天津私立三八女子职业中学校规定《初级中学各学年必修课程表》,第一至第三学年,每学期体育 2 课时,每周增加军训两小时。⑥ 1934 年耀华学校从事纪律化军训,特备置学生用枪支。依照国府命令,高中部第一年级女生皆练习军事看护,男女各生对上述训练颇感兴趣。⑦

武术作为民国政府传统文化之瑰宝,其在军事训练中的作用不言而喻。民国政府规定,"高年组除了正课中必须学习太极操之外,其他简单的武术,亦可于课外选授之。或者令对于武术具有特殊兴趣之学生,于课外另组团体学习亦可。"

为此,北洋工学院厘定体育课程,改善国术组织及教法,以求适合学生之需要。故自 1934 年起,列体育课十种,每人必须选修两种以上,国术分为太极、连环、相生、相克、五拳、三合剑六种,按选习人数之度多少,添设班次,复经考试,按程度分为甲乙班次,复将各班定为独立教程,国术共有十二班,每班教材皆自成一系统,不相连贯,以使学生任选一科,任习一种。

许义雄指出,"在民族革命运动过程中,体育与军事训练的分合,亦为近代中国体育思想形成的特色之一,瞭望近代体育思想的形成,当有助于认识近代中国民族革命运动中体育的积极功能与使命。"⑧

(四)体育场地规则标准化

天津私立三八女子职业中学校操场规则,"上操前五分钟,须一律着整齐服装。教员莅场时,值周生应发立正口令,以表敬意。应到及报数声音宜洪亮而敏捷。操场以严肃为主,无论何时不得谈笑,惟游戏操时得通融之。对于公共体育用具,须爱惜保护。⑨ 私立旅津广东学校小学操场规则为,"体操时,学生闻铃,即须齐集,不得先后参差。收操时须听号令,

---

① 《老西开私立中学校体育设备》,《大公报》,1930 年 7 月 30 日,第 2 张第 8 版。
② 私立工商学院:《私立工商学院一览·组织规程》,天津:私立工商学院出版会,1935 年,第 11、19、26、32、61 页。
③ 《私立中日中学校体育设备》,《大公报》,1930 年 7 月 13 日,第 2 张第 8 版。
④ 《私立河北中学校体育设备》,《大公报》,1930 年 7 月 14 日,第 2 张第 8 版。
⑤ 《天津公学 1933 年报告》,天津市档案馆:《天津英租界工部局史料选编》(中册),天津:天津古籍出版社,第 660 页。
⑥ 天津私立三八女子职业中学校编辑:《天津私立三八女子职业中学校概览》,天津:天津清华印刷公司印行,1932 年,第 24 页。
⑦ 《耀华中学 1934 年报告》,天津市档案馆:《天津英租界工部局史料选编》(中册),第 761 页。
⑧ 许义雄:《近代中国民族主义体育思想之形成》,《中华民国体育学会体育学报第 9 辑》,1987 年。
⑨ 《操场规则》,天津私立三八女子职业中学校编辑:《天津私立三八女子职业中学校概览》,天津:天津清华印刷公司印行,1932 年,第 50 页。

方准散队。学生在操场均须静听教师号令不准互相谈笑并不得借故违背。体操时,如遇风雨场中,不能操作,可在室内操练或在教室讲授各项操法及运动规则。体操所用器械不得随意戏弄,操毕仍置原处。"①

条件稍好的学校关于游戏室、球赛活动室亦有相应的规章制度。铁道部扶轮中学游戏室规则,"室内器具及游艺用具宜加爱护,不得损坏;棋桌球台各有定所,不得自由搬移;游艺用品用毕后,放回原处不得乱掷;游艺用品不得搬出室外;游艺应尊重公共利益,不得争夺或久据;游艺时不得高声喧哗;应严守游艺时间不得逗留"②。水产专科学校乒乓球室游艺规程为,"各按照规定时间及班次到场游艺,非游艺班次不准参入期间,分班值表另定之;室内设备致器具不得搬移或毁坏;墙壁黑板玻璃等不得涂抹,不准揭示有妨碍道德之文字及插图;游艺时间规定每日午后三时二十分起至五时止;游艺班次由初二年级起,各组织乒乓球队,每队十人举出队长一人,以经理本队游艺事项至于场内秩序队长亦负责维持。"③这种以精确时间为衡鉴体育标准的制度,使得学生必须树立现代时间的观念。如黄金麟所言,"钟点时间的采用,就如同阳历的使用一般,不但使各地的学生必须以一种新的时间形式来进行各式的身体与心智学习活动,同时也使得统一化的学制得以通过时间的精确计算,活络地应用在各地的中小学当中"④。

北洋工学院体育,鉴于工人之无能⑤,乃改定网球发球篮球借球办法。网球每队发给网球一筒(四个),由学生自行保管使用,不再收回。本学期网球五十队,已发出网球十六打余。篮球四场,每场有专供该场之球,不得紊乱,比赛有专供比赛之球,所有新球,专供上课使用。非正式上课时间借用篮球,则另备上期旧篮球四个,专供借用。新球由体育部助教保管,旧球由工人保管。如此办法,比赛则壮观瞻,上课则增加兴味,工人借出旧球亦收回免遗失。⑥

除了对于现有体育场地设备进一步规范化之外,为了满足学生对于场地的相关需求,诸多学校纷纷结合自身情况,增设新的体育场地。北洋工学院自1934年起,首先计划建筑新体育场,以力求适合学生之需要。新体育场系西操场扩充改建,计包括网球场11所,篮球场6所,排球、手球、棒垒球场,国术及田径赛场各一所。并建筑体育场办公室等。⑦

表4 北洋工学院1933年至1935年度体育场所统计比较表

种类	1933 年	1934 年	1935 年
体育馆	1	1	1

---

① 《小学操场规则》,《私立旅津广东学校十周年特刊》,1932年,第56页。
② 《游戏室规则》,铁道部扶轮中学校:《铁道部扶轮中学校体育设备一览》,天津:铁道部扶轮中学校出版会,1931年,第82页。
③ 《乒乓球室游艺规程》,《水产专科学校十周年特刊》,1932年,第231页。
④ 黄金麟:《历史·身体·国家近代中国的身体形成(1895—1937)》,台北:联经出版事业公司,2001年,第144页。
⑤ 北洋工学院体育,以网球篮球两项,最不发达,学生运动人数既多,本院设备场所亦属不少,故运动器具之分配管理,皆属不易。本院体育部过去因有老练工人两名,凭借其管理分配十余年之经验,故大体上很少有问题。自去年该院两工人,因故开除,管理分配,乃成为重要之问题。王主任鉴于工人之无能,乃改定网球发球篮球借球办法。
⑥ 《本院体育部规定发球借球办法》,《北洋周刊》,1935年,第58期,第8页。
⑦ 《本院二十二年度与二十三年度体育进度报告书》,《北洋周刊》,1935年,第64期,第3页。

续表

种类	1933年	1934年	1935年
东操场	1	1	无
新体育场	无	半处	1处
网球场	6	11	11
篮球场	4	4	7
足球场	1	1	1
排球场	2	2	2
垒球场	0	1	1
径赛场	400公尺跑道圈4个,420公尺6个	200公尺4个,120公尺6个	200公尺6个,400公尺6个
掷重场	2	2	4
跳跃场	1	1	3
国术场	0	0	1
体育部	3	3	3
体育场办事处	0	0	5

从上表中可以得知,各种体育场自1933年开始,每年均有不同程度的扩充。尤其是具有精确化之一面相。再者,之前的体育场属于常规性设置,此时的体育场旨在满足学生之休闲需求,这是较之于以往之不同。

所以新修体育场总是成为教育人士注目之中心。比如天津市三十六小学校举行球场落成礼,"由天津体育家张淑文女士剪绳,霍连元报告,请过武术家郝铭讲演,大意系留德所得之印象,及德国提倡体育之情形,并于我国今后对体育提倡之方针,动人听闻,校长刘善述谢毕,旋即开始表演,计分四场,无不抖擞精神,大卖气力。统计来宾,六百余人,多为体育界。"[①]

综上,天津体育教学秉承民国政府教育部的相关训令加以现实层面推展,耦合出规训、固化的特点,诚如社会学家布迪厄所言,"学校等社会场域是充满着力量竞争的领域,永远处于相互制衡和争夺的状态只有在统治阶级掌握足够手段而消除被统治阶级的反抗的时候,一个场域才变成为机器。所以,学校系统内的竞争和争夺是不会停止的。""但当统治阶级有足够力量和充分有效的策略进行全面控制的时候,学校系统就会成为某一个统治阶级所掌握的工具,成为它们手中的一个机器。学校系统中的这种不断斗争的动态和暂时被控制的静态局面,会在整个社会斗争全局的牵制下,反复地处于变动状态之中。"[②]

---

① 峰:《市三十六小学球场落成记》,《语美画报》,1936年9月23日。
② 高宣扬:《布迪厄的社会理论》,上海:同济大学出版社,2004年,第72页—73页。

二 运动的愉悦:学生应对体育教学之映像

于体育教学一项,国民政府固然希冀通过对于学生身体之形塑,以至于使其成为国家现代化教育运转链条中之一环,关涉学生本身的观感或许并不是其主要考量之基点。但是在现实语境之中,诸多学生渐次对于体育运动产生了浓厚的兴趣,亦由此愉悦了身心,继而丰富了校园文化生活之面相。

(一) 体育课选课活泼化

面对体育教学科学化措施,学生对于体育课选课活泼化。北洋工学院自公布体育课之后,学生报名极为踊跃,每晚体育馆有人满为患,缺席者极少,未报名而前往参加者甚多,选网球者每周达400余人,共分50队。① 选篮球者每周275人,共分为13队。②

表5 1934年每周练习篮球网球学生人数统计表

日期	练习篮球人数	练习网球人数
星期一	57	92
星期二	62	68
星期三	46	104
星期四	63	68
星期五	47	72
每周统计	275	404

检视北洋工学院体育教学,1934年全体学生每人必须选修体育四学分,因故缺席达1/3未修满四学分者,全校仅8人,均照章补修。1935年开学后,学生鉴于上学期之严厉,选修体育者,皆极其慎重,计选送网球者52队,共211人,约占全校学生2/3弱。选习篮球者118人,约占全体学生1/3。每周选习网球者,计星期一76人,星期二80人,星期三100人,星期四62人,星期五80人,共398人,占第一位。每周选习国术者,计星期一24人,星期二60人,星期三59人,星期四57人,星期五48人,共248人,占第二位。每周练习篮球者,星期一36人,星期二48人,星期三48人,星期四60人,星期五48人,共242人,占第三位。其余每周练习越野者,共152人,每周练习田径赛者146人,每周练习排球者55人,每周练

---

① 北洋工学院网球队五十队,每队四人,具体包括无弦队、赵君升队、太阳队、北极一队、北极二队、北极四队、四星队、玄队、胜队、田队、凯队、亢队、MM队、南华队、卓子队、学队、津友队、永队、一队、汽车队、杰队、洪队、牛耳队、国手队、之力队、乌合队、李克东队、CM队、混合队、崇文队、四省队、A队、南极队、红队、丁队、篓队、晨队、凌空队、赵焕南队、豫光队、南疆队、声队、华中队、文队、捷队、校队、B队、北极三队。参见《本院体育课程公布后报名之踊跃》,《北洋周刊》,1934年10月22日,第41期,第5页。

② 另外,北工学院篮球队队名及人数包括二一队(队长张善榛,人数11人)乐天队(队长郑凤珍,人数12人)北极队(队长吴敏,人数17人)津友队(队长王克大,人数10人)国手队(队长耿启曾,人数12人)紫队(队长王之祯,人数10人)钢球队(队长李荫深,人数14人)南友队(队长孙秉渊,人数10人)武星队(队长沈文瑜,人数11人)笑风队(队长党刚,人数12人)联合队(队长黄守坚,人数12人)某年班队(队长江浩,人数11人)。

习足球者26人。又本院体育部为提倡机巧运动起见碍难,特聘请天津师范学校体育主任刘文林,于每星期三来院,教授机巧运动,选习者17人,统计每周选习体育者,共1290人。①

表6 北洋工学院1933年度与1934年度学生选习体育统计比较表②

种类	1933	1934 上学期	1934 下学期	增幅
网球对数	33	51	53	19
篮球对数	7	12	12	5
人数	148	211	208	61
排球 人数	72	144	145	71
对数	1	2	3	1
足球人数	17	32	36	17
对数	1	1	1	0
垒球 人数	13	19	21	7
对数	0	2	0	1
机巧运动	0	0	17	17

1931年"九一八事变"之后,出于"国术救国"的时代需要,学生当中对于武术的热情亦开始加重。1934年,北洋工学院国术由学习太极拳者八九十人,增至164人,三合剑增至62人,连环拳增至21人,相生拳增至21人,相克拳增至50人,五拳增至29人,机巧运动增至17人。③

表7 北洋工学院1933年度与1934年度学生选习武术统计比较表④

种类	1933	1934 上学期	1934 下学期	增幅
太极拳人数	0	94	167	130.5
班数	10	4	6	—5
三合剑人数	89	164	127	五六十人
班数	0	2	2	2
连环拳人数	0	49	62	55.5
班数	0	1	1	1
相生拳 人数	0	21	17	19
班数	0	1	1	1
相克拳人数	0	22	15	18.5
班数	0	1	1	1
五拳人数	0	50	14	32
班数	0	1	1	1

---

① 《本院体育部公布本学期选修体育课程统计》,《北洋周刊》,1935年,第60期,第4页。
② 《本院二十二年度与二十三年度体育进度报告书》,《北洋周刊》,1935年,第64期,第3页。
③ 《本院体育课程公布后国术报名之踊跃》,《北洋周刊》,1934年10月25日,第42期,第5页。
④ 《本院二十二年度与二十三年度体育进度报告书》,《北洋周刊》,1935年第64期,第3页。

1935年"一二九运动"之后,国民政府动员民众积极锻炼身体,北洋工学院学生选修国术的人数也日渐增多。国术自经体育部改进后,复经国术名手李子扬先生详加指导,同学对于国术兴趣日增。体育部根据上学期考试结果,学习三合剑者皆极为纯熟,绝无一人应付。体育部以同学学习剑术者既有如此浓厚兴趣,复有此优良之成绩,若昌此坚持下去,不能增加学习兴趣。故请国术导师定制宝剑30把,以供学生练习之用。①

(二)体育组织自治化

体育会,成为学生内部的重要组织形式。水产专科学校学生自行组织体育会,选举委员三人,办理全校学生体育事项,并有篮球校队一队,排球私自有组织,并曾参加公开比赛。② 私立美育学校,学生自行组织球会,会中分为四个大队,彼此互相有比赛。③ 私立高等商业学校,学生组织体育委员会,设置主席、会计、书记、文牍、庶务各一人,执行委员两人,足球校队分为甲乙两组,篮球校队成年分甲乙两队,童子一队。④

北洋工学院最著名之长风篮球队的负责人在体育会内部实行民主化管理。按该队规章每学期举行选举一次,于世瑄、陈延誉已经负责两期,无连任资格,故任期到期之后,通过自主报名与干事推荐,决定由童启昧、杜镇福荣任队长干事。童启昧对于之前负责人表示感谢,并再次重申体育会自由民主的理念。该队下学期计划第一,每星期练习两次,务必使精神集中。第二,多做校内外比赛,计划在暑假内远征大同以及塞北诸城。不过他们主要目的在于游历以增加见识,非纯粹之远征队也。⑤

天津私立商业学校的学生体育组织颇具特色,即吸收了教师群体。学生的体育委员会委员,由各班学生选举代表,并由教职员中推选二人合组之。任期一个学期,期满改选。在此基础上,体育委员会设有交际部、体育部、事务部。其中交际部下设宣传主任;体育部下设球类主任与田径主任;事务部包括文书,会计,庶务。⑥ 在尚未设置体育会的学校中,运动赛事又是如何组织?河北省立女子师范学院做出表率,在学生自治会中附设体育股,每季选举两人,负责办理全校体育事项。⑦

当学生们拥有了自己的球队组织,参加各种各样的比赛,自然成为学生校园生活的内容之一。1929年12月10日,河北省立第一中学校校篮球队与汇文学校在中日球场比赛篮球;12月14日,省立一中篮球队与西开学校篮球队比赛;12月15日,省立一中篮球队与创光队比赛;12月21日,省立一中篮球队与南开在新学球场比赛;12月22日,省立一中篮球队与震权比赛篮球;12月24日,省立一中篮球队与BM队比赛篮球。⑧ 从省立一中篮球队的比赛赛程来看,可知该学校体育赛事之频繁。

在运动项目上,学生亦会根据实际情况来进行选择。工商大学校学生体格较为适中,

---

① 《本院订购宝剑30把备学生练习国术之用》,《北洋周刊》,1935年第69期,第3页。
② 《水产专科学校体育设备》,《大公报》,1930年7月24日,第2张第8版。
③ 《私立美育学校体育设备》,《大公报》,1930年8月1日,第2张第8版。
④ 《私立高等商业学校体育设备》,《大公报》,1930年7月11日,第2张第8版。
⑤ 《长风篮球队改选竣事》,《北洋周刊》,1937年第140期,第13页。
⑥ 《私商学校体育委员会改选》,《大公报》,1931年4月2日,第2张第8版。
⑦ 《省立女子师范学院体育设备》,《大公报》,1930年7月26日,第2张第8版。
⑧ 《体育部消息种种》,《河北省立第一中学校校刊》1930年第9期,第23页。

因此比较适宜参加球类项目。如每次年级网球比赛、篮球比赛,以及体协举办公开足球赛,参加者都甚为踊跃。① 私立究真中学校的学生对于运动之兴趣,随着季节为变化,秋冬则重视足球、篮球,春夏则注重篮球及网球。② 通过参与比赛,学生当中也产生一些运动名将。私立商业学校通过参加万国篮球比赛,产出篮球名将数人,如今喇叭队之任愉,黑白队之黎庆云,陈华用等,皆为一时之好手。③

(三)运动群体的多样化

具备运动特长的同学,对于组建体育社团自然是情有独钟。1941 年初秋,南开同学们在一起打垒球,久而久之无意中形成了一个没有建制的垒球集体,赳赳垒球队悄然诞生。球队成立后,在领队肖振涛和队长邹梅的督促下加强训练。队员们热情之高,难以形容。除每天下午课余时间进行实战训练外,上午课间十分钟的休息时间,也在范孙楼广场上,两人一组进行扔球接球练习。赳赳垒球队还设有队歌,歌词为,"赳赳的队员真勇敢,勇往直前,不畏艰难。要群策群力夺得锦标还。同心齐奋起,哪怕那垒球来得快,我们都打得准,哪怕那垒球来得狠。"每次比赛海报都用大板张贴,竖立在范孙楼前广场交通要道旁,颇引人注意。由于赳赳垒球队成绩卓著,全班同学,都是赳赳垒球队最忠诚的观众,最积极的拉拉队。④

那么作为竞技水平一般的同学,又是如何参与运动的呢?1942 年,南开中学高一组的陈开万与同学们自动起来组成一个篮球队,定名为"不会打"篮球队。球队成立以后,队员们热情高涨,每天课余时间进行训练,有时还举行对抗赛。每当比赛时,大家看到队员们一个个笨手笨脚地投篮,碰碰撞撞地抢球、传球,都像看"稀奇"一样,捧腹大笑。不会打篮球队还展开了多式多样的活动,除了定时训练、组织对抗赛等活动外,还办有墙报。墙报内容新颖别致,有学校领导的题词,有短小精炼、活泼有趣的短文,有通俗流畅的歌词,有形象逼真的绘画。与运动水平较高的球队相比,"不会打"篮球队格外受到大家的支持。教务主任喻传鉴就亲笔为"不会打"篮球队题词:"不会打,总练打。"有的同学还特意为"不会打"篮球队画了一幅木刻画,一个球员手持篮球,站立在球场上,那雄赳赳气昂昂的气派,令人赞赏不已。⑤

此外,运动群体也会伴随着毕业而发生变化。如南开学校毕业的胡冬生在燕京大学组建了燕京垒球队。当然,南开学校毕业生最为著名的校外体育组织是清华大学的"黑桃体育会"。"黑桃体育会"拥有 200 名体育会员,除了组织球赛外,还常常组织其他活动,如郊游,联欢会等。根据时局的转变,运动群体的人生追求也在变化。比如 1948 年下半年,在黑桃体育会内部组织了一个秘密的读书会。读书会的不少成员在北京解放时,一部分人参加了南下工作团,一部分人参加了当时还在筹建中的海军,继而成为中国海军的第一批年轻军官。⑥

---

① 《工商大学校体育设备》,《大公报》,1930 年 7 月 3 日,第 2 张第 8 版。
② 《私立究真中学校体育设备》,《大公报》,1930 年 7 月 19 日,第 2 张第 8 版。
③ 《私立商业学校体育设备》,《大公报》,1930 年 7 月 11 日,第 2 张第 8 版。
④ 周家骝:《赳赳的队员真勇敢》,《鸿雁》1994 年第 8 期,第 32 页。
⑤ 陈开万:《"不会打"篮球队》,《鸿雁》1997 年第 13 期,第 31 页。
⑥ 沈苇生:《黑桃体育会的前因后果》,《四五形影》1998 年第 8 期,第 36 页。

河北省立女子师范学院①很重视开展体育活动,每年春秋季都召开运动会,以班级为单位,上体育课甲组的同学比赛田径项目,乙组的同学比赛跳绳和拔河,丙组的同学比赛掷沙袋、套藤圈。全班参加比赛的同学达到50%以上。同学们自己设计和制作班旗和班徽,身穿统一的运动衣,龙腾虎跃,我们三十二学级曾获得团体总分第一名。田径成绩较好的同学由学校组织运动队,加以专门培养,参加省市运动会,且名列前茅。

女子师范学院平时最普及的体育项目是打排球,课前课后大家围个圈儿托球,很有意思,有的同学课间休息十分钟的时间也不放过。学生会经常组织班级排球比赛,因此女师在当时排球水平较高,三十年代河北省女子排球代表队的成员有80%都是女师的同学:"如二十七学级的毕海芬、王淑贞、安淑卿;二十八学级的韩王苏、韩燕苏、张宗义、马炳文;二十九学级的隋阳堃、张淑平;三十学级的唐振坤等,她们参加华北运动会都取得良好的成绩。"②

女师学生之所以热衷于球类运动,一定程度上与学校的体育设备有着直接的关系,以网球为例,河北省立法商学院网球场之设备最良,故网球风气甚炽,练习网球者,几占全校学生三分之一,每年9月终,作全校比赛一次。③ 河北省立女子师范学院,按照全校学生对于运动之嗜好,当以排球为最盛。盖因排球设备最完善,每个班级由学生供给皮排一个,故学生技术得到充分之发展。1930年天津公开排球比赛,女子队参加者共六队,而女师一校占有六分之五,以此可见该校排球队之风。④

及至20世纪30年代,师生运动合赛,成为校园中一道独特的风景。1929年11月27日,河北省立第一中学校教职员队,与学生嘻嘻队比赛,结果败北;翌年12月27日,又与一年级十二班队作友谊赛,教职员队员皆勇敢进攻,惟传中不佳,第二次败于十二班。⑤ 1931年4月14日,南中教职员篮球队,约请校队初级中学私人篮球队猛攻队作友谊比赛,结果大败。⑥ 可以窥见,因应技术的生疏,在与学生的比赛之中很难取胜,但这并不妨碍师生之间以运动为媒质,从而增进彼此之间感情。

而在与学生比赛的过程之中,部分教师逐渐意识到教师之间出于交流的考量,同样应该开展运动比赛。于是1930年3月15日,南开中学与新学书院教职员,篮球队作友谊比赛。⑦ 1930年11月12日,天津市青年会体育科主任李友珍,为引起体育教员及体育指导之兴趣起见,组织体育教员篮球队,参加室内篮球比赛。⑧ 1931年2月9日,天津市各租界老西开成立促进会,为提倡普及体育起见,特首先发起举办各校教职员篮球联合比赛,报名

---

① 1906年女师初建校时称北洋女子师范学校,后称直隶第一女子师范学校,我们入学时称河北省立女子师范学校,师范班和中学班为河北省立女子师范学院师中部。
② 马翠官,孙淑卿:《忆母校——河北女师》,中国人民政治协商会议天津市文史资料委员会:《天津文史资料选辑第105辑》,天津:天津人民出版社,2005年,第96页。
③ 《河北省立法商学院体育设备》,《大公报》,1930年7月9日,第2张第8版。
④ 《省立女子师范学院体育设备》,《大公报》,1930年7月26日,第2张第8版。
⑤ 《教职员队连连败阵》,《河北省立第一中学校校刊》1930年第9期,第45页。
⑥ 《南中篮球教职员胜猛攻》,《大公报》,1931年4月15日,第2张第8版。
⑦ 《教职员篮球赛》,《商报》,1930年3月16日,第2张第7版。
⑧ 《体育教员篮球赛》,《大公报》,1930年11月11日,第2张第8版。

参加者共有四队,高商、广东、西开、晨光等四队。①

对于师生合赛以及教职员比赛,学校的主管甚至以"艳羡"的态度加以表现。宁河中学校董刘公在操场上,观看师生作篮球友谊赛,深羡篮球为有益之运动。返家之时,竟然要求自己的儿子也要出门打球。校长杜心耕,每值津中有篮球比赛,必携带家人来观看。② 河北一师校长杨澂甫得知校教职员篮球队与四十五班学生比赛之时,立即命令体育主任刘文林,教员张伯清,召集本校全体教职员以及在校学生停课观看。③

(四)球类运动普及化

在参加比赛中,学生以球类比赛最感兴趣。河北省立第一师范学校,篮球风气甚盛,私行组织之队数,在十队以上。④ 老西开私立中学校,学生最近最好足球,各班除了班际足球比赛,每学期对外比赛约还有十余次之多。⑤ 水产专科学校,学生课外游戏如乒乓球等,兴趣尤大。每日下班后,游艺室大有人满为患。⑥ 此外,女生对于球类运动亦较为青睐,私立震中学校,女生中尤为喜欢打网球及排球。⑦

值得玩味的是,因参加运动比赛之需要,各支队伍的名字亦是琳琅满目。以20世纪30年代的北洋学校篮球队为例,"包括二一队、乐天队、北极队、津友队、国手队、紫队、钢球队、南友队、武星队、笑风队、联合队、无弦队、赵君升队、太阳队、北极一队、北极二队、北极四队、四星队、玄队、胜队、田队、凯队、亢队、MM队、南华队、卓子队、学队、津友队、永队、一队、汽车队、杰队、洪队、牛耳队、国手队、之力队、乌合队、李克东队、CM队、混合队、崇文队、四省队、A队、南极队、红队、丁队、篓队、晨队、凌空队、赵焕南队、豫光队、南疆队、声队、华中队、文队、捷队、校队、B队、北极三队。"⑧ 从中可以看出,各个球队的名称亦是五花八门。以英文字母命名,以自己姓名命名,以天文星命名等,体现出学生自由开拓的精神,即将个人思想与体育运动有机联系在一起。

对于篮球运动的喜爱,促使学生的课余生活得以丰盈。1929年夏,十几位原天津河北区堤头村小学毕业的校友聚在一起,共同商量组织篮球队一事。鉴于队员们都是校友,因此将篮球队命名为堤友队。该队队员有:朱德宝、高长明、张长江、张长清、胡振英、赵铭心、王志俊、赵伯荣、焦世忠、安维勤等人,大家推选周文煜为队长,聘请篮球名将周文焕为指导,从此堤友队正式成立,并借母校操场训练起来,经过全体队员的刻苦训练,1932年堤友队终于成为天津的一支篮球劲旅。⑨ 恰逢其时,在校河北女师的一部分高中生要求加入堤友队,于是成立了女队,队员包括顾荫珍、顾昆珍、汪培英、赵茵、姜会敬、张素经、李世新、崔秀梅等。可见,堤友队以球类运动为切入点,将毕业生与在校生、男生与女生之间加以适时贯通,呈现出体育普及的面相。

---

① 《老西开体育促进会举办职教篮球赛》《大公报》,1931年2月10日,第2张第8版。
② 燕:《篮球旧话》,《庸报》1927年11月7日,第3张第11版。
③ 《一师教职员组织篮球队》,《大公报》,1930年11月14日,第2张第8版。
④ 《河北省立第一师范学校体育设备》,《大公报》,1930年7月10日,第2张第8版。
⑤ 《老西开私立中学校体育设备》,《大公报》,1930年7月30日,第2张第8版。
⑥ 《水产专科学校体育设备》,《大公报》,1930年7月2日,第2张第8版。
⑦ 《私立震中学校体育设备》,《大公报》,1930年7月15日,第2张第8版。
⑧ 《本院体育课程公布后报名之踊跃》,《北洋周刊》,1934年第41期,第5页。
⑨ 张长江:《天津堤友篮球队琐忆》,第143页。

再者,擅长运动的学校毕业生亦会将运动融入到自己的工作之中。诸如北洋工学院学生李朝枢赴上海交通银行就职,工作起居仍如学校生活,在行内膳宿,并有自修时间,不久即将加入上海青年会之排球队,将来或有机会与沪上名将相遇磨切。另外一名学生陈达明毕业之后赴广西南宁省政府水利工程处工作,同人多半为北京、天津、上海各地归来之学生,为了消除异地的思乡之苦闷,同事之间亦组织篮球会,并时常比赛,生活尚不枯燥。①

由上可见,体育运动自学校渐次扩展至课外生活,其实是文化深层于社会变迁的一个缩影。李长莉指出,"近代城市生活中休闲娱乐和文化生活的变化,是最显眼、富有特色、多姿多彩、内涵丰富的生活领域。"②常建华进一步强调,"日常生活世界各种不断重复、人们习以为常的活动,多为群体无意识,这属于心态史的范畴。心态史关心人们对事物的态度,阐发人们对生命、年龄、疾病、死亡等现实的态度,对于认识日常生活很有用处。"③

三 规训与愉悦之间:从文本看学生的运动反应

新文化史代表人物彼得·伯克曾指出,"为包括知识的、领土的、社会阶层的、疾病的、时间的、认同的各种现实的建构、表象、生产加以思考和讨论,逐次成为一个普遍的现象。"④尤其是建构意识的表达,谁在进行建构?在什么范围内建构?因此需要我们重视建构发明的因素。与之桴鼓相应的是,戴维斯在《档案中的虚构》一书中亦持类似之观点。"她关注的既非16世纪的那些赦免状的真实性如何和到底有多大真实性,亦非求赦者在求赦书里所叙述事情的真假与案情的真实经过,而是这些赦免状的虚构叙述及修辞,特别是其背后呈现出的集体心态、文化与社会行为的互动以及文本赖以形成的社会脉络。"⑤

因应客观环境之掣肘,学生们对于运动时常表现出抱怨的情绪。如署名李文容的学生在日记之中如是写道,"在参加华北运动会时到了运动场,没有座位。直站到午饭时候,才回到学校中。到校时,有许多等着下午去参观华北运动会的同学,全在院中等候着,各位先生全疲倦极了,因此,不能再参观去了。只得告诉那些同学,第二天再去,于是同学们都回家了。到了第二天早晨,下起雨来,越下越大。又不能去了。只得再延迟一天,同学又都回家了。但是到了家,雨就停了。到了第三天,又是下雨,这天的雨,要比昨天的雨还大,可是今天要是再不去,就没有机会了。没奈何,只得冒雨去了。到了运动场,雨下得更大了,会也听了。又都冒雨回来了,这回的参观,先生同学们什么都没有看见,费着冤枉的车钱,每人成了一只落汤鸡,唉,多么的不快啊!"⑥

甚至于参加体育运动在一些漫画家眼中代表着对于生活漠视的态度。下述图画中,从

---

① 《本院排球两健将任职沪宁》,《北洋周刊》,1934年11月5日,第43期,第4页。
② 李长莉:《中国近代城市生活史研究热点与缺陷》,《武汉大学学报》(人文科学版)2017年第1期。
③ 常建华:《生活史给史学研究带来新视角》,《北京日报》,2012年6月18日,第23版。
④ [英]彼得·伯克著,蔡玉辉译:《什么是文化史?》,北京:北京大学出版社,2009年,第85页。
⑤ [美]戴维斯著,杨逸鸿译:《档案中的虚构——十六世纪法国司法档案中的赦罪故事及故事的叙述者》,台北:麦田出版社,2001年。
⑥ 李文容:《参观华北运动会记》,《天津市立第十小学校学生日记辑录》,1934年第12期,第27页。

右往左,依次是春日不是读书时,男女在一起约会;夏日是正好睡眠,学生们在课堂上睡觉;迎得秋来冬又到,学生们分别在篮球场、网球场打球;收拾书箱要过年。可以看出,体育运动被作者赋予了一种不光彩的社会角色。

图1　不用功学生之日常生活①

囿于条件之局限,学生亦会因地制宜的建造比赛场地。比如利用自家院落来从事网球运动,着实体现出市民对于运动热爱,并视运动为自己日常生活中的一部分。

图2　因地制宜②

漫画在传播体育信息、记录体育生活的同时,亦将体育漫画的艺术特性在最大程度上得以展现,即诙谐性,评议性,美学性。③ 一如小田所说,"作为社群认识的基本理念,漫画以'主位'的态度理解社群,留下了历史角色的声音,又从客位的视角去看待社群,留下了作者自己的观念。"④

上述学生、漫画设计者在体育运动过程之中充当配角角色,还未真正成为运动的主要经历者,故亦难免产生些许消极情绪。设若参与体育运动并完成预定目标之时,作为当事人的学生又是如何看待体育运动呢?

在语文课上,学生们经常以"运动"为主题来构思自己的作文。通过作文中学生关于体育运动的描述,由此我们在一定程度上可以揣测作为运动者的心理感受。一如常建华所言,"表象"是新文化史的核心概念之一,认为图像和文本就是对社会现实的反映或摹访,

---

① 《不用功学生》,《新天津画报》,1934年9月2日,第1张2版。
② 《因地制宜》,《庸报》,1934年7月24日,第2张7版。
③ 黄寿军:《论体育漫画》,《体育文化导刊》2009年第8期。
④ 小田:《漫画:在何种意义上成为社会史素材——以丰子恺漫画为对象的分析》,《近代史研究》2006年第1期。

与此相关的记忆史盛行。①

首先,学生对于运动的认识。比如天津市立第十小学校三年级学生王承瑞认为,运动能使筋肉发达,增加肺量,帮助血液流行;以使身体康健,所以我们必须运动。要本着自己的力量作,如踢毽子,拍皮球,滚铁环等,都是我们最适合的运动。而且运动不要过度。运动要空气新鲜的地方,若不新鲜,肺就要受伤,我们要这样的运动。② 第十小学校四年级学生梅祖桐则是将运动归结到娱乐的范畴之中,"因为终日读书,身心便不能发达了,所以应该有娱乐才好,娱乐的方式有很多:如下棋,击球,音乐等等,都是很正当的娱乐,下棋可以联系思想,击球可以使身体活泼,音乐可以陶冶性情,这些娱乐的方法,我们如能常常去做,我想对于学业身体都是有益处的。"③

其次,运动理念的外延性。一些学生希望通过自身对于运动的认识,以此来影响周遭人群。如天津市立第二十一小学六年级的黑静淑在给自己妹妹娟敏的信中写到,"如果有学问,没有良好的身体,不能够去发展我们的学问,岂不成了一个书呆子吗?所以一方面要用功,一方面也要注意运动。④ 也有学生将运动会看作与友人联络感情的一种方式。天津市立第二十一小学四年级的徐金钰、刘士纯,希望在校运动会期间邀请朋友来观看比赛。⑤ 学生对于运动之热情由此可见一斑。

署名捷轩的作者在作文《操场中》,生动地塑造了小陆与老王两个喜爱运动的人物。

> 一条红,一条蓝,也有的一条白,一条绿的运动背心上面,一个个脑袋在旷大的操场中来回的奔跑着,高叫着,这时他们痛快了,黄的皮球蹦,蹦蹦地跑过来,跑过去。顽皮的小陆和老王,他们几个人正在玩的高兴的时候,一个个精神抖擞,耀武扬威的不像在讲堂上无精打采的样子。
>
> "小陆,今天老汪的英语一句也没有背出来,在讲堂上急了个大红脸。"老王说。
>
> "废话,你不管你的球门,同人家当左锋的说闲话,再等一等,老K他们的球就攻进来了。"张也抢着说了几句。
>
> 蹦的一声,一个大黄皮球,猛的向老王的球门攻进来了,充满了耳鼓。哎哟,坏了。咱们得努力反攻了啊。咱们使劲再进一球啦。当的一声,晚饭的铃声响了。抢球的抢球,跑的跑,在纷扰的喧嚣中,大家又都全拥进到了饭厅了。⑥ 可以看出,在每天紧张的学习当中,小陆与老汪抽出时间来踢球,一方面他们惦念着上课;另一方面,他们又难以割舍运动本身的乐趣。

"当学生们从切身体会中品尝到体育强身健体的甜果后,抵触心理逐渐消解,最终喜欢

---

① 常建华:《日常生活与社会文化史》,《史学理论研究》2012 年第 1 期。
② 王承瑞:《怎样练习运动》,《天津市立第十小学校校刊》1934 年第 11 期,第 57 页。
③ 梅祖桐:《娱乐有什么益处》,《天津市立第十小学校校刊》1933 年第 8 期,第 31 页。
④ 黑静淑:《劝同学注意运动书》,《天津市立第二十一小学校校刊》1933 年第 9 期,第 36 页。
⑤ 刘士纯:《约友参观运动会》,《天津市立第二十一小学校校刊》1934 年第 9 期,第 34 页。
⑥ 捷轩:《操场中》,《商报》,1929 年 12 月 31 日,第 3 张第 11 版。

上了给他们带来无限活力的体育运动。"①法商学校抗队的王同学是一个篮球爱好者,其在日记中写道,"法商学校的王同学与庄同学竞猜抗队与新友比赛结果,并以元宵作为比赛胜负的赌注。结果抗队胜利,庄同学失去元宵50个。"②可见,运动比赛渐及成为学生日常生活中的谈资,并且大多数学生对于运动持赞成观点。"抗队获得本届院内篮球锦标劳苦功高,特备熏鸡十只,另有队员,特加花生瓜子等锦上添花。"经济尚未独立的王同学能够联合其他同学准备熏鸡等赠品,足可说明运动已然成为校园学生的一种良好氛围。

当然,亦有学生将体育运动看成某个阶段的既定理想,在南开中学读书的何炳棣即是如此。经过数次运动会比赛之后,1932年秋南开全校运动会,他终于获得高中乙组百米赛跑第一名,从而实现了自己初中之运动理想,之后就坚决的挂起所有的钉鞋和足球鞋,专心致志准备清华大学的入学考试了。③ 正是在青春与叛逆之间,体育成为学生学习与生活之间的润滑剂。王先明指出,"只有通过对日常社会生活及其社会关系的演化变迁的详尽考察,才有可能真正把握人类永恒追求着的历史规律的脉搏。"④

结　语

由上可知,基于国家民族主义时代主潮之影响,以及民国政府对于普通民众身体塑造的希求,学校遂通过系统制度逐渐将体育纳入到教学计划之中,"为未来中国体育教育的继续发展和学制的系统化打下了一定基础"⑤,由此运动渐及走进学生的校园生活。作为体育教学的对象——学生,基于自身的年龄、学历以及性别的差异,都有着不同的运动观感。从参与的群体来看,包括学生比赛、师生合赛以及男女共赛。尽管在推展过程之中存在着一些性别非议,但不能否认的是,学生在运动中产生了切实身体感受。当然感受并不都是都以快乐、幸福来表述,部分学生对于运动的"埋怨",以至于"厌倦",皆是因应青春期所产生的自然心理反映。也正是在充分感受运动魅力的过程之中,体育成为学生日常生活中的一抹亮彩。

需要提及的是,南京国民政府在体育教学中关涉传统体育的教学目标实践效果尚不明显。尽管教育部曾经对于小学体育规定,"我国固有的游戏,如踢毽子、拍球、跳房子、抽陀螺、放风筝、滚铁环、吃石子等简单游戏,应该尽量提倡。本地固有的儿童游戏,亦应选择有教育意味者,相机指导。如果发现各地有方法欠良、意义欠美之乡土游戏,亦应多方搜集,设法改善,俾成合用之材料。"⑥但是在实际体育教学之中,踢毽子等传统体育项目难觅踪影。高级中学亦曾规定,"体育课中的韵律活动包含各种土风舞、形意舞、运动舞、各种行列

---

① 施扣柱:《圣约翰大学:引领校园体育文化之新潮》,《上海教育》2017年第12期。
② 《学校学生日记趣闻》,《法商半月刊》,1934年第1卷第1期,第25页。
③ 何炳棣:《读史阅世六十年》,桂林:广西师范大学出版社,2005年,第43页。
④ 王先明:《近代绅士——一个封建阶层的历史命运》,天津:天津人民出版社,1997年,第146页。
⑤ 樊炳有:《中国近代体育制度的变革对学校体育的影响》,《江西社会科学》2001年第6期。
⑥ 教育部编写《小学体育教授细目》,第1—8页。

及行进;野外活动包含远足旅行、野外采集、登山、营宿、骑乘、渔猎等。"①但是亦未曾真正在体育教学中加以习练。

传统体育以及舞蹈别类之所以未得到具体实践,固然有国内外情势紧张等因素之限制。设若从传统体育项目自身创新角度来讲,亦凸显出民国教育界对以篮球为代表的西方体育项目冲击应对不足以及具有艺术修养的体育教师相对匮乏之窘相。"南京国民政府时期虽然形成了比较科学的体育教育体系,但是体育师资的匮乏状况并未得到真正解决。"②这也制约着体育教学的深层发展。值得学界更值得当代体育教育工作者进一步省思。施扣柱强调,"在学校发展建设战略中,是将体育视为不可或缺的重要一环,还是当做可有可无的陪衬,决定了学校的不同地位和学生体质的不同面貌。"③

作者简介:汤锐,曲阜师范大学马克思主义学院副教授。

---

① 《高级中学普通科体育课程标准》,转引自金兆均:《体育行政》,第187—190页。
② 易春燕:《中国近代小学体育教育的发展演变》,《史学月刊》2011年第10期。
③ 施扣柱:《圣约翰大学:引领校园体育文化之新潮》,《上海教育》2017年第12期。

京沪沪杭甬客车与长三角地区民众日常生活(1927—1937)

谭 刚

【摘 要】 1927年至1937年间,由于长三角地区经济的发展,京沪铁路客运量进一步增加,乘坐京沪沪杭甬客车成为了长三角地区民众日常生活的组成部分。不同等级车厢设施的差异以及乘客不同的乘车感受直接体现了乘客的社会阶层差异,从而参与建构了长三角地区的社会分层。不同等级车厢内乘客的生活状况不仅塑造了乘客的社会身份,而且也彰显了部分乘客的政治权力,反映了1927年至1937年间长三角地区社会文化的变迁。因此,京沪客车在承担运输功能的同时,附加上了社会等级、身份建构、政治权力等方面的社会文化意义,反映了这一时期长三角地区的社会转型。

【关键词】 京沪沪杭甬客车;车厢等级;车厢生活;权力渗透

交通工具不仅具有运输功能,而且与一个地区的社会文化变迁有着紧密联系。就铁路史研究而言,学者们深入研究了铁路的影响及其与政治外交等方面的关系①,以及铁路旅游、铁路卫生事业、铁路工人群体等问题。② 但目前学界对火车车厢所反映的社会分层、乘客身份以及政治权力等问题的研究还有待深入。有鉴于此,本文在前人研究基础上运用官方统计数据、日记、文学作品等资料从社会文化的角度重点深入系统研究1927—1937年间京沪客车与长三角地区的社会分层、乘客身份塑造及其引发的社会矛盾等问题。③ 笔者通过对这些问题的研究,期望在丰富中国铁路史研究内容的同时,加深对"黄金十年"间长三角地区社会转型的理解和认识。

---

① 江沛:《中国近代铁路史研究综述及展望:1979—2009》,《"中国近代史研究三十年——过去的经验与未来的可能走向"学术研讨会论文集》,北京,2009年,第505—526页。
② 代表性成果有:孙自俭:《民国时期铁路工人群体研究:以国有铁路工人为中心(1912—1937)》,郑州:郑州大学出版社,2013年;杨玄博:《试析沪杭甬铁路职工卫生事业的发展(1928—1937)》,《民国档案》2012年第4期;蒋晶晶:《沪宁沪杭甬铁路游览事业研究》,杭州师范大学硕士学位论文,2012年等。
③ 目前学界主要研究成果有岳钦韬:《以上海为中心:沪宁、沪杭甬铁路与长江三角洲地区社会变迁》,北京:中国社会科学出版社,2016年;葛玉红:《沪宁铁路与江苏社会(1903—1927)》,镇江:江苏大学出版社,2014年。尤其是杨玄博的博士论文有专章研究京沪沪杭甬客车乘客的时间观念、离别之苦、速度感知、时局认识和两性观念等问题。(参见杨玄博:《微观世界中的人们:京沪沪杭甬铁路社会研究(1912—1937)》,厦门大学博士学位论文,2014年,第163—185页。)

一 车厢等级差异与乘客社会分层

京沪铁路前身是 1908 年全线通车的沪宁铁路,南京国民政府于 1928 年收回沪宁铁路管理权后,于 1929 年 10 月 21 日更名为京沪铁路,后将沪宁、沪杭甬铁路局合并,改称京沪沪杭甬铁路管理局。由于 1927 年至 1936 年间长三角地区经济发展速度相对较快①,京沪沪杭甬铁路客运量进一步增加。1927 年至 1936 年这两条铁路的年均客运量为 15907552 人次,而在 1905 年至 1926 年间的年均客运量则为 10078442 人次②,前者是后者的 157.8%。由于京沪沪杭甬铁路的客运量迅速增加,其客运量在全国国有铁路客运量中占有很大比重,③其中 1927—1936 年间的客运量占全国国有铁路客运总量的百分比迅速上升至 34.8%。④ 京沪沪杭甬铁路客运量的增加不仅加速了长三角地区的人口流动,而且乘坐京沪沪杭甬客车出行也成为 20 世纪 30 年代长三角地区越来越多民众日常生活的组成部分,京沪客车车厢也成了民国时期长三角地区现代生活空间的象征。

京沪客车车厢具有等级差异,首先表现为不同等级车厢的设施差异明显。早在 1908 年沪宁铁路全线通车后,客车就有头等车、二等车和三等车之分。头等客车为黄色,二等为绿色,三等为红色。⑤ 到京沪铁路时期,京沪客车车厢的等级差别依然明显。具体而言,头等车和二等车的设施普遍好。头等车厢设施豪华自不待言⑥,二等卧车车厢的设施也相当考究,车厢"内部用黄色光漆,光洁美观,富丽堂皇,各种设备,直驾沪平通车二等卧车之上",车厢特色为"车门口以电灯显示卧铺号码,使旅客一望瞭然。至车中各房间内面盆其启闭改绞链式,上铺玻璃,挂以丝呢,清洁美观,坚固便利。暖气管亦经改装为横式,使每房间各铺位能得同样温度。厕所地板上铺以铅皮,四壁镶用洁白瓷砖,既便清洗,又增美观。"⑦ 杭江铁路火车的二等车厢"每座有投烟灰的铜盒装着","车厢联结处有很紧凑的雨

---

① 著名经济史学者马德斌研究后认为长三角地区与同期的日本及其东亚殖民地相比,在 1931—1936 年之间经历了经济发展和结构改变,并估算出江苏、浙江两省(包括上海)人均国内生产总值的指数从 1916 年的 143 增至 1933 年的 155(全国人均国内生产总值指数为 100),增加了 8.39%。(马德斌:"1911 年至 1937 年中国长三角地区经济增长:一项计量与历史的分析"("Economic Growth in the Lower Yan-gzi Region of China in 1911 – 1937:A Quantative and Historical Analysis"),《经济史学报》(The Journal of Economic History),第 68 卷第 2 期(2008 年 6 月),第 377 页。

② 据《沪宁、沪杭甬铁路历年载运旅客人次表》相关数据统计而成,岳钦韬《近代长江三角洲地区的交通发展与人口流动——以铁路运输为中心(1905—1936)》,《中国经济史研究》2014 年第 4 期,第 158 页。

③ 在 1905 年至 1936 年间,沪宁、沪杭甬铁路的客运量占同时期中国国有铁路客运量的 27.8%。参见岳钦韬:《近代长江三角洲地区的交通发展与人口流动——以铁路运输为中心(1905—1936)》,《中国经济史研究》2014 年第 4 期,第 166 页。

④ 据《国有铁路运输概况》表(国民政府主计处统计局编印:《统计月报》1932 年七八月号合订本,第 97—98 页)、《国有铁路运输概况》表(国民政府主计处统计局编印:《统计月报》30 号,1934 年 4 月,第 61 页)、《国有铁路运输概况》表(国民政府主计处统计局编印:《统计月报》31 号,1937 年 5 月,第 63—64 页)三表相关数据统计而成。

⑤ 无锡市地方志编纂委员会编:《无锡市志 2》,南京:江苏人民出版社,1995 年,第 676 页。

⑥ 头等车厢不仅乘车空间宽敞,装修豪华,而且座椅可以旋转自如,乘坐舒适。(《本埠新闻:淞沪之路之自动机头》,《新闻报》1929 年 11 月 16 日,第 13 版。)

⑦ 京沪沪杭甬铁路管理局:《本路二等卧车之设备》,《京沪沪杭甬铁路日刊》1167 号,1934 年 12 月 31 日,第 204 页。

篷和橡皮脚踏板,无论车开的怎样的快,他总是随着伸缩,不会离开"①。而三等车的设施则普遍较差,"沪杭甬线所有三等车辆,因大半均脱胎于前苏浙路之旧有车辆,故形式殊不一致,至两路四等车辆,本极参差……一列车内,车辆高低互见,殊碍观瞻"②。至于四等车厢的设施则更为糟糕,有的四等车厢实际上就是敞篷车,车上"周围没有棚和栏杆,也没有凳子,只有硬硬的铁板躺在车轮上。"③

不同等级车厢不仅设施不同,而且车厢里的服务质量也有所不同。对于头等或二等卧车的乘客而言,他们能享受到乘务员热情周到的服务。为提高卧车车厢的服务质量,在1934年5月,京沪沪杭甬铁路局车务处制定了卧车车厢侍者的资格标准,要求侍者具备八项条件,包括年龄在"二十岁以上四十岁以下"、文化水平为"小学校程度略讲英语"、品行"无不良嗜好者"、体力"能提十五公斤或二十公斤箱包行走者"、身材"动作灵敏"、相貌"长相清秀"、口才"对答如流,能讲普通国语"、性情"温驯"八个方面。④ 对于三四等车厢的乘客来讲,由于三四等车厢乘客多,不仅很难享受到乘务员的周到服务,而且有时还会受到乘务员的歧视。为此,有人就指出铁路员工"对待三四等车乘客,应持对待二等车乘客同等之礼貌。盖同为客人,不能以其所出车资之多寡,而异其态度也"⑤。

由于不同车厢的设施和服务质量不同,因此不同车厢乘客的乘车体验自然也大有区别。一般来讲,对于乘坐头等和二等车厢的乘客来讲,乘车更多的是一种享受,或坐或卧,或看书或闲谈,或观赏车窗外的风景,自在逍遥。但在拥挤的三等和四等车厢里,乘车体验往往比较差,乘客更多的是感受到乘车时的拥挤与不适。⑥ 尤其是在节假日,三四等车厢更为拥挤。在1936年4月11日,因桃花盛放,正值旅游旺季和周末,乘客众多,时任浙江大学校长的竺可桢乘坐京沪客车回南京,当日"车极拥挤,因此车自杭州来,现值春假,而今日又为星期六,不特自杭返都之人极多,且有赴苏锡一带游玩之人。余初坐赴苏州二等,继坐赴无锡二等,至锡后又改坐三等,既无水吃,又不卖饭。"⑦1928年5月27日,教育家舒新城乘坐京沪客车三等车,上车后发现"不独无处可坐,即立也无地可立",恰逢车厢厕所开了门,他"也不管什么卫生不卫生,将几件随身的东西放进去,权且立下。"⑧至于四等车,由于车厢的设施更为糟糕,乘客乘坐时不仅毫无舒适感可言,而且有时还要顾及个人安全。有位乘客诉说了他乘坐京沪客车四等车的感受:

---

① 高葆棣:《旅行杭江路五日记(一)》,《京沪沪杭甬铁路日刊》第1011号,1934年6月27日,第183页。
② 京沪沪杭甬铁路管理局车务机务处:《京沪杭整顿三四等客运》,《铁道》1933年第4卷第1期,1933年7月1日,第20页。转引自杨玄博:《民国杭州与新式交通》,杭州:杭州出版社,2013年,第208页。
③ 倚平:《安置臀部的京沪车边》,《生活》1929年第5卷第1—52期合订本,第319页。
④ 京沪沪杭甬铁路管理局车务处:《订定卧车侍者资格标准》,《京沪沪杭甬铁路日刊》第980号,1934年5月22日,第143页。
⑤ 许介虎:《对于待遇三四等车乘客之几点意见》,《京沪沪杭甬铁路日刊》第1009号,1934年6月25日,第167页。
⑥ 对于铁路有时给人们的日常生活带来的不安全、不便利、不舒适的感受和体验,学者朱从兵称之为铁路的"反日常"现象。(朱从兵:《中国近代铁路史新探:朱从兵自选集》,苏州:苏州大学出版社,2014年,第188—217页。)
⑦ 竺可桢:《竺可桢全集》第6卷,上海:上海科技教育出版社,2005年,第54页。
⑧ 舒新城:《苏锡之行》,新绿文学社:《名家游记》,北京:中国书店出版社,1988年,第4页。

正在踌躇的时候,却被我发现了四节车,既不是头二三等的客车,又不是装货的铁蓬车……因为没有门窗的阻止,只须你的力气大些,勉强可以挤进去!我在旁边打了几个回旋,才找到了靠外边的不满一方尺的位置,仅够安置我的臀部,便不顾铁板上的垃圾挨坐了下去,两个脚只能悬在车外了,藤包也只得放在两条腿上,可是,像我找到这样位置的人还不多。……我坐在车上,不敢把身子动弹,怕又跌跤的危险!尤其是在过洋桥的时候,心房怦怦的忐忑,把我的眼睛闭着,并且,煤灰又不住的像雪花的飘落在身上,我的衣服也变了色似的,总算万幸,仍旧把我的命带到了上海。①

有位署名俊影的乘客也诉说了他乘四等车厢时的感受,"我坐的是四等车,人是挤得连站脚的地方也没有。真矛盾极了,三等车却那般的空着,同车的劳动者为最多,他们多是带些大包袱、被包、火油箱……中饭是预先带好的馒首(应为馒头——作者注),车子一停下来,那股人气和尿骚要闷得你头发晕"②。

不同等级车厢的差异和乘客们乘坐时不同的感受,体现了乘客不同的社会阶层。京沪沪杭甬客车不同等级车厢乘坐不同的社会阶层,其中头等车厢乘客多为政府要员、金融企业家和文教人士等社会高层,外国人也占有一定比例。二等车厢档次虽低于一等,但乘坐的一般也是比较富裕的人。③ 至于三等车厢,则以社会下层群体为主。包天笑也记载,在沪宁路上,"三等车以农人居多数",二等车乘客"是所谓中每(应该是产)",至于头等车厢乘客"总是很少的,除非有什么官绅或者是外国人,常常头等车厢里,空无一人"④。尤其是1927年至1936年间,为方便铁路沿线地区农民外出务工,京沪沪杭甬铁路局在"京沪间沪杭间每日开行三四等客车各一列,逢站必停,吸收沿途贫苦工人及农民之运输,营业异常发达"⑤。总之,火车车厢同建筑一样或多或少复制了社会的等级⑥,京沪沪杭甬客车在具备基本运输功能的同时,也将长三角的不同社会阶层复制到不同等级车厢内,从而也参与建构了长三角地区的社会分层。

二 车厢生活与乘客身份塑造

由于京沪沪杭甬客车是长三角地区重要交通工具,因此乘坐火车成为了民众日常生活的组成部分。不同等级车厢内乘客的生活方式和生活体验明显有别,头等二等车厢乘客的车厢生活比较闲雅舒适,而三四等车厢尤其是四等车厢乘客的车厢生活则普遍不舒适。因

---

① 倚平:《读者信箱:安置臀部的京沪车边》,《生活》第5卷第12期,1930年4月27日,第317页。
② 俊影:《京沪军中》,《十日谈》第27期(1934年4月),合订本第99—100页。根据文章内容,标题应为《京沪车中》,疑为印刷错误。
③ 参见岳钦韬:《近代长江三角洲地区的交通发展与人口流动——以铁路运输为中心》,《中国经济史研究》2014年第4期,第162—163页。
④ 包天笑:《衣食住行的百年变迁》,政协苏州市委员会文史编辑室编印,第135—136页。
⑤ 金士宣:《铁路运输业务》,天津大公报馆1932年版,第276页。
⑥ [法]米歇尔·福柯、保罗·雷比诺:《空间、知识、权力——福柯访谈录》,包亚明主编:《后现代性与地理学的政治》,上海:上海教育出版社,2001年,第16页。

此,不同等级车厢内乘客的生活不仅是乘客车厢外生活在车厢内的延续,也参与塑造了乘客的社会身份。

京沪杭等城市的有钱阶级在京沪沪杭甬客车头等或二等车厢内的悠闲生活方式,不仅展示了乘车人的经济实力,也在参与塑造了乘客的社会身份。由于头等二等车厢空间宽敞①,乘客不仅可以在车厢内休息,而且可以看书阅读、闲谈,甚至工作,自由自在,因此头等二等车厢成为长三角地区社会中上层人士出行的首选。以著名科学家竺可桢为例,1936年他任浙江大学校长兼中央研究院气象研究所所长,因公务需要他经常乘坐京沪快车来往于京沪两地。他主要乘坐京沪快车的二等卧车,车厢或是他闲谈的场所,或是他看书阅读的地方,甚至工作的地方。在1936年一年间,竺可桢在京沪二等车上经常遇到自己的朋友或同事或同学,相互攀谈。② 除与朋友闲谈外,1936年竺可桢在京沪二等车上有时也看书阅读。他在1936年乘坐京沪客车过程中,先后阅读的书籍有薛定谔著《科学与人之本性》、阿斯克特著《遍及世界的无线电》、罗素《科学与宗教》、赫胥黎及霍尔丹著《我们欧洲人》、亨丁顿《文化与气候》等书。③ 竺可桢甚至还利用乘车时间在车厢中阅卷。1936年8月5日,他在京沪客车中"阅气象研究所练习助理员考卷,计英文五本"④。无独有偶,翁文灏在京沪车中读过梁启超《先秦政治思想史》、陶希圣《中国政治思想史》等书。⑤ 顾颉刚有时也利用乘车时间阅读,他在京沪沪杭甬客车中读过的书刊有《艺术界》、《抱经堂书目》、《山海经》表目、《吴歌乙集》、姚从吾的《中国造纸术传入欧洲考》等。⑥ 黄炎培也在京沪客车上阅读过《申报月刊》等刊物。⑦ 更多的时候,京沪快车的头等或二等卧车变成了"车厢旅馆",成为了京沪等地社会中上层群体的休息空间。据陶希圣回忆,1931年上半年,他曾在南京的中央大学任教,但他家住上海海宁路新生命书局的楼上。为方便工作,他请求中央大学政治、法律两系把他的课程排在星期一至星期三。因此他每星期只有这三天在南京,星期三乘坐京沪夜车回上海,乘星期日的早车到南京。从星期四到星期六都在上海。⑧

广大社会中上层群体在京沪客车头等或二等卧车内的生活状况,不仅是他们车厢外生活方式在车厢内的延续,而且也塑造了他们的社会身份。以车厢内的阅读活动为例,这既是知识分子车厢外生活方式在车厢内的延续,也是知识分子区别于其他社会阶层的重要表现。有学者研究了1927年至1937年间的上海知识分子阶层后发现,他们的精神生活是在图书馆、书店、书摊、书房等城市公共空间内展开,知识群体通过在这些公共空间内买书、藏

---

① 头等车厢不仅乘车空间宽敞,装修豪华,而且座椅可以旋转自如,乘坐舒适。(《本埠新闻:淞沪之路之自动机头》,《新闻报》1929年11月16日,第13版。)二等卧车车厢的设施也相当考究,车厢"内部用黄色光漆,光洁美观,富丽堂皇",车厢特色为"车门口以电灯显示卧铺号码","车中各房间内面盆其启闭改绞链式,上铺玻璃,挂以丝呢,清洁美观,坚固便利。暖气管亦经改装为横式,使每房间各铺位能得同样温度。厕所地板上铺以铅皮,四壁镶用洁白瓷砖,即便清洗,又增美观。"(《本路二等卧车之设备》,《京沪沪杭甬铁路日刊》第1167号,1934年12月31日,第204页。)
② 竺可桢:《竺可桢全集》第6卷,第7—180页。
③ 竺可桢:《竺可桢全集》第6卷,第3—142页。
④ 竺可桢:《竺可桢全集》第6卷,第123页。
⑤ 翁文灏:《翁文灏日记》上,北京:中华书局,2010年,第38页。
⑥ 顾颉刚:《顾颉刚日记》第2卷,台北:联经事业出版公司,2007年,第49页、51页、52页、305页。
⑦ 黄炎培:《黄炎培日记》第4卷,北京:华文出版社,2008年,第150页。
⑧ 陶希圣:《潮流与点滴》,北京:中国大百科全书出版社,2009年,第113页。

书、读书等行为,建构了自身所拥有的知识资本,使自身与普通市民群体相区隔。① 京沪沪杭甬客车头等或二等车厢与图书馆、书店、书摊、书房等空间一样,成为了 30 年代上海、南京等地知识分子新的精神生活空间,知识分子在头等或二等车厢内的阅读活动既是他们的生活习惯使然,也是知识分子阶层在出行过程中塑造自身身份的一种方式。

至于三等和四等车厢,由于是社会下层人物聚集地方,因此三四等车厢生活也塑造了这些人的身份。在三四等车厢中,偶尔会出现少数穿西装和中山装的所谓社会中层人士,他们与周围的乘客显得格格不入,甚至还得到优待。当然,有的社会中上层人士也利用人们以貌取人心理,在三等车厢里霸占座位。1929 年 5 月,在上海至南京的京沪客车三等车厢中,K 君在三等车厢中看见了一位装西装和一位中山装的乘客,他们睡在座位上,占用了其他乘客的座位。K 君试图让他们腾出多余的座位,结果因为 K 君穿着不像知识分子,遭到他们拒绝。K 君感慨道:"在三等车里面自然是无知识的人居多数,像这种穿西装的人是很少有的,或者穿了西装便可在三等车里面自由坐卧,没有谁敢来干涉他。"② 至于四等车厢,更是贫困阶层聚集的场所,甚至有时成为了乞丐乞讨的地方。在镇江至南京的列车中,一位乞丐在四等车厢行乞时,乘客们与他的对话表现出四等车厢的乘客认同了他们低下的社会地位与身份:

乘客甲:"你为什么不到头二三等车上去讨钱,偏偏到这穷人窝的四等车里呢?"
乞丐:"我怎么不想去呢!他们不准我去呀!"
乘客乙:"那里都是有钱的人,怕见你这样的肮脏气呀!"
乞丐:"是啊!有钱的人,不知道穷人的苦呀!"③

不同等级车厢内的乘客不仅生活状况各异,而且他们也建构了不同的人际关系网络,因此,火车车厢也成了乘客建构人际关系网络的交际空间。竺可桢在 1936 年间乘坐京沪客车二等车厢时常遇到自己的朋友或同事或同学,他的朋友主要有赵元任、傅斯年、丁西林、王敬礼、翁文灏、余青松、董作宾、何思源、赵琦、高君珊、吴贻芳、浙江教育厅许绍棣、建设厅伍展空、党部方面方青儒、罗霞天(常务委员)、前萧山人张韬(孔修)、李润章、张闻骏(号逸樵)、徐季苏、吴稚晖等人,同学则有就职于铁道部的伊利诺大学同学陈载华、屠慰曾、薛良叔和秦景阳,同事有浙大电机教授王国松、土木教授卢宾侯、电机教授钟兆麟等。④ 同样对国民党中央执行委员邵元冲来讲,在 1929 年间,邵元冲在京沪快车二等车厢上就遇见了阎锡山、吴藻华、吴铁城、王茂如、陈中孚、郑毓秀、刘芦隐等人⑤,学者吴梅在京沪车上

---

① 参见胡悦晗:《公共空间与民国上海知识群体的精神生活建构(1927—1937)》,《城市史研究》2016 年第 1 期,第 154—182 页。
② 曾今可:《随感录:三等车中的西装先生和中山装同志》,《语丝》第 5 卷第 45 期,1930 年 1 月 20 日,第 42—43 页。
③ 朗秋:《四等车中》,《民间旬刊》第 5 期,1930 年 10 月 20 日,第 20 页。
④ 竺可桢:《竺可桢全集》第 6 卷,第 7—180 页。
⑤ 王仰清、许映湖编:《邵元冲日记(1924—1936)》,上海:上海人民出版社,1990 年,第 494—590 页。

遇到自己的朋友郑尹起、马君武、史久敬和程寅生。① 1928年6月14日,时任中国公学校长的胡适在赴南京开会商讨中央大学易长途中,在京沪客车上也遇见同样赴南京开会的国民政府大学院院长蒋梦麟、同济大学校长张仲苏和暨南大学校长郑洪年。② 竺可桢、邵元冲、吴梅和胡适的朋友或是社会名流或政府高官或知名教授,他们或因工作或因生活需要也频繁乘坐京沪客车二等车厢。在二等车厢中,他们通过相互交谈,或交流感情,或交换信息,建构了各自的人际关系网络,而这种人际关系则进一步强化了他们之间的身份认同。而在三等或四等车厢中,由于乘客身份相似,加之乘车体验普遍较差,乘客之间同病相怜,乘客之间的谈话内容则包含诸多对现实的不满,或揭露农村的凋敝,或揭露国民党的暴政等。③ 三四等车厢乘客的谈话同样也加强了他们之间的身份认同。不过,不同社会阶层建构的人际关系网络也存在强弱差异:一般而言,头等或二等车厢内的乘客建构的人际关系相对紧密,而三四等车厢内的乘客建立的人际关系则较为松散。原因在于前者乘客之间或多或少有纽带关系,他们或是同事,或是朋友,彼此之间通过友情或工作关系联系在一起;而后者大多乘客彼此之间素不相识,缺乏某种纽带的联系。由于不同等级车厢乘客建构了不同的人际关系网络,这种人际关系进一步加强了不同社会阶层之间的身份认同。

总之,由于不同等级车厢的设施条件、乘客身份差异,使得不同等级车厢乘客的车厢生活也各异。不同的车厢生活不仅参与塑造了乘客的不同社会身份,而且成为了乘客自我身份认同的一种手段和途径,这从侧面也反映了20世纪20—30年代长三角地区民众消费观念的改变。在"黄金十年"间,长三角地区尤其在上海,消费被赋予了波德里亚所强调的消费社会的"区分"功能,成为所有人自我身份认同的手段和途径。④ 有学者也认为近代上海社会的休闲生活就"不仅具有物质形态意义上的使用价值,而且越来越成为人们'自我表达'的主要形式和'身份认同'的主要来源"⑤。就乘坐京沪沪杭甬客车来讲,同样是交通消费,有钱阶级选择乘坐头等或者二等车厢,而广大城市社会下层民众多选择乘坐三等或四等车厢,这既是不同社会阶层消费能力强弱的直接表现,也成为不同社会阶层社会身份与地位的外在表现。

三 政治权力在车厢内的渗透与社会矛盾

1927年国民政府定都南京以后,南京成为中国政治中心,中央和地方党政系统同时存在,机关林立,大小官员云集,新式的官员阶层迅速壮大。⑥ 到1936年,南京仅公务员就有

---

① 吴梅:《吴梅全集·日记卷》上册,石家庄:河北教育出版社,2002年,第251、300页。
② 胡适:《胡适日记全集》第5册,合肥:安徽教育出版社,2001年,第178页。
③ 参见杨玄博:《微观世界中的人们:京沪沪杭甬铁路社会研究(1912—1937)》,第177—180页。
④ 参见许纪霖、王儒年:《近代上海消费主义意识形态之建构——20世纪20—30年代〈申报〉广告研究》,《学术月刊》2005年第4期,第89—90页。
⑤ 杨朕宇:《〈新闻报〉广告与近代上海休闲生活(1927—1937)》,上海:复旦大学出版社,2011年,第129页。
⑥ 参见侯风云:《传统、机遇与变迁:南京城市现代化研究(1912—1937)》,北京:人民出版社,2010年,第219—221页。

80215 人,占全市总人口的 5.75%。① 由于上海生活更加方便,部分政府公务员虽在南京工作,但在上海等地生活。美国人乔治·索凯尔斯基早在 1928 年 11 月就指出:不少生活优裕的国民政府官僚嫌南京的娱乐生活死气沉沉,而定期到上海去享受舒适生活。他们在上海的租界里盖了房子,在那儿待的时间很长。周末常常从星期五持续到下星期二,人们说他们是"从上海来的政府。"② 除了因生活需要频繁来往于京沪之间外,因公务需要而频繁来往于京沪两地之间国民政府官员也相当多,因此京沪客车成为了政要们出行的重要交通工具。③ 以国民党中央执行委员邵元冲为例,他在 1929 年间经常乘坐京沪二等卧车频繁来往于京沪两地,总共 42 次乘坐京沪客车,接近每周一次。在这 42 次的乘车中,有 29 次是乘坐夜间十一时至次日早晨七时的京沪夜车。邵元冲工作地点在南京的国民党中央党部,但他的家眷住在上海沙塘园,因此京沪夜车成为了邵元冲上下班的车厢旅馆,成为了他路途上休息的地方。从时间上讲,邵元冲回家的时间多半是周六,而回南京办公的时间多是周二、周三居多,也就是他大多数周末在上海陪伴家人。④ 除邵元冲外,司法院长王宠惠也乘坐京沪夜车回沪后再乘坐自备汽车返回驻沪寓所。⑤ 翁文灏因公务需要频繁乘坐京沪夜车,仅 1936 年间,他总共 24 次乘坐京沪夜车。⑥ 因此,国民政府官员是乘坐京沪客车头等或二等车厢的常客。

　　大量国民政府官员频繁乘坐京沪沪杭甬客车头等和二等车厢,固然与他们强大的消费能力有关,但也与他们享有的种种政治权力密切相关,因此头等或二等车厢也演变为渗透他们政治权力的空间。台湾学者巫仁恕通过研究明代的乘轿文化,发现轿子不仅是交通工具,而且在社会身份、政治权力与政治文化三方面具有象征意义,它不仅成为了官员社会身份的象征,而且官员通过乘坐轿子彰显个人政治权力。⑦ 火车虽然是一种现代交通工具,但在这方面同明代的轿子具有一定相似性。国民政府官员们在乘坐头等或二等车厢时,也在彰显个人的政治权力。尤其是对因公乘车的官员来讲,他们能享受乘车的种种优待。与北京政府时期的出差旅费相比,国民政府公务员的出差旅费标准有所提高。国民政府于 1929 年 11 月 25 日公布的《国内出差旅费规则》明确规定了国民政府公务员中特任和简任级别出差乘坐一等车厢,而荐任和委任级别则乘坐二等车厢,至于政府中的雇员和随从则乘坐三车厢。⑧ 为优待各机关高级公务人员乘坐京沪客车,1933 年 2 月国民政府颁布了《公务

---

① 《表35 南京市业别人口百分比》,南京市户口统计专门委员会办事处编:《民国二十五年度南京市户口统计报告》,南京特别市地方自治推进委员会1937年出版,第52页。
② [美]易劳逸:《1927—1937年国民党统治下的中国流产的革命》,北京:中国青年出版社,1992年,第27—28页。
③ 以上海地区发行量最大的报纸《新闻报》为例,早在1928年3月间,该报的"本埠新闻"栏目不定期发布来京沪两地的国民政府政要行踪,包括财政部长宋子文、参谋长何应钦、中央委员张静江、外交部长黄郛、上海市长张定璠、司法部长魏道明、兵工厂厂长张群、盐务署长钱雋逸、税务署长张福运、航空司长沈蕃、三十二军军长钱大钧、大学院委员杨杏佛等乘坐沪宁、沪杭甬夜车来往上海与南京之间。(《本埠新闻:往来沪宁道上之要人》,《新闻报》1928年3月3日,第3张第1版;《本埠新闻:昨日来沪之要人》,1928年3月4日,第4张第1版;《本埠新闻:时人行踪录》,1928年3月15日,第4张第1版;《本埠新闻:宁杭间之要人行踪》,1928年3月19日,第4张第1版。
④ 王仰清、许映湖编:《邵元冲日记(1924—1936)》,第494—590页。
⑤ 《本埠新闻:王宠惠昨夜来沪》,《新闻报》1930年1月14日,第14版。
⑥ 翁文灏:《翁文灏日记》,第33—94页。
⑦ 巫仁恕:《品味奢华:晚明的消费社会与士大夫》,台北:中央研究院联经出版公司,2007年,第67—113页。
⑧ 行政院:《国内出差旅费规则》(1929年11月20日公布),《交通公报》,第104号,1929年,第13—14页。

人员特种乘车月票购票凭证持证须知》,规定由铁道部专为国民政府各机关高级公务人员办理特种乘车证,规定"持证人凭证向京沪路上海北站或南京站购票,公务人员特种优待乘车月票按照普通票价四折核收现款","特种优待月票每月得凭证购买一张,每张以三十日为期,在有效期内可往返京沪四次或单程八次","此票计分头等红色二等白色两种。"①持有这种乘车月票的公务员上车前只需要向检票员出示月票就可以了。这一系列规定不仅降低了票价,而且也省去了公务员每次乘车时购票的麻烦。国民政府官员们乘车时的种种优待实际上是这些人政治权力在乘车时的鲜明体现。因此,国民政府规定不等级别的公务员出差享受不同的乘车标准以及为公务员乘车提供优待,不仅强化了不同公务员之间的身份和职位差异,而且也使得火车车厢成为了公务员政治权力扩张的空间。同时,政治权力向京沪沪杭甬头等或二等车厢的渗透,也反映了中国政治中心南移后对京沪沪杭甬客车空间的进一步影响。

部分国民政府官员频繁乘坐京沪头等和二等卧车来往于京沪之间,也成了时人诟病的问题,有人就讥讽道:"星期一由沪到京的夜快车,照例是人满为患",而头等车厢的卧铺"早已被那般'倦游归来''公毕返京'的要人们订去"②。时人对国民政府官员频繁乘坐京沪头等或二等车厢普遍不满的原因主要是他们凭借手中的政治权力霸占了公共资源。京沪沪杭甬客车的空间有限,但享有政治权力的官员却可占用过大的空间。有人就抨击道:乘火车时有的人"化(花)了钱买票,往往找不得一个小小的座位。不化(花)钱买票的人,仗着特殊势力要坐头二等,座位要占了两三个,何等舒服"③。头等二等车厢的车票不仅票价昂贵,而且在周末节假日车票较为紧张,这让普通的社会中层群体有时也购票困难。著名记者邹韬奋也深有感触。有一次他乘坐京沪特别快车,由于乘客太多,他托人只买到了三等车票。邹韬奋感慨道:"最大的原因就是我这位朋友自己没出息,做了一个平民,不是什么阔人。……平民无权无势,似乎是最易欺侮的。"④有人更直截了当地讲:"中国任何一种事业,只知道趋向特殊阶级的人,而不是替平民方面着想。京沪铁路长七百余里,车行八九小时,而只有头等卧车,没有二三等卧车,只许达官巨宦的人,享受得到睡觉的利益,次一等的人要在二等的勉强还可屈肱而枕,若然三等呢?那末只好在水泄不通的车厢里坐到天明。中国社会的病态,处处替有财有势的着想,而忽视大众的便利与安全,像京沪路只有头等卧车,这是一个很好的例子。"⑤鉴于围绕乘坐京沪客车而产生的种种不公平现象,南京晓庄学校的学生甚至还在1930年3月散发传单,称"现在火车被少数人强占去了,有钱的坐头等,没钱的连四等都坐不着,拒绝到火车的门外,这是何等不公平不合理的事!",并宣称"打倒火车上的阶级——头等,二等,三等,四等!"⑥车厢的等级制度俨然成为了部分人革命的对象。

---

① 铁道部:《公务人员特种优待乘车月票购票凭证持证须知》(1933年2月24日公布),《铁道公报》第490期,1933年2月27日,第2页。
② 独清:《二等车中(随笔)》,《时代公论》第1卷第51号,1933年,第31页。
③ 小记者:《快活林:买票乘车》,《新闻报》1928年3月3日,第3张第1版。
④ 邹韬奋:《小言论》,北京:商务印书馆,2012年,第62页。
⑤ 益:《无所不谈:京沪铁路将设二等卧车》,《社会新闻》1933年第2卷第28期,1933年3月24日,第412页。
⑥ 胡适:《胡适日记全集》第6册,第148页。

由于民众对三四等车厢设施差的普遍不满等原因,促使京沪沪杭甬铁路管理局开始改善了部分三四等车厢的设施条件和服务质量,以提高这些车厢乘客的乘车舒适度。1930年,针对部分三等乘客对乘务员服务态度的不满,铁道部部长孙科要求按三个步骤整顿京沪客车,其中第三个步骤要求"严禁路局,及车上服务员役,对三等客予以越理凌辱,如再敢阳奉阴违,一旦查出,则将予以严重处罚。"①鉴于四等车厢设施太差,1933年京沪沪杭甬铁路管理局改造了部分四等客车,增加车内座椅、通风器、电灯、厕所等设施,其中在车厢内中间一行"设每座二人之横椅,两边为长行直椅,共有座位九十六个,横椅上面,亦设行李架,与横椅上面相同,以便旅客安放行李什物。"② 同时,鉴于三四等车旅客拥挤,京沪沪杭甬铁路局要求三四等车内未安装通风设备者"应尽先装置",在车内照明上,"三四等车过于暗淡,应增加光度",冬季车内暖气,"三四等车应与头等车相若",在夏季由于"三四等车人数众多,夏季应装风扇"③。并陆续将三等车直列式座椅改为横行式,并加装衣钩。④ 京沪沪杭甬铁路局通过改善三四等车厢设施,既提高三四等车厢乘客的乘车舒适度,也有利于缓和三四等车厢乘客的不满情绪,从而缓解因乘坐火车而引发的社会矛盾。

　　近代以来,乘坐火车不仅是人们出行的重要方式,而且也反映了一个地区社会文化变迁。随着20世纪20—30年代长三角地区经济的迅速发展,京沪沪杭甬铁路客运量迅速增加,客运量的增加不仅加速了这一地区人口流动,也进一步影响了长三角地区民众的日常生活。不同等级车厢内的设施差异,不仅导致了乘客不同的乘车体验,也参与建构了长三角地区的社会分层。不同等级车厢乘客的休闲娱乐生活不仅是乘客车厢外生活在车厢内的延续,而且也塑造了乘客的社会身份。此外,头等或二等车厢也成为乘客政治权力渗透的空间,凸显了1927年至1936年间中国政治中心南移对客车车厢的政治影响。总之,京沪沪杭甬客车在承载客运功能的同时,也附加上了社会等级、身份建构、政治权力等方面的社会文化意义,京沪沪杭甬客车成为了展示"黄金十年"间长三角地区社会文化变迁的缩影,反映了这一时期长三角地区的社会转型。

作者简介:谭刚,西南大学历史文化学院教授。

---

① 孙科:《铁道部积极整顿京沪路客车》,《申报》1930年7月13日,第4张。
② 京沪沪杭甬铁路管理局机务处:《改造四等客车》,《京沪沪杭甬铁路日刊》第1118号,1934年11月2日,第12页。
③ 京沪沪杭甬铁路管理局:《京沪沪杭甬铁路管理局廿三年第一季工作概况》,《京沪沪杭甬铁路管理局工作概况》1934年第3期,1934年印,第13页。
④ 京沪沪杭甬铁路管理局:《京沪沪杭甬铁路管理局廿二年第三季工作概况》,《京沪沪杭甬铁路管理局工作概况》1933年第1期,1933年印,第8页。

民国知识分子对西医的批判与反思

——从梁启超割肾事件谈起

王雨濛

【摘　要】1926年协和医院摘除了梁启超的一枚肾脏,引发了众多知识分子在报刊上声讨协和乃至西医。本文从这次事件后的舆论出发,以协和医院为例,探讨了民国知识分子对于西医的批判与反思。笔者指出,许多批评西医的知识分子实际上本身都是西医的信仰者,他们并非是借否定西医来推崇中医,而是认为中医不可信赖,西医也并非万能。尽管他们认同西医之学理,但实践中的西医却令他们失望。以协和医院为例,民国的知识分子们抨击了该医院不人性的规章制度,医护人员敷衍怠慢的工作和服务态度,以及该院对待不同种族与阶级的患者不平等,并将病人当做试验品等问题。上述看法并非仅仅源自无知和偏见,同时其中也有相当一部分问题是真实存在的。这类批判不应该被视作对现代化的"反动",其本身即是现代性的一种表现。

【关键词】梁启超；协和医院；医患矛盾；医疗服务；反思西医

1926年,近代著名学者梁启超(1873—1929,号任公,又号饮冰室主人、饮冰子)因血尿入协和医院诊治,医生诊断其右肾长有肿瘤,并通过手术将该肾摘除,然而术后发现割下的肾脏并无肿疡,任公却尿血依旧。此事引发了社会舆论对于协和乃至西医的大肆抨击。

以往学界都习惯性地将这些舆论与中西医论争联系起来,将那些批评协和乃至西医的人视作为保守的中医拥护者。[①] 这种观点部分基于一种极为盛行的预设:即民国时期人们对西医的不满多源于偏见与无知。然而,笔者在另一篇探讨梁启超事件的文章中,业已指出梁启超事件后,主导这场声讨协和之舆论的乃是知识界,而非中医。[②] 如果我们仔细审视这些知识分子会发现他们基本都是些受过新式教育的人——而这些人往往被视作西医的坚定支持者。由此这其中似乎存在一个不合常理的悖论:为什么这些信仰科学,热切渴望卫生现代性的知识分子会对被认为是中国最好的现代医院的协和医院乃至科学的医学大加责难呢?

---

① 皮国立:《医疗疏失与"中西医汇通"择医观——梁启超之死与"肾病"公案新考》,《台湾中医临床医学杂志》第19卷第1期,2013年。今日梁案依然成为反思中西医的重要案例,而那些支持中医者自不待言,他们认为梁启超误信西医,而导致了悲剧的后果(如郑洪、陆金国:《梁启超医疗事件与中医境遇》,载《"国医"之觞:百年中医沉浮录》,广州:广东科技出版社,2010年,第33—40页)。

② 参见拙文《医疗差错、社会舆论与公关危机——梁启超割肾事件再探》(未刊)。

梁启超割肾事件中,当时的主流舆论是否是借这一事件抨击西医、褒扬中医呢?当时的舆论对协和乃至西医做了哪些批判呢?这些见解仅仅源于无知与偏见吗?基于相关报刊及档案资料,笔者试图深刻剖析梁启超割肾事件中,知识分子对协和医院乃至西医的批评与反思,以及其背后之逻辑与脉络,并借此揭示近代医疗的复杂性,以及近代知识分子对待近代医疗的复杂心态。

一 信仰的动摇:西医并非万能

梁启超割肾事件后,无论是陈西滢还是梁启超的弟弟梁启勋(仲策)都曾公开表达了对西医的失望,他们怀疑西医不见得就比中医高明很多,至少就梁启超的便血症而言,使用中医治疗不会比西医的后果更糟糕。① 这些言论常常被研究者与鲁迅所批判的"中医了不得论"②以及梁启超所抨击的"反动的怪论"③对号入座。但真相是否如此呢?

以陈西滢为例,自16岁起就留学英国的他很难被划为守旧者,陈也谈到自己是一向比较信任协和的,并且在他看来,中医也只有通过科学化方可对社会作出更大贡献。④ 陈西滢后来也曾辩解道自己"对于西医不满是有的,对于中医,却实在没有'大致其拳拳之意'"⑤。实际上,陈西滢并不是在鼓动人们放弃西医,转投中医。其文章所激烈批判的乃是人们对于西医的牢不可破的迷信,正如他所指出的:"近年来,不信中医的人渐渐多了,可是他们又把(先前)对于中医的信仰移在西医的身上。他们好像觉得外国医生都是活神仙;他们的话断不会错的。"⑥陈特别强调"这不是说,西医靠不住,便应当相信中医了。不过中医固然靠不住,西医也离开一般人所迷信的西医万能还差得远"⑦。与之类似,梁启勋所感叹的是中西医"同是幼稚而已"⑧。可以说他们将中西医相提并论,并不是真正想抬举中医,而是在强调无论中医还是西医都没有那么好。

陈西滢和梁启勋的文章多少还能让人抓到以为是"推崇中医"的把柄,而徐志摩则将这一嫌疑撇得一干二净。他指出中医开口闭口都是玄学,凡受过西学教育的人,哪里听得惯这一套废话?而且冲他们那"寸把长乌木镶边的指甲,鸦片烟带牙污的口气",就不能叫

---

① 梁仲策:《病院笔记》,《晨报副刊》第1397号,1926年5月29日,第66—67页;陈西滢:《闲话》(后结集出版题为《尽信医不如无医》),《现代评论》第3卷第75期,1926年5月15日,第8—11页(总448—451页)。陈西滢:《闲话》(后结集出版题为《西医问题讨论》),《现代评论》第3卷第76期,1926年5月22日,第8—12页(总第468—472页)。
② 鲁迅:《马上日记》,《世界日报副刊》第1卷第8号,1926年7月8日,第29—30页。
③ 梁启超:《我的病与协和医院》,《晨报副刊》第1399号,1926年6月2日,第2页。
④ 陈西滢:《闲话》(西医问题讨论),《现代评论》第3卷第76期,第8—12页(总第468—472页)。
⑤ 参见牛荣声《中医与西医》文后陈西滢的按语,《现代评论》第5卷第114期,1927年,第18—20页(总第198—200页)。
⑥ 陈西滢:《闲话》(尽信医不如无医),《现代评论》第3卷第75期,第8—11页(总448—451页)。
⑦ 陈西滢:《闲话》(西医问题讨论),《现代评论》第3卷第76期,第8—12页(总第468—472页)。
⑧ 梁仲策:《病院笔记》,《晨报副刊》第1397号,1926年5月29日,第66—67页。近些年,人们已经通过梁启超的日记得知梁启超尽管公开维护西医,否定中医,但实际上私底下亦看了中医,并且对中医的疗效表示了赞叹,这其中显示出了近代人对于中西医态度复杂的一面。不排除陈西滢、梁仲策等对中西医也抱有这样暧昧复杂的态度,但在这些人的心中,中医基本不会比西医的排序要高。

人放心,更别提信任了。徐自称自己向来是无条件信任西洋医学,崇拜外国医院的,担任公的诊疗经历却使得他不由不开始怀疑自己对西医及西医师"无涯涘"和"无边际"的信仰了。他强调,自己仅仅是怀疑,而非停止崇拜,因为那还远着呢。① 可以说,徐即是陈西滢所说的"迷信"西医之人,从其言论中,我们可以感知出一种深深的焦虑与失落,他曾决绝地抛弃中医,拥抱西医,想象西医科学能真正带来康健,可是现实却让他看到,之前的想法不过是美好的幻想罢了,既然西医并不能保证我们的康健,那我们病了怎么办?

事实上,在主流报刊上批评协和乃至西医的文章中,多数不是压根没有提到中医,就是对中医持负面的评价。② 而这些作者中的大部分不仅不是中医的追随者,反而是西医的信仰者。笔名为舒伯者谈到他"的确很诚意的敬佩西洋的医术"③,而就是致力于为林孔唐申冤的张恨水后来也曾特别强调自己乃极端信任西医之人,凡十余年来,偶有疾病,无不请治于西医。④ 但这种信任却不能阻止他们积蓄的对于西医的强烈不满,甚至可能正是他们不满的一个重要原因,毕竟希望越大,失望就越大。徐志摩对西医由希望到失望的心路历程在当时的知识分子中间也是比较普遍的。

几年后,《新晨报副刊》上的一位评论者也由梁启超割肾事件感叹中医、西医都没有对疾病研究得很清楚。⑤《大公报·医学周刊》上的一位西医在回应这篇文章时,便一针见血地指出国人对于中西医态度的转变:

> 最初是用"尊王攘夷"的手段来拥护旧医,打倒新医的绝对论;随后是"内科以中医好,外科以西医好"的相对论……最近则是"不论中医和西医都没有研究得清楚"的反面的相对论。再化成简单的说,就是由只相信一方面,到相信两方面,再进到两不相信了。⑥

当然如果说"两不相信"倒颇有些言过其实,不过至少在许多知识分子看来,他们之前讨论了许久的中医好还是西医好的问题之答案,逐渐变成了"中医不可信任,西医也令人失望"。

可以说,真正不断试图将这些知识界人士对西医的批判与推崇中医挂钩的,恰恰是协和的支持者,抑或是像鲁迅这样的与陈西滢等人有过节者,他们希望利用"科学"的话语霸权对那些抨击协和者形成压制。不过,就连崇拜西医并强烈反对中医的鲁迅,在批判完社会上的"中医了不得论"后,接下来讲述的也并非西医的丰功伟绩,而是其患胃病求西医买西药的不快经历。鲁迅失望地表示,西方的医学在中国还未萌芽,便已近于腐败,他虽然只

---

① 徐志摩:《我们病了怎么办》,《晨报副刊》第1397号,1926年5月29日,第65—66页。
② 同样对中医大肆批评的还有伯强的《庸医杀人》(《世界日报·明珠》,1926年6月2日,第5版)。
③ 舒伯:《梁任公割腰》(二),《世界日报·明珠》,1926年6月27日,第5版。舒伯可能是朱虚白的笔名。
④ 恨水:《协和医院事件平议:在新闻界立场上迫不得已之一言》(社评),《世界日报》,1930年8月15日,第2版。
⑤ 谭能:《从中医说到梁任公的病》,《新晨报副刊》第688号,1930年8月11日,第4页。
⑥ 樊缜:《读〈从中医说到梁任公的病〉》,《大公报·医学周刊》(天津)第52期,1930年8月28日,第11版,后收入《医学周刊集》1931年第4卷,第196页。该期刊由协和的学生及青年医生主办。

相信西医,近来却对西医也颇有些望而却步了。①

而就西医界而言,他们也意识到,人们对于西医的过高期望是极为危险的。雷祥麟便曾在研究中指出,这甚至是民国西医师对中国病人最大的不满之一。② 西医们担心,那些迷信西医者会因医生本无"起死回生"之力而大失所望。③ 因而他们也反复强调西医本来就不是万能的。④

近代中国知识分子中的这种对西医由渴望到失望的心态,在某种程度上契合了德国存在主义哲学家雅斯贝尔斯(Karl Jaspers,1883—1969)所论的"当对科学的迷信变为失望时,其反应便是否定科学,转而诉诸感情、本能和冲动,那时一切祸患又都归咎于现代科学的发展。指望不可能实现的东西,这类迷信的必然后果就是幻灭。"⑤当然需要指出的是,民国这些知识分子对西医的质疑并不等于否认,信仰的动摇并不代表信仰的解体。这些批评者并没有真正试图去否定西医的学理和研究方法,现代医学依然是被向往和憧憬的,他们期待或许在未来西医可以达到一个臻美的境地。无论如何,推崇中医并非其意图。⑥ 甚至可以说,这些人批评西医正是为了推动其进步,陈西滢就曾指出,他认为只有竭力地攻击西医的弊病,才会有改良的希望。⑦

如果我们希望真正理解民国知识分子对西医的不满,我们就要树立这样的一个意识:西医并非仅仅是一套学理(theory),它更是一种实践(practice),并且其由人所实践,施行的对象也是人。对民国许多知识分子而言,尽管卫生现代性是一个吸引人的目标,但现阶段在中国这片领土上所实践的西医却不能让人满意。令他们感到失望的,除了现阶段的医疗技术具有局限性外,还有医疗服务中所存在的各种具体问题。下文也将以协和医院为例,分析知识分子对西医医疗服务所抱有的具体不满及其背后的原因。

二 民国知识分子对西医医疗服务的批判:以协和医院为中心

在梁启超事件后,舆论批评实际上更多集中于协和乃至西医业的医疗服务问题,而非西医的医疗技术问题。协和医院被公认为当时中国最先进的西医院,但与此同时却也有不少人反映该医院"人缘"特别不好,就诊过协和的病人对其都有怨言。⑧ 许多知识分子同样

---

① 鲁迅:《马上日记》,《世界日报副刊》第1卷第8、12号,1926年7月8、12日,第29、46页。
② 雷祥麟:《负责任的医生与有信仰的病人——中西医论争与医病关系在民国时期的转变》,《新史学》第14卷第1期,2003年3月,第64页(第45—96页)。
③ 济:《病者与治病者》,《世界日报·医学周刊》第7号,1926年9月18日,第26—27页。
④ 陈志潜:《我们病了怎么办?》,《晨报副刊》第1409号,1926年6月26日,第52页。
⑤ [德]卡尔·雅斯贝斯著,魏楚雄、俞新天译:《历史的起源与目标》,北京:华夏出版社,1989年,第111页。
⑥ 如徐志摩就特别提醒他的读者,不要"从新医术跳回党参黄岐,从党参黄岐跳回祝由科符水"。徐志摩:《我们病了怎么办》,《晨报副刊》第1397号,1926年5月29日,第65—66页。
⑦ 参见牛荣声的《中医与西医》及文后陈西滢的按语,《现代评论》第5卷第114期,1927年,第20页(总第200页)。
⑧ 徐志摩:《我们病了怎么办》,《晨报副刊》第1397号,1926年5月29日,第65页;舒伯:《梁任公割腰(二)》,《世界日报·明珠》,1926年6月27日,第5版;参见牛荣声《中医与西医》文后陈西滢的按语,《现代评论》第5卷第114期,1927年,第20页(总第200页)。

早已积蓄了对协和的诸多不满。为什么普通民众甚至是知识分子间会对向来被视作西医在中国之典范的协和医院有这么大的怨言呢？探讨这一问题显然可以让我们更好地理解近代知识分子对西医的不满。在学界以往的研究里，这类不满往往被简单地描绘为愚昧、无知的病人对西医的误解。笔者认为这样的归因其实是对当时医界话语的一个简单复制，其代表了一种傲慢与高高在上的视角，而没有真正从病家的角度去追寻问题之所在。

在梁启超协和割肾事件后，当时在《晨报》的副刊之一《家庭》上连载的由创作的小说《文明奴隶》开始将协和医院写进故事中。① 小说作者陈慎言（原名尔简，1887—1958）是民国时期北方著名的通俗作家，其早年也曾留学法国。② 《文明奴隶》巧妙地将梁启超事件后报刊上关于协和医院的批评收集起来，融汇成一个连贯的故事。笔者也希望以这部小说为线索，结合当时报刊上对于协和的声讨，以及协和自身的档案资料，分析当时以知识分子为代表的人们对于协和的怨言之所在。

1926年6月20日第5期的《文明奴隶》中，在作者安排下，故事的主人公黄寿民的夫人郭秀瑛突然患病，丈母娘郭老太在寿民不知情的情况下请了一位中医医师，但寿民对中医本身"一点不信"，认为中国医生靠着三个指头，毫无道理，又"见那个小胡子大夫，正歪着头拟药方，一手握着手笔，一手伸着一寸长乌木指甲，向着牙黄色菌缝里乱剔"，便力主秀瑛看西医。③ 这显然借鉴了徐志摩讨论梁启超割肾事件的《我们病了怎么办》一文中的中医形象。小说中，在否定中医之后，寿民极力向妻子推荐"北京天字一号好医院"的协和医院，他指出"里面种种设备，都是采最新学术，在美国平常医院，差不多都赶不上，到他医院，好似到了纽约大医院"。④ 此处的"捧"当然是作者为之后的"贬"所做的铺垫。小说中秀瑛按照寿民的主张，进了协和医院，却没想到这是一场噩梦的开始。

（一）不人性的规章制度

近代以来国人对西医的接触多发生在医院之中，因此时人对于西医的认识和感受在很大程度上与医院这一个空间/机构息息相关。而在近代人们的身体还不能习惯现代医院的规训，不时发出抗议，对于协和医院里的规章制度，时人颇有怨言，知识阶层亦不例外。

小说中秀瑛入院那天，一直等到天色快黑，没有等来医生，却来了一个看护妇（即护士）命令秀瑛下床洗澡，秀瑛因肋痛很是难受，懒得下床，却被看护妇告知这是本院章程，必须遵从，说完看护妇便硬搀着秀瑛下床洗澡。⑤ 这段情节显然是依据林白水的文章所编。

---

① 绮青（陈慎言）：《文明奴隶》，《晨报·家庭》第34号，1926年6月20日，第12页；绮青：《文明奴隶》，《晨报·家庭》第35号，1926年6月27日，第16页；绮青：《文明奴隶》，《晨报·家庭》第36号，1926年7月11日，第4页；绮青：《文明奴隶》，《晨报·家庭》第37号，1926年7月18日，第8页；绮青：《文明奴隶》，《晨报·家庭》第38号，1926年7月25日，第12页；绮青：《文明奴隶》，《晨报·家庭》第39号，1926年8月1日，第4页；绮青：《文明奴隶》，《晨报·家庭》第40号，1926年8月8日，第8页；绮青：《文明奴隶》，《晨报·家庭》第41号，1926年8月15日，第12页）；绮青：《文明奴隶》，《晨报·家庭》第42号，1926年8月22日，第16页。《文明奴隶》讽刺那一辈爱慕虚荣、才学浅薄的留学生，力图在小家庭中实现自己的"文明"蓝图，但他们所践行的不过是一种走了样的文明，非但没有带来益处，反而使文明成为一种对个人生活的束缚和羁绊。
② 关于绮青即是陈慎言的考证，参见拙文《医疗差错、社会舆论与公关危机：梁启超割肾事件再探》（未刊）。
③ 绮青：《文明奴隶》，《晨报·家庭》第34号，1926年6月20日，第12页。
④ 绮青：《文明奴隶》，《晨报·家庭》第35号，1926年6月27日，第16页。
⑤ 绮青：《文明奴隶》，《晨报·家庭》第36号，1926年7月11日，第4页。

在其讨论梁启超事件的社论文章中,林白水指出,他的妹妹因病住协和医院,由于肚子上的刀口一直不能收口,医生嘱咐其谨慎活动,但看护妇每天逼其下床洗澡,动手动脚,全然不注意患者肚上的创口,然而每洗一回澡,创口便张大一回。① 林白水原意更多侧重于看护妇的恶劣服务,但小说作者则将之改编,以强调协和规章制度的不人性。

小说又写道:协和医院规定夜里九点钟后,就禁止外人出入,郭老太没大注意这条规章,逗留至9时,被前来地看护妇下逐客令,半点也不能通融;作者描述道:看护妇查房"似查监一般"威厉严格。② 严格限制探视时间的确是协和医院规章制度里最为人诟病的一条了。实际上,按协和医院规定,小说中秀瑛所住的二等病房的看视时间一般只有下午三个钟头,且每天只允许两位访问者。③ 此外,即便是儿童病患,依然不准亲人在旁,这一点尤其招致了人们的不满,被认为有违中国风俗。④

除了限制访客外,协和医院也不允许病人接受朋友馈赠的任何食物。⑤ 几年后,作为《世界日报》主笔的张恨水就曾提到,自己年过六旬的老母曾前往协和探视生病住院的一个晚辈,因不明院规,携带了樱桃一二两,以赠病者,结果该院职事,当着老人的面,将樱桃掷于痰盂,并以手指甩,呼喝不已。⑥ 在这类冲突之中,除了规则本身令许多国人不理解外,医院在执行规则的过程中的武断与强权也是医患矛盾的源泉之一。

中国民众对于协和规章制度的反感也早已为协和内部所了解。1926年,时任中华医学基金会(CMB)的驻华主任兼协和医学院董事会秘书的顾临(Roger S. Greene,1881—1947)在向基金会的纽约总部汇报梁启超事件时,也指出协和医院诸如挂号、病史采集的种种手续以及转诊于各科室的详细检查,常常造成延误,令人厌烦。⑦ 可以说,就诊手续的复杂以及对病人人身的严格管理,其中固然有医院管理方面的弊病,但它们其实是维持现代大医院运转及保证诊疗的精确所必备的。协和内部也意识到了,对于中国病人而言,医院的氛围是全然陌生的,医院的纪律和规则也许会将许多中国人挡在门外,不过他们仍然希望通过日常的拜访,人们渐渐熟悉和尊重协和的工作方式。⑧

(二)不尽如人意的工作和服务态度

除了对于医院规章制度的不满外,知识分子们还将矛头指向了协和医院医护人员的工作和服务态度。《文明奴隶》中秀瑛入院做完检查之后,躺在病房中被病痛折磨地直哼哼,半个钟头了却一直也没有一个医生前来看视,唯有一个中国看护妇曾过来制止秀瑛大声喊痛,以免影响其他病人;过了一会儿,来了一个看护妇询问了些情形,又像没事一样走开了。

---

① 当然协和将不能收口的原因归结为德国医院医生的手术误伤肚肠,以及病人身体不好;参见白水:《梁任公与煤油大王》,《社会日报》(北京),1926年6月2日,第2版。
② 绮青:《文明奴隶》,《晨报·家庭》(北京)第36号,1926年7月11日,第4页。
③ Peking Union Medical College, Eighteenth Annual Report of the Medical Superintendent of the Peking Union Medical College Hospital for the Year Ending June 30,1926 (Peking: Bureau of Engraving and Printing, 1926), p.89.
④ 恨水:《协和医院事件平议:在新闻界立场上迫不得已之一言》(社评),《世界日报》,1930年8月15日,第2版。
⑤ Eighteenth Annual Report of the Medical Superintendent of the Peking Union Medical College Hospital for the Year Ending June 30, 1926, p. 89.
⑥ 恨水:《协和医院事件平议:在新闻界立场上迫不得已之一言》,《世界日报》,1930年8月15日,第2版。
⑦ Roger S. Greene to Margery K. Eggleston, June 17, 1926, Box 35, Folder 249, FA065, CMB, Inc., RAC.
⑧ Henry S. Houghton to Wallace Buttrick, December 19, 1918, Box 68, Folder 481, FA065, CMB, Inc., RAC.

郭老太去心疼爱女,不满地指出,若是往常在家里,先嚼点砂仁槟榔,一定会止痛的,但现来医院好一会了,病人却一滴药还没进口。无奈之下,郭老太只好去叫看护妇,希望她们帮忙去叫医生,但却被看护妇们无视:

> 那一桌看护妇,爱睬不睬,竟没一个答应,郭老太又咳一声,说道:"劳驾各位……"才有一个年纪稍长的看护妇,问道:"你是那〔哪〕一号房间呢?"郭老太道:"是七十号。"那看护妇点一点头,说道:"是了,到了时候,医生会来的,我们院里,看病给药,都有一定钟点,该当吃药时候,一定会给药吃,不该吃药时候,不能乱给药,你放心吧!"说着又回头,用英语和同伴叽哩咕噜几句,似乎非笑郭老太外行。郭老太看他们那种怠慢刁皮神情,心中很不高兴,要想和她们辩驳几句,又怕在外国医院冲突不便,闭一肚子气……

第二天,因医生一直没有出现,寿民便主动去找医生,但值班护士却一直阻挠其见医生;在见到卫大夫后,寿民却被告知秀瑛的病应由贾大夫负责。最后,见到了贾大夫,寿民才发现原来是医院误将秀瑛当作借养病为名,入医院避乱的一类客人,才没有给她作进一步的医疗护理。贾大夫给秀瑛做完全身检查,断定是不大要紧的胃病,便匆匆离去了,依然没给任何药,也没有向家属作任何具体的交代,寿民去找看护妇打听,却遭其刁难,不肯透露任何信息,平日在家十分厉害的寿民对此竟毫无办法。第二天在寿民的要求下,贾医生为秀瑛打了一针,之后"摸一摸脉搏,看一看热度表,交代看护妇几句话,竟自走了"①。

小说中协和医院由于疏忽而未给秀瑛作任何医护,显然是在影射梁启超事件中协和的疏忽大意。梁启超事件后,报刊上人们对于协和的最激烈的攻击就是指其疏忽大意。不久后的林孔唐事件也更进一步加深了人们的这一印象。② 评论者们不断在文章中举出具体案例,将"疏忽成性"塑造成协和甚至是中国所有的西医院的一个特点。③

造成这一印象的原因首先是当时的国人对于西医了解仍十分有限,难免存在一些误解。例如《文明奴隶》中小说中作者将"不给药"作为协和医护人员玩忽职守的有力证据。1927初,胡适与顾临谈及梁启超案时曾指出,这点是社会上针对协和的重要批评之一。④ 西医方面则认为这是因为病家缺乏医学常识,迷信"每病必药"的俗理,才将此理解为医者的疏忽。⑤ 不过病家对于医者疏忽大意的指责,不能仅仅被当作是一种无知的偏见或恶意

---

① 绮青:《文明奴隶》,《晨报·家庭》,第36号,1926年7月11日,第4页,第38号,1926年7月25日,第12页,第39号,1926年8月1日,第4页。
② 1926年5月22日,三一八惨案中腿部受伤的农大学生林孔唐,由于手术感染在协和医院不治身亡,这被社会上解读为协和的"疏忽"所致。关于此事件的分析参见拙文《医疗差错、社会舆论与公关危机:梁启超割肾事件再探》(未刊)。
③ 舒伯:《梁任公割腰(续)》,《世界日报·明珠》,1926年6月28日,第5版;陈西滢:《闲话》(西医问题讨论),《现代评论》第3卷第76期,1926年5月22日,第11页(总第471页);伯强:《庸医杀人》,《世界日报·明珠》,1926年6月2日,第5版。
④ Roger S. Greene Interviews with Hu Shih, February 7, 1927, Box 63, Folder 443, FA065, CMB, Inc., RAC.
⑤ 李振翩:《病人住院须知》,《世界日报·医学周刊》第5号,1926年9月4日,第17页;陈志潜《我们病了怎么办?》,《晨报副刊》第1409号,1926年6月26日,第52页。

的揣测。须知医学是由人所践行的,其对象也是人,因此医护人员的专业水平以及工作和服务态度会深刻地影响医疗的质量。近代中国病人对西医的体验并非在一个理想化的真空中,即便被认为是中国最好的西医院的协和也绝非完美。1922 年协和医院就曾意识到,目前甚至在未来一段时间内,协和的一部分医护人员都并非是中国一流的人才,他们中的一些人甚至处于训练的初期,因而素质不佳,医院任用他们只是因为优秀人才难寻,而一些人员仅仅是为了教学目的而引进的。①

不能否认,当时协和医院的医护人员专业水平参差不齐,工作和服务态度亦千差万别。在协和医院内部的报告中,得到"疏忽大意"之评价的员工不乏其人。② 1926 年 6 月,刘瑞恒对即将离职的 8 位住院医师作出了评价,在他看来,大部分医生各有各的问题:G 医生忠诚、认真、有能力,但可能是由于他的行为举止,导致其在病人、医生及护士中不受欢迎;H 大夫工作认真,但在工作能力及判断力上都不是一流的;F 医生有能力,工作令人满意,但工作态度不端,有懒惰的倾向,来华显然是为了玩乐;K 医生能力和判断力尚可,作为内科医生表现糟糕,不过他作为放射科的助理住院医师表现得要好一些,并且热爱艺术的他似乎未能在兴趣爱好和工作之间找到平衡,此外,他的宗教情节很深,会在工作时不合时宜地进行传教;尽管刘对 W 大夫总体上满意,认为他很聪明,能力很强,能很好地应对突发情况,但刘也指出,W 大夫认为自己在实习医生的职位上大材小用,并存在拒不服从命令的倾向。③ 护士之中不能让管理者满意的则更多,既有专业训练不足,对工作缺乏责任心,粗心大意,将社交置于工作之上者,又有脾气暴躁或是冷若冰霜,不能及时而充分地了解病人的情况,或对病人缺乏同情心者,也有能很好地服务于一个任务相对较轻的病室,但却无法应付一个繁忙而复杂的病室的。④ 顾临在讨论梁启超事件所造成的社会舆论时,也承认医护人员工作的草率,是造成这些批评的原因之一。⑤

相较于医院的疏忽,《文明奴隶》中更浓墨重彩地刻画的是医护人员恶劣的服务态度,其最大的灵感来源可能是林白水的文章。林在《梁任公与石油大王》(石油大王指协和的赞助人洛克菲勒)一文中曾抨击道:"协和医院的中国大夫给(跟)看护妇,对待病人,有如老虎一般,凡是住在三四等病房的,简直同囚犯一样,那种待遇,真真不是人所受得了的。"他讲述自己的妹妹住协和医院一年零几个月,因为受不了医护人员的气,曾在医院寻死上吊好几回;除了上文提及的洗澡的例子外,林氏还举出:一次,他的夫人去协和探望妹妹,正好碰见她在呕吐,一个看护妇随手就拿尿盆送到病人嘴边,被林太太阻止了,质疑将尿盆当痰盂用颇不卫生,谁知"那看护妇瞪起眼睛,赌气就走",林太太去找护士长,详陈刚才的遭遇,说了无数言语,但护士长的反应"只是淡淡的,爱理不理"。⑥ 民国时期的报刊上,对于

---

① Roger S. Greene to Henry S. Houghton, October 14, 1922, p. 4, CMB Inc., Box 80, Folder 565, RAC.

② "Estimates of Service and Character of Miss Laura K. Griswold," June 11, 1927, Adrian S. Taylor, "Remarks on H. Barchet to Margery K. Eggleston, April 26, 1927, Box 34, Folder 237, FA065, CMB, Inc., RAC.

③ Jui - Heng Liu to William S. Carter, June 12, 1926, Box 34, Folder 237, FA065, CMB, Inc., RAC.

④ Anna D. Wolf, "Reports on Staff Members Who Have Left," enclosed in the letter from H. Barchet to Margery K. Eggleston, July 31, 1923, Box 34, Folder 237, FA065, CMB, Inc., RAC; Ruth Ingram, "Estimates of Service and Character," February 4, 1926, October 8, 1926, June 11, 1927, Box 34, Folder 237, FA065, CMB, Inc., RAC.

⑤ Roger S. Greene to Margery K. Eggleston, June 17, 1926, Box 35, Folder 249, FA065, CMB, Inc., RAC.

⑥ 白水:《梁任公与煤油大王》,《社会日报》,1926 年 6 月 2 日,第 2 版。

协和医院的服务态度的批评声不绝于耳。1930 年张恨水也曾公开地愤愤不平地谈到,自己一次前往协和眼科,因检查复光得结果不易,验光医生对他顿足大骂,简直像是把他视作奴隶。① 针对协和医护人员的公开与私下的批评中,类似的举止被反复提出:傲慢无礼,对病人摆架子,翻白眼,发脾气,肆意讥讽,病人求助时,迟迟不理,甚至连病人要水喝这类事情,一些懒惰的护工就会找借口拒绝执行。② 病人对于协和医务人员的服务态度颇多不满其中也有医务人员地位变化的问题。传统社会中,医家的地位很低,而在近代西方,医家则属于尊贵职业。协和医护人员所受到的教育,自然是认同后者,而且他们往往出身社会上层,因此在医护人员的自我认同与患者的期许之间难免存在冲突。甚至于有时候,病人方面脾气暴躁也正是医患矛盾的根源之一。③

从档案中我们可以看出,协和医院内医护人员的服务态度问题的确比较普遍,且院方也意识到了这点。1922 年,协和医院的中国员工曾向领导层反映,大量病人抱怨医院人员的服务态度,批评尤其集中在门诊部接待处的办事员、病房的员工、年轻的护士及电话接线员上。对此,当时协和医学院的校长胡恒德(Henry S. Houghton,1880—1975)表示他之前就已经从医院内外的中国朋友那里听到过类似的抱怨,说明此类问题是真实存在的,且是病人对协和抱有恶感的罪魁祸首。④ 在向纽约方面汇报梁启超割肾事件时,顾临也指出,医院员工缺乏体贴这样的事实也是造成批评的原因之一,并且他以为这些批评的效果或许是好的,因为这可以使院方持续意识到问题,并尽可能地予以改正。⑤

可以说,医护人员对待病人这种服务态度很难不让人怀疑他们是否在治疗中尽职尽责。医疗不仅是一个技术性的工作,还是服务性质的。甚至对于病人而言,医护人员的服务态度可能是型塑他们对医院的体验的最重要的因素。

(三)种族歧视

协和医院当时是由美国的洛克菲勒基金会所资助,医院中"华洋有别"也成为当时知识分子批评的一个重点。徐志摩就曾严厉抨击在协和"看病先看你脸皮是白是黄",凡是外国人,所得的待遇就应有尽有,"但要是不幸你是黄脸的,那就得趁大夫们的高兴了,他们爱怎么样理你就怎么样理你"⑥。

在当时反帝国主义思潮的影响下,中国人的确是普遍对外国人及外国机构抱有敌意。这种敌意也成为对于协和的声讨能得到一呼百应的原因之一。但这种敌意决非仅仅出自偏见与想象,种族不平等在协和的确是一个巨大的不容忽视的问题。徐志摩在文章中就指

---

① 恨水:《协和医院事件平议:在新闻界立场上迫不得已之一言》,《世界日报》,1930 年 8 月 15 日,第 2 版。
② Tuan Teng-Lung to T. Dwight Sloan, May 2, 1924, Box 68, Folder 481, FA065, CMB, Inc., RAC;汪缉文:《对协和医院说几句话》,《大公报》(天津),1931 年 3 月 20 日,第 11 版。
③ 参见 Tuan Teng-Lung to T. Dwight Sloan, May 2, 1924, Box 68, Folder 481, FA065, CMB, Inc., RAC;汪缉文:《对协和医院说几句话》,《大公报》(天津),1931 年 3 月 20 日,第 11 版。
④ Henry S. Houghton's Journal, March 6, 1922, Box 73 Folder 514, FA065, CMB, Inc., RAC, pp. 69 - 70;"Minutes of Hospital Committee for March 2, 1922," March 6, 1922, Box 73 Folder 514, Exhibit 14, FA065, CMB, Inc., RAC.
⑤ Roger S. Greene to Margery K. Eggleston, June 17, 1926, Box 35, Folder 249, FA065, CMB, Inc., RAC.
⑥ 徐志摩:《我们病了怎么办》,《晨报副刊》第 1397 号,1926 年 5 月 29 日,第 65 页。

出并不是只有他这么认为,协和医院的中国员工也都这么认为。① 的确,协和的中国医护人员对院内的种族歧视感同身受,在很长一段时间里,协和医院的中国医生的薪金和休假等待遇都远远低于同级别外国医生的待遇,为此协和的中国员工也一直在不懈斗争。② 从协和内部对员工的秘密报告来看,外国员工中抱有极强优越感,拒绝承认种族平等,甚至视中国人如低等生物者大有人在。③ 报告中也明确记载了一些中国员工中对外国员工的种族歧视心存不满。④ 当然,这样的种族歧视的情况并非只有协和医院独有,甚至德国医院的这类情况可能更为突出。⑤ 梁启超事件后,笔名为舒伯的一位先生便谈到自己在德国医院就诊的一次经历:在漫长的候诊期间他因病势沉重几乎难以支撑,然而高鼻子洋人就可以省去一切挂号等手续,直接插队就诊。⑥

有意思的是《文明奴隶》中所强调的并不是洋大夫对于中国人的歧视,而是协和的中国员工狐假虎威,仗势欺人。小说中,在寿民等候卫大夫的时候,一位中国看护妇不断想赶他出去,后来这位看护妇又同一个外国看护妇进来,试图借助后者的威慑力,将寿民赶出;曾在美国留过学的寿民于是操着英语和外国看护妇申明来意,后者见此情形,转而无话可说,赔着笑脸走了出去;此时进来一位外国女人,先前刁难寿民的中国看护妇满脸堆笑,立马殷勤地为其打电话通知卫大夫下来,寿民在旁冷眼旁观,很是不平,心想:"同是来问病的,他(她)见外国人,就如此巴结,真是媚外奴隶性。中国人一捧着外国饭碗,眼中就不认得中国人。这种势利眼,真是可杀。"⑦ 这种描述一方面可能受到了林白水文章的影响,后者强调的也是看护妇和"中国医生"的服务态度问题。巧合的是,在1922年协和在探讨内部医护人员的服务态度时,似乎也在强调中国员工存在服务态度问题。⑧ 当然他们的讨论中涉及许多下层办事员及杂役的问题,而这些岗位基本都是由中国人担任的。

当时人认为这样的不公源于协和医院本身由外国人设立,其首要目的自然是伺候外国人了。⑨ 与当时这一想象正相反,协和医院在制度设计上实际上是以中国人为优先的,该院甚至还对外国人就诊还作了特别的限制:外国病人需要有其私人医生或其他医院所开具的介绍信或转诊单,方可在协和医院就诊。可以说当时在华外国人同样对协和颇为不满,除了这一政策外,他们还批评协和的高昂费用、就诊手续的复杂、医护人员服务态度上的怠慢,以及医院的"国际性质"——他们不愿意让中国医生为他们看诊,可能也不希望跟中国

---

① 徐志摩:《我们病了怎么办》,《晨报副刊》第1397号,1926年5月29日,第65页。

② 关于这一问题,参见马秋莎:《改变中国:洛克菲勒基金会在华百年》,桂林:广西师范大学出版社,2013年,第302—303页。

③ 参见 Box 34, Folder 237, FA065, CMB, Inc., RAC.

④ Anna D. Wolf to Henry S. Houghton (Confidential), August 14, 1924, Box 34, Folder 237, FA065, CMB, Inc., RAC.

⑤ 在评价北京各个医院时,龙溪(《北京医院之一斑》,《世界日报·明珠》,1926年6月6日,第5版)特别指出德国医院给中国人看病殊欠周到,对协和则没有这样的评价。

⑥ 舒伯:《梁任公割腰》(二),《世界日报·明珠》,1926年6月27日,第5版。

⑦ 绮青:《文明奴隶》,《晨报·家庭》第37号,1926年7月18日,第8页。

⑧ Henry S. Houghton's Journal, March 6, 1922, Box 73 Folder 514, FA065, CMB, Inc., RAC, pp. 69 - 70; "Minutes of Hospital Committee for March 2, 1922," March 6, 1922, Box 73 Folder 514, Exhibit 14, FA065, CMB, Inc., RAC.

⑨ 徐志摩:《我们病了怎么办》,《晨报副刊》第1397号,1926年5月29日,第65页。

病人挤在一起看诊。① 尽管协和医院在制度上奉行中国人优先,但他们却没能在实际的服务中坚持种族平等,导致"两边不讨好"。

(四)阶级不平等

协和医院是洛克菲勒慈善事业的产物,医院甚至还为那些无力承担医疗费用的贫民提供免费治疗,但民国不少知识分子却依然从协和的医疗服务中读出了阶级不平等。很多人指出协和医院对待富人和穷人的态度有着天壤之别,富人和权势来医病,十二分巴结,落魄的穷人来医病,草草了事。② 他们挖苦道,协和只为显贵们而设,普通人恐怕就是请他们错割腰子,乱打牙齿,他们也将辞以无暇,因为普通人的身份,不配轻易劳动他们。③ 这些批判不免受到了当时在全球范围内兴起的无产阶级运动之影响,但同时也是他们基于协和医院对待各阶级病人不平等之现实的有感而发。

医院里不同等级的病房被认为是社会阶级不平等的重要例证。《文明奴隶》中尽管寿民属于富人阶层,但文中依然为"势利差别"安排了位置。小说中,寿民想让夫人住特等室,但是特等、头等已经全部为躲避政治风头的阔佬们占满了,无奈之下只好住进了狭小的二等室,与另一位女病人同住一室。由于是二等病室病人家属,寿民遭到了势利眼的看护妇轻蔑的奚落。④ 几年后,由于一起发生在协和医院的剖尸案,陈慎言又以协和为原型,为另一部小说创造了新的故事情节,其中便侧重描绘了医院中的三等病房病人与头等病房病人在待遇上的不平等。⑤ 各等级病房除了在硬件条件、探视时间等存在区别外,最令人不满的恐怕是医院员工对待不同阶级的病人态度不同。

陈西滢曾在他那篇探讨梁启超事件的闲话中指出,协和医院"不像东交民巷内的几个医院,只是托病政客,不走运伟人,和避难富绅名流的栖息所"。⑥ 但在小说《文明奴隶》中,作者陈慎言却将协和塑造成了同后者一样的托病政客的避难所,实际情况是怎样的呢? 协和内部的资料显示,1926 年春,由于动乱,大量富裕的中国人涌入了协和医院的头等室,使得协和医院就诊人数再创新高——尽管协和医院声称他们只收真正的病人。⑦ 想必仍有不少无病的有权有钱者成功地住进了协和,这些人显然浪费了一些不必要的医疗资源,许多

---

① Roger S. Greene to Henry S. Houghton, April 22, 1922, Box 35, Folder 249, FA065, CMB, Inc., RAC. Peking Union Medical College Hospital, Nineteenth Annual Report of the Medical Superintendent (Peking: P. U. M. C. Press, 1927), p. 75. Junius Wood, "Data and Delay" (copy), May 29, 1927, Box 35, Folder 249, FA065, CMB, Inc., RAC;"The Union Medical College: Peking Complaints," Peking & Tientsin Times, February 16, 1922; "Peking Union Medical College: A Reply to Recent Criticisms," Peking & Tientsin Times, February 24, 1922, p. 9; Opticus, "Correspondence: The Peking Union Medical College," Peking & Tientsin Times, February 25, 1922, 以上三篇文章的复印件参见 Box 73, Folder 515, FA065, CMB, Inc., RAC.

② 徐志摩:《我们病了怎么办》,《晨报副刊》第 1397 号,1926 年 5 月 29 日,第 65 页;舒伯:《梁任公割腰》(续),《世界日报·明珠》,1926 年 6 月 28 日,第 5 版。

③ 忧疑(张友渔):《究竟名流值钱》,《世界日报·明珠》,1926 年 6 月 9 日,第 5 版。

④ 绮青:《文明奴隶》,《晨报·家庭》第 36 号,1926 年 7 月 11 日,第 4 页;绮青:《文明奴隶》,《晨报·家庭》第 37 号,1926 年 7 月 18 日,第 8 页。协和可能并没有所谓的"特等病房",只有头等病房。

⑤ 陈慎言:《幕中人语》(六九——一零九),《大公报》(天津),1930 年 8 月 8 日—9 月 17 日,第 9 版。

⑥ 陈西滢:《闲话》(尽信医不如无医),《现代评论》第 3 卷第 75 期,1926 年 5 月 15 日,第 11 页(总 451 页)。

⑦ Roger S. Greene to Wallace Buttrick, April 27, 1926, Roger S. Greene Papers, Box 11, Folder 224a, Houghton Library of Harvard University.

贫病交加者恐怕就像人们所评论的那样,连接受治疗的资格也没有吧,这其中医疗的不平等问题不彰自显。

这种阶级不平等的体验甚至令民国的知识分子们对协和医院所标榜的"慈善"产生怀疑。著名报人张友渔甚至讽刺,协和医院的人若要宣称他们是在做慈善,怕是死后要因说谎被阎罗王打入拔舌地狱。他同其他许多人都调协和医院终究是"营业"性质的,获利才是其目标,病人的病治好治不好,他们是放在脑后不问的,并且既然协和奉行的乃是金钱主义,只看重衰头和钞票,自然对穷人和富人态度不一了。①

对于人们所批评的协和所存在的种族与阶级不平等的情况,甚至连努力维护协和的陈志潜都没有否认,他声称"这是各处同有的现象",只有靠中国医学生的努力才能改变。②这些问题的存在,无疑损害了协和医学院建立的初衷。对于当时的知识分子而言,病人在协和医院内的处境,在很大程度上映照出了他们在于社会上的地位,乃至中国在于世界上的地位。医疗情境中的不公是由社会中的更广大的权力关系不平等之延伸。

(五)试验主义

近代国人在比较中西医时,常常指出"中医本于经验,西医本于实验",西医更是积极宣传此观念,如陈志潜在回应陈西滢时就不断强调这点。③ 但西医引以为傲的"试验主义"却转而成为知识分子们批评协和的一个焦点。梁启超事件后,当时不少知识分子便怀疑,协和先割了梁先生的肾,再敲去他的牙,最后再把他饿得前胸贴后背,未尝也不是拿他做了试验品。针对梁任公和林孔唐二人的遭遇,一位评论家痛恨地指出:"为了'试验',中国的百姓也不知糟踏去多少",他挖苦道:"惟有请商务印书馆下次印字典,不要把'试验'两个字排上,那就可以禁绝了。"④

为什么这些信仰科学的知识分子会对科学的"试验主义"多所抨击呢?民国协和方面人士多表示,这是愚昧的病人对医院的误解:许多病人还并不习惯协和医院这些最先进的取血化验、X光等繁琐的检查,也常常抱怨被转诊于数位专家及各门科室之间,以为这是"画蛇添足",进而联想到医院是在偷血取脑,拿人做试验。⑤ 的确,这其中自然有不少误解的成分。

但少被人注意到的问题是,这也与协和作为教学医院的性质有关——协和医院的创设本身便是为了医学院的教学与实习。梁启超割肾事件后,徐志摩及舒伯都批评协和拿病人

---

① 忧疑(张友渔):《究竟名流值钱》,《世界日报·明珠》,1926年6月9日,第5版;徐志摩:《我们病了怎么办》,《晨报副刊》第1397号,1926年5月29日,第65页;舒伯:《梁任公割腰》(续),《世界日报·明珠》,1926年6月28日,第5版。
② 陈志潜:《我们病了怎么办?》,《晨报副刊》第1409号,1926年6月26日,第52页。
③ 陈志潜致陈西滢,1926年5月19日,载陈西滢:《闲话》(西医问题讨论),《现代评论》第3卷第76期,1926年5月22日,第8—10页(总第468—470页)。
④ 乐群:《试验二字害死人》,《世界日报·明珠》,1926年5月30日,第5版。
⑤ 陈志潜:《我们病了怎么办?》,《晨报副刊》第1409号,1926年6月26日,第50—52页;Roger S. Greene Interviews with Hu Shih, February 7, 1927, Box 63, Folder 443, FA065, CMB, Inc., RA.

当试验品,当做学生实习的教学样本。① 《文明奴隶》也将此编入小说中:秀瑛入院第二天贾大夫将病人全身细细查验一番,判定是胃里有病,不大要紧,就匆匆去了。贾大夫去后,来了一波又一波的医生和医学生:

> 过了一回,走进一个中国医士,又把秀瑛验视一番,一声不响走了。又等一会,又来一个学生;又细细询问,痛了几日,痛时觉着怎么样,痛的时间久暂。问完,一一记簿上,又走了。寿民见自贾大夫走后,接二连三,竟来了好几个中国医士,和学生,你问几句,他瞅一回,大家把病人当做试验品,只顾把来究研自己学问,至病人该服什么药,闹了一点多钟,还没有人拿来,心中也觉得可怪。②

对于医学临床教学与实习的质疑并非中国所独有的现象,近代欧洲亦有类似思想。福柯在其《临床医学的诞生》一书中就指出:"临床观念所引起的最重要的道德问题是:人们有什么权利把一个因贫穷而被迫到医院里寻求帮助的病人变成临床观察的对象?"病人原是医疗救助的主体,"现在他被要求成为一种目视的对象,一个相对的对象,因为需要从他身上辨识的东西是被用于增进其他人的认识。"如果病人拒绝使自己成为教学的对象,那么他就会招致忘恩负义的指责,因为他享受了社会的好处,却不作回报。③ 尽管当代人都能理解这类医学实习的重要性,但当时人对它的质疑却并不是完全没有根基的。

协和医院的确为三等病房的贫民的医疗费用作了减免,但协和医院中,包括头等、二等病室的所有的中国病人都需要配合医学教学,而他们的医疗费用可能并不低。陈西滢和徐志摩都愤慨地表示,病人是付钱的一方啊! 如果要求病人做医学生实习的样本,付钱的应分是医院,不该是病人!④ 尽管协和院规显示"所有人"都会成为教学样本,但外国人却得到了豁免,这是因为协和方面考虑到外国人自然会反感中国医学生打扰到他们的私密性,协和方面曾直截了当地指出,外国病人对教学研究工作帮助不大,而这可能正是协和对外国病人就诊做限制的重要原因之一。⑤

人们如此痛恨试验主义的原因还在于,他们认为医学的教学与研究根本上是与治疗病人相对立的。《文明奴隶》中批判协和重视教学与研究,却忽视了对病人的治疗,这也是许多中国知识分子的观点。甚至于旅华外国人中也不免有此论调。⑥ 这一误解某种程度上需要"归功于"协和乃至西医自身的宣传。例如,协和就曾宣扬:协和设立的目的是研究医

---

① 徐志摩:《我们病了怎么办》,《晨报副刊》第 1397 号,1926 年 5 月 29 日,第 65—66 页;舒伯:《梁任公割腰(续)》,《世界日报·明珠》,1926 年 6 月 28 日,第 5 版。皮国立在其《医疗疏失与"中西医汇通"择医观——梁启超之死与"肾病"公案新考》(《台湾中医临床医学杂志》第 19 卷第 1 期,2013 年)一文中也根据陈西滢及徐志摩的文章,提到了他们对种族主义、阶级不平等以及试验主义的批评,但他基本只作了复述的工作,而没有做出分析。

② 绮青:《文明奴隶》,《晨报·家庭》第 38 号,1926 年 7 月 25 日,第 12 页。

③ [法]福柯(Michel Foucault)著,刘北成译:《临床医学的诞生》,南京:译林出版社,2001 年,第 92—93 页。

④ 陈西滢:《闲话》(尽信医不如无医),《现代评论》第 3 卷第 75 期,1926 年 5 月 15 日,第 10—11 页(总 450—451 页);徐志摩:《我们病了怎么办》,《晨报副刊》第 1397 号,1926 年 5 月 29 日,第 65—66 页。

⑤ 参见"Peking Union Medical College: A Reply to Recent Criticisms," Peking & Tientsin Times, February 24, 1922, p.9, 该文的复印件见 Box 73, Folder 515, FA065, CMB, Inc., RAC.

⑥ Junius Wood, "Data and Delay" (Copy), May 29, 1927, Box 35, Folder 249, FA065, CMB, Inc., RAC.

学,而不是为了治疗病人。① 陈志潜等人也反复强调,西医的目的并不是在治病,而是在寻找病因。② 尽管协和方面反复强调教学和研究的重要性,是想表达,他们拥有最先进的设备和技术,且因为要给学生做示范,他们会予以患者以最全面的检查与最精心的治疗。③ 但这些言论无疑会给人造成困惑。

几年后,"协和医院拿病人当试验品"这样一种说法逐渐演变成:"协和医院拿中国穷人做试验品",在这样的一种想象中,试验主义、种族歧视与阶级歧视被融为一体。

协和所存在的一些问题在其他西医院也有所体现。如舒伯就曾将疏忽大意、种族界限、阶级不公以及试验主义的批判延伸至中国的西医尤其是那些"洋大夫"身上。④ 就连那个曾极力反对中医,拥护西医的鲁迅先生也认同一些大医院的确存在这样的问题,他难掩失望地指出:

> 现在多攻击大医院对于病人的冷漠,我想,这些医院,将病人当作研究品,大概是有的,还有在院里的"高等华人",将病人看作下等研究品,大概也是有的:不愿意的,只好上私人所开的医院去,可是诊金药价都很贵。请熟人开了方去买药呢,药水也会先后不同起来。⑤

尽管许多医院的具体问题与协和不尽相同,但协和的例子无疑提醒我们,在医疗技术之外,医院的制度与管理情况,医护人员的工作与服务态度都可能导致向往卫生现代性的知识分子们对"现代的""科学的"西医的不满。⑥

小说《文明奴隶》中出现的两位大夫的名字:"卫(伪)大夫"和"贾(假)大夫",无疑是对协和的一种无情嘲讽。一次住院,秀瑛不仅花了许多钱,还遭了许多苦,受了许多气,病却没有治好。一番折腾之后,郭老太坚持让秀瑛出院,由此她与寿民展开了一场关于"文明"的对话:寿民以为在得到医生许可之前自行离院,是不文明的行为⑦;而郭老太却以为医院不仅举止不文明,且"把病人当试验品",自己的爱女哪能受这种"文明"的折磨。⑧ 小说作者无疑抛出了这样一个论点:标榜"文明"的现代医学恰恰是"不文明"的。可以说,尽

---

① 例如 Henry S. Houghton to the "Peking Leader", July 14, 1921, Box 72, Folder 506, FA065, CMB, Inc., RAC.
② 陈志潜:《我们病了怎么办?》《晨报副刊》第 1409 号,1926 年 6 月 26 日,第 52 页;陈志潜致陈西滢,1926 年 5 月 19 日,载陈西滢:《闲话》(西医问题讨论),《现代评论》第 3 卷第 76 期,1926 年 5 月 22 日,第 8—10 页(总第 468—470 页)。
③ Henry S. Houghton to the "Peking Leader", July 14, 1921, Box 72, Folder 506, FA065, CMB, Inc., RAC.
④ 舒伯:《梁任公割腰(二)》,《世界日报·明珠》,1926 年 6 月 27 日,第 5 版;舒伯:《梁任公割腰(续)》,《世界日报·明珠》,1926 年 6 月 28 日,第 5 版。
⑤ 鲁迅:《马上日记》,《世界日报副刊》第 1 卷第 8 号,1926 年 7 月 8 日,第 30 页。
⑥ 梁启超事件后,一位评论者也指出北平其他各医院也基本各有各的问题,尽管他们的问题并非完全与协和的相同,但我们可以看到其中也包括不少医院的管理水平,医护人员的工作与服务态度问题。参见龙溪《北京医院之一斑》,《世界日报·明珠》,1926 年 6 月 6 日,第 5 版)。
⑦ 尽管协和并无此规定,但当时的西医界的确经常批评病患对医生缺乏信任,短时间内不见成效即离院换医,参见李振翩:《病人住院须知》,《世界日报·医学周刊》第 5 号,1926 年 9 月 4 日,第 17 页。
⑧ 绮青:《文明奴隶》,《晨报·家庭》第 41 号,1926 年 8 月 15 日,第 12 页;绮青:《文明奴隶》,《晨报·家庭》第 42 号,1926 年 8 月 22 日,第 16 页。

管"文明"已然已成为霸权话语,但如何定义它,由谁来定义它则并非是固定不移的。

如果我们放眼世界,则会发现这些对于医疗行业的不满并非中国所独有的现象。1922年5月,顾临在给胡恒德的信中附上了一份《纽约时报》的剪报,剪报中的文章显示其他机构同样招致了公众的批评,顾临认为协和的管理层听了这一消息可能会感到欣慰。① 当代的研究也指出,没有人真正享受医院,"在许多记录中,病人有着很明显的无助感、失去控制感和受害感、医护人员一般会被描述为缺乏人道主义,对待病人就像对待一坨没有生命力的肉或机器一样。医患之间在权力、权威和知识方面存在着巨大差异。"②

结语:反思近代医学

1918年梁启超曾赴欧洲考察学习,他将旅途所见所想记录下来汇成《欧游心影录》一书,书中论及一战后欧洲"科学破产"之思潮:

> 当时讴歌科学万能的人,满望着科学成功,黄金世界便指日出现。如今功总算成了,一百年物质的进步,比从前三千年所得还加几倍,我们人类不惟没有得着幸福,倒反带来许多灾难,好像沙漠中失路的旅人,远远望见个大黑影,拼命往前赶,以为可以靠他向导,那知赶上几程,影子却不见了,因此无限凄惶失望。影子是谁?就是这位"科学先生"。欧洲人做了一场科学万能的大梦,到如今却叫起科学破产来。这便是最近思潮变迁一个大关键了。

梁启超强调自己"绝不承认科学破产,不过也不承认科学万能罢了"③。这一感叹在某种程度上呼应了梁启超割肾事件后人们对于西医的心态。梁弟启勋即就此次割肾手术感叹道:"质而言之,即世界之医学,仍甚幼稚而已。科学万能,或为千百年后之事实,但必不在现代耳。"④

以往学界通常试图以中西医论争的框架理解梁启超割肾事件后的社会舆论,笔者则认为这一分析路径是不准确且具有误导性的。事实上,梁启超割肾手术后,在媒体上公开发生抨击协和医院的主要是一批新式的知识分子,他们中的绝大部分其实都是卫生现代性及西医的信仰者。梁案后他们所流露的更多的其实是对西医的失望,他们原以为现代西医会给他们带来康健,摆脱病痛,但在他们与西医的接触中却日渐感到了这个西医万能之梦的

---

① Roger S. Greene to Henry S. Houghton, "Enclosing Clipping from New York 'Times'", May 18, 1922, Box 35, Folder 249, FA065, CMB Inc., RAC. 信中指出所附的报纸为5月19日的《纽约时报》应是误记。查1922年5月16日的《纽约时报》一篇报道(Kearny, "Charges Brutality in Jersey Asylum, broker assets Morris Plains Hospital is insanitary and its employes inhuman")指出有人控诉一家精神病院卫生状况糟糕且虐待病人,可能顾临指的即是这篇文章。
② [美]卢普顿(Deborah Lupton)著,苏静静主译:《医学的文化研究:疾病与身体》,北京:北京大学医学出版社,2016年,第139页。
③ 梁启超:《欧游心影录》,北京:商务印书馆,2014年,第18页。
④ 梁仲策:《病院笔记》,《晨报副刊》第1397号,1926年5月29日,第66页。

破碎。医学现代性就像他们努力追逐的那个黑影一样,好不容易赶上几程,却又消失在视野中了。这些知识分子对西医的批评并不能被等同于为中医摇旗呐喊,他们的感叹更多应该被归结为:"中医不好,西医也没有想象中的那么好。"

以往学界常常习惯将褒扬西医看作是进步的,将批判西医则视为保守与反动的,他们也往往假定新式知识分子对卫生现代性的信仰必然是坚定的。梁启超割肾事件后的社会舆论显然证明这种预设是不成立的。笔者认为对西医的批判显然不能等同于一种对医学现代化的"反动"。美国史家艾恺(Guy S. Alitto)指出,"反现代化"或者说对现代化的反思,与"现代化"一样,也是一个"空前的'现代'现象"。① 民国时期人们对于现代医学的批评并不能仅仅视作一种立足传统的反现代,同时它也可能是现代主义的一种表现形式。

当时知识界对于西医的反思是与他们对于科学以及西方文明的总体反思是一脉相承的。已经有学者指出,第一次世界大战后一些中国知识分子看待科学及西方文明之心态已经发生了变化:他们对欧美研究地越多,就越是看到他们的分裂与纠纷以及他们对自身前途的迷茫,西方科学和工业文明的整个价值重新受到质疑,这次提出质疑的不是孔儒的死硬派,而是国外毕业生自己,及那些具有西方思想的学生中最著名的人物。②

需要指出的是,这些近代知识分子对于西医的信仰只能说是动摇,而非崩解和坍塌。他们批判西医的目的并非是要否定西医,而是试图纠正其弊端,以促进西医的进一步发展。他们仍期待或许在未来西医可以达到一个臻美的境地。因此,我们在许多民国进步知识分子身上所能看到的即是这样的一种矛盾心态:对于西医,他们既渴望,又失望,既深怀信任,又充满怀疑。这种矛盾的心态一方面与时人对西方文明的矛盾心态相映照;另一方面,其恰恰也与当今社会的我们面对医学的心态相契合。当代医史学家查尔斯·罗森伯格(Charles E. Rosenberg)便曾敏锐地观察到当下社会所存在的一个悖论:"既对科学医学高度信任,又对可获得的医疗存在广泛的不满"。③ 伴随着生物医学进步而来的,既有对医学之信心的增强,亦有对医学局限性的更深切的认识。从这个意义上而论,这种矛盾心态实际上并不是那么难以理解。

如果我们需要理解近代知识分子及民众对于西医的失望,我们就必须要明确医学的复杂性。要之,近代医学并不仅仅是一套学理,同时它也是一种实践。并且,近代医学往往在医院这样一种机构/空间(institution/space)中,由人所实践的,其施行的对象也是人,这意味着医疗不仅仅仰赖技术,也是一种服务。此外,现代医疗之中也蕴含着复杂的权力关系,现代医院既是"关怀"之所,也在"卫生"与"效率"的名义下实现了对病患身体的规训。可以说在近代中国,西医从来都不是以理想的姿态呈现的。这也是为何尽管许多智识界人士对于西医之学理有一定的认同,但对于这种现实中的医疗却颇多抱怨。

以往的研究曾探讨过近代中国患者对于医疗之不满,但是在这些研究中,反抗的主体通常被当作未受过教育的普通民众。笔者则希望指出,在对近代医疗的不满上,知识分子

---

① [美]艾恺著:《世界范围内的反现代化思潮——论文化守成主义》,贵阳:贵州人民出版社,1991年,第15页。
② 参见[美]费侠莉(Charlotte Furth)著,丁子霖、蒋毅坚、杨昭译:《丁文江:科学与中国新文化》,北京:新星出版社,2006年,第82—119页;郑师渠:《欧战前后国人的现代性反思》,《历史研究》2008年第1期,第82—106页。
③ [美]查尔斯·罗森伯格著,张大庆译:《当代医学的困境》,北京大学医学出版社,2016年,第2、7页。

与普通民众拥有诸多共识。当代西方的一些医学人类学的研究曾指出,医疗过程中掌握一定社会资源的中产阶级更愿意挑战医疗专业人士的权威。① 尽管笔者认为这一观点可能并不适用于近代中国,但是显然相较于那些未受过教育的普通民众,知识分子掌握了更多的社会资源及一件特殊武器——他们对于医院的不满可以诉诸文字,登诸报端。

1926 年梁启超事件后报章杂志上,不少评论者都将矛头指向了协和乃至许多西医院中平日存在的制度与服务问题。热切拥抱现代西医的知识分子们感到,他们"不惟没有得着幸福",反而滋生了诸多烦恼。使他们受挫的不仅有陌生的空间、严格的制度、繁琐的手续,还有医护人员的疏忽怠慢。在以人道主义为标榜的现代医疗机构中,他们更多感受到的却是冷漠与无情。他们发现自己成为规训之对象,以及教学实习之样本,他们的身体已经不再仅仅属于自己个人的了,而是需要为社会全体患者的总体福利考虑,在医院减免费用的慈善行动之中也不免涉及利益之交换。同时,医疗也深深地嵌入在当时的社会关系结构中,知识分子们敏锐地观察到,一些西医院的医疗服务复刻了当时的种族不平等与贫富不平等问题。诚然,民国知识分子对于协和及其他许多西医院的不满在很大程度上源于他们对于新的医疗体系的误解及不适,如他们担心医院将病人当作试验品,并习惯将医疗进程的不顺归因为医护人员的玩忽职守与不负责任。但这并非是问题之全部,在此之外,新的医疗体系自身的结构性问题、医护人员工作及服务态度上的缺陷及医院管理方面的漏洞同样不容忽视。

我们可以看到,民国时期的知识分子在论及卫生现代性时,国民的生命健康并不是完全是物化成整体数据中的一环,民众甚至是他们自身个体的就诊体验也构成了近代知识分子讨论卫生现代性的另一个维度,在这一维度中,病人是有血有肉,有情有感的。甚至在近代知识分子中已经出现了反思科学医学对人的异化之倾向。例如陈志潜指出:"近代的一般医生,眼中只见病症,不见病人,医院也成了一种冷酷无情的实验室。"②陈志潜所论,恰恰与 20 世纪末学界兴起的对于医学的反思有颇多契合之处。③ 我们可以看到,近代知识分子所讨论的这些问题在我们当代的医院中依然存在,病人的不满,不能被简单地归结为"保守"和"无知",他们的声音应该被正视,同时他们也应被当作一个完整的具有主体性的人,医学人文的一面不应该不能被技术的维度消解,我们应呼吁医疗中的关怀与平等,并促使医患之间就这些结构性问题及具体的医疗服务问题展开深入的对话与沟通。

作者简介:王雨濛,南开大学历史学院博士研究生。

---

① [美]卢普顿著,苏静静主译:《医学的文化研究:疾病与身体》,第 162—169 页。
② 陈西滢:《闲话》(尽信医不如无医),《现代评论》第 3 卷第 75 期,1926 年 5 月 15 日,第 8—10 页(总 450 页)。
③ 医史学家朱申(N. D. Jewson)曾指出,随着生物医学模式的逐渐发展以及医院医学和实验室医学的建立,以病人为中心的疾病观转向为以客体为中心,与此同时,医界的专业权威也开始形成,病人参与治疗决策的权力被不断压缩。参见 N. D. Jewson, "The Disappearance of the Sick-Man from Medical Cosmology, 1770-1870," Sociology, 10 (1976), pp. 225–244.

【学术探讨】

当代口述历史调查与社会性别研究中的几个问题

侯 杰 梁淑荣

【摘 要】在现代历史学中,口述历史越来越受重视,田野调查、深度访谈等都被广泛应用。然而,这一学术传统不仅来自西方,也有中国自己的文化传承。在社会性别研究中,口述历史调查,不仅有利于长期处于"失语""失声"状态的普通女性的历史及其主体经验得以再现,而且有助于女性主体性的建构。随之而来的学术伦理等问题,也需要引起当代学者的足够重视,必须遵守和维护。

【关键词】当代中国;口述历史;社会性别

一 发现口述历史在中国文化传统中的价值

中国文字具有象形表意的特点,"古"字就是"十"加"口"字组成。这种纵向的"十"不一定是十分确切的、具象的十代人,可以理解成约数,抽象的多。遍布各地、跨越性别、数量众多的中国神话、传说、民间故事等,实际上也是通过口述的方式传播历史事实、观念以及价值判断的具体案例。

口述历史具有多种功效,借助口述访谈这种方法可以收集历史资料,丰富和完善对历史的了解和认识。这在传统中国早已有之。《诗经》即是搜集民间歌谣、宫廷乐歌由史官和乐师编纂整理而成。孔丘也有具体的实践活动,如《八佾》:"子入大庙,每事问。"问,即是访问、调查。司马迁为撰写《史记》,也不辞辛劳。在《史记·魏公子列传》中有如下记述:"过大梁之墟,求问。"所谓求问,也是访问的意思。类似的例子还有很多。

口述历史作为深化历史认知和研究的一种方式,在近代中国学界也受到高度重视,并做过不少有益的尝试。民国时期由政府、学校、团体、组织以及中外专家学者等单独或联合进行的许多有价值的口述访谈,部分成果被李文海、夏明方、黄兴涛等人编入了《民国时期社会调查丛编》。① 1925 年,顾颉刚等人到北京妙峰山进行了口述历史访谈,撰写出《妙峰山的香气》等文章。毛泽东在大革命时期进行过大量的有关湖南农民运动的调查,因此他对中国农民问题的认识和研究比较深刻,切合实际。1930 年,他又对兴国农民进行了详细的调查,进而完成《兴国调查》,"不仅为当时正在进行的土地革命找到了依据,它所蕴含的

---

① 李文海、夏明方、黄兴涛主编:《民国时期社会调查丛编》,福州:福建教育出版社,2004 年。

丰富社会调查思想,在70多年后的今天,仍然具有十分重要的现实意义"①。

在日渐发达的民国报刊媒体上,越来越多的女记者对丰富多彩的女性生活进行了多角度、多层次的呈现。其中,《大公报》女记者蒋逸霄对天津、上海职业女性的口述访谈,阐释了她们各自相似或不同的人生经历、职业生涯和命运。②"九一八"事变后,"满铁"调查中国北方农村的各方面资料,汇编成《中国农村惯行调查》。③ 1948年前后,李世瑜在天津等地集中对一贯道、黄天道等民间宗教进行口述访谈,出版《现代华北民间秘密宗教》。④ 这些主要或部分借助口述访谈所取得的历史学研究成果,不论是在当时,还是于现在,乃至未来,都具有不容低估的研究价值和理论意义,既再现了近代中国华北农村、城市社会变迁与民众生活、信仰变化的某些实态,为深入了解中国城镇、乡村社会中的某些问题提供了极其珍贵的原始资料,更为重要的是"从政治形式的外表进入到社会生活的深处"⑤。其中不乏近代中外专家、学者对中国各种社会、政治、经济、宗教等领域的问题所进行的深入分析,以及为解决这些问题所提出的各种对策、建议,对现在仍然有一定的借鉴意义,同时也要充分认识到有些口述历史的成果,包括访谈本身都需要进行严格的检讨和批判,然后才能吸收、采纳,否则会出现很多问题。

1949年以后,许多高校竞相开展社会调查,实际上主要是口述历史的调查与访谈,并取得一定的成果。如湖北、山东、天津等地高校、政府部门在洪江会、义和团⑥、中法战争⑦的调查中皆有所成就。其中,南开大学是比较重视口述历史调查与研究的高校之一。20世纪五六十年代,南开大学历史系开展天津义和团调查,出版《天津义和团调查》。⑧ 20世纪80-90年代初,南开大学历史系的陈振江教授与日本学者联合调查华北社会文化,以日文出版3巨册《近代中国社会文化》。20世纪90年代中后期,南开大学历史系魏宏运教授与日本学者联合调查华北抗日根据地。20世纪80年代,侯杰在南开大学历史系求学期间,就开始了对河北廊坊义和团运动的田野调查;毕业后,留在母校从事教学与研究工作,90年代与美国加州大学圣迭戈分校赵文词教授等人进行了河北沧州献县、天津宝坻等地民众的天主教信仰,后应周锡瑞教授的邀请到美国加州大学圣迭戈分校访问,并进行寓美华人佛教信仰、基督教信仰调查。在香港中文大学访问期间,宗教系主任欧大年教授热情支持笔者进行佛教、道教与民间信仰的调查;游子安博士不辞辛劳,一道参与。后与加拿大英属哥伦比亚大学欧大年教授等人联合进行河北保定、石家庄、邢台、廊坊和天津等地民间信仰

---

① 黄家亮:《毛泽东〈兴国调查〉的现实意义》,《光明日报》,2008年1月22日。
② 侯杰、曾秋云:《〈大公报〉女记者蒋逸霄与二十世纪早期天津女性采访——有关〈津市职业的妇女生活〉的史料分析》,台湾大学《妇研纵横》第76期,2005年10月;侯杰、李钊:《〈大公报〉女记者蒋逸霄与二十世纪中期上海女性——〈上海职业妇女访问记〉史料介绍》,台湾大学《妇研纵横》第78期,2006年4月;
③ 中国农村惯行调查刊行会:《中国农村惯行调查》,东京:岩波书店,1952年。
④ 李世瑜:《现代华北民间秘密宗教》,1948年初版;上海:上海文艺出版社,1990年再版。
⑤ 马克思:《马志尼与拿破仑》,载中共中央编译局编:《马克思恩格斯全集》,北京:人民出版社1962年,第12卷,第450页。
⑥ 山东大学历史系编:《山东义和团调查资料选编》,济南:齐鲁书社,1980年;路遥:《山东大学义和团调查资料汇编》,济南:山东大学出版社,2000年。
⑦ 广西壮族自治区通志馆:《中法战争调查资料实录》,南宁:广西人民出版社,1982年。
⑧ 南开大学历史系编:《天津义和团调查》,天津:天津古籍出版社,1990年。

调查。进入21世纪以后,利用在台湾大学妇女研究室和世新大学舍我纪念馆访问、讲学、出席学术会议的机会,深化媒体与性别等领域的研究,并到台北、台东、台南等地进行台湾佛教、道教与妈祖信仰、关公信仰、玄天上帝等民间信仰调查。

改革开放初期,中国学者与外国学者、机构合作,因为经费等问题主要依靠国外或海外的政府或基金会资助,所以口述历史的学术成果往往是在国外或海外翻译成外文出版。这对中国学者使用极为不利,对中国历史文化的传播也没有发挥应有的作用。后来,随着经济形势的变化,中国政府和高校的投入增加,学者们拥有了更多的话语权,文化心态也发生了一些变化,坚持口述历史调查与研究的成果必须在国内出版。我参与主编的以《保定地区庙会文化与民俗辑录》①为代表的《华北农村民间文化研究丛书》就是这样的产物。后来魏宏运教授、张思教授与日本学者联合调查记录以《二十世纪华北农村调查记录》②为名在北京出版了。

至于口述历史的再现手段和呈现方式,现在更加多样化了,有文字、录音、录像以及专题片、电影等不同载体。中央电视台纪录频道2016年1月7日—9日播出的《我在故宫修文物》平实地记录了文物修复师的日常工作,形象地再现了中国文物修复过程和技术,系统梳理了中国文物修复的历史源流,展现文物的原始状态和收藏状态,揭示"工匠"精神。中央电视台的《大家》,北京电视台的《口述》,天津电视台的《我们》,凤凰电视台的《口述历史》等专栏都各有千秋。

崔永元制作的电视纪录片《我的抗战》通过采访侵华日本士兵、战俘、伪军、平民受害者、中国空军、文艺抗战者、情报工作者、修路农夫、知识分子等亲历抗战的人,请具有不同主体身份的人讲述各自的亲身经历,多视角还原抗战的历史真实,揭露战争的残酷,警醒世人不要淡忘历史的记忆,促使全面反思战争的罪恶以及给人类造成的伤害。崔永元出版的与电视纪录片同名的图书《我的抗战Ⅰ》③《我的抗战Ⅱ》④,方便了没有及时观看电视纪录片或希望对此深入了解和认识、进而研究的受众。此外,台湾导演张钊维制作的纪录片《冲天》⑤以1937年—1945年的全面抗战为背景呈现飞虎队中的中国爱国青年在国家存亡、民族危难之际,挺身而出的英雄气概,不惜碧血映蓝天的献身精神。

二 在解析口述历史的过程中探寻女性主体性

随着口述历史在海内外的兴起和蓬勃发展,学术界有关女性的口述访谈逐渐增多,口述历史研究也日益加深,已经取得不少的成果。

由中华女子学院中国女性图书馆主持完成、中国妇女出版社出版的《倾听与发现:妇女

---

① [加]欧大年、侯杰、范丽珠主编:《保定地区庙会文化与民俗辑录》,天津:天津古籍出版社,2007年。
② 魏宏运、[日]三谷孝、张思主编:《二十世纪华北农村调查记录》,北京:社会科学文献出版社,2012年。
③ 崔永元:《我的抗战Ⅰ》,北京:中国友谊出版公司,2010年。
④ 崔永元:《我的抗战Ⅱ》,北京:中国友谊出版公司,2012年。
⑤ 张钊维:《冲天》(纪录片),2015年出品。

口述历史丛书》①可以说是中国当代妇女口述历史的标志性重要成果。这套丛书从生命史视角、社会性别史视角,以时间为序结合社会历史变迁,记录不同岗位女性丰富多彩的生命历程。这些研究成果展现了新中国女性作为社会的重要组成部分为人类发展所作出的巨大贡献,有重要的史料价值。

台北的"中研院"近代史研究所,在妇女与性别史方面,进行了长期而深入的研究,取得一系列重要研究成果,在学术界享有较高的国际知名度,也有很强的学术竞争力。尤其值得关注和称道的是该研究群集合了一批有志于女性口述访谈与历史研究的专家学者,如张玉法、吕芳上、游鉴明、罗久蓉等人。他们制定了长期的口述史计划,取得丰硕的学术成果,出版了一系列口述历史著作,其中就包括《走过两个时代的台湾职业妇女访问纪录》②、《女青年大队访问纪录》③、《烽火岁月下的中国妇女访问纪录》④《姜允中女士访问纪录》⑤、《春蚕到死丝方尽——邵梦兰女士访问纪录》⑥等专书。他们还编辑、出版了近代中国妇女史的专业学术期刊《近代中国妇女史研究》⑦,刊发大量妇女与性别史领域的优秀论文,另有《口述历史》⑧出版。

游鉴明就是在妇女口述访谈和历史研究领域取得突出成就的一位女学者。她撰写《日据时期台湾的女子教育》⑨、《倾听她们的声音:女性口述历史的方法与口述史料的运用》⑩、《近代中国女子的运动图像:1937年前的历史照片和漫画》⑪等专书,发表了《口述历史与性别史研究》⑫、《口述历史与性别》⑬等论文,到河南推动妇女性别研究复兴,到北京来培训。

此外,还有不少内地女学者在女性口述访谈和历史研究方面亦取得一定的成果。如杜芳琴的《大山的女儿》系列丛书⑭,李小江的《让女人自己说话》系列丛书⑮等,都凭借女性的声音、从女人的视角讲述历史的变迁,看女性在时代变革中是怎样一种心理体验和生命

---

① 张李玺主编:《倾听与发现:妇女口述历史丛书》,北京:中国妇女出版社,2016年。
② 游鉴明:《走过两个时代的台湾职业妇女访问纪录》,台北:"中研院"近代史研究所"口述历史丛书"(52),1994年。
③ 陈三井、朱浤源、吴美慧访问:《女青年大队访问纪录》,台北:"中研院"近代史研究所,1995年。
④ 罗久蓉、游鉴明访问:《烽火岁月下的中国妇女访问纪录》,台北:"中研院"近代史研究所,2004年。
⑤ 罗久蓉访问:《姜允中女士访问纪录》,台北:"中研院"近代史研究所,2005年。
⑥ 游鉴明访问:《邵梦兰女士访问纪录》,台北:"中研院"近代史研究所,2005年。
⑦ 《近代中国妇女史研究》:1993年创刊,由台湾"中研院"近代史研究所主办,台湾地区第一种近代中国妇女史的学术专业期刊。2013年6月第21期起,由年刊改为半年刊。
⑧ 《口述历史》,是台湾"中研院"近代史研究所出版的不定期刊物,1989年10月至2004年4月,共出版12期。其中,第3期、第4期为"二·二八事件专号";第5期、第6期为"日据时期台湾人赴大陆经验专号";第7期为"军系与民国政局"专号;第10期为"苏启东政治案件专辑";第十一期为"泰源监狱事件专辑";第12期为"美丽岛事件专辑",其他几期是各类人物访谈纪录的汇编。
⑨ 游鉴明:《日据时期台湾的女子教育》,台北:台湾师范大学历史研究所专刊(20),1988年。
⑩ 游鉴明:《倾听她们的声音:女性口述历史的方法与口述史料的运用》,台北:左岸文化事业有限公司,2002年。
⑪ 游鉴明:《近代中国女子的运动图像:1937年前的历史照片和漫画》,台北:博雅书屋,2008年。
⑫ 游鉴明:《口述历史的虚与实》,《郑州大学学报》2009年第2期。
⑬ 游鉴明:《口述历史与性别》,载杨祥银主编:《口述史研究》第一辑,北京:社会科学文献出版社,2014年。
⑭ 杜芳琴主编:《大山的女儿》,贵阳:贵州民族出版社,1998年。
⑮ 李小江主编:《让女人自己说话》系列丛书,北京:生活·读书·新知三联书店,2003年。

回响。定宜庄的《老北京人的口述历史(上下)》①、《北京口述历史》②通过北京人的口述，反映晚清以来北京人的生活变迁和历史命运，进而追溯近百年北京城市生活变迁的历史。女学者在研究妇女口述历史的同时，她们本人也往往会成为被研究的对象。如丁苏红的《女学者、女性研究及其口述文本——以李小江"20世纪中国口述史丛书"为例》③就把观察的视角投向了研究妇女口述历史的女学者。

有关中国少数民族妇女口述历史的研究成果也不断涌现。如张晓的《西江苗族妇女口述史研究》④、定宜庄的《最后的记忆——十六位旗人妇女的口述历史》⑤、杨恩洪的《藏族妇女口述史》⑥、宝贵敏的《额吉河——17位蒙古族妇女的口述历史》⑦、赵明湄的《80后摩梭女达布口述生活史》⑧等。这些口述历史著作记录了不同少数(兄弟姐妹)民族妇女的生活经历、工作状况、婚姻家庭、宗教信仰、社会地位、风俗民情等诸多方面的详细情况，再现了时代变迁中不同少数(兄弟姐妹)民族妇女地位、处境、情感等方面的变化历程，也在一定程度上呈现出不同民族在面对外力冲击时民族意识的觉醒、民族界限的缩小、民族文化的传承、民族传统的保留诸方面的状态。

侯杰刚开始进行田野调查、口述访谈的过程中，也接触过一些妇女、性别议题，但是没有强烈的学术自觉。自从准备在2002年开始在国内重点大学重点学科指导中国近现代社会性别史研究方向硕士研究生、2005年指导中国近现代社会性别史研究方向博士研究生以后，对天津、宁波、中国香港、中国台湾、中国澳门、新加坡、马来西亚边佳兰等地区和国家社会各阶层人士的妈祖信仰，关公信仰的性别分析，山东沂源、淄博缠足女性，山西长治民间信仰与缠足女性的口述访谈和调查研究都具有更强的使命感和责任感。笔者在海内外的数十所高等院校、研究机构发表的学术演讲，在一些国际学术研讨会上宣读的研究论文，在一些海内外期刊发表的研究成果，其中很多涉及中国社会史、性别史以及口述访谈等议题。在分享研究发现和口述心得的同时，也发现了一些值得深思和反思的问题，其中就包括如何在口述历史研究中，探寻女性主体性等问题。

所谓女性主体性，在海内外不同学科、领域的学者可以有不同的解读和阐释。根据笔者在女性口述访谈与调查研究中的一点心得，就是要探寻女性主体性。探寻女性主体性又可以分成三个层面加以考察和言说，那就是被访问的女性是否具有经验主体、思维主体和言说主体的身份和自我认知。

---

① 定宜庄:《老北京人的口述历史(上下)》,北京:中国社会科学出版社,2009年。
② 定宜庄总主编:《北京口述历史系列》丛书,北京:北京出版社,2014年、2017年分批出版。
③ 丁苏红:《女学者、女性研究及其口述文本——以李小江"20世纪中国口述史丛书"为例》,山东大学硕士学位论文,2008年。
④ 张晓:《西江苗族妇女口述史研究》,贵阳:贵州人民出版社,1997年。
⑤ 定宜庄:《最后的记忆——十六位旗人妇女的口述历史》,北京:中国广播电视出版社,1999年。
⑥ 杨恩洪:《藏族妇女口述史》,北京:中国藏学出版社,2006年。
⑦ 宝贵敏:《额吉河——17位蒙古族妇女的口述历史》,北京:民族出版社,2011年。
⑧ 赵明湄:《80后摩梭女达布口述生活史》,北京:中央民族大学出版社,2011年。

三 在妇女口述历史调查与研究中亟待解决的问题

当然,进行妇女口述历史调查与研究,还可以解决妇女/性别史研究中的其他一些重要问题。随着妇女口述历史成果越来越多,但也出现了一些问题,冲击甚至干扰了在本土视域中将妇女口述史建设好等大目标。因此需要正确处理好确定访谈对象,怎样实施口述访谈,处理好访谈者与被访谈者的多重互动关系,保障被访谈者的各项权益,自我言说与他者言说的比对,保护访谈者与被访谈者共同创造和拥有的知识产权,访谈记录(影像)的使用与保存等问题。其中,还有很多地方涉及学术伦理的问题,值得深刻反思。

改革开放前后,中国口述历史的兴起、发展有不同的进路。中外学者早期合作开展的口述历史,既有女性参加口述采访,又有女性被访谈。表面上看起来,是中外学者共同参与,但实际上往往是中国学者从事口述历史调查。因为有些被调查者生活在国家级贫困县,政府的相关政策是不允许外国人进入这些区域,所以外国学者被安排在县城接受领导宴请,中国学者进行口述访谈。但是,辛辛苦苦得来的口述历史成果都被根本没有进行口述访谈的外国学者拿到外国享用,或以资源共享的名义,未经合作者和被访问者的同意,就馈赠给其他研究者,或以外文出版相关研究成果,主要被外国学者使用。此外,还有些比较敏感的议题,如提供民间秘密宗教、结社,乡村天主教会口述历史信息的男男女女及其家人的照片就堂而皇之的刊登在外国学者出版的著作中,可能给被采访者带来伤害。有些口述历史著作还被翻译成中文,在中国出版、发行,加剧了被访问者的风险。

个别缺乏基本素养的访谈者还把口述历史讯息,不加任何技术处理,拿到国际学术研讨会上发表。这其实构成了对被访问者的一种严重伤害,被访问者不一定愿意在不知情或知情不详的情况下接受访问者的各种安排。在复旦大学召开的一个有关女权的国际学术研讨会上,一位内地导演通过参与制作的女性向与会者推介了他拍摄的纪录片,主角是进城打工的女孩儿的隐秘生活。当即引起在现场的笔者和多位台湾女学者的质疑:在拍摄前是否与被采访和拍摄的女孩儿们签有协议、合同,是否讲明利害关系;即便之前签了协议和合同,但是她们这些年幼的女孩子们是否考虑到摄制者在什么范围播出,影响的范围有多大,会不会因为接受访谈,进行纪录片的摄制,对她个人造成严重的影响,产生不利的后果?① 显然,摄制人员对这些基本的学术伦理都不遵守,更不以为然。在香港中文大学召开的一个有关两岸三地妇女性别研究中心历史发展回顾的国际学术研讨会上,一位香港中文大学新闻专业的教授请他的助理宣读了一篇有关东莞从事色情行业女性群体的口述调查和访谈的论文,在 PPT 中还选用一些照片,并说在社会上曾将这些照片举办过展出。这更激起在场的笔者和多位台湾、香港学者的义愤。② 如何再现和表达历史热点议题,确实值得深思。

无论如何,被写入论文,摄入镜头的被访问者的权益没有得到起码的尊重。发表论文

---

① 被访者侯杰,采访人梁淑荣,时间:2017 年 9 月 20 日上午 10 点,地点:天津白堤路交通银行大堂。
② 被访者侯杰,采访人梁淑荣,时间:2017 年 9 月 20 日上午 10 点 30 分,地点:天津白堤路交通银行大堂。

和摄制纪录片的这些人或许根本就没有意识到要尊重和保护这些女孩儿的隐私权、肖像权等等,访问完以后做成专题片,拿到海外去播;写成论文,在各种学术会议上去宣读,或在期刊上发表,实际上都违背了学术伦理,构成了对接受采访和口述者的侵权。

前些时候,抗战史持续升温,有些地区的学者进行了旷日持久的"慰安妇"口述历史研究,经常在主流媒体上曝光。尽管在慰安妇这三个字上面加了双引号——"慰安妇",隐含着否定日本侵略者惯用语之意。但这毕竟是沿用了日本侵略者隐瞒和美化自己犯下的强暴女性战争罪行的词语,混淆了事情的本质。这个称呼本身就是对被日本侵略者在战争期间实施性暴力女性的一种极大的伤害。她们是被日本侵略者以各种手段强行掠夺来,成为军国主义者维持战争机器运转实施集体犯罪的受害者!纪录片《三十二》和《二十二》的制作者虽然试图以相对轻柔、平和的方式表述日本侵华战争时期饱受日本侵略者摧残的那些中国女性的苦难生活,但是仍沿袭"慰安妇"的叫法,本身就是对这些饱受战争摧残,丧失国权、人权、女权的受害者的二次伤害。这是必须改变的。①

总之,口述历史是访问者和被访问者共同书写的,要尊重被访问者,明确告知其使用范围以及由此可能造成的影响等。相关成果的知识产权是访问者和被访问者共同拥有的,然而也遇到个别侵害合作者权益的事情。在河北、山东做调查的时候,被合作者甚至有意、无意地僭越权力。要想杜绝上述各种情况的再次发生,就必须紧急行动起来,根据实际情况,制定适合中国国情的口述历史规范,形成并完善口述历史职业伦理标准乃至法律,维护各方利益,加强不同机构之间的协同合作,向违反口述历史职业伦理的各种言行说不,并让违规者遭受法律的惩罚。

访问者和被访问者应该是平等的合作的双方,互相尊重。在访问过程中,访问者一定要具有良好的素养,因为您在采访人家的同时,被访问者也在"采访"您,做选择性的回答,甚至拒不配合。不能为了炫耀自己,不认真了解、体会被访问者的真实处境,曲解、误解被访问者的意图,应抱着一种平和的态度,静下心来认真倾听,观察他/她的各种举动,尊重、同情、理解被访问者,赢得被访问者的信任,形成一种她们愿意畅所欲言的情境。

有的学者特别强调自己进行口述访谈、田野调查的地方没有文化,好像做口述历史就是重新发现历史,重新书写文化。实际上,这还涉及如何看待、理解文化的问题。千万不要以为只有文字记载下来的东西才是文化,在做口述访谈的时候,经常发现普通人可以拥有和创造很多技艺,传抄的是明清时期的公尺谱。历史在他们的头脑中、手上和口中,因此我们要承认这些文化的价值,历史的意义,把各种非文字记述的文化和历史以文字、声音、影像等形式记录下来,这个观点侯杰和周锡瑞是一致的。②

此外,通过采访一些村落的老人,在唤起有关这些村落历史记忆的同时,使这些老人的生命价值得到尊重。和加拿大合作的项目有一些可以自由支配的经费,我们就给接受口述历史调查的老人一定的误工补助,还有纪念品。让他们在村子里面更加受人尊重,因为他们知道自己的文化、历史,让年轻一些的人也珍视和尊重自己的文化,重视文化传承。在缠足妇女口述历史访谈中,我们买去了天津小吃——杨村糕干,因为当地老百姓没有冰箱,时

---

① 被访者侯杰,采访人梁淑荣,时间:2017 年 9 月 28 日中午 12 点 50 分,地点:天津 612 公交车。
② 被访者侯杰,采访人梁淑荣,时间:2017 年 9 月 20 日上午 10 点 30 分,地点:天津白堤路交通银行大堂。

间长了就不新鲜了,最终改成送纪念品,并将她们的口述进行录音、录像、拍照。等回访的时候,我们由专人再把这些录音、录像等做成光盘,照片冲洗出来送回去。有的老人一辈子也没照过相、录过影。可惜的是,送回去的时候有的老人已经不在了。这是她们最初也是最后的记录,但是这份用生命写就的口述历史会传承下来。①

对于这些来之不易的口述历史资料,如何辨别真伪,评定价值?对"口头考古"来说,最大的困难就是没法考证某些具体细节的对与错。除了要结合当地社会、历史、文化、经济状况外,还要把口述历史资料和各种历史文献相结合,互相比对,互为佐证;或者把口述也当成一种文本,进行文本和文献、实物的比对;也可以进行自我言说与他者言说的比对,互相参照,互相印证。我们在访谈的过程当中,要注重细节,用心体会被访问者态度、语词的变化。有的被访问者可能是极力回避某些历史细节,有的被访问者可能是年纪大了,历史记忆不太完整,甚至出现错乱等等。不同的被访问者可能立场截然不同,对于历史的记忆、解释都不同,有很强的主观性。但她是事件的亲历者,她所说的具有亲历亲见亲闻的性质。无论如何,要尊重它们的唯一性,不能轻易否定它的价值,尽量客观、公正地记录。

从访问者角度来说,口述历史的文字记录在可能的情况下,最好有录音、录像互为支撑。防止有的口述调查根本没做,就是坐在屋子里面编出来的,因而保证口述历史文本的真实性也很重要,是根本。与此相关的就是文字、问卷、口述访谈的录音、音像、照片等史料存档、查阅制度的建立,方便公众查阅、检验、核实。

国外已经在口述资料的收藏方面取得了丰硕成果,建有专门的图书馆做得非常好。国内近几年也开始重视此事。中华女子学院建成的中国女性图书馆目前正在进行妇女口述历史资料的收集和整理,注重收集、保留、传承和展示中国妇女研究成果,重视积累和文化传承,促进研究交流,宣传中国男女平等基本国策,推动社会性别主流化,为国内外研究者提供丰富的中国妇女研究的口述、文献资料及高质量的信息服务。这样才能使我们走出为历史而历史的怪圈,把历史还给创造历史的人们,让历史成为人们的共同财富,昭告现在,照亮未来。

四 结 语

我们做口述历史,一定要尊重和发现口述历史在中国文化传统中的价值,不能单向只讲国外的传入。他山之石,可以攻玉。中国的文化传统也不能轻易放弃。

口述历史可以使我们走近历史事件的亲历者,倾听、记录她们口中的历史,与其他历史文献、实物等进行比对、印证、丰富、补充历史。鉴于口述史料的产生是受具体的时空条件制约的,因此,我们不能只看到满铁调查的内容丰富,就忘却了这些口述史料是在日本军国主义发动侵略战争的时代背景下产生的大问题,面对强敌的刺刀和铁蹄,口述者的心态如何,又都是哪些人自愿或被动口述,口述史料的真实性又如何。这一切都值得深思。包括

---

① 被访者侯杰,采访人梁淑荣,时间:2017年9月20日上午10点30分,地点:天津白堤路交通银行大堂。

历次政治运动中形成的口述、笔述兼而有之的文史资料,也存在语境的问题,不能不高度重视。

书写好解析妇女口述历史,要在突出主题,设置议题,解决问题上下功夫。由此而拓宽历史研究者的视野,提升历史研究者的水平。口述历史的功效和价值体现在让历史更接近真实,因此也需要借鉴其他学科的口述访谈成果。目前,从事口述访谈的学者来自社会学、历史学、新闻学等等,十分热络。据说最近有学者在做新闻学方面的口述调查,专门请了一些社长、主编口述,偏偏新闻一线的记者、编辑缺席。众所周知,记者才是新闻第一线、最有发言权的新闻人。昨天的新闻就是今天的历史。这就引发我们的思考。口述访谈社长、主编旨在求得他们所参与、认识、了解的新闻事件,及其背后的故事,但不能代替亲自采访新闻的记者对新闻事件的认识和理解。是不是学者们的学术思想出现了某些偏差?口述历史的最大价值是要访问处于失语、失声状态的普通女人,关注这些人的辛酸苦辣,喜怒哀乐,替她们记录,为她们发声。当然名人、精英的口述历史也可以做,但一定是正史里看不到的、野史里面也没有的,一般人不能做的、没有讲的,我们做了,才能极大地彰显口述历史的意义和价值。①

美国加利福尼亚大学圣克鲁斯分校文化研究中心主任、历史系教授贺萧(Gail B Hershatter),长期以来关注中国农村中的女性。她认为官方的话语简单而乏味,涵盖不了处于边缘社会中的农村妇女的生活。因此用了十年的时间(1996—2006)和中国学者高小贤深入中国陕西农村,访谈了 72 位老年妇女,聆听她们讲述自己田野劳作、家庭劳动、育儿和婚姻等涉及各个方面的生活史,于 2017 年 4 月结集出版口述历史专著《记忆的性别:农村妇女和中国集体化历史》。② 通过这些记录下来的历史事实、曾经无法发声的人们的记忆,展示了党和国家的政策如何既带有地方性,又具有个人色彩,以及这些政策如何影响了农村妇女生活,如农事、家务、政治行为、婚姻、分娩、育儿,甚至是她们的德性观;发现在这些带有明显社会性别指向的领域中,妇女的记忆经历不同于男人的记忆经历。

实事求是地说,中国口述历史调查研究已经取得了一定的成绩,但需要走的道路还很长,任重而道远!我希望在分享成果、总结经验、发现问题的同时,提高认识,达成共识,自觉地把妇女口述历史做得更好。

作者简介:侯杰,南开大学中国社会史研究中心教授、历史学院教授;梁淑荣,南开大学历史学院访问学者,吕梁教育学院讲师。

---

① 被访者侯杰,采访人梁淑荣,时间:2017 年 9 月 28 日中午 12 点 50 分,地点:天津 612 公交车。
② [美]贺萧著,张赟译:《记忆的性别:农村妇女和中国集体化历史》,北京:人民出版社,2017 年。

聆听来自民间的声音

——农民侯永禄所著日记、家书等出版的意义和价值

张学见

【摘 要】千百年来我国以农业立国,农民是人口最多的群体,农民在中国历史所发挥的作用,其重要性自不待言。但长期以来农民更多的是作为一个抽象阶层而存在,而很少是以一个有血有肉的个体形象而为世人所知悉。他们中的绝大多数,在历史的长河中不幸成为"沉默的大多数"。近年来学术界不少有识之士,为扩大史料来源,逐渐超越传统"精英史观"的研究路径,眼光向下,也越来越关注民间史料。农民侯永禄所著《农民日记》《农民家书》等个人文本资料,就是当代民间史料的"典范",其具有重要的史料价值:它为全面研究一位个体农民生命史提供了第一手资料;是观察新中国成立以来中国"三农"问题,最具"现场感"的民间文本资料;有助于从民间话语系统反思当代中国史、中共党史研究。侯氏著作出版以来不仅已被运用于学术研究,亦在社会层面产生了广泛影响。

【关键词】民间史料;中共党史研究;侯永禄

长期以来,党史研究领域,多关注"高层决策","宏大叙事"为基本模式,然而"任何一项政策、制度实施的效果,最终只能通过社会、底层才能反映出来。仅仅关注高层决策,忽视底层反馈,历史终究是残缺的"[1]。近年来学术界不少有识之士,逐渐走出传统"精英史观"的研究路径,眼光向下,关注民间史料,为党史、国史研究寻找新的"史源"。而改革开放以来,随着社会的宽容与进步,一些来自民间社会的普通大众不断公开出版个人文本资料,成为历史言说新的主体。侯永禄(1931—2005)就是这样典范,其生前是陕西省一位普通的农民,在几十年的务农生涯中,自20世纪30年代末至21世纪初逝世前夕,他"利用学习、生活、工作、劳动之余","写日记、撰家史、记随笔、建账本、存家书",60年如一日,"积累了数百万字的文字资料"[2]。在他去世之后,这些资料经过整理、编辑先后以《农民日记》《农民家书》《农民随笔》《农民家史》和《农民账本》等公开出版。

---

[1] 韩钢:《采薇者的守望》,"序一",载王海光:《时过境未迁——中国当代史采薇》,成都:四川人民出版社,2014年,第2页。
[2] 侯永禄:《农民账本》,北京:人民文学出版社,2012年,"前言",第1页。

一　农民侯永禄所著日记、家书等资料之基本概况

下面首先扼要介绍一下侯永禄所著日记、家书等资料的基本概况，以便能够较好地理解其出版的重要意义和价值。《农民日记》于2006年，率先由中国青年出版社出版。日记始于1940，终于2000年，时长60余年。日记内容既有村言土语、乡规民俗、快板对联，也有"毫不避讳地讲出来了农民掏心窝子的大实话"，记录了从抗日战争、解放战争、抗美援朝、人民公社、"文化大革命"、改革开放等不同时代背景下的"三农问题"，也诠释了侯氏家族"苦乐相伴、悲喜交加"的生命历程；《农民家书》则于2011年由人民文学出版社出版，其是侯永禄与其子女间近40年书信往来。首封家书作者为侯氏长子1966年写给家人，报告其作为红卫兵一路北上串联的情景；最后一封信写于2005年，内容则为侯家次子牵挂父母晚年生活。这些家书涉及侯家不同历史时期生产、生活、学习等各个方面情况。作为长辈侯永禄在致信子女的家书中，既有浓郁的舐犊之情，也记录了几十年来侯家春种、夏收、秋获和冬藏生产、生活情景；在6个子女给父亲侯永禄和家人的书信中，则叙说着他们各自40年的生活、学习、思想、情感等各方面情况。从这些情真意切的家书中，从一个侧面，可以管窥侯家和当代中国农村在若干方面演变的历程；《农民笔记》则为笔记体，则是作者在1940—2005年间，"不定期地把亲身经历、家庭变迁、社会的发展"，"用随笔的形式记录下来并加以分析"①，每篇文章，或一事一记、或一事一议、或一事一评。"客观再现了上世纪40年代以来关中农村所经历的风风雨雨，深刻地表现了渭北高原60多年来发展变化的方方面面"②；《农民家史》则以章回体的结构作为谋篇布局的形式。侯永禄晚年利用其自己几十年所积累下来的文字资料，倾力撰写的一部侯氏家史，全书从1869年开始写起，止于2004年，时长135年，所记录的内容，均系作者"所经所历、所见所闻、所思所想"，其"详细记录了一个普通农民以及他的家庭走过的艰辛道路"③；《农民账本》，记录了1948—2004年间，侯家的"每笔收入、每项开支、每次往来"，"大到成百上千，小到一分两分，进进出出，分分厘厘"。从这些"菜米油盐的交换中"，"元角分厘的计算中"，可以有助于外界对中国近现代史上的农民经济收入、农民真实的生活水准有所了解，从中可以隐约地听见近60年来中国农村蹒跚前行的沉重脚步声，可以这样说这些家用帐，在某种程度上可视为近现代中国"一部原汁原味的农民生存史"④。

---

① 侯永禄：《农民笔记》，北京：中国青年出版社，2012年，"作者心语"。
② 侯永禄：《农民笔记》，"前言"，第3—5页。
③ 侯永禄：《农民家史》，北京：人民文学出版社，2012年，"前言"，第3页。
④ 侯永禄：《农民账本》，"后记"，第490页。

二 农民侯永禄日记、家书等史料价值

(一)为全面研究侯永禄个体生命史提供了第一手资料

悠久的中国历史留下了卷帙浩繁的、难以计量的历史文献,而这些成为我们了解那"不言往昔"(罗志田语)的重要媒介。毋庸讳言,这些传之于世的文本资料,多数出自官方之手,宗旨在于服务于皇权政治,故"于帝王将相之举动,虽小必书;于国民生计风俗之所关,虽大有不录"①。由于官方史料疏于对民间社会记载,而民间社会又很少留下关于对自身的相关文献记录,以致后人很难对民间社会之芸芸众生之生命史,有一个真实的认知和了解。

幸运的是,侯永禄虽是一位普通农民,但因其留下《农民日记》《农民家书》等文本资料,为我们全面研究个体生命史提供了第一手可靠的资料。根据这些资料记载,1940年侯勇禄的父亲去世,在1949年前兵荒马乱中,"一家孤儿寡母,日子一天比一天难熬。母子俩天天哭,夜夜哭"②。终于熬到1949年,随着在农村开展互助合作,侯家生活水平有所提高,此后因人民公社化、大跃进等政策失误,侯家生活水平又几乎跌入低谷,以致侯氏幼子因担心被饿死,差点送人。"文革"结束后,党和国家把工作中心放在经济建设方面,高考也随之恢复,侯家的命运又迎来转机,1978年侯永禄的两个儿子同时考上大学,以致作者欣喜地写道:"真是双喜临门,确该庆幸。"到了1982年,侯家不仅能"常年吃白馍时菜",瓜果等也"从不间断"③。此后,侯家生活水平更是节节提升,房子翻新、买了彩电、还用上煤气炉,以致侯永禄老伴"喜悦的热泪流不完"④。1987年侯永禄母亲去世十周年,这时,侯家生活已达小康水平,再也没有衣食之虞,作者由衷地赞叹:"这一切的一切,都是党的好政策的体现。"⑤1990年夏,侯永禄与老伴还有一次特殊的经历——到北京旅游,不仅坐上了地铁,还登上了长城。侯氏感叹真是"开了眼界,了却了心愿"⑥。到了1997年,侯永禄的村里也像城里一样用上了自来水,作者在日记中兴奋地写道:"龙头一扭哗哗哗,天旱雨涝都不怕"⑦。在20世纪70年代末,侯永禄有3个儿子,先后考上大学,经过多年的努力,他们分别成为大学教授、科研人员、军队文职干部。这一切让侯氏喜不自禁,2000年10月他写道,现在的日子真是"天天过生日"⑧。

依据农民侯永禄所著的日记、家书、笔记等个人文本资料,有助于我们在史学研究,特别是当代中国史研究中,摆脱宏大叙事的窠臼,从中真实感受侯永禄70余年跌宕起伏的个

---

① 严复:《群学肄言·贬愚》,北京:商务印书馆,1981年,第8页。
② 侯永禄:《农民日记》,北京:中国青年出版社,2006年,第1页。
③ 侯永禄:《农民笔记》,第250页。
④ 侯永禄:《农民笔记》,第472页。
⑤ 侯永禄:《农民笔记》,第188—193页,第373—375页。
⑥ 侯永禄:《农民笔记》,435—440页。
⑦ 侯永禄:《农民笔记》,第566页。
⑧ 侯永禄:《农民笔记》,第601—602页。

人生命史,可以真切地体悟他的无奈和痛苦、成功和幸福。依据这些民间文本资料的表达和叙说,在这里历史不再冰冷和生硬,而是充满温暖的色调;在这里,历史离芸芸众生不再陌生和遥远,而是触手可及。侯永禄70余年个人生命史,没有抽象的理论,也没有道德的说教,但或许可以从一个侧面看到了一个国家60多年的进步而转型。

(二)是观察新中国成立以来中国"三农"问题,最具"现场感"的民间文本资料

中国自古以来就是一个农业大国,直到今天,"三农"问题,仍然攸关民众福祉,国家稳定。但多年来不少论著或为国家对"三农"问题的政策布局、或为学者对"三农"问题观察思考,固然这些是研究"三农"问题不可缺少的维度,但很少有农民自身参与对"三农"问题的叙述与表达。

陕西农民侯永禄脚踩黄土地,一生几乎从未离开农村,其所著《农民日记》、《农民家书》等文本资料留下了大量关于对新中国成立以来"三农"问题之记载:其一,论述中华人民共和国初期党的"三农"政策得失。中华人民共和国成立初期,农民经过土改,分得了属于自己的土地,生产积极性提高,路井镇的父老乡亲"没黑没明地干活",甚至棉花选种都是"一颗一颗粒选的"①。随后实行的公社化,农村大搞公共食堂,由于做活不记工,吃饭不要钱,导致的后果是侯永禄所在的合阳县井镇的群众,干活不上劲,"几十个人拉一个大胶轮车,送上一两回粪",干活磨洋工严重,而到了食堂吃饭,却"吃了一碗又一碗,直吃得口里发哼声,几乎走不动"②。从侯永禄笔下这些生动的记录中,我们可以看出人民公社化、公共食堂在具体运作中的逻辑和轨迹。沉重的历史告诫着世人,理论不能耸立在云霄中,亦不能虚幻为缥缈的海市蜃楼。评估"三农"政策有没有生命力,一定要与农民自身利益结合起来,主要看其实践中的效能如何,看农民的反馈和接纳状况;其二,评价改革开放后党的"三农"之成绩与问题。改革开放后实行家庭联产承包责任制,农民获得了土地承包权,农业生产力迅速得到提升,如侯永禄的家乡以往收割小麦长期以来使用的都是"镰刀",到了20世纪90年代初期则用上了"收割机",此后又采用"联合收割机"③。但随着生产条件的改善,农产品产量不断提升,随之而来的又出现一些新的问题,如农产品销售难,如1991年侯家所在的乡镇因西瓜丰收,产量激增,销售困难,许多乡亲西瓜"每斤卖了不到一分钱","好多瓜放得时间太长了,卖不掉变油芦了,软瘫了,只好扔进粪坑",以致被侯永禄称之为:"西瓜比屎贱"④。从侯永禄个人记述来看,中华人民共和国成立60余年来,党对"三农"问题之解决绝非一劳永逸。改革开放之初,党和国家从土地入手,给农民以承包权,经营权,这当然是农业发展、农村经济进步的重要条件,但随着社会主义市场经济的深入开展,"三农"问题之解决,还不能仅仅局限于"三农"自身,诸如个体农户如何与瞬息万变的市场如何无缝对接,这些均是侯永禄生动的个人文本资料中,所折射的严峻的现实问题。这意味着我们研究中华人民共和国"三农"问题,不仅要熟悉官方文献资料的"宏大叙事",还须倾听民间的声音,因为这些最具"现场感"的民间文本资料,最能看出历史的真实。

---

① 侯永禄:《农民笔记》,第34—36页。
② 侯永禄:《农民家史》,第140—141页。
③ 侯永禄:《农民笔记》,第530—533页。
④ 侯永禄:《农民笔记》,第462—464页。

(三)从民间话语系统反思当代中国史、中共党史研究

多年来,党史、国史研究路径多利用官方资料,注重"由上往下看",共产党与民众、共产党与基层社会,往往被一些学者简化为"挥手"和"跟随"、"控制"和"被控制"的关系,其被党史专家李金铮先生称之为"政策——效果"书写模式。实际上,"中共政权与基层社会之间的关系并非人们想象的这样简单""我们不仅要看表面的政策、法令,更应重视实际发生了什么"①。1949年以来,中共由上到下,迅速构建了一套全新的权力架构,其权力末梢也延伸至社会各个层面,但这不代表社会普通公众思维方式、价值观念,乃至行为方式亦被官方话语体系立即"同化"。实际上,在很多情况下,"民间传统运行方式、民众传统心态及其行为"②仍有自身运行的逻辑。因此从民间话语方式来反思中国当代史、中共党史,有其独特意义,而农民侯永禄所出版的个人文本资料,就具有这样的特征。

如"文革"期间,官方大搞阶级斗争,严禁私有观念、取消个人私有财产,一时"兴无灭资"成为主旋律。但"面对现实,生产队还是生产队,社员还是靠劳动吃饭,欠下队里的口粮款还得自己还,自己家里的日子还得自己过",当侯家4个儿子,2个女儿,日渐长大成人,侯永禄开始忧虑子女们的婚事,"嫁女要送个好女婿","娶媳妇还要看人家愿意不愿意来,"而这些往往取决于家庭的"家庭光景怎么样,住房好不好"。为顺利完成儿女的们的终身大事,侯永禄举全家之力从1968年至1976年,并在乡邻的协助之下,不辞辛劳,历时8年终于建成房屋6间。③而民间的日常习俗,在经过阶级斗争的狂风巨浪侵蚀后,一旦政治情势稍有缓和,其也会按照自身的内在运行逻辑重新运转。如1976年春节侯永禄写道:"和'文革'开始把花馍当成'四旧',这几年,陕西合阳县'捏花馍又兴起来了'。"④由此可见,"文革"尽管政治气氛异常紧张,芸芸众生生活样态一度被高层政治话语包裹,但并没有完全失去民间底色,民间正常家庭生活轨迹并没有彻底打断,其还在一定程度上按照历史和民间的惯性演进着。这也提醒相关研究者,探讨这一段历史,除了需参阅人民日报、官方档案等官方文献外,还要倾听民间的声音,方能跨越特殊年代政治的帷幕,看看民间百姓真实的生活场景,只有这样才能真正把握这段特殊的历史内涵。

改革开放后,中国农村普遍推广家庭联产承包责任制,实行"包产到户"和"包干到户",面对这一崭新的农业政策,曾担任过多年村干部的侯永禄在1981年12月,对此写下了自己的理解:其一方面指出"分"的种种好处,如利害直接,人人关心;讲质量;全家总动员,老少都能干;事事负责,处处关心等,但同时也看到了一些问题所在,诸如分后地块小,难以机种;个体难以抗拒天灾等。为此,作者提出一些解决问题的方案,如尽量使一户的块数少些,面积大些;每片地里几户,可以联合机耕;大型农具专人保管,专人使用等。最后他还颇富前瞻性地指出"分后再按照发展情况,不断实行各种形式的互助联合"⑤。对于包产到户,包干到户这一农业政策,我们在很多场合下,更多的是从国家的层面、或从专家的视

---

① 李金铮:《向"新革命史转型——中共革命史研究方法的反思与突破"》,《中共党史研究》2010年第1期。
② 同上。
③ 侯永禄:《农民笔记》,第181—182页。
④ 侯永禄:《农民笔记》,第178页。
⑤ 侯永禄:《农民笔记》,第240—243页。

野来加以审视,而很少站在当事人——农民的角度,更鲜见农民自身参与对这一问题的言说。从侯永禄话语表达上来看,其不仅与官方一样高度肯定家庭联产承包责任性,同时他还敏锐地意识到土地,农具分配到农户个人后可能带来的问题,实际上,也为后来的农业发展所证实。由此可见,当我们认真咀嚼侯永禄日记、笔记等个人资料,或许可以加深我们对"三农"问题深层理解,对当代中国的若干重大问题多一份"同情之理解"。

总之,利用侯氏日记、笔记、家书等个人文本资料,从民间话语系统来反思党史、国史之研究,或可以拨开特定年代的官方话语系统之迷雾,或可以丰满、提升官方话语之意蕴,进而从多维的视角,全面、真实了解这一段历史。

三 农民侯永禄日记、家书等出版后之影响

千百年来我国以农业立国,农民是人口最多的群体,农民在中国历史所发挥的作用,其重要性自不待言。但长期以来农民更多的是作为一个抽象阶层而存在,而很少是以一个有血有肉的个体形象而为世人所知悉。他们中的绝大多数,在历史的长河中不幸成为"沉默的大多数"。因此,侯永禄作为一位普通农民,所留下的个人文本资料最终以《农民日记》《农民家书》等形式公开出版,这些文本资料一经面世,就备受学术界乃至社会各界所推崇。

在学术界,杨秀丽通过解读《农民日记》,勾勒侯家1949年后几十年来日常生活之境况,再现中华人民共和国成立以来中国乡村多维图景、发展脉络[1];肖伟胜则以《农民日记》为研究资料,深入论析中华人民共和国成立以来官方主流文化,与底层民间文化的"融合"与"疏离"之双重关系[2];张学见从史料学的角度论析《农民日记》、《农民家书》等文本价值,认为:这些文本资料内容所载信息不仅具有稀缺性、独特性,而且还由于这些文本资料内容"时间跨度长,涉及的人事多,内含问题多",信息量大,是"了解新中国成立以来我国'三农'问题乃至近现代基层社会变迁的一座举世罕见的民间史料宝藏"[3]。另外,在社会层面,《农民日记》《农民家书》等论著公开出版后,引起广泛关注,新华社、中央电视台等国内主流媒体加以报导,并给予很高的赞誉,如《农民家书》被誉为农民版《傅雷家书》[4];而《农民日记》公开出版后,"好评如潮",其主要内容甚至被改编为电影剧本《岁月》[5]等。

四 余论

在很多情况下,官方"大人物"由于地位高,影响大,资料多,通常是史学家重要的关注

---

[1] 杨秀丽:《日常生活的历史书写——从〈农民日记〉窥视当代中国乡村生活》,《中国农民大学学报》2011年第2期。
[2] 肖伟胜:《底层叙述的多重变奏——关于〈农民日记〉札记》,《社会科学论坛》2007年第4期。
[3] 张学见:《影响当代民间史料价值的若干因素探析》,《中共党史研究》2016年第12期。
[4] 三鼎甲:《〈农民家书〉:一部农民版的〈傅雷家书〉》,《农民日报》2012年2月4日。
[5] 侯永禄:《农民笔记》,"前言",第3页。

对象,而民间"小人物"由于人微言轻,资料又不易得,通常很难成为学者的研究对象。不过需要谨记的是"虽然人们在历史剧场中所处方位不同,有大堂正景,有旁门侧影,但各有其存史的价值。当'正景'和'侧影'合二为一时,历史便成为全景",故"历史需要经过多角度,多层次的反映,才能达到比较完善的复原效果"[①]。这就是说,史学研究,不仅需要关注那些叱咤风云的来自"庙堂之高"的官方"大人物",亦应随时留意那位居"江湖之远"的民间"小人物",他们都在各自的历史时空中创造了历史,故两者理应是史学研究的重要组成部分。

史学家刘咸炘甚至认为历史的发展宛如是一种"风",而史学是一种观察"风"的学问。而了解一个时代的历史,必须注重稗史杂记,才能显示出一个时代的士习与民风。[②] 在这里所谓的"稗史杂记",显然就是有别于官方资料的民间资料系统,或许历史的底纹、细节和真实就隐藏在民间话语系统之中。这也是农民侯永禄所著日记、家书等出版的意义和价值。

作者简介:张学见,三峡大学马克思主义学院副教授。

[①] 王海光:《时过境未迁——中国当代史采薇》,成都:四川人民出版社,2014 年,第 274 页。
[②] 王汎森:《执拗的低音:一些历史思考方式的反思》,上海:生活·读书·新知三联书店,2014 年,第 171 页、196 页。

小议二十世纪泰山的百年史

——兼评《二十世纪的泰山图片展》

任继新

【摘　要】二十世纪的泰山图片展,图文并茂,将泰山那段百年历史,一展再现,引人深思。由展入史,二十世纪泰山的百年史,是中国百年史的一个局部影射,并逐渐显现出融入世界史的倾向,同时也是泰山过往千年史的惯性延伸,还是现代文明理念萌生发展的历史。

【关键词】二十世纪;泰山;百年史;图片展

为了纪念泰山被联合国教科文组织列入世界文化与自然双遗产三十周年,泰安市博物馆特在岱庙仁安门下推出《二十世纪的泰山图片展》,以飨观众。该展览以时间段为序分为六个部分(1900—1911、1911—1937、1937—1949、1949—1966、1966—1976、1976—2000),每个部分都展示有透着岁月浓香和艰辛的老照片,并配以极富内涵与诗意的文字解说,力图全方位再现泰山刚刚过去的那一个世纪。虽然其展陈形式简单,展陈条件无华,但其以"内容为王"的气势,牢牢吸引了观众的目光,并紧紧"拉"着观众步入泰山那段沧桑起伏、浴火重生的百年历史。观赏此展,引发了我们对二十世纪泰山百年史的思考,并得出其有如下几个显著特点:

第一,二十世纪泰山的百年史是中国百年史的一个局部影射。"东岳泰山,堪称一座历代王朝治乱兴亡的晴雨表"[①],二十世纪的中国历史亦是曲折沧桑,而几乎每一次国家历史的起伏变迁都在泰山有踪迹可寻,如同国家的影子一样始终相伴,同晴共雨。清廷没落,作为国家祀典的泰山祭祀,随着宣统元年(1909)四月山东布政使朱其煊奉命告祀泰山的落幕(岱顶"绝顶云峰"四字系朱其煊当时题刻),而永远走进了历史。民国初建,北洋内务部先后颁布《管理寺庙条例》和《保存古物暂行办法》,泰山文物古迹暂时得以保全并部分修复。但好景不长,国家随即陷入无休止的内战,鲁豫战争、北伐战争、中原大战等,泰山地区均有激烈战事,对于一方百姓和文物古迹都带来了难以尽书的灾难。尤以二次北伐中,日本悍然出兵济南并制造了五三惨案以阻止北伐,泰安得以成为山东临时省会,这一泰安历史上唯一的省城历史,却给泰山古迹带来了无可挽回的破坏,如将古老岱庙辟为市场、旅馆及澡

---

① 周郢:《泰山与中华文化》,济南:山东友谊出版社,2010年,第34页。

堂等,城墙、环咏亭、碑刻等遭到灾难性破坏①,省会泰安,幸哉悲哉？九一八后,国土沦丧,奔走呐喊御侮无果而又失去军队的冯玉祥将军隐居泰山,恰逢调停中日冲突的国联调查团访问泰山,李顿团长吃了冯玉祥的闭门羹及其手杖丢失事件等故事均发生于此时。② 1937年底,泰山沦陷,此后公开发布的照片上均有日本宪兵审阅后的印记,1938年抗日烽火于徂徕山(泰山支脉)下熊熊燃起。八年抗日战争及三年解放战争中,泰山名胜古迹遭到"浩劫",泰山森林植被的破坏程度也是"自开辟以来所未之有"③。中华人民共和国成立后,百废待兴,泰山文物也开始得到全面的保护和修复,山林覆盖率也得以大幅度提高。十年"文革",民族劫难,泰山也没有幸免于难,各种破坏极为严重,如天贶殿之珍贵壁画被肆意涂抹刻画等。改革开放后,泰山得到空前的保护与开发,走上了历史发展的快车道。

  第二,二十世纪泰山的百年史逐渐显现融入世界史的倾向。进入二十世纪后,泰山越来越受到世界各地人们的关注,除了本次展出的泰山最早的影像记录均出自外国人(如法国人爱伯特·肯恩与斯提芬·帕瑟)之手外,域外人士对研究泰山文化、到泰山旅游乃至传教,也表现出了前所未有的热情。在泰山文化研究方面,周郢先生曾总结道:"二十世纪泰山文化研究的另一个特点,便是研究群体不复限于域内,而是愈来愈为域外学者所青目。早在世纪之初,便有沙畹(Chavannes)〔法〕、卫礼贤(Richard Wilhelm)〔德〕、阿列克谢耶夫(B. M. AekceeB)〔俄〕、盖洛(William Edgar Geil)〔美〕、桑原骘藏〔日〕等一干汉学家得此学术'预流',对这一'东方之巅'的古老文明迭加考论,开启了海外泰山研究之风……如沙畹所著《泰山:中国人的信仰》……传播泰岱风华于欧美,沙氏实厥功甚伟……如果说世纪之初国外泰山研究先由法国沙畹执其牛耳,而此后则以东瀛为岱学重镇,酒井忠夫、泽田瑞穗、宫川尚志诸氏均为国外的研岱大家"④。在登岱游览方面,亲临泰山赏美景、品文化也成为众多来华游历的外国人的心愿之一,展览中一幅幅百年前的泰山倩影便是明证。就连上文曾提到的国联调查团之李顿团长,也一心想趁来华公务之机,一览泰山风采。日据时期,日本人曾发行了以泰山风景为题材的明信片,这竟是泰山最早的彩色照片,或许也是中华泰山世界影响力的极为苦涩的诉说。1949年后,众多国际政要以及各界名流,登泰览胜,更是络绎不绝,如加拿大总理皮埃尔·埃利奥特·特鲁多、乌克兰总统库其马、韩国总统卢泰愚、新加坡总理李光耀、朝鲜国家主席金日成、柬埔寨国家主席诺罗敏·西哈努克以及爱尔兰总统帕特里克·希勒里等。此外,基于泰山在中国民众心目中的崇高地位及区域内民间信仰活动的繁盛等原因,西方教会将泰安作为在华传教的重点地区,以求达到突破一点、辐射全局的效果,如美国美以美会、英国圣公会等曾在泰山脚下设点传教⑤,至今仍然有不少遗存可寻,这或许是泰山进入世界视野的另一种特殊方式。最终,在1987年12月,泰山被联合国教科文组织列入世界首批文化与自然双遗产名录,这是全世界对泰山的认可和推崇,泰山以其稳重壮美的身躯与深厚灿烂的文化成为全人类共同卫护的宝贵财富。

---

① (明)萧协中著,民国赵新儒校勘:《新刻泰山小史》,台北:文海出版社,1932年,第137页。
② 田承军:《泰安纪事》,济南:山东画报出版社,2009年,第152—156页。
③ 周郢:《泰山与中华文化》,济南:山东友谊出版社,2010年,第32页。
④ 周郢:《泰山与中华文化》,济南:山东友谊出版社,2010年,第380页。
⑤ 田承军:《泰安纪事》,济南:山东画报出版社,2009年,第38页。

第三,二十世纪泰山的百年史是泰山过往千年史的惯性延伸。"泰山早在华夏文明初肇,便已凸显于历史舞台,此后绵历数千年,其文明传承迄未中断"①,这其中有历代封建帝王亲临泰山举行大规模封禅祭祀,有川流不息的文人墨客登岱咏颂,也有黎民百姓对泰山神灵的顶礼膜拜,使泰山成为神州大地上的首山、圣山。面对二十世纪现代西方文明的来袭,泰山的步伐仍表现出不可忽视的惯性。官方的祭祀活动虽已作古,但各界名流、文人雅士的游岱抒怀,题名刻石,从未停歇,如康有为、梁启超、蒋中正、冯玉祥、徐悲鸿、周一良、范明枢、季羡林、欧阳中石等,泰山至今保留有康有为、梁启超、冯玉祥等名人的题刻;再如不少党和国家领导人也曾莅临泰山,览胜留念,如毛泽东、邓颖超、郭沫若、胡耀邦等,胡耀邦还曾把国家的现代化建设比作登泰山的过程写进党中央的报告。近现代名人踏着古人逝去的足迹,加入到绵延千年的登山大军,续演着传承不息的剧目,似乎不到泰山非好汉,这是对泰山的赞誉与仰慕,更是中华传统基因的经久不衰的表征。在民间,信众向泰山神灵祈福、求寿、求子、求安等,尤其是向碧霞元君(泰山老奶奶)的膜拜祈求,更是从未间断。四海之内,对泰山石的品性与灵性的信任依旧不减,如天安门广场之人民英雄纪念碑就使用泰山石奠基。我国始于二十世纪末的非物质文化遗产保护与传承工作,让泰山许多传统民间信仰和民间习俗得以再续前缘,焕发新生,如泰山石敢当习俗、泰山东岳庙会最终在二十一世纪初先后被列入国家级非物质文化遗产名录②。

第四,二十世纪泰山的百年史是现代文明理念萌生发展的历史。二十世纪人类文明进入新纪元,泰山也以其"不让土壤"的胸怀,吸纳新文明,换发新风貌,并激发出新生命力。世纪之初,徐树人等就在岱庙正阳门五凤楼创立了展示近代科技成果的博物馆,展示天文图、地球仪以及多种动植物标本、世界人种模型、人体解剖图等,令"览者耳目一新"。同时随着传教士的到来,泰山脚下开始出现近代医院、学校、孤贫院等,此皆为开风气之先。更值得关注的是,民国泰山"经过国共两党与新知识人的建构,获得了新的时代意蕴。它不仅是烈士牺牲价值的衡量尺度,真理与荣誉的代表,还是中华民国、中华民族固有文化与精神、'人民不朽'的象征"③,抹去了神灵崇拜的神秘色彩,人们对泰山的认识达到全新的境界。基于此,面对九·一八后的民族危亡,为"恢复已失去之民族自信力,唤回将散而未散之国魂,惊醒国民醉生梦死之迷梦,而发扬光大中华民族之伟大精神"④,激发全民族的抗日意志,易君左、老舍、芮麟等呼吁"定泰山为国山"。1949 年后,国家组建了专门管理泰山的机构,管理泰山的文物古迹、山川森林以及观光旅游等,这也是统筹泰山发展之开端。改革开放后,对泰山文化的研究更是如火如荼,学者们深入挖掘泰山传统文化的优秀基因,并赋予了泰山"积极向上的攀登精神、朝气蓬勃的旭日活力、居高不傲的海天胸怀、重如泰山的价值取向、傲视风雪的松柏性格、扶正压邪的敢当正气、吃苦耐劳的挑夫品德、矢志不渝

---

① 周郢:《泰山与中华文化》,济南:山东友谊出版社,2010 年,第 17 页。
② 参见国务院关于公布第二批国家级非物质文化遗产名录和第一批国家级非物质文化遗产扩展项目名录的通知[EB/OL].(2008 - 6 - 16) http://www.gov.cn/zhengce/content/2008 - 06/16/content_5835.htm;李俊领:《民国泰山的政治文化建构》,《东岳论丛》2017 年第 3 期,第 99 页。
③ 李俊领:《民国泰山的政治文化建构》,《东岳论丛》2017 年第 3 期,第 99 页。
④ 易君左、王德林:《定泰山为国山刍议》,泰安县立师范讲习所翻印本,1933 年,第 12 页。

的归根情结"①等精神品格,乃至有学者提出了"泰山学"的构想②,并作为中华文化研究不可或缺的组成部分。

百年泰山,本展所及,可见大端。泰山之重,不在山体、不在史书、不在香火,而在人们的心中。如今,我国已进入中国特色社会主义建设的新时代,泰山正在同所有炎黄子孙一道,沐浴在这个伟大的时代,加强对泰山历史文化的研究与总结,对助力完成让"中华文化展现出永久魅力和时代风采"③的使命以及促进地方文化产业的发展裨益良多。

作者简介:任继新,泰安市博物馆馆员。

---

① 吕继祥:《大力弘扬和培育泰山精神》,《山东科技大学学报(社会科学版)》,2003年第3期,第43—44页。
② 泰安市史志办《关于建立"泰山学研究会"的设想》(讨论稿),1986年8月15日。参阅宋绍香:《关于泰山学科建设的思考》,《岱宗学刊》,2001年第3期,第2页。
③ 习近平在中国共产党第十九次全国代表大会上的报告,见:[EB/OL].(2017-10-28) http://cpc.people.com.cn/n1/2017/1028/c64094-29613660-9.html.

"第二届南开中古社会史工作坊:中古中国的知识与社会"会议综述

张 弛

2018年9月22日,第二届南开中古社会史工作坊在南开大学津南校区举行,共有15名来自海内外的专家学者出席。南开中古社会史工作坊由南开大学中国社会史研究中心发起并主办,从2017年第一届开始,迄今已成功举办两届活动。每届均围绕一个相关主题,邀请海内外的专家学者进行交流,以期推动中古社会史研究的发展。此外,南开大学中国社会史研究中心还与中西书局合作,计划将每届工作坊的论文结集出版。

本次工作坊的主题为"中古中国的知识与社会"。在中国的中古时代,知识与社会的互动富有鲜明的时代特色,无论是知识传播的实物载体,还是文学的风格与体裁,亦或思想宗教,与以往的时代相比,都发生了重要的变化,呈现出一些新特点。对此,本届工作坊拟设三个相关论题:1. 作为知识传播实物载体的简牍、写本、石刻中反映出的知识与社会的互动;2. 文本与文学叙述在知识传播中的历史定位;3. 思想与信仰中的知识储备及其发展变化。

一 知识传播载体与中古社会

在中古时代,知识传播的实物载体发生了重要变化。一方面,由于造纸术的日益普及,文书与典籍的书写载体,从秦汉时期的简牍、帛书,逐渐过渡到纸质写本,至隋唐五代,还出现了雕版印刷品。另一方面,相对于简帛或纸本这些日常使用的书写材料,石刻作为具有特定目的的知识传播载体,也在此时越发流行。那么,中古时期的这些简牍、写本以及石刻,它们反映了知识与社会之间怎样的互动关系?围绕着这一问题,本次工作坊共有四篇文章进行了探讨。

时至今日,简牍研究早已成为秦汉史研究领域的重要议题,每当有新发现的简牍公布,常常引发新一轮的学术讨论。这些地下出土的简牍,能够为我们研究秦汉时期的社会史提供丰富的资料。比如,出土于1983年的张家山汉简《二年律令·史律》,就涉及当时的学童教育。在律文中,明确规定用《十五篇》教育史学童。关于所谓"十五篇"的内容与性质,目前学界存在着认识上的分歧。本次工作坊期间,南开大学历史学院杨振红教授提交的论文《〈二年律令·史律〉"十五篇"与汉简四言体〈苍颉篇〉——周秦汉时期文字、小学的发展演变》,不仅为这一问题提供了新的见解,还进一步梳理了周秦汉时期小学文献的发展脉络。

杨教授认为，《十五篇》并非指代《史籀篇》，而是指汉简四言体《苍颉篇》。《十五篇》和《史籀篇》虽然在篇数上吻合，但《史籀篇》的书体过于古老，秦在统一后早已废弃而改用小篆的"秦三苍"，通行隶书的汉代更不可能把它用作课本。根据《二年律令·史律》，史学童接受《十五篇》考试，是采取"讽书"的形式，而所谓"讽书"即背诵默写。只有文章才适用于默写，而逐个解释字词的字典、辞典显然无法适用。因此，《十五篇》的性质应为文章，而非字典或辞典。杨教授还辨析了《二年律令·史律》中的"史书"一词，认为该词非指"隶书"，而是指《十五篇》。出土汉简《苍颉篇》残篇中的相关描述，也恰好可以作为证据来断定《十五篇》即《苍颉篇》。此外，由于汉代《苍颉篇》多取自"秦三苍"，而"秦三苍"的文体与内容又以《史籀篇》为模本，改变字体而成，因而《苍颉篇》在文体和内容上也留有《史籀篇》的痕迹。总之，《十五篇》就是指汉简四言体《苍颉篇》，简称为"史书"或"史篇"，是史官教授学童的课本。《十五篇》用隶书写成，性质上属于后世《千字文》《三字经》之类的童蒙读物，而非字典、辞典。

来自北京师范大学的徐畅副教授点评了杨教授的这篇文章。徐畅赞同该文的总体判断，认为就目前在全国各地大量出土的四言体《苍颉篇》简牍而言，《苍颉篇》的确具备作为官方课本的可能性，而将它直接对应到《十五篇》，则是杨教授的独创观点。此外，徐畅还为这篇文章补充了一些新的材料，主要是陈伟、工藤元男等人主编的《〈二年律令〉与〈奏谳书〉》一书，该书对《二年律令》的释文有新的修订。接下来，徐畅针对该文，提出了三个疑问。一是《苍颉篇》与《史籀篇》的区别。除了字体，它们是否在内容上也有区别？二是汉初定律令时，大篆是否仍然行用，是否仍然留在考核史学童的标准之内？三是如何解释《苍颉篇》篇章数目与十五篇不合的现象。对于第三个问题，杨教授作了简单回应。她认为，《汉书·艺文志》所记的《苍颉篇》实为闾里书师改编而成的五十五章，与原本《苍颉篇》有别，故与十五篇不符。

在目前存世的中古纸质写本中，敦煌文书无疑是极为重要的一部分。这些数量众多、种类繁杂的写本文书，为中古史研究提供了丰富的资料，甚至还衍生出了一门新的学问——敦煌学。不过，由于种种原因，自 20 世纪初被发现以来，敦煌文书在十几年内便流散至世界各地，可谓中国文物的巨大劫难。对于敦煌文书的流散状况，早在 20 世纪上半叶即有一些学者进行论述，但多集中于斯坦因、伯希和等外国探险家来到敦煌以后的时间段。至于此前敦煌文书的早期流散，荣新江先生所作的梳理最为系统、全面，但仍有待进一步补充。西安碑林博物馆王庆卫副研究员提交的论文《陕西文物单位藏卷所见敦煌文书的早期流散》，不仅把陕西省各个文物单位收藏敦煌文书的情况向学术界公布，还通过这些文书，进一步补充了敦煌文献的早期流散史。根据该文，目前陕西省收藏敦煌文书的单位主要有三家：西安碑林博物馆、西安博物院和西北大学图书馆。王庆卫在文中详细介绍了这些单位所藏敦煌文书的形制、内容等各方面的信息，尤其着重描述了文书上的收藏钤印与题识。以这些钤印、题识和其他文献为依据，他对这批文书当年的流散过程进行了复原。他认为，在敦煌文物的早期流散历史上，时任敦煌县令的汪宗翰与安肃道道台的徐锡祺都起到了关键作用。此外，陕西文物单位收藏的这些敦煌文书，还佐证了荣新江先生对敦煌早期流散文物特点的判断。

中西书局李碧妍副编审负责点评这篇文章。她认为，该文做了很重要的资料呈现性质的工作。由该文出发,有两个问题值得我们进一步思考。在敦煌藏经洞的藏品中,无疑以佛教写卷为最重要而最精美的。自斯坦因、伯希和以后,对世俗文书的研究成为更受关注的学术话题,其关注热度超过了佛教写卷。但是从整个敦煌藏经洞原本的情况来看,佛教写卷才是最重要的。从王老师的文章中就可以看到,清末时期能拿出来向官员送礼的,大多是佛经写卷。我们在研究敦煌学的学术史时,应该注意到这种前后关注热点的不同。李老师还指出,敦煌学研究成为显学的时间较早,它的一些范式或问题,对于今天的碑志研究也有启发和帮助。我们在研究碑志时,同样应该注意它们的流传状况。即便由于时间较近,一些来源不明的墓志不方便公布流传过程,也最好能在私下里进行记录,以便后人在梳理学术史时有所凭借。

对于目前的中国中古史研究而言,墓志已经成为不可或缺的重要资料。早在近现代以前,就已经有若干墓志出土,并由一些金石学家进行著录与研究。20 世纪以来,地下发掘出土的墓志更是与日俱增。在这样的形势下,有必要对以往的墓志整理工作进行回顾,并展望将来新的研究课题。目前,全面回顾唐代墓志整理工作的专题文章尚不多见。学者们要么在唐史研究综述中,将墓志整理作为一小节,予以简单介绍;要么以专题的形式,对涉及某一具体研究领域的墓志整理工作进行总结,局限在狭小的范围之中。与这些或简略或局促的学术史回顾不同,日本明治大学东亚石刻文物研究所气贺泽保规教授,结合自己长期研究唐代墓志、编纂《唐代墓志所在总合目录》的经验,对近数十年唐代墓志整理工作进行了全面而系统的总结,写成《近年唐代墓志整理的动向及其课题——〈新编唐代墓志所在总合目录〉的背景》一文,提交本次工作坊。该文首先是按照时间顺序,分别总结了 20 世纪 70 年代之前、20 世纪 80 年代、20 世纪 90 年代以来这三大时期唐代墓志整理与研究的状况。在 20 世纪 70 年代及以前,墓志材料并未受到唐史研究者的重视。一方面,学者们强调对现有传世文献的解读;另一方面,墓志材料的可信度与史料价值在当时颇受质疑。这些都是墓志史料未受重视的原因。此时的学者们很少有围绕墓志的研究,而在利用石刻史料时,也多以传统金石书为主,见到墓志实物或拓片的机会极其有限。进入 20 世纪 80 年代,学术界开始出现一批有关唐代墓志的整理成果,如《千唐志斋藏志》《唐代墓志铭汇编附考》等等。这些成果多以民国时期的拓本资料为主,一些书即便收录 1949 年后出土的墓志,也基本限于"文革"以前的发现。20 世纪 90 年代至今,大量墓葬被发现或盗掘,随之而来的则是出土墓志的迅速增加。因此,这一时期出版的墓志资料集数量众多。对"文革"以后出土的墓志收录较多,是这些资料集的一大特色。在地区上,墓志多集中于洛阳和西安。至于其他省市县所藏碑刻的整理,则以地方出版物的形式开始出现。随着新出墓志的大量公布,学者们为系统把握数量庞大的唐代墓志,致力于录文、标点工作,出版了《唐代墓志汇编》《全唐文补遗》等文字资料集。在介绍了唐代墓志整理工作的不同阶段后,气贺泽教授还重点谈及《新中国出土墓志》对最近二十年墓志整理工作的影响,认为它的图版与录文兼备的形式,被越来越多的墓志资料集所承袭。随后,他还展望了今后的墓志整理课题:一是对私人收藏或博物馆库房尚未公布的墓志的调查;二是结合地区分布倾向,对出土墓志做总体性的研究。最后,该文还有一篇简单的附论,概括介绍了奠定近代中国石刻研究的九位重要人物。总之,气贺泽保规教授的这篇文章,可与他此前多次编纂的《唐代墓志所在总合目录》相互配合,成为唐史学者在墓志研究领域的重要参考。

来自洛阳师范学院的毛阳光教授评议该文,称赞气贺泽先生的文章是对唐代墓志整理与研究工作的一次全面总结。毛教授对该文提到的洛阳墓志出土乱象深有感触。他认为,与西安墓志出土相对规范的情况相比,洛阳的确存在大量盗掘墓志的状况。西安的墓志,多是公立单位正规考古发掘而来,各种学术机构积极参与整理和研究;而洛阳墓志多为盗掘,大量流散在私人收藏家之手,缺乏文物部门的监管。而由于私人所藏墓志仍有很多未公布者,所以目前出土唐代墓志的实际总数应大于气贺泽先生统计的数字。因此,他主张,对于唐代墓志整理与研究工作而言,接下来一个重要的任务就是尽力获取这些流散于私人手中、尚未公布的墓志的信息。此外,以后的唐代墓志整理,还需要注意出土与流传信息的著录。

本次工作坊有关唐代墓志的研究成果,既有气贺泽教授这篇从全局出发、从整体视角进行研究的文章,也有利用墓志来考察具体问题的论文。毛阳光教授提交的《龙门博物馆藏安建墓志释证——兼论唐代潞州地区的粟特人》一文,就是以出土墓志为主要材料,探究唐代入华粟特人群体的文章。早在 20 世纪上半叶,对于中古时期的来华粟特人,就已经有冯承钧先生、向达先生、陈寅恪先生等史学名家进行研究。20 世纪末至 21 世纪初,海内外学术界又掀起了一阵研究粟特人的热潮。这些研究成果大多集中于唐代两京、河北或河东等地,而对于泽潞地区的粟特人,目前的关注还是比较有限。毛教授的文章,正好弥补了这一不足。该文首先将安建墓志铭全文进行录文、标点,之后再结合墓志,对墓主安建的生平及相关问题展开论述。安建墓志铭出土于山西长治,墓主安建是在南衙禁军中数代为官的粟特人,后移居泽潞地区。墓志对安建的家世、生平、婚姻等情况都有所介绍,尤其记载了他在开元十年护送东光公主和亲以及在开元十八年奚人叛乱后护送公主返唐的经历。不过,对于此后安建为何被唐朝廷安置于潞州,以及死后未能归葬长安的原因,墓志铭并未交代。从安建墓志出发,毛阳光教授又介绍了其他几方泽潞地区的粟特人墓志,以证明泽潞地区粟特人数量之多。至于泽潞地区为何存在数量众多的粟特人,毛教授认为主要是以下几点因素:该地本身处在农业和畜牧业生产的分界线上;潞州为重要的交通枢纽,战略地位也很重要;一些粟特人由于仕宦而迁徙此地;泽潞地区后来与邢洺磁合并为一个藩镇,又使得河北粟特人迁居于此。最后,毛教授还探讨了粟特人对泽潞地区社会风气的影响。

来自中央民族大学的蒋爱花副教授点评了这篇文章,认为该文紧跟学术潮流,从墓志出发,对重要的历史现象进行了准确的解读。她认为,该文的一个重要贡献就是提供了十方新出墓志的信息。其中一方粟特人墓志,内容主要反映了唐初史事,特征也符合唐代的面貌,却刻有"开宝"年号。关于这一问题,蒋老师与毛教授展开了交流。毛教授认为,虽然尚未找出刻有"开宝"年号的原因,但该墓志的真实性还是可以肯定的,并非作伪。此外,蒋爱花副教授还就胡汉融合、潞州粟特人汉化时间等问题,提出了自己的见解。

二 文本、文学叙述与中古社会

在中古时期,文本与文学叙述同样具有鲜明的时代特色。文学在继承秦汉以来传统的基础上,进一步推陈出新,在体裁和内容上都有所创新。史书也在此期间蓬勃发展,甚至在目录学分类中独立出来,成为与经、子、集并列的一部。关于这一时期文本与文学叙述在知识传播中的历史定位,主要有以下三篇文章进行讨论。

首先是日本明治大学文学部兼任讲师梶山智史先生提交的论文,题目为《霸史的系谱——五胡十六国史料的继承与再编》。专门记述五胡十六国时期史事的各种史籍——所谓"霸史",目前大多已经散佚无存。学者们研究这一时代,主要通过《魏书》《晋书》《资治通鉴》等后代史书所保留的霸史片段。关于这些史书继承和改编"霸史"的状况,周一良先生、町田隆吉等前辈学者曾经有所研究。不过,对于《晋书》《资治通鉴》等史籍究竟采取何种方针来继承和改编"霸史",则仍有讨论的余地。梶山智史先生提交的这篇文章,正是旨在解决这一问题。该文先是在绪言中介绍了"霸史"的概念及其由来,并梳理了霸史的种类、数量与研究状况。在文章第一部分"五胡十六国的霸史及其存佚状况"中,作者按照国别,对各类霸史进行了全面而简要的介绍,尤其重点介绍了崔鸿《十六国春秋》和萧方等《三十国春秋》两书。之后,该文还介绍了五胡十六国霸史现存佚文的状况。梶山指出,现存的佚文分别属于二十种霸史。其中,崔鸿《十六国春秋》和萧方等《三十国春秋》在佚文数量上占据了压倒性的多数。从唐宋类书所保留佚文状况来看,它们更倾向于采用《十六国春秋》《三十国春秋》这类二手史料,而非一手史料的各国史。该文第二部分"从霸史到《晋书》",对唐初《晋书》继承、改编霸史的情况进行了具体的考察。文章主要选取了"成汉李雄的出生、容貌、资质""前秦苻坚的食器""前燕慕容恪对桓温的评价""参合陂之战"等四件具体事例,比对十六国史书、《十六国春秋》《三十国春秋》以及《晋书》关于这些事例记述的异同点。通过比较,作者认为,《晋书》并未参照《蜀李书》《秦记》等一手史料,而是全面承袭了《十六国春秋》与《三十国春秋》。第三部分是"从霸史到《资治通鉴》",对司马光《资治通鉴》继承和改编霸史的情况作了考察。作者统计了《资治通鉴》所引霸史佚文的数量,发现除了《十六国春秋》《三十国春秋》之外,引用《燕书》《华阳国志》等书的数量并不算少。因此,可以推测,司马光在编纂《资治通鉴》十六国史部分时,采用的方针是尽可能引用现存一手史料。不仅是内容,司马光还借鉴了霸史的叙述手法,主要应用于十六国君主的称谓上。此外,梶山先生还通过"有关参合陂之战的记述""《通鉴》引用的崔鸿《十六国春秋》评论"两个具体问题,详细分析了《资治通鉴》继承、改编霸史的方针。

南开大学历史学院王安泰副教授点评说,这篇文章很重视文本脉络,详细地进行了资料比对。他认为,本文还需要考虑的问题有三:一是各个史料内部的比较。比如说,同样是《十六国春秋》,不同的版本所使用的字句可能会有所区别。《十六国春秋》的辑本出自《太平御览》等书,而后者在采纳《十六国春秋》的资料时,可能已经有所更动。所以,我们现在见到的《十六国春秋》辑本文字,或许反映的并非原作者崔鸿的意志。在把《十六国春秋》与《晋书》等史籍进行文字上的比对时,需要先考虑这个问题,即怎样才能确定现存《十六国春秋》文字确实反映了崔鸿的想法。二是《三十国春秋》的问题。《十六国春秋》很明显要表现北魏正统论。而《三十国春秋》的编纂者萧方等在此书编写时极为年少,该书可能主要反映了其父亲梁元帝或祖父梁武帝对抗北方正统论的意志。在对《十六国春秋》等史书进行比较时,必须考虑到正统论的因素,才能理解文字上的改动与歧异。三是"霸史"与"伪史"两种思维的问题。《魏书》也涉及十六国史书如何被后世史书吸收的问题,但它将之称为"伪史"而非"霸史"。《旧唐书》同样将这些十六国史书称为"伪史"。称"霸史"与称"伪史"的两种思维模式可能同时存在。因此,应该把《魏书》也纳入考察的范围之中。

中山大学中文系讲师李晓红老师提交的论文为《先唐赋音文本:张融〈海赋〉并音考论》。《南齐书》载录的张融《海赋》,是该书所载时人赋作当中最长也最完整的一篇。此外,《海赋》还存有注音,而这在《南齐书》中绝无仅有。这些特点表明,《南齐书》所载《海赋》是一份较为独特的文本,值得学者关注。然而,目前学术界对于张融《海赋》的专门研究并不多见,大多是在通论以江海为主题的诗赋时有所涉及。李晓红老师的这篇文章,无疑有助于推进对这一问题的深入研究。该文首先介绍了张融《海赋》的基本特点以及相关研究状况。接下来,结合张融的生平经历,文章对于《南齐书》为何会全文载录张融《海赋》作了解释。作者认为,《南齐书·张融传》之所以全文载录《海赋》,主要是因其在传主生平中占有重要地位。《海赋》创作于张融弱冠之年,当时他被出为封溪令而浮海交州。在已有木华《海赋》名篇在前的情形下,张融创作该赋,很可能是为了彰显自身文采,挽回"出为封溪令"被边缘化的命运。实际上,《海赋》确实发挥了这样的作用。无论是世人还是张融自己,对张融文章的良好评价,都奠基于这篇《海赋》。《南齐书》收录《海赋》全篇,正是为了通过该赋表现张融文风,也有以此作为本时期诗赋代表作的用意。而《文选》之所以不载此文,可能是由于同为梁人所编的《南齐书》已经全文载录,出于分工的考虑,没有必要再作收录。之后,李晓红老师还考察了《海赋》注音的作者以及注音的原因。她认为,《海赋》注音为张融自作。早在张融之前,已有赋家自注音的先例。而张融之所以自作注音,一是为了促进《海赋》流传,二是受到张融所出身吴郡张氏家风家学的影响。张融《海赋》注音的重要价值,就在于它仍属南朝文献,未经辗转引用,可谓唐前赋音文献的活化石,值得学者们作进一步研究。

南开大学历史学院讲师党超老师评议该文。他首先就"并音"的概念与李晓红老师进行了讨论。关于明人杨慎阅读张融《海赋》的途径,党超老师认为,尚未有直接证据可以证明杨慎看过《南齐书》。对于文章的第二部分,党老师称赞说,这是全文最为精彩的一节,不过仍有一些小问题值得讨论,主要是该文对《宋书》《资治通鉴》中几段史料的引用,缺乏更加详细的解释。文章第三部分提到,宋本《南齐书》在记载《海赋》时,已经具有注音,认为"可以确定这些注文是宋人校刊之前即存在于萧子显《南齐书》文本之中"。党老师建议,这一结论还需要更加扎实的论证。另外,该文对于张融《海赋》重要意义的论述,也仍然有待补充具体例证。

在中古时期,以谢灵运、陶渊明等人的诗赋为代表,描写山水、园林等主题的文学作品开始日益兴盛。这些作品是我们研究中古时期文学与社会的重要资料。来自南京农业大学的龚珍讲师,提交了《中古时期文人园林的两种观景模式——从谢灵运、陶渊明到柳宗元》一文。该文通过这些中古时代的文学作品,概括并研究了文人园林两种不同的观景模式。文章采纳了美国人文地理学家提姆·克瑞斯威尔的理论,强调"景观"的呈现与观者所处位置、角度的关联。由此出发,分别概括出谢灵运式"高空静观"的观景模式以及陶渊明式"低地行观"的观景模式两种类型。在谢灵运的名篇《山居赋》中,始宁山居成为图景的中心,再由此向东南西北四个方向展开对全景的描绘。这实际上是站在山体最高点而俯瞰周边的、自上而下的观景模式。这种模式与两汉魏晋南北朝高台建筑的兴盛有所联系。而谢灵运的创新在于,将关注点由宫殿等大型建筑群,转移到清新自然的山居中。这种居高临下的观景视角,使观者与对象之间保持一定的距离,也使其描写多为客观而概括的笔法。与此相比,出身寒门的陶渊明,居所小而简陋,其观景角度因此受限,多为平视。他的视野流动性较强,与自然交融,其诗歌也表现了由内而外的自然观。相对于谢灵运作品以山为主的特点,陶渊明的作品却是山水连用。谢灵运、陶渊明两人的审美方式,分别隶属于壮美与优美两种不同的美感类型。前者的观景模式在魏晋南北朝至初唐社会中占据主导地位,重视"旷景"。而两宋以后的园林观景模式,则更注重所谓"奥景"。中唐时期的柳宗元,正是处于这两个不同时代观景模式转型中的人物。他提出"旷奥两宜"的观景理念,既继承了魏晋以来"高空景观"的传统,又重视小尺度"奥景"的描绘。这种"旷奥两宜"观,相当于中国园林发展史的转折点。目前,学术界仅有汉宝德对唐宋时代诗歌、绘画中"习惯视点"的转换有所揭示。因此,龚珍老师的这篇文章,可以为中古时期园林史的研究填补相关的空白。

该文由南开大学历史学院讲师方万鹏老师点评。他认为,全文从观景角度出发,来写中古时代的园林史,这正是立论的价值所在。文章文笔比较细腻,材料中使用了大量的文学作品,具备较强的跨学科特点。对该文有三点建议:一是文章的完成度还有待加强。文章在结构上详略分布有些失当,在谢灵运一节追溯高台建筑时篇幅过多。在第三节讲柳宗元时,又用了三页左右的篇幅写壮美和优美的问题。二是关于历史情境的认识。该文使用了很多文学作品,而文学作品往往和作者的个人境遇、时代背景密切相关。文章还需要更加深入挖掘谢灵运等人所处的历史情境。三是关于整个文章对历史发展脉络的认识和评价。文章第一、二节所述谢灵运和陶渊明观景模式的差别,主要是高低之分。而第三节则重点强调旷奥之分。高低之分和旷奥之分,恐怕还是有些区别的。另外,我们在长时段研究中,通过个案的比较,当然能够更为明显地呈现变化的明线。但在利用材料时,也要注意材料中历史的隐线。比如说,在唐代时,仍有很多诗歌使用高空观景的视角,继承魏晋以来的观景模式。同样,低空观景的模式,在唐代的一些田园诗中也有所体现。所以,这种高低的变化,从魏晋到唐代可能不是一种转折,而是在隐线中有个一以贯之的历史脉络。这也需要作者进一步思考。

三 思想信仰与中古社会

在中国的中古时期,思想信仰领域也发生了重要而鲜明的变化。佛教作为一种外来宗教传入中国,在南北各地广泛传播,获得了来自各个阶层的大量信徒,呈现出极为繁盛的景象。另一方面,结合道家思想与民间方术而产生的本土宗教——道教,在此期间产生并日渐流行。这二者相互竞争、相互影响,对于中国人原本的思想世界构成了极大的冲击,不仅影响着人们日常生活的方方面面,还在一定程度上与上层政治纠葛不清。此外,同样来自异域的祆教、景教、摩尼教,也纷纷传入中国,并在一定范围内流行。虽然它们的流行规模远远小于佛、道二教,但是仍然在民间信仰、风俗、美术等方面留下了某些影响。总之,中古时期是一个思想信仰大发展的时代,值得我们深入研究。关于思想信仰与中古社会的问题,本次工作坊主要有一篇文章进行了讨论。

来自"中研院"历史语言研究所的刘淑芬研究员,在本次会议上,提交了题为《弘福寺〈集王圣教序〉所见初唐的政治与佛教》一文。刘淑芬老师长期致力于中国中古佛教社会史的研究,代表作有《中古的佛教与社会》《灭罪与度亡:佛顶尊胜陀罗尼经幢之研究》等论著。这次提交的论文,则是从《集王圣教序碑》出发,对初唐的佛教与政治展开了探索。唐太宗曾经为高僧玄奘所译经写有《大唐三藏圣教序》,并由当时的皇太子李治作《述圣记》一篇。之后,此二序被刻写于碑石之上,共留下了《雁塔圣教序》《招提寺圣教序》《同州圣教序》和《集王圣教序》等四方石刻。关于这些石刻,学术界已有过不少讨论,以书法领域的研究居多,偶尔有文章根据碑石论述唐初佛教发展,或考订碑阴题名。而刘老师的这篇文章,则重点考察《集王圣教序碑》的政治意涵。关于《集王圣教序》刻石的背景和原因,刘教授认为,弘福寺僧人为维护本寺的地位,而奏请将《圣教序》上石。唐太宗晚年对高僧玄奘极为赏识和倚赖,屡次劝他还俗参政。在遭到婉拒后,唐太宗仍旧与玄奘往来密切。而皇太子李治对于唐太宗过度倚赖玄奘深感不安,想尽办法将玄奘从唐太宗身边调离。为此,李治抢在唐太宗养病玉华宫、自己参理国政之时,下令在大慈恩寺营建翻经院,以取代原本设在弘福寺的翻经院。玄奘被卷入唐太宗与皇太子李治的权力之争,最终导致了译经地点的变迁。为了强调原本的翻经院地位,弘福寺僧人才有了奏请《圣教序》刻石之举。之后,刘老师还考察了《集王圣教序碑》在序、记之外的内容。她总结说,《集王圣教序碑》与其他《圣教序》刻石相比,主要增加了唐太宗答敕、皇太子答敕、"贞观廿二年八月三日内出"、《般若波罗蜜多心经》、监共译经大臣名等五项内容。其中,标注"贞观廿二年八月三日内出"的日期,实有深意。此碑完成时,皇太子李治已继位为帝。镌刻《报玄奘法师谢启书》并标注日期以诏公信,实际是要强调玄奘和弘福寺的译经地位。这种做法,开启了将皇帝著作上石以维护寺院权利的先河。对于《集王圣教序碑》镌刻《般若波罗蜜多心经》,刘教授认为主要有两方面动机。一方面是为了便于列举监共译经诸大臣名衔,以彰显玄奘"奉诏译经"的地位;另一方面,《心经》与唐太宗关系密切,刻此经于石,也是为了纪念唐太宗弘赞译经。最后,该文还考察了与《集王圣教序碑》有关的贺兰敏之、栖玄法师两位人物,论述了他们与弘福寺以及初唐政局的联系。《两京新记》等书曾有记载,《集王圣教序碑》的另一面刻有贺兰敏之书写的《金刚经》。然而,今天的《集王圣教序》碑上并无此文。尽管这一矛盾难以解释,但它透露出一个值得关注的问题,即贺兰敏之与弘福寺之间关联密切。贺兰敏之为曾参与玄奘译经的栖玄法师撰写墓志以及为《心经》作注等行为,似乎表明他可能倾向于弘福寺的立场。贺兰敏之最终含冤贬死,或许是受此牵连。至于栖玄法师,他曾经参与玄奘在弘福寺的译经事业。不过,在唐高宗朝,栖玄有意或无意地参与到"吕才事件"中,为唐高宗打击玄奘等人起到了穿针引线的作用。也许由于不谅解他,佛教界书籍此后少有关于他的记载。

南开大学历史学院夏炎教授点评了这篇文章。他称赞说,刘教授用了很大的功力,通过《集王圣教序碑》来探讨初唐佛教与政治之间的互动,写出了一篇非常具有启发意义的作品。该文其实是一篇政治史的文章,却使用了很多细致的心理分析,剖析唐太宗晚年的状态,以及他和皇太子李治之间的矛盾纠葛。可以说,这篇文章视角很好,使人开阔眼界。接下来,夏教授就几个具体问题,与刘教授进行了交流。首先是《集王圣教序》的拓本问题。众所周知,《集王圣教序》对书法界意义很大,一直流传到现在。不过,现在西安碑林所藏原石已有断裂,许多拓本也是断本。而北宋拓本未断,字迹更清晰,更值得刘教授使用。其次,就这篇文章来说,翻经院地点的转换,其实质就是唐太宗父子在争夺玄奘这一个和尚的拥有权。对于玄奘这样一个僧人,如何能影响到当时政治权力的瓜分,这一点还有些令人疑惑。同时,在唐太宗晚年,李治的皇太子地位已经非常稳固,没有太多障碍。李治仅仅因为一个和尚而担心自己的太子地位,恐怕还需要文章作进一步解释。再次,整个《集王圣教序》文字的用意其实比较简单,应该就是宣扬皇权对佛教的一种确认。关于碑文所记"贞观廿二年八月三日内出"这一时间,这里为何只写皇太子李治答敕时间,而不写唐太宗答敕时间? 这个时间是否有可能实为弘福寺僧人祈请上石的时间? 此外,祈请上石后,为何花费了二十四年才最终立起碑石? 这篇文章如果能够继续解决这一问题,无疑更有助于探究唐初佛教与政治的纠葛。

四 结 语

本次工作坊历时一天,以"中古中国的知识与社会"为主题,探讨的内容包含社会史、环境史、史学史、简牍学、敦煌学、出土墓志等诸多研究领域。可以说,本次的工作坊在集中讨论会议主题的基础上,内容丰富且涵盖面广泛,促进了不同研究领域甚至不同学科之间的交流,是一次成功的学术会议。由这次会议,我们可以了解到跨学科、跨断代研究与合作的重要性。会议主题"中古中国的知识与社会"中"知识"这一概念,较为抽象而缺少明晰的边界,所包含和涉及的领域极为广泛、庞杂。仅仅依靠某一门学科、一个断代的研究,是远远不够的。在这种情况下,就不能被现代学科的人为划分所拘束,而是要以问题为导向,综合不同学科的研究方法来进行探索,或许会更加有效地寻找到问题的答案。可以想见,这种围绕某一问题而展开的跨学科、跨断代的合作与交流,将来还会不断涌现。此外,在本次会议上,与会专家屡次提到了出土材料的流传问题。我们今后在使用简牍、墓志等出土材料时,除了史料本身的内容,也要更加注重史料的出土信息与流传过程。尽管由于某些条件的限制,对于部分出土材料的来源无法得知或不便公布,但也要尽量做到心里有数,甚至可以留下私人记录。这不仅能够确保所用材料的可靠性,还为后人研究学术史提供了便利的条件。总之,本次工作坊不仅在各项具体学术问题上取得了一些进展,同时也为今后相关研究的总体方向,提供了一定的启发和建议。

作者简介:张弛,南开大学历史学院博士研究生。

【书评】

让儿童从幕后走向台前
——评王子今著《秦汉儿童的世界》

刘 佳

对历史上儿童生活面貌和生存境遇的回望凝视和梳理呈现,恐怕在10年前的大陆历史学界鲜少有人从事,如今因诸多学人在社会史和文化史研究中浸淫日久,日常生活和生命历程渐趋成为史学研究的热点,这被偏置一隅的研究领域,也开始有学者潜心深耕,结出累累硕果。王子今所著的《秦汉儿童的世界》(以下引文径括注页码)无疑是其中颇具分量的集大成著作。

《秦汉儿童的世界》凡662页,近60万字,该著以"世界"命名颇有包罗万象、囊括奇之感。诚然,书中所论确实涉及儿童生养礼俗、蒙养教化、医疗救护、游艺劳作、抚育救助、宗教信仰、社会参与等诸多方面。纵览全书,"秦汉儿童的世界"已然颇具规模,皆有赖于作者搜检史料,集腋网罗之功,是作者多年学术积累和深厚研究素养的集中体现。

正如作者在引言中提到的"儿童史或者儿童生活史……的丰富内容,散见于汗牛充栋的古代文献中,未能受到重视,予以发现搜辑、归纳分析,使得我们认识中国历史与中国文化,关闭了一扇本来可以望见生动情景的视窗。"(引言,第3页)该著聚焦儿童这一研究对象,对于这扇视窗的开启,尝试良多。作者将目光回溯至遥远的秦汉时期,致力于引导儿童从历史厚重的帷幕之后走向台前,尝试以儿童为主线进行历史书写。这种尝试和推进,为中国儿童史相关研究的开展提供了可资借鉴的研究视角和叙述维度。

一 全书梗概

从读者角度来看,该著篇幅虽稍显巨大,但围绕儿童生活展开,有娓娓道来之感,阅读起来并非不易。大的专题下设若干子题,叙述视角也是有迹可循,有意呈现秦汉儿童生活的方方面面。读罢全书,可以看出作者希望借助儿童生活这一特殊的研究视角,更真实地了解当时社会关系的原生形态,更全面地体察当时社会生活情状,更准确地说明当时的社会文化风格。

全书除序言、引言和后记外,正文内容共有14章。引言《秦汉儿童史和秦汉儿童生活史》主要阐明作者的研究意图、研究视野。首先从近代王稚庵撰写的《中国儿童史》一书基本内容切入,描述儿童史研究应然呈现的生动图景,作者认为"儿童史或者儿童生活史应该包括除了'幼智''早慧'之外的丰富内容"(引言,第3页);进一步回顾台湾学者熊秉真在中国古代儿童史方面开拓性的研究;通过对胡适、鲁迅话语的解读,说明儿童生活的研究可以增益对社会生活的认识和理解;同时对"童"这一概念加以界定,指出秦汉儿童的含义大致涵盖了现今未成年人这一社会群体。

第一章《出生权利和初生命运》叙述了在宗法秩序的基础上,社会衍生出对"子孙"充实的良好愿望。"宜子孙"成为秦汉时期不可忽视的文化遗存;社会上盛行的巫风鬼道,助长了"宜子孙"相关礼俗的神秘主义氛围,各种求子医方、关于子孙性别、身体情况的卜算层出不穷,生育禁忌之说也风行于世;"生子不举"和溺杀女婴的现象频繁出现。

第二章《婴幼儿健康与基本生存条件》指出秦汉时期儿童及其健康问题得到普遍关注。一方面"婴儿"称谓指代对象有着复杂演变过程,说明更多人开始关注儿童;另一方面由于初生婴儿死亡率,婴儿保健受到更高的重视,出现了专门治疗小儿疾病的医生和医书,文学领域出现了以"伤夭""悼夭"为主题的诗文作品;汉代政府对孤儿实施社会救助,比较著名的如由国家抚养为国牺牲者后代"羽林孤儿",民间也承担一些抚养责任。著名的"易子而食"的历史记忆被多种史籍著录,成为以资借鉴的行为,说明社会意识在关注儿童方面的进步。

第三章《儿戏:游艺生活》不仅描述了儿童世界中掩雀、捕蝉、习射、蹴鞠、鸠车、竹马、博弈等真实的游艺项目,而且阐述了成人对"儿戏"一词的理解和运用。通过刘备、项羽、张汤等多个实例,说明儿童对成人生活的仿习,与其人生志向、性格养成、行为取向有莫大的关系。最后讨论汉昭帝九岁耕于"弄田"的记载,说明皇家教导子弟,寓教于乐的形式。

第四章《童蒙教育》介绍了儿童教育的基本程序和教育内容。"幼童入小学"、接受初级教育,识字书写,"成童已入大学",开始研读经典;通过考订认为儿童初入学年龄是在4—6岁。这里兼论小学在学术史、学科研究等方向的意义;从考古发现中考察了秦汉时期蒙学书籍的遗存;列举《烈女传母仪传》中的教育故事,展示了汉代童蒙教育在道德教育之外,更包含了智育、法理等更宽广的教育内容。

第五章《"神童"的出现》关注的对象是秦汉时期天赋异禀、才能出众的儿童,体现社会文化的繁荣和民间教育的进步。考订了项橐七岁为孔子师故事的来龙去脉,列举了杨乌、曹冲、钟会等才智型神童、以孔融为代表的道德型神童、具有辩才的黄琬、常林以及奇童孔融之女的主要事迹。其中神童组合的出现,体现了当时区域文化的某种特征(267页),通过郑玄、管辂、孔融的事迹说明,幼年的超凡脱俗的表现,经过积累沉淀有助于成年后获得成就。在神童备受推崇的同时,到了东汉后期开始出现对"早慧"的反思。

第六章《劳动儿童与儿童劳动》说明了汉代下层社会儿童承担生产生活劳动的情形。在诸如农耕劳作、畜牧豢养、樵采刈薪等工作中均有儿童的身影,经营性活动中也有儿童的参与,儿童通过出卖自己的劳动力,为人驾车,做人仆从,体现了秦汉时期的雇佣关系和人身依附关系,身处边塞的儿童作为随军家属参与军事生活,更有直接接受战争洗礼者。

第七章《社会灾难、社会犯罪与受害儿童》在承担社会劳动的同时,儿童不得不面临社会犯罪所带来的人身伤害。秦汉时期儿童被绑架、劫掠、买卖情形屡见不鲜,同时也是古代社会政治败坏、民不聊生的重要表征;买卖儿童是否合法这一问题在西汉初期和东汉初期可能存在截然相反的答案,西汉初期可能考虑地域人口的分布,存在允许买卖儿童的情形。光武帝时期又有明令禁止买卖儿童。

第八章《社会上层儿童生活考察》将关注目光转向天潢贵胄,讨论秦汉两朝皇族儿童的生活状态。秦二世胡亥"少习刻薄之教"(353 页),分析其知识构成,是法家思想先入为主,反映秦朝"以吏为师"的文化政策和文化导向。汉王朝认为秦朝政治体系崩坏或源于此,因此西汉王朝重视皇族子弟的教养问题。实则在两汉时期生存已上升为头等大事,皇家幼小成员,甚至皇位继承人都有可能成为政治斗争牺牲品,如少帝、殇帝、冲帝等。侥幸存活者也在政治势力斗争中浮沉无依,内心脆弱。上层社会女童基于家族权势利益的考量幼年即被确定婚姻关系以"待年"(382 页),成为后世童养媳之俗的滥觞。东汉贵族子弟有"小侯"之称,政府为其专门设置学校教育培养。

第九章《未成年人的赋役责任与身份继承》以当兵服役和身份继承为例,阐明未成年人承担的社会责任。以长平之战中"小子军"相关记载做引子,分析推断得知在秦朝征役制度中,"男子服役年龄为十五周岁始"(407 页),汉承秦制,未有变化。作者结合多地出土竹简和秦、楚两国文化背景认为秦朝楚地"小上造"之"小"字指代未成年人而非传统说法认为的固有爵位之名,汉代"小爵""公乘""士伍"同样是未成年人继承的社会身份,反映了不同地域、不同时期身份继承制度的复杂情形。两汉社会中,对于成年男女有"大男"和"大女"的称谓。未满十五岁的男女被称为"小男"和"小女",其中以是否具有劳动能力为衡量标准,具体年龄界定是七岁,又分为"使男""使女"和"未使男""未使女",在粮食和衣物分配供给方面,未成年男性明显受到优待。汉代小女子、大女子的称谓已经成为民间通行用语。

第十章《少年吏:未成年人的参政机会》呈现了未成年人参与政治生活的鲜活实例。致力于还原少年甘罗立功故事的多方记载和史家质疑,列举与甘罗并称异才少年子奇、张辟疆的事迹,也给出了秦代未成年人参政议政的可能性。两汉时期,或因特殊政治地位和人际关系,或因超拔的学识能力,"高门贵族子弟担任朝廷中枢和皇帝近卫职务""下级官吏和平民出身的少年在地方政府中任职"(464 页),也有少年在军中为吏。少年吏凭借积极进取的行事风格和较为高超的从政能力,承担起部分社会责任,体现当时社会进取的时代精神。少年因其显赫出身和家中丰厚财力,又有在汉代宫廷中充任童子郎者,作为行政实践的第一阶段,因能够接触到最高层的政治事务,为未来发展奠基;又因身处宫闱,于深宫之中有特殊的情感际遇。"郎"的称谓也已在东汉晚期流行于民间。担任内廷侍卫的"小儿官"和侍中与皇帝关系更为密切,甚至在皇帝情感生活中占据一席之地。

第十一章《"少年""恶少年"与社会秩序》讨论汉代少年对社会秩序的消极影响和对任侠风气形成的积极作用。汉代少年有结成社会团体的现象,市井少年多从事卑贱的职业社会地位低微,蔑视法令,好勇斗狠,是不安定的社会因素,其中尤为恶劣者,被称为"恶少年"。"少年"和"恶少年"构成了秦汉时期游侠社会的重要基础。执政者对扰乱社会治安、挑战政治权威的"恶少年"集团采取严酷打击或分化瓦解的措施,民间文化多因其传递的侠义精神多有称赞之心。

第十二章《未成年人的社会地位》将儿童称谓作为理解其社会地位的一种角度,借助成人社会中或表亲昵,或示轻蔑的"小儿"称谓,呈现其复杂内涵。作者认为秦汉时期通过借助小儿的蔑称表达的鄙薄之义,如"人道未成""竖子""乞儿"等,体现出未成年人社会地位的低下。民间意识又有夭折婴孩化身"小儿鬼"的现象,进而衍生出躲避、惩治的相关礼俗和医学应对。

第十三章《朦胧情性》说明未成年人情爱、婚姻意识和现实状态。开篇以汉武帝刘彻金屋藏娇之例,说明社会对儿童情爱意识的引导。汉代社会自上而下皆有早婚风习,从汉简中获取的婚龄资料可知,女子婚龄多在 15 岁之前。汉代社会上层偏好童婚和男色,童婚是后世童养媳和指腹为婚之习的滥觞;又有男童承担妖童、弄儿的社会角色,随侍贵族左右。

第十四章《"童年女"的神异地位》关注在秦汉社会巫风鬼道的影响下,"童男女"被赋予的神秘力量。其中最为著名的是徐市入海求仙所携之童男女。在秦汉祭祀活动和祈雨仪式上,童男女承担歌唱、舞蹈、角色扮演等任务,借助其被社会文化赋予的"神性"(619页),达到洗涤心灵、驱鬼辟邪、缓解旱情等不同目的。汉代童谣作为一种特殊的舆论方式,承担了社会批评和政治语言的功能,作者认为其神秘主义色彩与汉代社会复杂的信仰体系有多方面的关系(634页)。借助汉成帝时长安"小女陈持弓"讹言大水将至,吏民奔逃,夜入宫禁,无人察觉之事,例证童男女具有的神秘主义品性。

后记中作者进一步阐明该著的写作意图,"通过对于历史上不同时期未成年人社会地位、生活境遇和人生方向的考察,或许会有重要的文化发现",全书恰恰可以视为作者对于诸多文化发现的阐释与解读。

二 贡献与启示

自作者 1991 年发表《说秦汉"少年"与"恶少年"》一文,将近 30 年年间,作者对于秦汉时期社会不同人群的考察,生活境况的呈现和历史文化的追索从未停止。[①] 这部著作将关注点集中在儿童这一以往为历史研究所忽视的群体,笔触所及,似有缓缓拉开大幕之感,秦汉儿童的面貌由模糊渐次清晰,它带给我们的启示是多方面的。

首先,较为完整地呈现了秦汉时期儿童生活的面貌和图景。儿童作为在历史大幕后隐藏已久的社会角色,终于被作者从汗牛充栋的史料中找寻出来,站在台前,尝试发声。在这一方面,该著是非常值得称道的,书中对不同种类史料条分缕析、细致考订,描绘出一幅幅儿童生活的社会画卷,可以想见,在此过程中作者所付出的诸多心力,实属不易。或许限于篇幅,书中画像石、画像砖、考古实物未能以图片形式呈现,如能一一录入文中,不仅可使叙述更为直观得法,而且图文并茂的呈现效果,对于读者加深理解领悟,不无裨益。回顾大陆儿童史的研究进展,对于秦汉时期儿童的关注和书写,可以说尚处于"补赎"[②]的阶段,这部著作恰好填补了此项研究的缺失与空白。但是通观全书,未见明显的总结文字,因对秦汉时期儿童观念提炼升华和整合融通方面略有不足,使得全书逻辑脉络勾连贯通稍显不畅,实属遗珠之憾。

[①] 王子今:《走进秦汉儿童的世界》,《光明日报》,2018 年 08 月 12 日 06 版。
[②] 辛旭:《儿童与社会的相互建构:儿童史研究突破的一种可能》,《学术月刊》2016 年第 6 期,第 132—138 页。

其次,相关主题研究因儿童史的研究视野,新见迭出,令人耳目一新。如文学作品出现的伤悼主题确与当时爱重儿童的价值取向密切相关,这恐为文学史研究所忽略;全书在具体研究中特别留意历史复杂面貌的呈现,如一方面我们看到汉代社会福利意识日趋成熟的表征之一是孤儿扶助政策的出台(135—152页),儿童生存境遇的改观,另一方面到了东汉末年的劫质犯罪又多以未成年人为对象(316—330页),强硬的社会应对并不顾惜儿童的性命,由此可见社会对待儿童态度的复杂多样和变动不居。对未成年人对政治生活的参与和东汉"小侯"的论断同样精彩纷呈。

再次,该著转换研究视角,使传统史料的解读重新焕发生机,如《史记》《左传》《公羊传》中关于"易子而食"的记载不再仅是政治史的注脚,从儿童史的角度会发现时人对儿童生存权利的关注(154—167页);《汉书》对于匈奴风俗的记载"儿能骑羊,引弓射鸟鼠"不仅是民族史研究的资料,也是儿童游艺活动的真实记录(174页)。书中多处使用传世文献、出土文献与考古实物相互印证,如透过汉简、镜铭、石刻、诗文共同传达出汉代"宜子孙"的社会理想(7—25页),神童项橐形象的塑造和声名的传播既有《战国策》、《史记》的记载,又有画像资料、碑刻资料的佐证(250—255页)。该著在已有研究成果利用方面稍显不足,西方儿童史的研究成果和理论①未能进入作者的关注范围,这是该著未能尽如人意之处。

最后,该著提供了诸多研究线索和思考角度,以待后来者深入发掘持续研究。作者在书中多处提醒教育史、宫廷史、治安史、民族史等领域的研究者关注某些问题,如民间礼俗对于生育行为的预测和规约(27页)、市场需求导向下的儿童器具生产(185页)、儿童游戏背后的教育意义(198页)、汉代西北边塞军事生活的儿童(308)、社会伦理背景下未成年的地位(321页)、汉代宫廷中低层儿童(504页)、汉代少年社会群体内部结构(537页)等。但书中延伸拓展内容也有与儿童研究本身并不相涉者,难免会有冲淡主题之感,这可能与原有专题论文的框架结构有关。

三 结 语

目前,《秦汉儿童的世界》无疑是一部内容宏富、系统性研究秦汉儿童历史的重要著作。该著的贡献在于它尝试为我们呈现了较为完整的秦汉时期儿童生活图景,借助儿童史的研究视野,进一步深化了对秦汉社会文化的认知;不仅为传统史料灌注了全新的生命力,而且为相关领域的研究提供了深入思考的契机和视角。全书内容包罗万象,林林总总,既在秦汉社会背景下书写儿童,又借用儿童的视角审视秦汉社会,唯一缺憾在于未能在儿童史研究的理论建构方面做出系统性的突破。不管怎样,该著致力于引导儿童这一研究对象从幕后走向台前,对于我们认识中国古代社会文化和儿童生活面貌助益颇多。

作者简介:刘佳,东北师范大学教务处教师。

---

① 俞金尧:《儿童史研究及其方法》,《国外社会科学》2001年第5期,第34—40页;陈贞臻:《西方儿童史研究的回顾与展望——阿利斯(Ariès)及其批评者》,《新史学》2004年第1期,第167—190页。

中国慈善史研究的新进展

——王卫平《清代江南地区慈善事业系谱研究》评介

黄鸿山

苏州大学王卫平教授近期出版专著《清代江南地区慈善事业系谱研究》[1],这是其主持的 2010 年度国家社科基金项目"清代江南地区慈善事业系谱研究"(10BZS024)的结项成果,结项等级为优秀。王卫平长期从事中国慈善史研究,是中国大陆史学界中国慈善史的早期开拓者之一,自 1993 年至日本广岛大学访学和攻读博士学位起,即开始关注中国历史上的慈善事业,其博士论文《明清时期江南城市史研究:以苏州为中心》[2]已对慈善史有较多涉及。后又出版《中国古代传统社会保障与慈善事业》[3]和《中国慈善史纲》[4]两部以慈善史为主题的专著。1997 年起,王卫平先后在《中国社会科学》《历史研究》《中国史研究》《社会学研究》等学刊发表与中国慈善史相关的学术论文数十篇。《系谱研究》一书代表着其近年来在中国慈善史研究方面的最新成果。

"慈善事业系谱"是作者提出的一个重要概念。慈善事业系谱的内涵是:清代江南地区的慈善事业存在着一个因时而异、但又一脉相承的发展线索,透过这一线索,可以较为清楚的把握慈善事业的发展脉络。《系谱研究》内容即以"慈善事业系谱"为主线展开。除《前言》和《结语》外,正文共分《劝善与同善:晚明的救世运动与江南地区慈善事业的兴起》《继承与创新:清代前期彭绍升的慈善活动》《承上与启下:潘曾沂与清代中期江南地区的慈善事业》《本土与外来:冯桂芬的慈善思想与实践》《个人与群体:余治与晚清江南的慈善家群体》五章,依照时间顺序和慈善事业发展的内在逻辑,对晚明的袁黄、高攀龙、陈龙正,清代前期的彭绍升,清代中期的潘曾沂、晚清时期的冯桂芬、余治及其友朋弟子等慈善家的思想和活动进行了深入研究,系统论述晚明以来江南地区慈善事业发生、发展、演变的过程及趋势。作者认为,这些慈善家纵向上前后影响,横向上组成网络,表现出一脉相承、互相影响的传统,江南地区慈善事业的兴盛,与这些慈善家的努力密不可分。

与学界已有研究相比,《系谱研究》具有一些新的特色。

---

[1] 王卫平:《清代江南地区慈善事业系谱研究》,北京:中国社会科学出版社,2017 年。以下简称《系谱研究》。
[2] 王卫平:《明清时期江南城市史研究:以苏州为中心》,北京:人民出版社,1999 年。
[3] 王卫平:《中国古代传统社会保障与慈善事业》,北京:群言出版社,2005 年。
[4] 王卫平:《中国慈善史纲》,北京:中国劳动社会保障出版社,2011 年。

一是研究路径新颖。20世纪80年代以来,中国慈善史逐渐引起学界关注,在此后数十年的研究中已取得令人瞩目的成果。但正如作者所言,既有研究主要有两种路径:一是通史取向,首先是分析慈善事业兴起兴盛的历史、文化背景,继而考察各种慈善组织的出现及其发展,从地域分布、数量扩展、种类增加几个方面揭示慈善事业的发展情况,最后探讨慈善事业对社会发展的影响;二是专题研究,即在探讨中国慈善历史渊源的基础上,分门别类地考察慈善团体机构的创办、发展情况,分析其与社会发展的互动关系,并适当回应一些学界重大的理论关怀。大陆学者的研究多以前者为主,后者则以夫马进《中国善会善堂史研究》[1]和梁其姿《施善与教化:明清慈善组织》[2]为代表。这两种路径各有特点,通史研究较为系统,但往往失之于笼统和简略;专题研究则较为深入,但不够宏观系统,看不出明显的脉络。

在作者早期的研究中,曾分别践行这两种研究路径。《中国古代传统社会保障与慈善事业》便侧重专题研究,《中国慈善史纲》则偏向于通史取向。《系谱研究》则另辟新路,提出"慈善事业系谱"的概念,以明末以来江南地区慈善家的先后承继和相互影响为主线,去考察明末以来江南地区慈善事业的发生发展。这种新的研究路径,既继承了通史研究较为系统和专题研究较为专深的特点,又避免了其笼统或琐碎的缺陷,反映出作者研究路径上的创新。

二是研究内容思想史与社会史并重。在早期研究中,慈善史往往约定俗成地被纳入社会史的范畴,关注重心也多在慈善事业的发生发展过程及其济贫功能等方面,对慈善家的思想动机等内容较少涉及。近年来,思想史的相关研究对慈善思想也予以关注,但又难以全面准确地把握慈善事业的发展实态。《系谱研究》则对慈善家的思想渊源、心路历程及其事业内容进行了综合考察,从而得以揭示明末以来江南地区慈善事业的更多面向或特点。如作者明确提出:"慈善不仅仅是一种民间社会主导的生活救助行为,还是一种以劝人为善为宗旨的教化活动。换言之,传统慈善事业实际上应该包含劝善与行善两方面的内容,是民间社会在自愿基础上开展的、以救助贫困和劝人为善为内容的社会活动。"[3]即劝善也是慈善事业的重要内容。虽然早有学者观察到慈善与社会教化的关系,但往往定义模糊,在研究过程中也自觉或不自觉地将慈善事业的内容局限在物质济贫的范围以内,限缩了慈善事业史的研究视野。本书作者则明确提出劝善亦属慈善事业的范畴,将慈善事业的内容扩展到物质和精神两方面,这更加符合历史实际,有助于更好地理解明清时期慈善组织行善、劝善事业并行不悖的特点。

三是注重慈善事业与社会现实的关系。以往的中国慈善事业史研究中存在一种忽视社会现实、强调主观动机的倾向,如研究晚明慈善组织的出现时,有学者指出:"从需求面解释善会出现的原因"是"一个不具说服力的解释"。强调"从施善者的主观角度分析善会的出现"。这种看似新颖的做法,存在着脱离现实、流于想象的弊端,在解释史实方面存在不

---

[1] 该书日文版由日本同朋舍于1997年出版,中文版收入"商务印书馆海外汉学书系",由商务印书馆于2005年出版。
[2] 该书繁体字版由台湾联经出版事业公司于1997年出版,简化字版由河北教育出版社于2001年出版。
[3] 王卫平:《清代江南地区慈善事业系谱研究》,第7页。

少明显的错漏或牵强之处。《系谱研究》则格外强调慈善事业与社会现实的互动关系。如第一章指出,晚明时期慈善事业的兴起与社会弊陋丛生、危机四伏的现状密不可分,正是鉴于这样的社会现状,一些官僚士大夫"力图通过端正人心、整顿风俗的方法,重建传统道德和社会秩序"①。其出发点、方法和路径选择各有不同,"袁黄主张三教合一,强调行善积德、因果报应,积极从事劝善活动,并在力所能及的范围内身体力行;而高攀龙、陈龙正等人则辟除异端邪说,维护儒学正统,以儒家传统伦理道德思想为指导从事慈善救助活动,并视其为改良社会的有效手段"②。即虽然各个慈善家的主张和行动有所区别,但均出于"救世"的共同目的,可谓殊途同归。这一解释从社会现实出发,有理有据,从纷繁复杂乃至相互冲突的思想和行动中归纳出共同的规律,是更具说服力的洞见。

注重慈善事业与社会现实的关系的一特点贯穿全书始终。第二章考察清代前期彭绍升的慈善活动时,作者首先论述清代前期江南地区慈善事业的发展情况及其原因,并专门探讨家学渊源与地域文化传统对彭绍升的影响。第三章考察清代中期潘曾沂的慈善活动时,作者则特别关注当时社会问题频发的社会背景。第四章考察冯桂芬的慈善思想和活动时,作者注重冯桂芬慈善思想转变与近代社会形势的密切关系,发现其思想所受的外国影响和消弭社会动荡的目的。第五章考察以余治为中心的江南慈善家群体时,作者则将其慈善活动放到近代社会战争频发、灾荒连绵的大背景下进行论述,指出余治等人在慈善事业上的巨大成功是"顺应了社会形势,并在传统的基础上不断创新的结果"③。这种做法表明,作者将慈善事业视作社会整体的不可分割的有机组成部分,这种思路有助于更加全面和深刻的理解慈善事业的演变历程。

最后值得一提的是,本书也给后续的中国慈善史研究提供了思路上的借鉴。虽然自 20 世纪 80 年代以来,中国慈善史逐渐引起学界关注,并取得令人瞩目的研究成果。沿至今日,慈善史已成为学界关注的热点之一,相关认识得到不断深化。但由于种种限制,相关研究"同质化"倾向明显,不少研究成果的创新甚少,研究思路、方法、内容、观点等与之前研究大体一致,难免给人"千篇一律"之感。《系谱研究》也指出,"目前大陆学者涉及明清时期慈善史研究的部分,大多人云亦云,缺少自己的独立思考","自己的研究成果也往往被人任意攫取,这样的现状乃至学风迫切需要改善"④。这类现象的存在,与研究者的视野过窄有关。其实,只要注意拓宽视野,努力转换研究视角,中国慈善史仍有值得深入探究的广阔的空间。所谓"横看成岭侧成峰,远近高低各不同",视角转换之后往往便是更为广阔的天地。在这方面,《系谱研究》给我们提供了一个好的榜样。

作者简介:黄鸿山,苏州大学社会学院教授。

---

① 王卫平:《清代江南地区慈善事业系谱研究》,第 17 页。
② 王卫平:《清代江南地区慈善事业系谱研究》,第 146 页。
③ 王卫平:《清代江南地区慈善事业系谱研究》,第 312 页。
④ 王卫平:《清代江南地区慈善事业系谱研究》,第 5 页。

杜家骥主编《清代社会基层关系研究》评介

李尔岑

社会基层关系，是以平民的日常生产关系、生活关系为主要内容的社会关系。长期以来，这一领域少有学者进行系统的研究。杜家骥教授主编《清代社会基层关系研究》于2015年由岳麓书社出版，系教育部人文社会科学重点研究基地重大项目的成果，也是"十二五"国家重点图书出版规划项目、国家出版基金资助项目，是一部"系统全面考察清代基层民众的各种人际关系的研究著作"①。

如本书前言所说，本书的核心概念："社会基层关系"，指的是"平民之间的社会关系"②。其涵盖范围包括：生活在血缘与地缘群体中民众的社会关系，如宗族关系、家庭关系、亲戚关系、乡里关系；作为类别人口和社会身份的人群，如老人、妇女、工商业者、矿业者、戏剧业者等，这些人群的"生活、社会活动、从业状态及其所形成的社会关系"（第1页）。本书的核心问题意识——按笔者的归纳——在于这样两个核心问题：考察清代基层民众的常态社会关系是怎样的？非常态的纠纷甚至暴力冲突又是如何发生的？在此基础上，尝试提升论证高度并解释清代社会的一些基本话题，如人口、资源、国家与社会的关系等，是一部以"新视野"解读"旧问题"③的优秀成果。

从全书架构上看，全书共分三编十九章，其中上编以宗族、家庭、亲戚、乡里、流寓民的关系为着眼点，笔者将之归纳为生活空间中的社会关系；中编以妇女、老人、医病、主佃、主雇、商业、矿业、戏剧业这些类别人口和社会身份人群为主要关注点，笔者将之归纳为社会身份中的社会关系；下编则是对上中两编中的一些具体问题进行了进一步的探讨，带有提纲挈领性质，亦是对上中二编的补充，属于余论。本书评无意打破全书的主要架构，同样拟以上述三部分来进行评介。

---

① 常建华：《清朝刑科题本与新史学》，《清华大学学报（哲学社会科学版）》2018年第5期，第131页。
② 杜家骥：《清代社会基层关系研究》，长沙：岳麓书社，2015年，第1页。为避免赘余，以下引用本书内容，以夹注只标明页码。
③ 笔者使用"旧问题"一词作为表述，并非认为如清代的人口、资源、国家与社会这些问题是陈旧的，相反，这些议题是我们探讨清代社会不可避开的议题，应当是常探常新的议题，这也凸显了本书的价值。

一　血缘与地缘：基层民众生活空间中的社会关系

清代的平民生活在一个个组织化空间之中，作为亲人、家庭成员、宗族成员、乡邻、客居者，基层民众的社会关系被构建在由血缘和地缘因素所划定的生活空间中。本书的上编以此为主题展开论述。

本书第一章的作者余新忠教授将宗族成员的社会关系分为族内、族外关系，族内又有权力、经济、教化的关系和日常生活关系的区分。族外则主要论述宗族与国家的关系、宗族间的关系。在宗族内部，宗族成员通过祭祖活动这一最重要的礼仪性活动强化宗族的向心力与组织力，通过编修族谱来追本溯源以确保宗族的延续，作为一种象征着宗族文化权力的文本，族谱的编修行为本身也就意味着文化权力的重塑与整合。又通过族规的制定与执行对宗族成员的日常行为进行具有强制性的规整。在宗族内部，属于全体宗族成员的族产问题不容忽视，作者以祭田问题为切入点，指出宗族以共有族产的权利和办理祭祀的义务相结合成为一种体系格局，使宗族和族人之间形成了一种具有一定相互依存性质的经济关系。族人间存在着让财救恤和维护利益共存的矛盾局面，作者指出，"族人间的救恤责任在当时虽然是普遍存在的，但却是有限度的，这个限度就是'分'，如果过了这个'分'就难免发生纠纷，甚至酿成命案。"（第39页）宗族作为一个整体与族外发生的联系无外乎与国家的关系和与外族的关系，宗族在维护地方秩序上与国家利益有趋同性，在基本理念上，宗族维护国家的意识形态与利益，而国家也对宗族对族人的治理有条件地支持，并赋予一定的自治权限。但在现实生活中，宗族与国家的利益会不可避免地发生倾轧。宗族与宗族之间存在着合作，这与宗族维护乡里和谐的利益相符，但同样存在着排他性驱使下的斗争，宗族械斗是其最集中的体现。

宗族关系有族内、族外关系的区分，作者论述家庭关系则主要集中于家庭内部关系，其中最核心也是最基础的关系，即父母子女关系。尽管父母与子女在法律关系上的不平等决定了父母在家庭中的威权，貌似是不合理的，但在现实生活中，这种不平等恰是让社会上绝大多数老人安度晚年的必要保证。婆媳关系颇具时代性，婆婆的威权较今日更甚，引发了很多纠纷。夫妻关系比较复杂，社会普遍倡导一种相敬如宾的相处模式，但也不意味着夫妻间的亲密与恩爱在当时不存在。法律关系上的夫妻不平等客观存在，但现实生活中"怕老婆"的现象也比比皆是，作者对这种相反现象共存的情况作了细致的考察。除此之外，妻妾、兄弟、姑嫂关系都可算是夫妻关系和父母子女关系的延展而被纳入作者的考察范围。第二章亲戚关系的论述受限于只集中论述外亲和妻亲，因此论述比较薄弱，亲戚之间存在着经济矛盾，但是这些亲戚间的借贷、租佃、雇佣关系所产生的矛盾看起来并不与普通的借贷、租佃、雇佣矛盾有什么不同，本章的特色在于由出嫁女所引发的种种纠纷，这是因婚姻行为使得一个家庭介入了另一个家庭之中，由此而引发了各种关系与矛盾，借由"出嫁女"这个纽带，两个家庭被联系了起来，若有改嫁情况发生，则甚至有三个家庭被联系起来，如果说第一章中对家庭关系的论述集中于家庭内部，那么第二章则涉及家庭外部，形成了很好补充。

本书的第三章进入了地缘因素主导下的基层民众社会关系论述,本章主要使用顺天府宝坻县的县衙档案,比较系统地还原了清代宝坻县地区民众的日常生活关系、纠纷及其解决机制。本章对宝坻县地区日常生活关系描写细致,乡民之间的日常生活,如嬉闹结伴出行等娱乐性活动、喝酒赌博等游戏性活动,乡民间的经济联系与互帮互助、合伙营生,又兼及宝坻县的婚丧习俗等,都使用了丰富的县衙档案展现生活实景。在生产关系方面,文章抓住宝坻县地处京畿地区,存在着圈地与非圈地并存的土地所有情况,由此产生出宝坻县独特的主佃关系,这是对后文主佃关系专章的很好补充。相比之下,对主雇关系的论证就显得不具有特殊性了。作者使用县衙档案详细列举了宝坻县日常生活纠纷,如土地、借贷、买卖、畜产、偷盗的纠纷;和日常生产纠纷,如主佃、主雇纠纷等。在此基础上尝试使用流行的清代民事调解理论对宝坻县乡里矛盾的解决机制进行了分析,整体来看,笔者认为这恰好符合了黄宗智关于"第三领域"的叙述。作者还将关注点集中在乡村妇女身上,论述在"见面不避"和"男女大防"的相反观念下,宝坻县乡间女性的生活空间和交往活动,并使用刑科题本档案对男女交往超越尺度所产生的种种后果进行列举。

第四章聚焦于乡民中的特殊群体——流寓民,流寓民的社会关系网络由亲属网络、地缘网络和业缘网络三方面共同作用形成,亲属、同乡、同业之情决定了流寓民群体的社会关系具有不同于其他所有处于在单一生活空间的民众的特征,本章很好地体现了这种特殊性,如本乡人在土地问题上对流寓民的打压、争夺;同乡人往往趋向于合伙营生;流寓的单身汉远离家乡在当地建立婚姻关系,由此产生的与当地人之间错综复杂的社会关系;乃至非法的性关系,如因流寓地区男女比例的失调产生的鸡奸、通奸问题。

二 伦理、阶层与职业:基层民众社会身份中的社会关系

本书的中编聚焦于社会中不同身份的人群产生的独特社会关系,这涉及家庭伦理中的特殊身份,如老人、妇女;涉及带有阶层特征的田主与佃户、雇主与雇工;也涉及社会上的几种常见从业者,如医生、商人、矿业者、戏剧业者。总的来看,基层民众的社会身份特点决定了社会关系的特点。

有关妇女的日常生活与社会关系,在本书的第三章"乡里关系"中已有部分叙述,而第五章"妇女的社会关系"着眼点更多地集中于妇女的日常娱乐活动与人际往来上,与前文产生互补。本章的一大亮点在于关注到留守妇女群体和出外谋生妇女群体的社会关系,这与流寓民一章相互照应,流寓民一章书写的重点在于流寓民群体本身的社会关系,且大多为男性。对于流寓民"抛下"的群体——留守妇女,以及那些也可算作是流寓的出外谋生妇女,则在这一节得到了补充说明。笔者对本章抱有疑问的一节是关于清末天津广仁堂的个案研究,作者利用广仁堂档案非常详尽地阐述了广仁堂内节妇与工作妇女的活动、职责与人际关系。问题在于这一个案研究是否充分具有可以反映清代妇女的社会关系的普适性?笔者对此存有疑问,一方面,广仁堂成立于清末,当时的社会风貌与清代其他大部分时间都不同,另一方面,广仁堂这个机构本身就是特殊时期下所建立的一种特殊机构,以此作为个案,又是否可以认定它足以作为妇女的社会关系的代表进行论述?在笔者看来,有关

广仁堂的这一节个案研究,与整个主题产生了比较大的割裂。

第六章从敬老养老的角度探讨老人的社会关系,其论述内容没有超出学界主流的官方敬老政策、宗族敬老措施、老人参与地方事务管理、老人的赡养问题等内容,在内容上相对比较薄弱,考察范围限定在敬老养老上未免显得过于狭窄,也很难完整体现老人的社会关系,若加入老人的日常生活与人际交往部分,既可以与本书的其他章节在文章架构上保持一致,也可以更清楚地还原老人的社会生活,在材料上若运用题本、县衙档案等新史料,应有不少可操作性。

第七章对"医病关系"这一学界尚属空白的领域进行了概念的厘清,具体阐述了医病纠纷的类型、原因及解决,尝试使用医案史料对医病纠纷的实态进行还原,也引用对时人笔记中的故事,从观念角度论述医病纠纷产生的原因,是文章的一大亮点。此外,文章开宗明义是以"医病纠纷"为中心,但似也应列一节描述医病关系的其他常态表现,并论述"医病纠纷"何以能作为论述医病关系的代表,这些内容散见文中各处,但笔者认为有必要列专章进行叙述。

由杜家骥教授亲自撰写的第八、九两章,集中探讨了主佃关系和主雇关系这两种带有阶层特征的社会关系类型①,杜教授充分利用他主编的《嘉庆朝刑科题本社会史料辑刊》中所存的反映主佃关系的案件97则,反映主雇关系的案件82则揭示主佃、主雇关系,以及所产生的矛盾的复杂性,试举几例:笔者在阅读租佃关系的著作时,已经觉得佃户再将土地转租给他人的"亦佃亦主"关系足够复杂,而杜教授发现,在清代基层社会,甚至还有佃户交给佃主押租钱并将田地反租给佃主的情形,也就是说,佃主同时也是佃户,佃户同时也是佃主。而对于主雇关系,则具有现实情况与社会观念上的复杂性,一方面,雇主与雇工越来越多地被视作平等关系,但是在社会习俗和观念上,则依然存在着主仆观念的残留,受此观念的驱使,雇主常有支使雇工的行为,由此引发的纠纷矛盾更不一而足。身份关系的复杂性导致了矛盾的复杂性,作者对主佃、主雇矛盾产生的原因探析详尽而具体,在绝大多数情况下,矛盾的产生必定伴随着佃主、佃户双方中的一方或两方出现违反租约的行为。主雇矛盾其实与之有类似之处,多数情形围绕着工钱展开,而雇主支使雇工的主仆观念残留则亦在其中发挥作用。作者使用的材料是刑科题本史料,较民事纠纷史料而言,这些命案史料的使用势必存在多一层思考:这些矛盾何以引发命案? 换言之,矛盾何以激化? 作者在主雇关系一章有所思考,用题本中罪犯口语化的供词论述了失去收入来源,丧失住处的雇工的绝望心态,从而产生出激化矛盾的诱因。而在主佃关系一章,这一层思考则缺失了,是个遗憾。

第十、十一、十二章分别聚焦于清代社会三种具有代表性的职业身份中的社会关系:商人、矿业者、戏剧业者。这三种职业身份有一个突出的特点,那就是在清代,这三种行业得到巨大发展,清代商业繁荣,商人数量激增,商帮、商业会馆等组织的发展也是学界关注的重点;清代矿业由禁到弛,经历了矿业从极小规模到巨大发展的历史跨度;清代戏剧业的巨

---

① 说这二者带有阶层特征并不意味着主佃关系和主雇关系中完全存在阶层,而是指探讨这两者的社会关系,必须要将其身份上的阶层特征(或者说阶层的存在与否)作为论述的出发点,这一点在书中体现的很明确。事实上,文中也强调,在绝大多数情况下,佃主与佃户、雇主与雇工都是平等的"凡人"关系。

大发展体现在以营利为目的的职业性演出组织(戏班)的大量增加,与之相应的,是演出场所的不断增设。这些在清代产生的行业大发展,衍生出社会关系的新变化,这是此三章的写作特色。商业一章用很大篇幅描述了商业会馆中的人际关系;矿业一章既论述矿业的经济关系,又论述矿业迅猛发展背景下,随着矿业从业者的大量增加所产生的日常生产生活关系和引发的矛盾,这不仅包括从业者与官员、从业者之间的日常生活关系与矛盾,还包括了因大量的开矿行为导致的矿业者与当地普通民众的日常生活关系与矛盾;戏剧业一章详细描述了戏班内部错综复杂的人际关系和管理制度,戏班外部戏班与戏班、戏班与戏园、戏班与演出嘉宾的关系,乃至由此产生的戏班的集体组织关系等。上举内容均占据了各章的主体架构,可见,行业的发展衍生社会关系的新变化确是此部分内容的最重要特色。

三 从基层社会关系看清代社会的基本问题

在本书的下编,杜家骥教授根据上编、中编有关生活空间、社会身份的社会关系论述,对清代基层社会关系中的具体问题阐发了自己的思考。

作者发现,清代尽管在法律条文层面上对服制命案的审判仍然严格,因其涉及伦常,对卑幼杀死尊长案件的审判极重,但现实社会生活发生的案件仅仅依据案件双方的身份定罪,则会出现大量"不合理"的审判结果,清代统治者发现了这一问题,要求在一定程度上也要参考犯罪情节的轻重来衡量审判,因此在实际的司法实践上,不少"情有可原"服制命案都通过种种方式进行了减刑,其中最重要的一种方式是通过秋审制度每年对死刑犯的犯罪情节进行重新审核。近年来,学界对秋审制度的研究逐渐深入,过往的研究已经使我们对秋审制度的中央与地方的司法程序有了充分的了解,而对秋审制度最新的关注重点,恰恰集中于在清代实际的司法实践中,有哪些犯罪在秋审过程中能够得以复核减刑,如社科院法学研究所的孙家红在博士期间的文章就以秋审中划定减刑依据的"情实""可矜"等为线索分别论述其司法实践①,本书所指出的服制命案与秋审减刑之关系,与孙氏的归纳不谋而合。对夫妻和婆媳矛盾的叙述,是对本书第一章内容的再提炼与补充,余教授撰写的第一章关于夫妻和婆媳关系,更多地从双方的尊卑关系出发,探讨尊卑关系对夫妻、婆媳关系的巨大影响,而缺少对夫妻、婆媳矛盾的类型化叙述,杜教授的论述更侧重于此,而依据矛盾的类型化分析,杜教授也发现了更多的矛盾产生原因,如对于婆媳矛盾,作者指出婆婆、儿媳作为家庭妇女,都有操持家务的责任,繁重而琐碎的家务使得婆媳之间在处理家务方面产生纠纷的概率较大,这一点在第一章是没有被提及的。相比之下,第十五章对乡里矛盾的类型化再叙述则显得赘余。诚然,此章有不少对第三章未论及或论述很少的部分做了有益补充,如对因公共资源产生的矛盾的整理,但亦有不少重复,如赌博、借贷、畜禽产生的矛盾等。但此二章仅在类型列举上稍有互补之处,读来有意犹未尽之感。在笔者看来,第十五章可补充之处至少有两点:第一,第三章使用了县衙档案,纠纷类型多属民事纠纷,第

---

① 参见孙家红:《视野放宽:对清代秋审和朝审结果的新考察》,《清史研究》2007 年第 3 期。

十五章则全部使用刑科题本档案,是刑事案件,那么若对这两种史料中纠纷的类型做一对比,似可部分说明纠纷激化为刑事案件的原因。第二,第十五章的探讨范围不局限于宝坻一县之地,而是放眼全国,那么全国各处的乡里纠纷有哪些地域特色?有哪些明显区别于华北的宝坻县?若将此二点补充完整,可对乡里关系的民事与刑事、全国与地方的联系一一辨明。

清代的人口大幅度增加引发了一系列社会问题,事实上,本书中列举的很多纠纷都与人口的增长有着或多或少的联系,比如乡里民众矛盾的产生与激化往往与土地资源、债务有关,归根结底是由于人均占有资源的减少,使得争权夺利的现象变得更加普遍,出现因一点小钱、一点庄稼就动辄打伤打死的情况,又如流寓民背井离乡的原因正是人口压力所导致的土地资源紧缺。人口的增长所引发的社会问题,部分已经在前文各章散见,而论述不够的部分,则在第十六章予以补充。值得注意的是本章有关劳工、乞丐、胥吏的叙述,是对基层社会群体的有效补充。劳工的主要构成多为城市中的闲散流民;乞丐是社会最底层的群体,是社会不稳定的因素,因无可失去,所以常有犯罪之事;胥吏群体的扩大本身就与人口增长有着直接关系,地方政府为了应付不断增长的行政管理需求,只能扩大胥吏群体帮助统治,而胥吏群体以低贱的身份等级握有较大的权力,往往为害乡里,反而动摇了统治秩序。这三者都是清代社会的底层群体,有关他们的社会关系在前文少有提及,而专列于此。

笔者在前文中几次提出一个问题:是什么原因导致了一些细故纠纷演变成了命案?这本应是本书的核心问题。在第十七章中杜教授予以部分解答,大抵有贫穷、酒后、触犯禁忌、辱骂、单身汉、妇女轻生几种情形,总的来看,民众之间的小矛盾之所以激化成为命案,主要的原因是"缺少后路",因贫穷而绝望,于是一点点财产被夺走就"穷苦无依",从而激起怒气,加上单身、酒精等因素的诱导,故而斗殴演变成命案。这一点在美国学者步德茂(Thomas Michael Buoye)的文章中也有体现。[①] 除此之外,作者也指出,一些口语失当的行为也易激化矛盾,这是杜教授的发现。抛却这些从整体层面上的分析结果,笔者认为,若就事论事,分别分析宗族家庭、亲戚、乡里等各章主题下,纠纷激化的原因,更可以析出具有各自特色的原因,以作者所写主雇关系为例,主雇关系矛盾激化的原因中主雇双方并没有除雇佣关系外并无其余社会联系,双方没有旧谊,故而发生矛盾后没有其他顾忌,此外,工钱纠纷联系贫穷现状也是主雇关系矛盾激化的特色之一,在这一部分作者进行了很好的尝试,可惜的是其他各章则有缺失。

面对民间形形色色的纠纷,甚至激化成为命案,官府对此如何应对?在本书最后,作者予以一定的考察,以主佃关系作为典型个案探讨官府根据案件的不同情形,视案情轻重灵活处理的裁决原则,总体上来看,并不会出现偏袒某一方的情况,而其中的例外则是涉及服制的命案,唯一的裁决原则是尊长卑幼的等级关系。

---

① 参见步德茂:《18世纪山东的杀害亲人案件:贫穷、绝望与讼案审理中的政治操作》,载邱澎生、陈熙远编:《明清法律运作中的权力与文化》,桂林:广西师范大学出版社,2017年,第336—361页。

四 本书的特色

综观杜家骥教授主编《清代社会基层关系研究》一书,学术发现不少,也具有很多特色,以下归纳探讨。

(一)史料的使用

本书撰稿人共有 11 位,主要运用的史料各不相同,但基本都使用了刑科题本史料①,这是本书的一大特色。笔者总结刑科题本的史料价值,主要有两点,其一是从社会日常生活史角度出发,从刑科题本案件当事人的口供中,提取社会日常生活的丰富史料。其二是从法律史的角度出发,从刑科题本中各色犯罪与案件当事人的身份出发,探讨清代社会中纠纷的产生与激化,乃至发生命案的逻辑;或者结合法律条文,探讨清代的立法过程与司法实践等问题。在笔者看来,本书的内容兼及了前述二者,社会日常生活史角度,如第一章有关宗族成员遇事寻求宗族的救济现象(第 28 页)、宗族成员间的救恤和让财现象(第 37 页)、第二章中亲戚之间的探望与招待(第 106 页)、第四章中对流寓民身家背景的分析(第 197 页)、第八、九章对主佃、主雇身份关系复杂性的论述等(第 378 页、420 页)。都是使用刑科题本还原日常生活与社会关系情况的例子。而法律史角度更不必赘述,那些形形色色的矛盾与命案的分析都是对该角度的最好诠释。除却刑科题本史料,县衙档案史料也值得注意,本书第三章主要使用了顺天府宝坻县县衙档案,虽然与刑科题本相同,县衙档案的主体也是纠纷双方的呈词与口供,但因为多数不涉及命案,口供的关注点在于产生纠纷的种种情形,这与刑科题本口供中主要描述命案情形(杀人动机、殴斗场景等),而对纠纷的产生与原因则相对略笔的情况不同,为我们提供了更富有细节的社会生活材料。故此,第三章为我们展现了乡里丰富多彩的日常生活图景,乡里人民相伴出游、赶集、串门、喝酒赌博,富有生活情趣。对于县衙档案中描述的纠纷,笔者认为这代表了一种更具"共性"的情形,刑科题本中的纠纷最终引发了命案,这是具有特殊性的纠纷,而县衙档案中的纠纷则更贴近生活,更琐碎,更"柴米油盐",更具有普遍性。因此,将其与刑科题本的纠纷对照观察,会有更多收获。除此之外,本书各章作者还使用了实录、笔记、医案、文集等多种多样的史料作为补充。

(二)凸显主题特色

笔者将本书的论述内容分成两个横轴和两个纵轴,两个横轴如前文所说,是对基层社会关系人群的类型化划分,分成生活空间和社会身份两部分;而纵轴则是社会关系的类型化划分,比如日常生活关系、生产关系、交友空间等等,两横两纵的单独与交叉论述构成了本书的主体,笔者所言的"主题特色",正是源自于如何避免在这两横两纵的交叉叙述中避免论述的重复。举个例子,乡里关系是笔者所言"生活空间关系"的一种,其中论述了乡里

---

① 据笔者的观察,全书只有第十二章《戏剧界的社会关系》没有使用刑科题本史料,其他各章中所使用的刑科题本的来源,包括但不限于《清嘉庆朝刑科题本社会史料辑刊》《刑案汇览》《驳案汇编》等,亦有部分直接出自中国第一历史档案馆的刑科题本全宗。

间的"主佃关系""主雇关系",这种纠纷类型,是属于"纵轴"的社会关系类型;流寓民关系是"生活关系"的一种,其中同样论述了"主佃关系"和"主雇关系",那么同样的"纵轴"论述就必须要凸现出带有"横轴"特色的内容,在上述情况中,就意味着要凸显"乡里"的特色和"流寓民"的特色,才不至于进行重复论述。本书对这一点的处理是比较成功的,主要体现在两个方面:其一,比较成功的在"横纵交叉"论述中凸显了特色。仍以乡里关系和流寓民关系举例,乡里关系一章,作者从宝坻县土地所有制存在圈地和非圈地之别出发,发现了宝坻县具有不同于其他地域,也不同于具有普遍意义的主佃关系的特殊主佃关系;流寓民一章,作者抓住流寓民群体本身的特色,即流迁性和单身性,指出流寓民群体的社会关系(其中包括了主佃关系和主雇关系),是比较不稳定的,容易发生纠纷和社会关系的疏解。其二,对纵轴内容进行单独论述,以避免横纵交叉论述中产生疏漏。本书专列主佃关系和主雇关系两章,一方面是因为其本身属于社会身份产生的社会关系,另一个考量,想必是由于书中多处论述各社会群体的生产关系,往往论及主佃关系和主雇关系,但是多侧重于凸显社会群体的特色,于"共性上"的论述不免遗漏,因此,本书更列专章对主佃关系、主雇关系的"普遍性"内容进行叙述,与各章呼应,形成了普遍性与特殊性的兼顾。

(三)论述完整性

文章的论述是否完整,一是看行文逻辑是否连贯自洽;二是看文章结构是否完整。本书各章撰写者不同,各自成一体系,还要保证整体框架整齐,且各章之间还要尽量避免重复叙述,确实是一项很大的挑战,可以看出编者杜家骥教授已经做出了很大努力,但确实有零星部分显得论述上有所缺失,如为了避免与第一章重复,本书的第二章只涉及妻亲与外亲,而在具体论述中又侧重于妻亲的叙述,因此篇幅很小,显得不够透彻;又如论述乡里关系中的一部分涉及主佃关系和主雇关系,与后文的第八、九章略有重复;此外,各章本身论述完整程度不一,如第一章论述宗族家庭关系,与已有研究成果进行大量对话,论证的范围从日常生活到矛盾纠纷又涉及社会心态,可称完整而严谨,而某些章节则内容上各有缺失,如缺少官府应对、缺少矛盾激化的原因论述等,前文已有提及。总的来看,全书以三编为主题,将风格各异的十几篇文章统一进一个框架中,可称成功。

内阁大库档案的发现整理被称作中国近代古文献的"四大发现"之一,随着 20 世纪 80 年代社会史的复兴,学者借助这部分史料将观察的眼光转向了清代的基层社会,研究基层民众的生活、生产实况,得益于此,一些社会史研究的经典问题,如土地租佃、民间借贷等,焕发了新的色彩,并开始触及民众的日常生活领域。本书正是一部以这种新视野对清代的社会关系进行新探的佳作,不失为一部系统而详细地论述基层社会关系的优秀成果。

作者简介:李尔岑,南开大学中国社会史研究中心硕士研究生。

文化阅读与政治接受的"鸿沟"

——张仲民著《种瓜得豆——清末民初的阅读文化与接受政治》评介

邓倩倩　刁培俊

"阅读"并非只是狭义的读书,亦可视作一种主体对外界的认知过程。张仲民在新著《种瓜得豆:清末民初的阅读文化与接受政治》中,延续了其博士论文《出版与文化政治:晚清的"卫生"书籍研究》的学术探索旨趣,从社会史、传播史、阅读史、生活史等方面,对"阅读的实践与接受"问题进行深入考察。这部新著可谓作者十余年学术研究成果的集中整合,囊括其围绕阅读文化与受众反应展开的若干相近主题论文,且数篇论文集结为一书,则更趋于系统化。对于这些专题研究的梳理,作者指出,清末民初的知识译介和再生产于传播和接受过程中存在"种瓜得豆"效应。

一

本书主要研究议题如下。在引言部分,作者从清末民初中国民众对新知识、新名词的不同接受现象切入,引出作者所关注的问题——近代中国的知识再生产,即所谓阅读文化的建构及与之相关的"接受政治"。该书正文厘为六章,分别从清季启蒙人士改造大众文化的论述与实践、"淫书"的社会史、"黑格尔"的接受史、"古腾堡"的接受史、世界语的接受史、五四新文化运动的在地化这六个方面,呈现了清末民初中国社会不同思想传播、重塑、吸纳或排除所结合成的有机"复合体"。下文概要性分而述之,俾便于后文回溯之讨论。

第一章,作者采用独特的视角,从官方论述来考察下层民众的阅读文化,从禁书的历史管窥前现代中国的阅读文化,从鼓吹新小说和改良戏曲揭示启蒙人士改造中国阅读文化举措及其间的矛盾性。第二章主要考察"淫书"——生殖医学书籍在中国的译介、出版情况以及时人对此类书籍的看法,呈现出翻译出版、商业、政治之间互相勾结利用的历史镜像。第三、四章则着重于"黑格尔"与"古腾堡"这两个西洋文化符号引入中国后的因应变化与再书写。作者从知识社会史的角度,窥探时人对这两个西洋符号的认知与运用,从而探讨了历史书写与记忆政治的关系。第五章作者对于世界语接受史的研究,主要以刘师培为中心,兼述与之往来的章太炎、钱玄同的活动,揭示世界语认知背后的世界主义关怀与想象。第六章则是以舒新城为例对地方知识分子的个案分析,呈现了地方知识分子在新文化运动中阅读、吸收、生活化、在地化的过程。本书结语部分,作者从两方面论述阅读文化与"接受政治"中"种瓜得豆"的结果。其一,梁启超在近代中国阅读文化的重新塑造中发挥了重要的作用,对时人影响巨大。其政治取向虽归于保皇、立宪,但起了"避革命之名行革命之实"的作用,是接受政治中"种瓜得豆"的范例。其二,作者总括全书,指出这一议题中所谓"舍旧谋新",却仍未逃脱旧思想的牢笼,反而使"旧制度"、旧的集权思想和专制手段在新的名义下更为巩固。这也体现了清末民初趋新知识精英们"种瓜得豆"的结果。

一部论著之学术含量,端由诸多因素构成,从其资料运用、研究视角也可稍窥一斑。本书在论证过程中使用了大量的晚清民国报刊资料,包括诸多不常见的报刊,以及小说、日记、传记等史料。由于前人对通俗性的文学材料乃至各种各样的商业报刊资料、小说资料利用度相对有限;相比而言,张著对这些材料的大量征引可谓本书的一大亮点。作者广泛引用了《忘山庐日记》《徐兆玮日记》《钱玄同日记》《蒋维乔日记》等不下数十种。进而言之,本书参考文献除中文文献之外,作者还引用了不少英文文献和一些日本文献,凡此均可见其在相关研究领域相当广阔的学术视野,及其钩沉索引之功。

就本书的学术议题而言,以往的研究视角多侧重自思想史、学科史和概念史的取径入手,比较关注核心政治概念或学科术语、精英思想等为主的学术系谱,而对于普通大众的阅读实践与接受情况,相关讨论却并不充分。再者,如今不少学者对近代中国出现的新知识、新名词的研究,更为关注其内涵及诞生史,比较忽略接受层面情况的考察。由此推衍可知,张著之别开生面、匠心独运,就显在者而言,或可表现为从大量史料出发,解构主流的叙事模式,将研究视角着重放在接受层面,不只是关注精英的公开表达,更为关注其表演和取悦大众的色彩,聚焦于所谓的"新知识"是如何被生产、被挪用乃至被在地化的,从而导致了怎样的派生意义与扩散开来的社会效果。对于受众的考察,作者不只局限于精英阶层,而是在相当程度上扩大了研究面向,其学术视域涉及地方知识分子,更有甚者,以往历史很难显现的"引车卖浆流者"等普罗大众,也堂而进入作者的学术"势力范围"。当然,鉴于19世纪中国下层民众自己留下的文字记录极端稀缺,现有资料或许未能完全精确地建构读者的阅读与思想经历的内在面向变化,特别是未曾留下文字记录而在历史舞台上"失语"的贩夫走卒或妇女等群体,但作者尽可能爬梳相关史料,并别开生面地从新角度使用旧史料,故呈现出的文本亦能对当时的大众阅读文化有所印证。

二

反复精读全书,张著下面的一些特点,给我们留下了深刻印象。

其一,作者秉持着实证主义史学研究的学术取径,重视史料的收集与细节的考证,力求历史叙述的故事性。[①] 同时,张著亦有着明显的后现代史学色彩。其吸收了后现代主义中对现代主义的反思与批判以及反传统、反权威、反中心的思维模式,密切关注其中书写的力

---

① 无论史学研究理论和方法如何变换,历史著作的叙事性特征,不但是最引人注目的,也是最具有持久主导性模式的历史编纂取径。参阅彭刚《叙事的转向:当代西方史学理论的考察》,北京:北京大学出版社,2017年,第3—8页。

量、史料的局限,注重发掘小人物的历史,从而解构宏大的历史叙事。历史书写是充满意识形态与道德判断的行为,是一定脉络下知识与权力互动的结果,它制约着我们表现过去"真实"的效果。① 因此,作者对近代印刷史书写的民族主义模式进行解构,讨论该模式的形成过程及其遮蔽性,即颇显其前瞻性敏锐学识。此外,作者在论述小说与戏曲的改良运动及"淫书"的接受史时,打破"启蒙者"与"被启蒙者"之间简单的线性关系,强调其内部充满冲突与紧张的互动网络,并进而指出在此网络中所有参与者都是行动者,都有知识再生产的能动性。其多元、立体的学术视野,认识之深入,豁然显见。

其二,作者对清末民初中国阅读文化的观察,颇具比较史学的视野,即具体而微地运用异文化的资料来理解中国文化的近代塑造历程。譬如将近代中国的趋新现象多与法国的启蒙运动、革命作对比,作者论述中国启蒙者将大众阅读视为一个关系国家兴亡的政治问题时,述及19世纪第二共和时期,法国改革者和政府也发起了一场改造民众阅读的运动,将有害于统治秩序的出版品包括一些文学读物,从大众的阅读品中剔除出去。在论及对大众阅读文化规训和改造的效果难副所期时,也在注释中提及 Martyn Lyons 的研究,揭示19世纪法国下层社会的读者包括女性读者,他们有属于自己的文化实践,亦非等待被规训和指导的消极主体。再者,在对印刷史的论述中,作者指出"我们有意无意以今天的眼光放大了印刷文本在明清中国社会的普及度与流行性",也印证了法国文化史家对法国大革命同启蒙书籍之关系的探索中所陈"正是法国大革命赋予了某些特定书籍具有先见之明与可昭法式的意义"。诸如此类的论述,体现了作者跨文化观察与比较的眼光,以及与欧美新文化史研究对话的意图。此外,作者所论述的"被阅读"的对象,往往和西方、日本有密切的联系,这也反映了中国历史脉络与世界各种文明的接触和关联。这样一种比较史观可以使人们保持对历史差异性的警醒,以及对文化横向互动的重视。这一研究取径抛弃线性的历史观,从而呈现出历史书写模式在过去之复杂性及矛盾性。

其三,在学术议题的发掘与提炼上,作者往往别出心裁,自居一格。对于黑格尔、古腾堡、世界语三个部分,学界有所涉及,但多半浅尝辄止。而张著之"淫书"部分,不管是在议题抑或在材料上都非常具有开拓性。以往探讨医学史、思想史以及性文化史、卫生史等方面的著作,几乎均未注意到这部分书籍。因而在阅读史研究中,对清末民国生殖医学书籍资料的爬梳,一方面反映出作者博取史料的细致功夫,另一方面则体现出作者选材取径上的不拘一格。最重要的是,所谓"淫书"资料包含的诸多面向,包括读者的反应等,是很好的学术"映照"角度,这鲜明体现出新式性文化及阅读文化的建构态势。这不仅仅反映时人"卫生"观念本身,还牵涉到清季强种与民族国家文化工程的建构。而站在第三者的立场上看,对"淫书"史料的解读,作者将目光着重放在"诲淫"与商业操弄上,但针对这些生殖医学书籍的价值,还应该有"译作者"学术立场和智慧构建(当然也存有受限于译者理论素养、知识储备、学术器局、社会阅历等因素,囿于个人既有识见,以及显扬与遮蔽之理念作祟导致的译作之被肢解、被移改之可能),以及它们是否在专业领域有一定的学术影响。在这一点上,似乎作者未提及。

---

① 感兴趣的读者不妨阅读辛德勇《中国印刷史研究》(北京:生活·读书·新知三联书店,2016年),尤其是前言、下编与结语部分。

其四,作者善于从微观的视角,利用以小见大的方式,建构起对清末民初阅读文化和接受政治的历史认知。作者对传播者及受众的观察,大都是从不同身份、不同政治主张的人的话语表达,来进行个案的论述,而不是一概而论,因而大致可以从本书中看到清末民初的阅读文化之若干面相。对于"世界语"的传播与接受史,论述其在中国社会的推广程度洵非易事,而作者则以刘师培的活动为主要考察对象展开其铺叙的笔墨;对于"新文化运动"这个已被学者不断剖析的历史现象,作者受到王汎森对"地方"层面知识分子的研究影响,放弃全方位的论述,转而从一个地方知识分子的生活史来管窥新文化运动对时人的影响(由个别推衍至一般)。对于文化这一抽象概念,作者倾向于将它具体化、个案化,譬如自种类繁多的书籍中选择小说与"淫书",来反映"新知"在普通民众中的传播情况,以"黑格尔"与"古腾堡"两个文化符号来指代西方知识在近代中国的译介与接受情况。因此,这种微观考察方式对史料的数量和考证均有相当高的要求,从作者制作的两张表——清末报刊上改良小说和戏曲论述篇目与清末出版的生殖医学书目,以及大量的参考文献,均可显现出作者在史料收集和编排考订领域的幽微用心与沉潜钩稽之功。

其五,作者的语言功底深厚,全书用词雅致且言简意赅。譬如作者在论述民众对"淫辞小说"的看法时,谈及他们"未必一定走上同当权者和主流意识形态、伦理纲常相对抗之路,经常不过是一种像游嘉年华一样的游乐观赏行为而已"。再有,作者描述世界语的衰落,"百年转瞬而逝,如今世界语运动在实践的检验下将弹尽粮绝,世界语的提倡者和实践者所坚持的理念已成明日黄花,所期盼的愿景也遥不可及,然而他们精英式的世界主义追求、期盼世界大同的梦想,希望重新塑造中国走向和追求一种超越民族国家建构的努力,却不会杳如黄鹤"。这种酣畅且富有文采的叙述,书中甚多,兹不赘述。

三

在阅读的过程中,我们也心存些微疑惑,特求教于作者和博雅识者。

其一,张著作为一部新文化史视野下的研究论著,援用了诸多理论性的术语。譬如本书书名中的主旨概念"接受政治",大概来自西方论述中的"politics of reception"。此处"politics"并非我们国人日常理解之"政治",而是文化研究中的一个特有概念,指接受过程中产生的变异和再创造。再如"记忆政治学"(memory politics)的概念,作者用以表述通过重构历史记忆来达到某种现实意义。此外,还有"翻译政治"等。这些概念从中文的字面意思来看,常人自难明确其含义。倘若作者对这些理论进行一定的阐述和解释,也许更利于读者的知识吸纳。

其二,作者利用了丰富的历史资料,但对整体史视域的关照似有疏略。由于作者将其学术目光转向下层的社会、民众及民间文化,而这些研究对象都是具体且弥散式地存在。就此展开的研究,在实证、客观、细致地观察之同时,往往忽略了"大写的历史",即与"整体史"的关联性与同构性。譬如张著对新文化运动中地方知识分子舒新城的研究,这种"个性化""区域性"的个案是否具有普遍意义?由个别推衍至一般的普遍性历史镜像究竟有多大?特别是在当时那一知识分子转型和分化的时期,这样的缩影是否能够印证整体的社会发展情势，抑或只不过是其某种局部的有限表征和实践，抑或"独木"（甚而"木"较多有量变但尚未发生质变之时）可否谓之"林"？整体社会发展情势在这一部分是否需要更多关注？作者或无意于此，但读者却难免心存疑窦。近年来，学界在讨论碎片化历史研究取径之时，多倡导应具整体史之关怀。作者也多独有洞见。① 作者也意识到，在历史文本撰写的具体操作过程中，宜应将具体的研究对象置诸整体史视域之下，注重研究对象与其他社会现象之间的互动与联系，也应努力建构和挖掘表象背后复杂的关系网络与深层内涵。譬如，晚近以降，在君主专制转向民主共和制的政治变革下，民主观念如何从管控机制以及思想上对人们的阅读文化产生影响，管见以为值得更多探讨，抑或较多关照既有成果，以为佐证。再者，清末民初报刊业发展迅速，本书利用了大量的报刊资料，是否亦应关注报刊创办背后的意识形态因素，及其与政治之间的相互作用，亦即历史书写者、制造者背后的各种理念与意识的推动。② 此外，自经济发展整体模式而言，随着商品经济的发展，书籍也成为一种社会商品。成为商品的书籍不仅影响著书旨趣，还在流通领域使得书籍易为普通民众所获得。这一历史互动景象是否值得付诸较多笔墨？当然，在本书中，作者注重从文本到表象的揭示，但对中间过程——受众的阅读实践，即获取途径及如何阅读方面，除有关舒新城研究外并未一以贯之，似尚留有余隙。

其三，本书史料引用繁多，并有诸多大段引用，但似对不少材料缺乏榨干所有信息般的深度解读③，呈现出述而不"作"（深描般剖析），难免留有堆砌之嫌。如在第四章第二节再现古腾堡之一的论述中，列举了诸多介绍古腾堡的文献；第三章第四节对援用黑格尔哲学的时人论述话语的呈现，以及对"淫书"的史料引用等。诸如此类的论据，或有连篇累牍般引述者，但书中却多为蜻蜓点水式的分析。此外，作者所引述的史料，多涉及有关过去的一种文字书写。该书通过对史料的批判而展开，分析社会如何引导其成员依循某种结构来产生一些文本，以及"作者"在什么样的动机与过程下，创作这些符合某种结构的文本，体现在"淫书"的生产，教科书或史书中对"古腾堡"的描述等方面。然而，这种批判式分析，往往难免有过度诠释之虞。其中虽有意识性的建构，但也难以排除实乃无意识的历史书写，似应加以区分。这样的表述之下，不禁启人疑惑：知识的传播者是否有意地种下这个"瓜"，抑或"只缘身在此山中"呢？

其四，本书整体架构方面，各章节的并列逻辑联系似有余隙。当然，这可能导因于本书乃作者先前研究论文的汇集，之前的研究面向过于广泛，汇聚于一，整体性上就难免稍有关照不及者。质言之，作者以"种瓜得豆"归纳本书主旨，各章节间或有未能紧扣这一主题之文字，譬如五四新文化运动的在地化一章，能否直观反映"种瓜得豆"这一效应，似需读者

---

① 作者关于碎片化的讨论，参看张仲民《理论、边界与碎片化检讨——新文化史研究的再思考》，《复旦学报》2016年第5期。
② 中国学者对于历史资料做内部、外部考证的传统，颇多类似日本学者倡导之"史料批判"，参阅杜维运《史学方法论》（增订新版，台北：三民书局，2008年，第167—190页）、孙正军：《通往史料批判研究之途》、安部聪一郎：《日本学界"史料论"研究及其背景》，《中国史研究动态》2016年第4期。
③ 参阅邓小南《永远的挑战：略谈历史研究中的材料与问题》，收入氏著《朗润学史丛稿》，北京：中华书局，2010年，第509页。明清以降的中国史研究，历史文献恍如汪洋大海，难见际涯，任何一个议题，举证繁多，不胜枚举，是否也需这一研究取径，见仁见智，颇难彻尔判定。但史家之卓越追求，前后时段、域内域外，或近乎一。

更多跳跃性思讨方可达致。而且,书之结尾,以这样讽刺意味的论述作总结,"至于自以为新旧标准的区隔者、自以为代表时代新趋势的知识精英们,当他们颇有些自作多情地在不断努力启蒙大众、企图推动社会'进步'、期望能创造出一个美丽新世界的时候,何尝想到有朝一日,种瓜得豆,历史的原罪也会将孤芳自赏的他们置于时代的审判台上"。我们不得不说这样的表述蕴涵有较多发散性深意,但这是否言之有"过"? 再者,作者将知识分子对大众文化的规训,看作乌托邦式的,未免忽视了知识分子改造社会文化的积极作用。我们以为,主观动机与客观效果存在差异是自然的现象。作者质疑知识分子在移风易俗上真正所起的作用,诚属理所当然,但自更广阔的时空而言(譬如汉唐以来的儒学士人之于社会的教化,乡间百姓的王朝认同与自我"被教化",尤其是明代以来的王学之乡里实践),这一表述是否过于悲观了呢?

其五,该书注释大部分相当详尽,或作补充说明,或纠正文献错误,等等,但也存在少数缺失脚注的情况。譬如第 94 页,作者引用《男女之秘密》译者观点的一段话;第 96 页,对《胎内教育》一书序言的引用;第 246 页,《格致益闻汇报》一个读者的疑问;第 255 页,对学习世界语的益处的引用,等等。

此外,还有一些细小问题。如第 226 页,作者论及一些中国史教科书对中国文化西渐影响欧洲印刷术的历史书写,只列举了傅纬平编著的《本国史》一本,似不足为证,若多援引例证,似更完美。再有第四章第五节的标题,"中国印刷术与古腾堡"似略有不妥,因为前两节也论述了中国印刷术与古腾堡的比较与联系,而这部分实际是第三种书写模式的延伸,或可视为马克思主义史学的叙述模式。如再斟酌,当更臻于完美。

总之,张著从新文化史的角度,通过若干专题性研究,对清末民初中国阅读文化与接受政治的论述,有利于丰富我们对那个时期中国社会现象与历史的认知。当然,从这一看似碎片化的历史研究中也能稍窥社会整体变动的缩影,如西潮东渐下的文化表象,以及民族主义叙述对历史书写的影响等等。我们不得不说,这一解构性的历史论述模式,对中国文化史的研究颇具学术推进的意义。其史料的爬梳,也为后学提供了诸多面向的参考。作者超越主流与精英的叙事模式,从普罗大众的角度,挖掘前人所未踏涉的领域,亦或用旧瓶装新酒,力图呈现出清末民初阅读文化中授与受之间的鸿沟,可谓富有创新性的研究。本书所悬之鹄的,也是出于对知识分子社会角色的一种反思。而清末民初这一历史时段,却正是中国面临欧风美雨冲洗而在文化上自我迷失的一个阵痛期。在"整理国故"找回"自我"与全盘西化的纠结中,中华文明的何去何从,都成为摆在传统儒士面前的重大课题。而在这一时期内,国人在一波又一波的"阅读"中不断迷失"自我",渐趋融"他"入"我",以"他"化"我",化"他"为"我";在邯郸学步者的步履下,或许"他"亦非"他","我"亦非"我"。以今日之我反观昨日之我,"我"又焉在? 更令人难以逃避的问题是:何者谓"我"? 就此而言,推古及今,展开研究,当更具学术意义。统而言之,或正如王汎森为本书写的序言中所说,"字里行间,不难看出作者作为一个史学工作者的现实关怀所在"。

作者简介:邓倩倩,厦门大学台湾研究院历史研究所硕士研究生;刁培俊,厦门大学人文学院历史学系副教授。

社会文化史视野下的医患关系史研究

——马金生著《发现医病纠纷：民国医讼凸显的社会文化史研究》评介

赵士第

自20世纪90年代以来，作为一个新兴的史学分支学科，医疗社会史在我国学术界蓬勃发展，并取得了一系列的成绩。就目前来看，学界对疾病、医家、医事制度、医疗机构、卫生、防疫等方面的研究可谓成果斐然。毫不夸张地讲，由于该研究所具有的关照人类生命和健康的研究指向，使得医疗社会史研究成为当前史学研究的"显学"之一，吸引了不少青年学子投身这一领域[①]。经过二十多年的发展，国内的医疗社会史研究也在不断开拓中进行反思。一方面，医疗社会史的研究领域在不断拓宽，过去很多没有人关注的论题开始进入学人的研究视野；另一方面，现有医疗社会史研究更加注重"文化"维度的分析，医疗社会史研究的文化史色彩越来越浓。比如，医疗知识的生产和传播、医家形象的构建、医患关系的演变和解读等等，都在将医学社会史研究引入一个新的境界。正是在这样的一个学术研究背景下，马金生先生推出的《发现医病纠纷：民国医讼凸显的社会文化史研究》[②]一书，值得学界加以关注。

该书是马金生在博士毕业论文的基础上修改而成，后由国家哲学社会科学基金资助出版。修改历时十年之久，该书的扎实和厚重于此可见一斑。全书除"绪论"和"结语"外共分十章，通读全书，可以发现作者在谋篇布局和研究写作上逻辑严密，史论结合，相得益彰。

绪论部分，作者有着鲜明的问题意识，认为民国时期医讼案件的发生，并不能只是单单地从医者和患者两个维度去进行分析，而是应从更为广泛的社会文化层面去寻求解释。

第一章讨论的是明清时期的医病纠纷，也是本书的"破题"所在。本书研究的主题虽是民国时期的医讼问题，但与一些研究认为民国时期医讼频出的症结在于医患关系紧张不同，作者将视野投向了明清时期，从一种"长时段"的大历史视野指出明清时期医病关系已趋向紧张，但由于受医者的规避责任、官府息事宁人、民众生命观念等因素的影响，致使医病纠纷成为医讼案件少之又少。对于该时期医病纠纷沉寂的原因，作者进行了深入探讨并

[①] 关于台湾及大陆医疗史研究的相关研究状况与未来展望可参阅余新忠：《中国疾病、医疗史探索的现实与可能》，《历史研究》2003年第4期；皮国立：《探索过往，发现新法：两岸近代中国疾病史的研究回顾》，《台湾师大历史学报》2006年第35期；余新忠：《当今中国医疗史研究的问题与前景》，《历史研究》2015年第2期等文章。

[②] 参见马金生：《发现医病纠纷：民国医讼凸显的社会文化史研究》，北京：社会科学文献出版社，2016年。

给出了自己的解释。此章的设计旨在引出论题,以后各章皆围绕相关原因在中国现代社会转型中如何发生变化并最终引起医讼多发而展开,为后文民国医讼凸显的研究铺平了道路。

在第二章,作者以清末民初的医病纠纷为考察对象,承接前文,在医病关系紧张的情况下,清末有识之士呼吁医学考试并进行尝试。到民国初期,为规范行医北洋政府渐次推行规范行医的规定,民众开始到警局告医的现象不断出现。通过此章的考察,可知传统医病关系在民国初年已发生变化,在国家权力的介入下,民国初年的病家踊跃告医为日后医讼案凸显埋下了种子。

第三章主要考察了南京国民政府时期的司法制度变革对现代医讼的促进作用。在南京国民政府司法制度变革背景下,作者在采纳前人研究成果[1]基础上,通过重新审视重要一手资料《医讼案件汇抄》以及对南京国民政府时期法律文件的解读,认为南京国民政府的司法改革以及现实的需要是与医讼有着密切联系的。作者指出,"业务过失"罪的颁布和其他相关司法条款的出台,直接促使现代医讼的生成并对医讼特征产生了影响。此外,法院设施的普设以及法官、律师群体的增长等因素,都影响了医讼案件的多发。

第四章,作者从现代医疗模式的构建与医疗纠纷的联系上进行了考察。清末民初传统医疗模式已面临困境,现代医疗模式在中国渐趋站稳脚跟。然而,由于受传统医疗文化的影响,一般民众从心理上依然存在排斥西医的思想,传统医疗观念与现代医疗模式之间的紧张和疏离,也为一系列医病纠纷的发生产生着作用。在这一章中,作者通过典型的个案揭示了医病双方在医疗空间、医病权力等方面存在的认知差异以及一般民众对医疗器械的恐惧和对医疗协议的模糊认知。

第五章与第四章紧密结合讨论了中西医论争与西医诉讼案的关系。作者结合当时的中西医论争,在指出中西医论争的思想文化内涵的基础上,列举了数则典型的医讼案件,指出了中西医师在医讼案件中的相关表现。这在一个侧面为我们了解民国时期医讼案件的频发提供了新的思路,同时也为理解民国时期的中西医论争提供了很好的个案解释。

在第六章中,作者考察了政府相关卫生行政体系的初步确立对医病纠纷产生的重大影响,通过分析南京国民政府时期的卫生行政建设以及对"非法"行医者的检控和卫生行政管理机构的处理,试图说明卫生行政体系的确定在很大程度上替代了传统解决医病关系的运作机制,多数民间的医病纠纷经由行政处罚转变成为司法案件。

第七章医讼案件审理中的多方博弈,旨在通过典型案件分析医生、病人、律师、不同层级的法院审判人员、医疗鉴定人员等多方因素在案件形成和解决过程中所扮演的角色。作者指出,正是上述因素在案件中的认知差异和多方博弈,导致了医讼案审理、解决不可能是一帆风顺的。

第八章主要考察新闻媒体对医病形象的建构及其对医病纠纷的影响。关于媒体对医疗的影响,有学者指出近代庸医的凸显,媒体放大、披露因素占据一定的地位。[2] 媒体在近

---

[1] 关于民国医讼问题研究成果,龙伟的《民国医事纠纷研究:1927—1949》一书在2011年由人民出版社先于本书出版。
[2] 胡勇:《民国时期医生之甄训与评核》,《浙江学刊》2008年第5期,第89页。

代医疗卫生领域的作用,不可小视。本章通过分析新闻媒体对医病形象的报道分析了媒体对病家行为的影响,并且考察了医家针对媒体报道的因应举措。最后作者指出,正是媒体使医讼案成为一个公共话题,同时在很大程度上在影响着医病纠纷的发生与解决。

第九、第十章分别考察了西医界、中医界对医病纠纷的认识与应对。在民国时期医疗市场上,中医与西医所产生的影响几乎势均力敌。针对医讼案的发生,中西医界均做出了积极的应对。为了适应新旧转型时期的医病关系、医疗制度、卫生行政体系所发生的变化以及现代新型医疗模式的确立,中西医在推进医疗改革、保障医权等方面做出了诸多努力。对于这些历史面相的呈现,对于理解民国时期的医学发展史也有着积极的作用。

最后,作者认为一定时期的医病关系,恰恰是特定时期社会文化因素共同影响、交互作用的结果。作者指出,随着民国时期社会发展和国家进步,医病关系也随之发生变化。民国时期的医病纠纷研究,为当下讨论中国从传统到现代的转型、审视中国社会的现代演进提供了一个绝好素材。同时,也为当前医患关系的改善具有诸多启示。

纵观全书,笔者认为本书有以下几个方面的创新:

第一,创新方法,多方开拓。本书既运用历史学理论,又辅之以法制、医学、社会学、伦理、新闻、文学等多学科的知识进行交叉研究,贯穿着作者从五大方面(即医病行为史、医病纠纷史、医病认知史、医病伦理史和医病形象史)进行医患关系史研究的学术设想。[①] 比如,作者在第八章"新闻媒体对医病形象的建构及其对医病纠纷的影响"中,运用新闻传播学的相关理论和方法,对《申报》如何报道医病纠纷、如何刻画医病形象进行文本分析,颇具新文化史的意味,相关尝试便值得肯定。作者在研究方法上的组合应用,往往能产生很多新的发现,从而使得医疗史研究既扩展了研究视野,又更新了研究理念。

第二,史料丰富,论证严谨。纵览全书,作者运用了多种史料,如一手档案、法律案件汇编、医学书籍、小说、日记、文集、笔记等等,可谓旁征博引、集腋成裘。更值得敬佩的是,作者亲赴香港中文大学查阅目前难见的民国时期《医讼案件汇抄》,成为本书最为核心的史料。在逻辑论证上,本书不是简单的对史实的罗列,而是以史料和问题意识为基础的深入分析,逻辑严密、论证严谨,体现了作者较为深厚的理论与实证相结合的史学功底。

第三,不拘成见,敢于质疑。作者经过公允的学术史回顾,[②]以及扎实的学术论证,得出了诸多与前人不同的结论。比如,在司法体系和医疗卫生制度的建设与医讼案件的发生的关系上,作者指出民国医讼案凸显不是因为国家司法体系不健全,而正是由于现代司法制度的渐趋完善和发展,促使了医讼案的激增。此外,南京国民政府时期的医疗卫生体系建设,也并不是如前人所说,在医讼的生成上起到了抑制作用,而恰恰是相反。相关篇章的讨论,都可见作者敢于质疑、不拘成见的学术勇气。

第四,视角转换,别具只眼。关于医病关系的研究,前人多从医家的视角进行研究。这一研究在医患关系史的研究上有着不小的弊端,对此作者在绪论中曾经予以指出,并强调在研究中应积极发掘从病人的角度挖掘医患关系。通读全书可以发现,作者在论述民国时

---

① 参见马金生:《发现医病纠纷:民国医讼凸显的社会文化史研究》,第6页。
② 具体可参见马金生:《医病纠纷研究的史学关照——评龙伟〈民国医事纠纷研究:1927—1949〉》,《二十一世纪》(香港)第144期,2014年8月。

期的医患关系时对病人视角的贯彻做到了"知行合一",在很多篇幅中都浓墨重彩地呈现并刻画了病人的想法和作为。正是对病人视角的强调和坚持,使得作者的医患关系研究令人耳目一新。

第五,现实情怀,启人深思。正如余新忠教授在该书序中所说:"关注现实和回应时代的关切与需求,毫无疑问乃是历史学和每一个历史研究者不可回避的责任。"①在医患关系紧张的当下,作者费尽心血出版此书可说正和时宜。如若细读全书,可以发现民国医讼的显现,其实是一系列社会矛盾的集中体现。作者在各章中都在试图呈现并诠释民国时期的医病矛盾、官医矛盾、新旧体制矛盾、中西医之间的矛盾、新旧医疗模式的矛盾以及新闻媒体与医生之间的矛盾等等。可见,医患矛盾在很大程度上其实是社会矛盾聚集的一种反映。换句话说,医病冲突是社会矛盾爆发的突破口之一。显然,这一发现对于当前的医患关系的改善乃至医疗卫生制度的改革来说都具有现实意义。

另外,笔者在阅读全书后,也有一些问题想求教于作者。

第一,作者在论证明清时期的医病纠纷时,大多运用了笔记小说、笑话资料来解释医疗纠纷的解决,这些资料有一定参考价值,但总觉得真实程度不够。当然,作者也引用了体现清代中央司法的审判资料(如《刑案汇览三编》等),但对明清时期地方上医讼案件的档案资料的使用较为薄弱。据笔者所知,明代《盟水斋存牍》及清代《巴县档案》中亦有一定数量关于基层政府对医疗纠纷的审判可参考。此外,日本学者编撰的《传统中国判牍资料目录》②一书,也可参考。这些判牍在真实程度上较小说、笑话等资料要更具有说服力。

第二,关于民国时期医讼案的频繁发生,除了中西医外,国家和政府部门究竟是一种什么态度?其他社会阶层又是如何看待这一社会现象的?如当时的知识分子阶层,是否有着更为多元的认知?

第三,民国时期有许多教会医院、外国医院亦存在医疗市场中,这些医院中是否存在医病纠纷,最后又是怎么解决的?这些事件发生后,患者是如何应对的?国家司法部门又是何种姿态?相关历史面相如能得到更多呈现,可能使全书更加丰富立体。

以上只是笔者在通读《发现医病纠纷》一书后的一些思考,不一定成熟。在当今国内医疗史研究"红利"逐渐退减的境遇下,作者能做出一部多学科交叉、值得学界重视的著作,这对当今突破医疗史研究瓶颈无疑是有很大裨益的。作者通过对医讼案从沉寂到凸显的考察,从一个侧面诠释了中国社会从"传统"到"现代"的转型。相关研究不仅对深化医疗史研究,同时对中国近现代社会史、法制史甚至对国内外新文化史、新社会史等史学理论领域研究都有补充和借鉴意义。此外,作者强烈的现实关怀又突出了本书的现实和时代价值,对历史的详细阐释也正是为了更好地指导当下。总之,笔者认为,该书具有较高的学术价值与现实意义,值得读者去仔细品读和思考。当然,民国时期的医讼问题可能还有着继续可耕耘的空间,期待作者有更好的研究贡献学林。

作者简介:赵士第,东北师范大学历史文化学院硕士研究生。

---

① 《发现医病纠纷:民国医讼凸显的社会文化史研究》,《序一》,第 2 页。
② [日]三本聪、山本英史、高桥芳郎编:《传統中囯判牘资料目录》,东京:汲古书院,2010 年。

编 后 语

本卷向读者呈现了5组论文计14篇。此外还有学术探讨性文章4篇、书评5篇。

礼仪习俗与生活一组四篇论文,刘尊志《汉代墓地石刻与相关问题》从汉代墓地石刻的类型的增加与墓地配置等,指出墓地的规划和布局及与墓地祭祀的关系;周尚兵《P.3644店铺徕客叫卖词与唐五代宋初敦煌日常饮食生活》利用文书中的调料清单,复原出敦煌地区调理饮食色、香、味的基本面貌,指出唐五代日常饮食生活中的一些基本理念;左福生《唐宋文人寺院读书的习尚演进》比较了唐宋时期文人寺院读书目的、寺院的待遇、文人与寺院关系的差异;王大伟《元代〈增修教苑清规〉中所见的教寺制度与生活方式》利用宋元时期的《增修教苑清规》,讨论教寺的内部制度和僧众生活模式。

图像与社会的两篇文章:尹承《"旱魃"形象考辨》、杨冰华《图像中的历史:民乐水陆画所见明清社会生活——以"堕胎落孕""客死他乡"为中心》二文,均借助图像结合文献探讨了相关问题,涉及民间信仰民俗,饶有趣味。

清代社会新探一组的三篇论文不仅视角新,而且反映了清代国家与社会的历史特色。王洪兵以顺天府四路同知设置为例,探讨清代京畿协同治理模式,为近代以来京津冀地区的行政体制改革提供了重要的历史借鉴。郭瑞鹏《兵民之间:清中期逃兵的生活众像》讨论乾隆朝的逃兵问题,王燕《税收、生计、动荡:清季杂税苛繁与民变频发》探讨了清季因过分的杂税征收引发的区域性抗争对于清朝整体性瓦解的深刻社会影响,耐人寻味。

近代城市社会受人关注。韩威、马斗成《19世纪末20世纪初国际新闻报道与德国统治报告中的胶澳港市形象》认为,海外报道"塑造"的胶澳港市,呈现了一个多样的中国近代新型港口城市。冯剑、徐雁芬《代际的延续与断裂:近代天津典当业里的山西人》认为,近代天津典当业中的山西人总体上未能完成新的代际转换,孕育出真正的下一代典当人群体。这两篇论文利用了利用原始档案资料,探讨中国近代沿海开埠城市的社会。

民国时期社会生活变动较大。汤锐以天津为例,考察了民国时期学校体育教学,谭刚论述了京沪沪杭甬客车与长三角地区民众日常生活。王雨濛就民国知识分子对西医的批评展开讨论,进一步澄清了以往的学术争辩,提出新的认识。

此外,"学术探讨"栏目,发表了讨论口述史与性别研究、日记与家书意义、图片的价值、知识与社会等不同文献与研究方法的四篇文章。

五篇书评,介绍了儿童史、慈善史、基层社会史、阅读史、医疗社会文化史等新领域的新著,值得一读。

英文摘要
Summary of Articles

Stone Carvings in Graveyard of Han Dynasty and Related Issues

Liu Zunzhi

(Center for Chinese Social History of Nankai University)

Abstract: In the Han Dynasty, stone carvings in the graveyard were used and gradually developed, promoted and popularized. By the time of the Eastern Han Dynasty, the graveyard stone carvings fully showed the characteristics of numerous, rich in variety, wide-spread, many tombs related, and various levels of tomb owners involved. The graveyard stone carvings of Han Dynasty mainly include Que, monument, figures of characters and animals, pillars and etc. The monument, pillars, figures of characters and animals are all new contents, while the Stone Que is also an improvement and innovation to the Earth Que. The location and configuration of graveyard stone carvings are various, which reflects the planning and layout of graveyards and the relationship with graveyard sacrifices. It also reflects funeral contents such as meeting the spiritual needs of the dead and showing filial piety of the living. It shows that graveyard stone carvings have become an important part of tombs in Han Dynasty. Furthermore, it exerts great influence on later generations and plays an important role in the development of the ancient mausoleum system.

Key words: Han Dynasty; Graveyard Stone Carvings; Location and Configuration; Funeral Contents

The Shouts of Street Vendors Recorded in the P. 3644 Indicated the Dunhuang Inhabitant's Eating Lifestyle During the Late Tang and the Five Dynasties

Zhou Shangbing

(The School of History and Culture, Shandong Normal University)

Abstract: The shouts of street vendors indicated the details of seasoning consumed by the people of Dunhuang during the middle ancient period in Chinese history. Through the recording of Dried Flavorings Chapter, we can have a relatively complete and detailed list of condiments used in Dunhuang people's daily diet. These condiments are used to give food a particular taste, make it more colorful and improve fragarance. The usage reveals general principles of Tang Dynasty about food and drink, which are as the following: 1. Make eating more enjoyable by paying attention to color, fragrance, taste and shape of the food. 2. Dream about health and longivity by choosing those flavorings that are able to help extend life span and beautify consumers' contenance. 3. Reasonable use of flavorings helps sterilize and disinfect food, so as to make it healthier.

Key words: P. 3644; S. 6208; Make Eating More Enjoyable; Dream about Health and Longivity

The Evolution of Studying Customs in Temple in Tang and Song Dynasties

Zuo Fusheng

(School of Humanities and Communication, Shanghai Normal University)

Abstract: The custom studying in temple was prolonged in Tang and Song Dynasties. Most of the students who studied in temple took Jinshi for their direction. While in Song Dynasty, there existed intellectuals who were not aimed at examinations. Among them , some were demoted and the others lived in the temple just as scholars. Consequently, the formation of intellectuals' status in temples started to undergo changes from simplification to diversification. From aspect of temple economy development, There were obvious differences between the early and late Tang Dynasty. The temple economy in late Tang Dynasty and the five Dynasties was relatively weak , which made the number of the students decrease sharply. In the two Song Dynasties, Buddhism developmented steadily. The increase of the temple economy provided favorable conditions for the scstudents. Mostly, temples accommodated the students for free. Because of the wide differences between the temple economy developments, the monks in the late Tang Dynasty and the Five Dynasties often showed the thread of bitterness and even do hurt to the students, leading to a bad relationship between the two. And these scholars would ridicule and even took the opportunity to revenge the monks after passing the imperial examination; while in Song Dynasty, the relationship between monks and students was more harmonious. Having passed the imperial examination, the students would pay temples back for the accommodations in varied ways. Compared to the situations in the late Tang Dynasty and the Five Dynasties, there were obvious differences.

Key words: Temple; study; students; monks, Imperial Examination

The System and Life Style of the Tiantai Temple in the *Zengxiujiaoyuanqinggui*(《增修教苑清规》) of the Yuan Dynasty

Wang Dawei

(Institute of Taoism and Religion Culture, Sichuan University)

Abstract: *Zengxiujiaoyuanqinggui*(《增修教苑清规》) is the only monastic rules for Buddhists which prepared by the Tiantai temple in the Song and Yuan Dynasties. And it has a very high literature value for understanding the internal system and the life style of the Tiantai temple. Although the monastic rules for Buddhists makes copious references to the contents of *Chixiubaizhangqinggui*(《敕修百丈清规》), we can perceive the editors' efforts to maintain the characteristics of the Tiantai temple. The Repentance Dharma, the learning and examination method in the temple recorded in the monastic rules are different from other types of temple, and become one of the important ways to maintain the self-identification of the Tiantai sect. Although the teaching temple has made efforts to highlight the characteristics of the Tiantai temple and distinguish it from Zen temple by making up the regulation literature, as a matter of fact, the system model of the Tiantai temple has been almost Zenism.

Key words: *Zengxiujiaoyuanqinggui*(《增修教苑清规》); Tiantai Temple Regulation; Life Style; Identity

A Research on the Image of "Han Ba"(旱魃)

Yin Cheng

(The School of History and Culture, Shandong Normal University)

Abstract: In the ancient Chinese people' mind, the "Hanba"(旱魃) was the main spirit that would create a drought, and was given various images. In Shijing(诗经), it was seen as a demon, which became a mainstream recognition in the history. The image of "Hanba" constantly enriched and improved in history. But those images were completely different from one that came from another ancient document named Shanhaijing(山海经), in which the "Hanba" was described as an angel. In the middle ages, malformed babies were called "Hanba", which had close relationship with the confusion of character pattern between 魃 and 魊. The earliest painting of "Hanba" can be traced back to the illustration in the book Shanhaijing(山海经) printed in 15th century.

Key words: Maoshi; Hangui; Malformed babies; Han Stone Relief; Shanhaijing

Research on the Social Lives in Ming and Qing Dynasties Based on the Water–Land Retreat Paintings Collected in Minle Museum, Gansu Province

Yang Binghua

(School of History and Civilization, Shaanxi Normal University)

Abstract: Water – land retreat (Shui – lu) paintings were used in the water – land (Shuilu) ritual in the Song and Yuan dynasties. There are 116 paintings collected in Minle Museum, Gansu Province which were finished in Ming and Qing dynasties. The two paintings about wandering souls of people who suffered violent deaths are called forth such as the sick, abortion, died in an accident, war, suicide and so on. These images reflected the social lives in the periods.

Key words: Min–le(民乐) Water–Land Retreat Paintings; Tian–di Ming–yang Water–Land ritual text (《天地冥阳水陆仪文》); Abortion; Died Abroad

A Preliminary Study on the Cooperative Governance Model of the Capital City and its Environs in the Qing Dynasty—Take the SiLuTing of ShunTianFu as an example

Wang Hongbing

(Institute of Chinese Social History, Ocean University of China)

Abstract: In the Qing Dynasty, the Rulers paid attention to the construction of the administrative system of the capital city and its environs, and constantly adjusted the reform according to the needs of state governance. ShunTianFu is the main body of the governance of the Qing Dynasty in the capital city and its environs. The prefectures and counties in the vicinity of Beijing are directly under ShunTianFu Prefecture, at the same time accept the jurisdiction of Zhili Province. It implements the system of dual management and coordinated management of ShunTianFu and Zhili Governor. In order to adapt to this multi-governance governance model, the Qing Dynasty set up SiLuTing between ShunTianFu and its affiliated counties to strengthen the coordination and communication between the Shuntian and Zhili governors. And in the long-term governance practice, it has been constantly adjusted and gradually given its functions of public security, justice, finance and so on, and continue to practice in the long-term governance practice. The reform of the SiLuTing system runs through the whole Qing Dynasty, and its establishment and course of change reflect the game relationship between the Rulers, ShunTianFu and the governor of Zhili in the process of governing the capital of the Qing Dynasty. As one of the products of the exploration of the cooperative governance model of the capital city and its environ, the SiLuTing has provided an important historical reference for the administrative system reform of the Beijing – Tianjin – Hebei region since modern times.

Key words: the Qing Dynasty; Capital City and Its Environs; ShunTianFu; SiLuTing; Multilevel Governance

Between the Soldiers and the People: A Study of the Life History of the Deserters in the Mid - Qing Dynasty

Guo Ruipeng

(Center for Chinese Social History of Nankai University)

Abstract: While the Qing government achieved many brilliant military victories in the mid - Qing dynasty(Qianlong period), it still was a problem that there were a large number of the deserters. These deserters can be divided two different types which are the wartime deserters and the peacetime deserters. The deserters escaped from the military camp because of some ordinary reasons, and usually they sought a livelihood from being labors or beggars, which made them to be like common people. For these reasons, the arrest of these deserters made very difficult. To sum up, we find that these deserters in mid - Qing Dynasty lacked the self-awareness of soldiers. And the identities of these deserters were between the soldiers and the people.

Key words: Mid - Qing Dynasty; Deserters; Life History; Between the Soldiers and the People

Taxes, Livelihood, Upheaval: The Relationship Between Numerous Miscellaneous Taxes and Frequent Mass Revolts in the Late Qing Dynasty—Also on the Regional Struggles and Overall Disintegration

Wang Yan

(Ningxia Hui Autonomous Region Radio and TV Bereau)

Abstract: Starting from the livelihood under the heavy "miscellaneous taxes" and "miscellaneous fees" this paper expounds that the root cause of the mass revolts in the Late Qing was the destitution of the people caused by them. Taking research further, giving some typical cases of mass revolts in different forms and regions, such as Laiyang of Shandong, Changge of Henan etc., to reveal that the frequent occurrence of revolts caused by the abuse of tax power fundamentally. At the same time, the author is aware of the phenomenon of "soft-struggle" by "following foreign religion and raise foreign flags" arising from "tax avoidance" confirms the impact of excessive miscellaneous taxes and fees. Thus, to reveal the relationship between regional revolts for miscellaneous taxes and the collapse of Qing dynasty.

Key words: Late Qing Dynasty; Miscellaneous Taxes; Livelihood; Upheaval

The Image of Jiao'ao in International News and German Ruling Reports from the Late 19th to the Early 20th Century

Han Wei Ma Doucheng

(College of International Education, Qingdao University; School of history, Qingdao University)

Abstract: The Jiaozhou Bay incident in November of 1897 made the Jiao'ao area one of the international hot spots. Under the influence of the interaction between the China and Germany, Jiao'ao started from wharf to the port, and then from the port to the city's development process. As a new port city in modern times, the transformation of Jiao'ao can not be separated from the dual influence of colonial politics and military location, it's growth process was also concerned by the interests of the parties. But because of the lack of Chinese news, the international image of Jiao'ao had been guided by international medias, at the same time, the German colonial ruling reports also made the port city image of Jiao'ao in different historical periods to show different characteristics.

Key words: Jiao'ao; Media Reports; The Ruling Reports; The Port City Image

Intergenerational Continuity and Crack: Shanxi People in the Pawn Industry in Modern Tianjin

Feng Jian Xu Yanfen

(School of history, Qingdao University)

Abstract: Shanxi people in the modern Tianjin pawn business groups occupied a dominant position. As an important and unique group of business people in Tianjin, Shanxi people in Tianjin pawn industry had close relationship with Tianjin government officials and the businessmen, but they had not really integrated into modern Tianjin society. Tianjin pawn industry under the management of Shanxi people was once glory. In the rapid changes of the city social and economic changes in modern Tianjin, Shanxi people in Tianjin pawn industry appeared intergenerational change phenomenon. The performance was the new thought and the new member in the group. However, Shanxi people in Tianjin pawn industry generally did not complete the new generational change, did not give birth to the real next generation of pawn people groups in the dramatic changes of the social environment in modern Tianjin. Which made the modern Shanxi people could not effectively deal with the challenges of environmental change. With the decline of modern Tianjin pawn industry in the social changes, Shanxi people in Tianjin pawn industry also buried in the long river of history.

Key words: Modern Tianjin; Pawn Industry; Shanxi People; Intergenerational Continuity; Crack

Discipline and Pleasure: A Historical Survey of School Physical Education and Student Life in the Republic of China—Take Tianjin as an Example(1927 – 1937)

Tang Rui

(School of Marxism, Qufu Normal University)

Abstract: The golden age of the Nanjing national government for ten years, physical education in Tianjin can be systematically carried out, therefore, it presents the characteristics of scientific teaching of sports, institutionalized rewards and penalties, militarized teaching, and standardized rules of sports venues. Correspondingly, Tianjin students showed unprecedented enthusiasm for sports: including the lively selection of physical education classes, the autonomy of sports organizations, the diversification of sports groups, and the popularization of ball sports. Students have a real feeling in the movement, the feelings are not all expressed in happiness and happiness, some students' "grumbling" about sports, and even "boredom", are all natural psychological reflections of adolescence. It is also in the process of fully experiencing the charm of sports, sports become a part of students' daily life. However, it should be pointed out that, although traditional sports represented by kicking shuttlecock and jumping houses have also been promoted, it is difficult to implement them in practice, reflecting the complexity of the combination of tradition and modern, Western and Oriental cultures.

Key words: Physical Education; Student Life ; Tianjin

Nanking –Shanghai & Shanghai –Hangzhou –Ningpo Passenger Trains and Daily Lives in the Yangtze River Delta (1927 – 1937)

Tan Gang

(School of History Culture, Southwest University)

Abstract: From 1927 to 1937, due to the economic development of the Yangtze River Delta, the passenger volume of Nanking–Shanghai & Shanghai–Hangzhou–Ningpo Railway further increased. Taking the Nanking–Shanghai & Shanghai–Hangzhou–Ningpo Carriages had become an important part of the daily lives of the people in the Yangtze River Delta. The differences between the different class carriage facilities and passengers' different feelings directly indicated the differences between the social strata of passengers, thus participating in the construction of social class in the Yangtze River Delta region. The living conditions of passengers in different class carriages not only shaped the social identity of passengers, but also demonstrated the political power of some passengers, reflecting the social and cultural changes in the Yangtze River Delta from 1927 to 1937. Therefore, Nanking–Shanghai & Shanghai–Hangzhou–Ningpo Carriages, while assuming the transport function, attached the social and cultural significance of social class, identity construction, political power and so on, which reflected the social transformation of the Yangtze River Delta in this period.

Key words: Nanking–Shanghai & Shanghai–Hangzhou–Ningpo Passenger Trains; Carriage Class; Carriage Life; Power Infiltration

Criticisms on the Western Medicine from the Chinese Intellectuals in the Early Twentieth Century: Case Study on the Public Opinion Aroused by a Nephrectomy on Liang Chi-chao by the Peking Union Medical College Hospital

Wang Yumeng

(Faculty of History, Nankai University)

Abstract: In 1926, Peking Union Medical College (P. U. M. C.) Hospital performed a nephrectomy on the renowned scholar Liang Chi-chao which incurred serious criticisms from many intellectuals. Mainly based on this incident, this paper examines the criticisms and reflections on the Western medicine from Chinese intellectuals in the early twentieth century. The author suggests that, most of the criticizers were disciples of Western medicine rather than that of Chinese medicine. They believed that Chinese medicine is not reliable, however, they were also disappointed by the Western medicine being practiced in China. As in the case of P. U. M. C. Hospital, intellectuals had condemned its harsh discipline, the negligence and the rude attitude of its hospital staff towards patients as well as the inequality between Chinese and foreign, the rich and poor in the hospital. In addition, it was accused of taking patients as experimental articles. Theses views could not be barely attributed to the prejudice and misunderstandings, many of the problems did exist. In addition, these criticisms should not be viewed as a reaction against modernization, they are part of the modernity themselves.

Key words: Liang Chi-chao; Peking Union Medical College Hospital; Doctor-patient Relationship; Medical Service; Reflections on the Western Medicine

Discussions on Oral History and Gender Studies

Hou Jie Liang Shurong

(Faculty of History, Nankai University)

Abstract: Theories and methodologies of oral history are very important when doing research on Contemporary Chinese History. Field trips and interviews are widely used. Oral history origins from western countries, but develops fast in China. In gender studies, oral history represents women's history and experience, and helps construct female subjectivities. Meanwhile, academic ethics should be paid more attention by scholars.

Key words: Contemporary China; Oral history; Gender

Listening to Voices from the Folk—The Study of Significance and Value of the Publication of the Diary and the Letter, etc. by the Peasant Hou Yonglu

Zhang Xuejian

(College of Marxism, China Three Gorges University)

Abstract: For thousands of years, our country has established itself as an agricultural country. Peasants are the most populous group. The importance of the role played by peasants in Chinese history can not be overemphasized. However, for a long time, farmers existed more as an abstract class, and they were rarely known to the world as a flesh and blood individual image. The vast majority of them have unfortunately become "silent majorities" in the long river of history. In recent years, many historical researchers have gradually surpassed the research path of the traditional "elite view of history" in order to expand the sources of historical materials. They have also paid more and more attention to folk historical materials. The personal text materials such as "The Peasant Diary" and "The Peasant Family Book" written by farmer Hou Yonglu are the models of contemporary folk historical materials Which have important historical value; it provides first-hand information for the comprehensive study of the life history of an individual farmer. It is the most "on-the-spot" folk text material to observe the "three peasants" issue in China since the founding of New China. It is helpful to reflect on the contemporary Chinese history and the history of the CPC from the folk discourse system. Since the publication of Hou's works, it has not only been used in academic research, but also has a wide influence on the social level.

Key words: Folk Historical Material; Research on the History of the CPC; Hou Yonglu.

Comment on the Centenary History of Mount Taishan in the 20th Century—Also Commented on "Twentieth Century Taishan's Photo Exhibition"

Ren Jixin

(Tai'an City Museum)

Abstract: The 20th century Taishan photo exhibition, with pictures and texts, and the century-old history of Mount Tai, was reappeared and thought-provoking. Entering history from the exhibition, the centuries-old history of Taishan in the 20th century is a partial mapping of China's centuries-old history, and gradually shows the tendency to integrate into the history of the world. It is also the inertial extension of Taishan's past millennium history, or the history of the development of modern civilization.

Key words: Twentieth century; Mount Tai; A Hundred years History; Picture Exhibition